# 옥대신영 2

## 고대 중국의 여성 독자를 위한 사랑노래

*New Songs from a Jade Terrace*

**편자 서릉**(徐陵, 507~583)은 자가 효목(孝穆)이며, 동해(東海) 담(郯) 사람이다. 남조(南朝) 양(梁)나라 때 태자좌위솔(太子左衛率)을 역임한 서리(徐摛)의 아들로서, 소명태자(昭明太子) 소통(蕭統)이 죽은 후 소강(蕭綱)이 태자가 되었을 때 동궁학사(東宮學士)에 뽑혔으며, 이 무렵 소강(蕭綱)의 취지를 받들어 이 선집 『옥대신영(玉臺新詠)』을 편찬하였다. 벼슬은 진(陳)나라 때까지 산기상시(散騎常侍)·오병상서(五兵尙書)·어사중승(御史中丞)·상서우복야(尙書右僕射)·좌광록대부(左光祿大夫) 등을 역임하였다. 그는 당시 유신(庾信)과 이름을 나란히 하여 그의 글을 '서유체(徐庾體)'라고 했으며, 궁체시(宮體詩)의 대표 작가이기도 하였다. 현존하는 그의 작품은 부(賦) 1수, 악부(樂府) 18수, 오칠언체시 22수, 실용문 79편, 「옥대신영서(玉臺新詠序)」 1편이 있다.

**역자 권혁석**(權赫錫)은 1960년 경주 출생으로 자호가 유경(由敬)이다. 경북대학교 중어중문학과와 동 대학원(석사) 및 서울대학교 중어중문학과 대학원(박사)을 졸업했으며, 현재는 충주대학교 중국어과에 재직중이다. 역서로는 『國譯梅窩實紀』 등이 있으며, 논문으로는 「『玉臺新詠』硏究」, 「采桑 詩歌의 審美意識 小考」, 「中國 古代童謠의 言語的 特色」, 「'尙書·堯典'을 단초로 삼아 고찰한 孔子의 '敬'사상」 등이 있다.

옥대신영 2

1판 1쇄 인쇄 2006년 12월 01일
1판 1쇄 발행 2006년 12월 10일

엮은이 / 서릉
옮긴이 / 권혁석
펴낸이 / 박성모
펴낸곳 / 소명출판
출판고문 / 김호영
등록 / 제13-522호
주소 / 137-878 서울시 서초구 서초동 1621-18 (란빌딩 1층)
대표전화 / (02) 585-7840
팩시밀리 / (02) 585-7848
somyong@korea.com / www.somyong.com



값 27,000원

ISBN 89-5626-232-2 93820
ISBN 89-5626-230-6 93820 (전3권)

# 옥대신영 2

## 고대 중국의 여성 독자를 위한 사랑노래

*New Songs from a Jade Terrace*

서릉(徐陵) 엮음 / 권혁석(權赫錫) 옮김

소명출판

## 일러두기

1. 이 원문의 저본은 목극굉(穆克宏) 점교(點校) 『옥대신영전주(玉臺新詠箋注)』(北京 : 中華書局, 1985.6, 초판)이다. 그러나 원본에 가깝다고 볼 수 있는 송각본(宋刻本)을 기준으로 하였기 때문에 각권의 말미에 "宋刻不收"라고 되어 있는 작품은 제외하였다.
2. 주요 참고서적은 기용서(紀容舒)의 『옥대신영고이(玉臺新詠考異)』(文淵閣 四庫全書), (日) 영목호웅(鈴木虎雄) 역해(譯解) 『옥대신영집(玉臺新詠集)』 上 · 中 · 下(東京 : 岩波書店, 1953년 초판, 1994년 제8쇄), (日) 내전천지조(內田泉之助) 『옥대신영(玉臺新詠)』 上 · 下(東京 : 明治書院, 1974년 초판, 1984년 6판), (英) Anne Birrell 『*New Songs from a Jade Terrace*』(London, 1982), 부승주(傅承洲) 등 주(注), 『옥대신영(玉臺新詠)』 上 · 下(北京 : 華夏出版社, 1998년 초판) 등이다.
3. 각 작품 번역의 체계는 작가에 대한 설명을 포함하여 원문 · 역문 · 각주 · 설명 등으로 구성하였다.
4. 각 작품 제목 앞에 병기된 숫자는 전체 작품 667수의 일련번호이며, 각주나 설명 등에서 작품을 언급할 때는 제목 옆에 '(숫자)'를 병기하여 참고의 편리를 도모하였다.
5. 작가에 대한 설명 부분은 주로 『중국문학가대사전(中國文學家大辭典)』 上 · 下(臺灣 : 世界書局, 1981년 5판)과 『중국역대작가소전(中國歷代作家小傳)』 上 · 中 · 下(長沙 : 湖南人民出版社, 1979~1985)을 중심으로 하고 기타 여러 전적들을 참고하였다.
6. 번역 원칙은 가능하면 원문의 모든 글자의 존재 의미를 살리려고 노력하였으며, 그로 인해 의미 파악이 어렵게 된 것은 설명을 통해 보완하였다.
7. 원문은 한글맞춤법의 구두점을 적용하여 명기하였으며, 역문은 시적 느낌을 살리기 위해 대부분 구두점을 생략하였다. 다만 복잡한 대화체를 사용한 일부 시는 의미 전달을 명확히 하기 위해 인용 부호를 쓴 경우도 있다.
8. 각주의 표제자는 두음법칙을 무시한 한글 독음을 병기하였다. 다만 동일 각주에서 재차 출현하는 표제자는 한글 독음의 병기를 생략하였다.
9. 독자의 편의를 위해 목차를 간단히 하고, 작가 작품 목록과 기타 작품 목록의 해당 페이지수를 함께 작성하여 기재하였다.

# 역자 서문

본 역서는 한국학술진흥재단의 2002년 동서양명저번역지원사업에 의한 번역이다.

『옥대신영(玉臺新詠)』과 인연을 맺은 지 벌써 20년이 넘었다. 1985년 대학원에서 이장우(李章佑) 선생님의 수업을 통해 『옥대신영』 서문을 접한 후부터 박사학위논문을 쓰기까지 10년이 넘었는데, 그때까지의 초역에다 다시금 원문 입력과 주석까지 곁들여 재번역한 시간이 다시 10년 가까이 되었다. 그렇게 오랜 세월을 소요하게 된 까닭은 무엇보다도 어려운 고전번역이 천학비재의 나와는 본래 어울리지 않은 때문이요, 둘째는 나태한 학문적 태도 때문이기도 하다. 그간 주변에서 저에게 격려와 질책을 베풀어 주신 분들, 그리고 혹시나 계실지 모를 『옥대신영』의 번역본 출간을 기다려온 분들에게 이 분야 연구자로서 감사와 송구스런 마음을 함께 전한다. 아울러 이 책과 관련하여 저의 석사논문을 지도해주신 이홍진(李鴻鎭) 선생님, 그리고 박사논문을 지도해주신 최완식

(崔完植) 선생님께 머리 숙여 감사드린다. 또한 박사논문의 심사에서부터 번역에 대한 질책과 격려를 베풀어주신 이종진(李鍾振) 선생님께도 깊이 감사드린다.

번역을 해본 경험이 있는 사람은 누구나 느꼈으리라 생각하지만 번역을 경시하는 우리의 학계 풍토에서 번역일에 시간을 투자하기란 여의치가 않다. 번역가 대부분은 그 성과를 인정받기 위해서라기보다는 반드시 번역이 필요하다는 소명의식에서 스스로 선택한 것일 것이다. 외국어를 우리말로 옮기는 것, 그 중에서도 고대 중국어를 현대의 우리말로 옮기기란 그렇게 용이한 일은 아니었다. 특히 장르상에 있어서 시를 번역한다는 일은 거의 불가능에 도전하는 무모함이 아닐까 생각한다. 그런 점에서 『옥대신영』의 번역은 앞뒤를 살피지 않은 차라리 막무가내식의 작업이었다. 그렇기에 책장마다에는 애매하고 모호한 표현들이 가득할 것이며, 그로 인해 오히려 원작에 대한 오해를 살 여지도 충분하다. 지면을 빌려 오역 투성이인 번역의 출간을 결정하는 데 있어서 적잖은 용기가 필요했음을 밝힌다. 그 용기란 바로 제현들의 질책을 받을 좋은 기회라는 위안에서 나온 것으로, 독자들의 질정을 간곡히 바란다.

다음으로 이 번역본에 실린 작품의 내용에 대해 한 가지 언급하고자 한다. 육백여 수의 작품들의 주제는 한 마디로 사랑이다. 그러나 그 사랑이란 대부분 사랑하는 사람과의 이별로 인한 그리움이다. 이별 없는 기쁜 사랑, 어쩌면 인류의 영원한 존재 이유이자 과제가 아닌가 한다. 사랑이 굳건한 사회, 이별과 미움이 드문 사회, 그것이 바로 이상향일 것이다. 바라건대 천여 년 전의 중국 사랑시를 읽으면서 한 번쯤 그런 마음을 먹어볼 수 있다면 역자로서는 더없는 보람이라고 생각한다.

끝으로 형식이 다른 원고를 일정한 꼴을 갖춘 책으로 만들어준 소명출판 편집부의 노고에 지면을 빌려 감사를 표하며, 자신밖에 모르던 역자로 하여금 사랑에 대한 이해를 보다 깊게 해준, 그래서 번역상의 오류를 좀더 줄게 해준 아내 영심(英心)께도 부끄러움을 무릅쓰고 감사를 드린다.

2006년 10월
역자 삼가 씀

해제

# 고대 중국의 여성 독자를 위한 사랑노래 모음

## 1. 개요

『玉臺新詠』 10권은 南朝 梁나라 武帝 때 태자 蕭綱의 취지에 따라 徐陵이 편찬한 시가선집으로, 『詩經』·『楚辭』를 제외하면 가장 오래된 시가선집이다. 수록된 작품은 宋刻本 기준, 漢代부터 편찬 당시 梁代까지의 민가 포함 115명의 實名 작가의 시가로서 오언체(417수), 오언사구이운체(157수), 칠언체(44수), 사언체·육언체 및 잡언체(49수) 등 총 667수에 달한다. 이 시가선집은 漢代부터 南朝 말엽에 해당하는 梁代까지의 시가 중에서 여성과 관련된 시가를 총괄하는 성격을 지니고 있다. 작가와 작품의 수량에 있어서도 당시에 편찬된(520~526) 시문선집인 『文選』에 수록된 시가(65명 작가, 444수)를 훨씬 능가한다.

## 2. 『옥대신영』의 편찬 경위

『玉臺新詠』의 편찬 경위에 관한 구체적 내용은 그 서문에서조차 언급이 거의 없으며, 간접적으로 편찬에 영향을 끼친 인물로 알려진 蕭綱에 대한 전기인 『梁書』와 『南史』의 「簡文帝紀」 및 실재 편찬자로 알려진 徐陵의 사적을 기록한 『南史』와 『陳書』 「徐陵傳」 등의 자료에도 관련된 기록이 전혀 없으며, 이후 『隋書』 「經籍志」에서 처음으로 겨우 '『玉臺新詠』 十卷 : 徐陵撰'이란 목록 형식이 보인다. 이런 사정으로 인해 이 시가집의 명확한 편찬 경위는 지금까지도 정확히 규명되지 않고 있다.

이 시가집의 편찬 경위에 관한 후대 기록 대부분은 唐나라 때의 『大唐新語』란 책의 내용에 근거한 것인데, 그것은 바로 唐 太宗과 그 신하 虞世南 사이의 일화로서 다음과 같다.

> 太宗이 侍臣들에게 말하기를 "짐이 장난삼아 염정시를 지었노라"고 하니, 虞世南이 곧바로 간언하기를 "임금님의 작품은 비록 훌륭하지만 격조는 고상하지 않습니다. 주상께서 애호하시는 것은 아랫사람들이 반드시 따르게 마련입니다. 이런 문장이 전파된다면 아마도 세상에 풍미할 것 같으니, 이후 임금님의 조서를 받들지 않도록 해주십시오"라고 하였다. 이에 太宗이 말하기를 "그대의 간절한 충정이 이와 같으니 짐이 그대를 기특히 여기노라. 모든 신하들이 다 世南과 같다면야 세상이 잘 다스려지지 않음을 어찌 근심하겠는가"라고 하고 이에 비단 50필을 하사하였다. 옛날 梁나라 簡文帝가 태자였을 때, 염정시 짓기를 좋아해 東宮이 모두 그렇게 변하여 차츰 유행하게 되었는데, 그것을 '宮體'라고 했다. 만년에는 작풍을 고치고자 했지만 되지 않자, 이에 徐陵으로 하여금 『玉臺集』을 편찬케 하여 그 체제를 확대시켰다. 永興公의 간언은 자못 고사 때문이었다(太宗謂侍臣曰, 朕戲作艶詩. 虞世南便諫曰, '聖作雖工, 體制非雅. 上之所好, 下必隨之, 此文一行, 恐致風靡, 而今而後, 請不奉詔.' 太宗曰, '卿懇誠若此, 朕用嘉之. 群臣皆若世南, 天下何憂不理.' 乃賜絹五十疋. 先是,

梁簡文爲太子, 好作艶詩, 境內化之, 浸以成俗, 謂之宮體. 晩年改作, 追之不及, 乃令徐陵撰『玉臺集』, 以大其體. 永興之諫, 頗因故事).

—『大唐新語』「公直」

기존 연구들 대부분은 이 자료를 기본 전제로 삼아 편찬 경위를 연역해낸 것이다. 하지만 『大唐新語』란 책의 성격이 정사가 아닌 소설가류에 속한다는 점과 그 편찬 시기가 몇 조대를 지난 대략 3백 년 후라는 점 등으로 인해 그 내용을 완전히 믿을 수는 없다. 따라서 보다 정확한 편찬 경위를 밝히기 위해서는 편찬 당시와 보다 근접한 시기의 신빙성 높은 관련 자료를 우선으로 해야 함은 물론이며, 시가의 발전이란 흐름 속에서 통시적·공시적 측면의 고찰을 통해 편찬 경위의 내적 동인을 밝혀내야 할 것이다.

### 1) 편찬 배경

시가사의 흐름에서 볼 때, 이 선집이 편찬된 南朝 梁나라 때는 여기에 실린 작품으로 대표되는 宮體詩류의 염정적인 시가가 주류를 이룬 시기다. 이에 앞서 문인들의 문학에 대한 관심의 표출은 後漢 말 建安 시기를 계기로 본격화되었다. 建安 시기 曹操·曹丕·曹植이 앞장을 서고 수많은 문인들이 뒤를 따르며 민가의 청신한 체제를 모방하기 시작하면서부터 중국의 문인시가는 꽃을 피우기 시작한다. 이러한 建安 문학은 일면 통속적인 민가로부터 내용·형식·제재 등에 있어서 차츰 雅化되어 가는 초기 과정이라고 볼 수 있다. 일단 문인들의 수중으로 전이된 시가는 정치의 혼란과 귀족사회라는 南朝의 특징과 맞물려 정치에 실의하여 가문과 일신의 안녕에만 관심을 가졌던 귀족문인들의 오락적 수요에 부응해 내용보다는 형식, 公利보다는 개인적 쾌락을 추구하는 쪽으로 발전하게 된다.

좀 더 구체적으로 살펴보면 宋을 이은 齊나라는, 초기 약 10여 년 간 정치가 안정되어 어느 정도의 치세기를 맞는다. 이로 말미암아 문학 또한 흥성하였다. 당시의 시가는 武帝의 연호를 딴 '永明體'로 불리는데, 王融·謝朓·范雲·任昉·沈約·陸倕·蕭琛·蕭衍 등 '竟陵八友'가 창작 활동의 중심이 되었다. 작품의 길이는 짧아졌으며, 수사와 성률이 더욱 강구되었는데, 이는 문인의 수중에서 차츰 소실되어 가던 음악성을 언어문자의 측면에서 되살리고자 노력한 결과로 볼 수 있다. 음악성이란 외재율 탐색에 대한 노력은 이후 율시 탄생의 중대한 계기를 제공하게 된다. 시의 공간적 측면에서 볼 때 산수시의 경우 전 시대의 玄理와 유람의 공간에서 탈피하여 일상생활의 공간으로 나아가면서 좀 더 사람과 밀착하게 된다.

齊를 이어 蕭衍이 세운 梁(502~557)나라는 남북조 역사 중 가장 평화로운 치세라고 불릴 만큼 정치적 안정을 이루었으며, 문학도 따라서 매우 흥성였다. 이 시기는 특히 '竟陵八友'의 한 사람이었던 武帝 蕭衍을 비롯하여 그의 아들 蕭統·蕭綱·蕭繹 등 蕭氏 부자를 중심으로 한 미증유의 거대한 문학 집단이 형성되어 활발한 창작 활동이 이루어진다. 이 시기의 두드러진 시가 양식은 '宮體詩'라고 할 수 있다. 宮體詩에 관한 기록 중 가장 직접적인 자료를 보면 다음과 같다.

> 簡文帝는 시 짓기를 매우 좋아하였다. "그의 시집 서문에 이르기를 '나는 일곱 살 때부터 시벽이 있었는데, 커서도 싫증이 나지 않았다'라고 하였다. 그러나 경박하고 기염한 것이 병폐였는데, 당시에 그것을 '宮體'라고 하였다(雅好題詩. 其序云, '余七歲有詩癖, 長而不倦.' 然傷於輕艷, 當時號曰'宮體')."
>
> —『梁書』「簡文帝紀」

'宮體'라는 명칭은 본래 徐陵의 아버지인 徐摛(472~549)에게서 비롯된 것으로, 그 근원은 전대의 '永明體'라고 할 수 있다. 즉 蕭衍 등 '竟

陵八友'의 시가에서 진일보하여 염정적인 내용에다 형식이 더욱 정제된 시가로서, 蕭綱이 태자였을 때 東宮에서 유행하였던 新體詩가 바로 그것이다. 이를 '新變'의 관점에서 본다면, 전대의 '新變'한 新體詩인 '永明體'에서 다시 한번 '新變'한 新體詩라고 할 수 있을 것이다.

漢代부터 梁代까지의 중국 중고 시기 시가의 흐름은 雅俗의 관념이 서로 대립·부정·복고·新變하는 과정의 연속선상에서 파악될 수 있다. 이를 다시 『玉臺新詠』이 편찬된 梁代만을 두고 본다면 일면 漢代 유가사상의 영향으로 대두된 詩敎說로부터 시가가 탈피하는 과정의 종점에 해당하는 시기로 시가의 독립이 완성된 시기란 긍정적 의의를 지니고 있다. 『玉臺新詠』은 바로 이러한 梁代 시풍의 직접적인 반영이자, 중고 시기 시가의 발전과 독립을 총결하는 의미를 지니고 있다.

『玉臺新詠』 탄생의 보다 직접적인 배경은 이러한 시가사적 배경보다 梁代 문단에 있어서 전후기로 양분된 두 문단의 대립이라고 할 수 있다. 梁代의 蕭氏 부자는 魏나라 曹氏 부자처럼 문단을 활발하게 영도한 영수였다. 『玉臺新詠』과 『文選』은 바로 그들 문학 활동의 주요한 결실이다.

梁代 문단을 蕭衍의 두 아들, 蕭統과 蕭綱을 중심으로 한 성격이 상이한 두 문단으로 나누어 그 상황을 살펴보면 다음과 같다. 梁代 전기와 후기는 각각 蕭統과 蕭綱이 중심이 되어 문단을 형성하였다. 두 사람은 모두 일찍부터 문학을 애호하였으며, 상당수의 작품 창작과 나름대로의 문학관을 피력하여, 창작과 이론면에서 모두 높은 성취를 보였다.

梁代 전기, 즉 蕭統(501~531)이 태자로 東宮에 거처하고 있을 동안(502~531)에는 『文心雕龍』의 관점같이 유가의 詩敎說에서 어느 정도는 벗어나 문학의 독자적 심미 특성을 인정한 蕭統 일파가 문단의 주류를 이루고 있었다. 그들은 당시 문단의 추세인 시가의 俗化에 대해 그 형식면에서는 긍정하면서도 綺艶한 내용으로의 俗化는 반대하였다. 蕭統의 문학관은 『文選』의 서문에 잘 나타나 있듯이, 유가사상에 기초하여

문학의 실용성을 강조하면서도 일면 문학의 독자적인 성격과 위치를 긍정하는 것이었다. 즉 그는 명백히 '姬公之籍'과 '孔父之書' 같은 유가의 경전을 모두 문학의 범주에서 제외시켰으며, 오로지 '내용이 깊은 생각에서 나온 것과 의미가 아름다운 문채로 귀속되는(事出於沈思, 義歸乎翰藻)' 작품만을 수록한다고 했다. 그리하여 그는 다음과 같이 雅俗 절충의 관점을 보였다.

> 대개 문장이란 법식을 따르면 투박하게 되기 쉽고, 화려함을 추구하면 허황한 병폐를 지니게 마련이니, 화려하면서도 허황하지 않고 법식을 따르면서도 투박하지 않은 문채와 내용이 함께 빛나야만 군자의 경지에 이른다(夫文典則累野, 麗亦傷浮, 能麗而不浮, 典而不野, 文質彬彬, 有君子之致).
>
> —「答湘東王求文集及詩苑英華書」

아울러 문학의 진화를 긍정하여 당시의 '新變' 시풍을 일면 수긍하였지만, 문학의 효용이란 측면에서는 오락적 효용보다 교화적 효용을 우위에 두어, 남녀간의 애정을 다룬 시가와 여성을 소재로 한 시가에 대해서는 반대하는 입장이었으며, 나아가 이러한 시가의 근원인 樂府와 당시의 민가를 매우 경시하였다. 이 점은 『文選』에 잘 반영되어 있는데, 즉 『文選』에는 古樂府만 단지 3수 수록되어 있을 뿐이며, 漢代의 많은 樂府와 南朝의 吳聲・西曲의 민가, 나아가 이것을 모방한 五言四句二韻體의 시는 수록하지 않았다. 또한 그가 쓴 「陶淵明集序」에 따르면, 陶淵明의 작품 중 여성을 소재로 다룬 「閑情賦」를 구슬의 흠이라고 평하고 있다. 이러한 관점은 蕭綱 일파의 문학관과는 정면으로 배치되는 점이다. 이 일파는 蕭統이 죽기 전까지, 즉 梁代 전기를 대표하는 문단이었다.

이와 더불어 梁代 후기 시풍을 대표하는 일파로서, 문학의 공용성을 배제하고 극단적인 개인의 오락성을 주장한 蕭綱 일파를 들 수 있다. 그들은 문학창작 활동을 인격과 분리하여 당시의 이른바 '宮體詩' 창작의 이론적 기틀을 제공해 주었다.

다음은 蕭綱의 문학관을 그의 글을 통해 귀납해 낸 것이다.

첫째, 문학의 창작 활동에 금기와 구속을 받지 말고 최대한 상상력을 발휘해야 한다. 이는 蕭綱의 문학관의 가장 독특한 부분으로, 열 살인 자신의 둘째 아들 蕭大心에게 학문과 입신의 근엄함을 강조하기 위해 준 「誡當陽公大心書」에 보인다.

> 입신의 도리는 문장과는 다른데, 입신은 우선적으로 신중해야 하고, 문장은 그 다음으로 방탕해야 한다(立身之道, 與文章異, 立身先須謹重, 文章且須放蕩).

이 글에서 '문장'은 곧 현대적 의미의 문학 곧 시가를 말하며, 이는 실용적, 학술적 산문과 구별되는 것이다. 그리고 '방탕'이란 현대적 의미의 생활상의 방탕함이 아니라, 정서의 발로가 아무런 구애를 받지 않는 것을 말하는 것으로, 그 구애란 대표적인 예로 전통적 유가의 詩教인 '止乎禮義'와 같은 도덕적 규범을 말한다. 즉 문학 창작은 입신과 학문과는 달리 정서 활동에 구속을 받지 않아야 한다는 주장이다.

둘째, 公利的인 실용문과는 다른 시가의 독자성 인정 및 지위를 제고시켰다. 중국의 경우 문학은 일체의 문장으로 파악되어 漢代까지는 주로 유가의 부속적인 載道의 수단으로 여겨져 왔다. 魏의 曹丕에 이르러 문학 자체의 독립적인 지위가 어느 정도 인정되었으며, 나아가 시가가 다른 문장과는 다르다는 인식이 싹트기 시작했다. 이후 西晉 때의 陸機는 시가가 다른 문장과는 달리 정감과 밀접한 관계를 가진 것이라고 파악하기에 이르렀으며, 다시 蕭綱에 이르러서 그는 시가가 지니고 있는 경전과는 다른 독자성을 명확히 인식하게 되었다. 따라서 曹丕에서부터 시작된 시가의 독자성에 대한 인식은 蕭綱에 이르러 완성되었다고 말할 수 있다. 다음은 蕭綱의 「與湘東王書」 중의 일부분이다.

무릇 六典·三禮의 시행에도 그 장소가 있으며, 五禮를 적용함에도 그 장소가 있다. 생각이나 감정을 노래함에 오히려 「內則」편을 모방하고, 붓을 잡고 뜻을 써내려감에 오히려 「酒誥」를 모방하고, 더디게 가는 봄날에 오히려 『歸藏』을 학습하고, 맑은 강물을 보면서 오히려 『大傳』을 모방하는 예를 아직 듣지 못했다(若夫六典三禮, 所施則有地, 吉凶嘉賓, 用之則有所. 未聞吟詠情性, 反擬內則之篇, 操筆寫志, 更摹酒誥之作, 遲遲春日, 翻學歸藏, 湛湛江水, 遂同大傳).

이 글을 보면 그는 확실히 감정을 노래하는 시가와 경전의 차이를 파악하였으며, 아울러 시가의 가치를 경전과 동등한 위치에서 서로 비교하여 시가의 위치를 제고시켰음을 알 수 있다. 또한 역대 제왕에 비해 두드러지게 많은 시가 창작과 儒·道·佛에 관한 저술은 그가 경서와 시가를 동일한 범주에서 비교 파악한 것이 아니라, '경서(교화)↔시가(오락)'이란 각각의 독자성을 인정한 결과라고 할 수 있다.

셋째, 형식미를 강구하였다. 중고 시단에 있어서 형식미를 강구한 대표적인 시체는 바로 謝朓·沈約 등의 永明體다. 이는 언어의 성률을 통해 시가의 음악성을 강구하려는 시도로 볼 수 있다. 이러한 永明 시인들의 작품에 대해서 그는 다음가 같이 높이 평가하였다.

근세의 謝朓와 沈約의 시와 任昉과 陸倕의 산문은 실로 문장 중의 으뜸이며, 저술 중의 모범이다(近世謝朓沈約之詩, 任昉陸倕之筆, 斯實文章之冠冕, 述作之楷模).

—「與湘東王書」

그리고 謝靈運의 천재성으로 인한 형식적으로 세련되지 못한 투박함에 대해서 다음과 같이 언급하면서 시를 배우는 자는 세련된 형식미를 강구해야 한다고 하였다.

謝靈運은 말을 토해냄이 하늘에서 뽑아낸 듯 자연스럽게 나오므로, 간혹 구속되지 않은 면이 있는데, 이것은 그의 투박함이다. …… 이 때문에 謝靈運을 모방하게 되면 그 진수에 이르지 못하고 단지 쓸데없이 길어지게 될 따름이다(謝客吐言天拔, 出於自然, 時有不拘, 是其糟粕. …… 是爲學謝則不屆其精華, 但得其冗長).

—「與湘東王書」

이러한 형식미에 대한 강조는 그의 작품 속에 그대로 나타나는데,『玉臺新詠』에 수록된 그의 작품 76수 중 대부분이 齊言體이며, 권9에 수록된 칠언체 및 잡언체 12수 중에도 실제 잡언체는 단지 3수에 불과할 정도로 그 구법의 정제화를 이루었다.

넷째, 음악을 애호하였다.

유미주의 문학은 문학의 기능을 교화적인 것으로 보기를 거부하고 오락적인 것으로 보기를 주장한다. 따라서 오락적 기능에 수반되는 것은 자연히 가무 등의 음악이다. 蕭綱은 스스로 다음과 같이 말한 것으로 보아 음악을 애호하였음을 알 수 있다.

성격이 본래 문학을 좋아한데다, 게다가 때때로 짧은 노래를 읊으니, 비록 보잘것없는 소리이지만 붓을 놓을 수가 없었다(性旣好文, 時復短詠, 雖是庸音, 不能閣筆).

—「與湘東王書」

그가 애호한 음악이란 주로 민간의 음악이었다. 이는 일찍이 藩王으로서의 성장 배경과 관련이 있다. 즉 태자로 책봉되기 전의 지방관으로서의 생활은 그로 하여금 비교적 쉽게 민간 정서에 접근할 수 있도록 하였다. 이로 인해 그는 민가 모방에 힘을 썼으며, 작품의 내용 또한 대개는 민가의 주요 내용인 남녀의 애정과 이별인데, 민가 또는 민가의 영향을 받은 작품을 수록한 권9와 권10에 그의 작품이 33수나 수록되어 있음을 통해 그 사실을 알 수 있다. 아울러 그의 작품 중 상당수가 연회석상에서 창화한 작품으로, 이는 음악과 같은 오락적 수요에 부응한 성격을 띠고 있으니 그의 음악 애호와 무관하지 않다.

蕭統·蕭綱을 중심으로 한 두 문학관은 문학의 심미적 속성에 대한 긍정에서 출발하여 구체적 내용상으로는 차이를 보인다. 梁代 초기 즉 蕭統(501~531)이 죽기 전까지는 당시의 창작 추세에도 불구하고 전자가 우세하였으며, 蕭統 사후 蕭綱이 태자가 된 532년 이후는 창작과 이론에 있어서 모두 후자가 우세하였다.

이러한 두 문학관의 대립은 당시 梁朝에서의 성격이 상이한 두 문학집단의 정치적 역학구도와 관련이 깊은데, 이는 나아가 『文選』과 『玉臺新詠』 탄생의 직접적인 배경이 된다. 梁代 초에는 蕭統이 태자로서 권력의 핵심부에 있음으로 인해 당시 문단의 주류를 형성할 수 있었다. 정치적 지위의 우위를 힘으로 삼아 전대부터 유행하기 시작해 당시 한창 풍미하고 있던 綺艷한 내용의 宮體詩를 반대하였다. 그와 함께 자신의 문학관을 실현하기 위해 그에 부합하는 작품집인 『文選』을 편찬하게(520~526) 하였으며, 나아가 그것을 통해 당시 문단의 계도적 역할을 수행하고자 하였다.

한편 蕭綱은 자신의 문하에 있던 문인들과 함께 문단을 이루어 蕭統을 중심으로 한 궁정 문학파와 대립하여 당시 문단의 주류를 다투었다. 그 노력의 하나로 동생 蕭繹의 문학적인 재능을 극찬하면서 자신의 세력으로 끌어들였다. 후에 蕭統이 죽고 자신이 태자가 되자, 徐陵·庾信은 물론이요, 원래 蕭統의 문하에 있던 蕭子顯 등까지 끌어들여, 당시의 서로 다른 문학관의 두 문단을 자신의 문학관 중심으로 통일하고, 그들 문학관 및 작품에 정통성을 부여하기 위해 『文選』과는 성격이 다른 『玉臺新詠』을 편찬하게 되었던 것이다. 그리하여 당시 그들의 宮體詩야말로 『詩經』의 風의 정신을 계승한 시가의 전형이라고 하여 漢代부터 당시까지의 '緣情'의 시가만을 수록하였다. 다시 말하면 『玉臺新詠』은 蕭綱을 중심으로 한 당시의 오락 문학관의 결산물이자, 蕭統 및

『文選』과의 대립에서 탄생한 산물이라고 할 수 있다.

### 2) 편찬자

『玉臺新詠』의 편찬자가 徐陵이라는 사실은 옛부터 모두 인정하고 있어 이론의 여지가 없다. 다만 『大唐新語』의 기록대로 蕭綱의 명에 의해 徐陵이 편찬한 것인지, 아니면 시가집 자체에 명기된 기록 '陳나라의 尙書左僕射 太子少傅인 東海人 徐陵이 편찬함(陳尙書左僕射太子少傅東海徐陵撰)'이란 구절과 시가집 서문 등에 따라 徐陵이 독자적으로 편찬한 것인지가 문제이다. 이에 대해 비록 『大唐新語』의 기록을 무시한다 할지라도 전술한 편찬 배경을 통해 볼 때, 徐陵은 단지 명목상의 편찬자이며 배후의 주도적 인물은 바로 蕭綱이란 것을 알 수 있다. 이는 동시대에 편찬된 『文選』이 실재로는 서문을 쓴 蕭統의 취지하에 그의 親臣이었던 劉孝綽 · 殷藝 · 陸倕 · 王筠 · 到洽 등에 의해 편찬되었다는 사실과 마찬가지다.

이러한 추론을 더욱 신빙성 있게 하는 증거로 다음 몇 가지 사항을 들 수 있다.

첫째, 이 시가집의 작가의 명칭, 특히 왕족의 명칭을 통해 蕭綱이 이 시가집의 주체였음을 쉽게 알 수 있다. 즉 본서의 저본인 宋刻本 작품에 국한시켜 볼 때, 권7 · 권9 · 권10 등에 수록된 왕족 작가에 대한 명칭을 보면 그 사실이 명확하다. '梁武帝'는 편찬 당시의 명칭이 아닌 시호인 점으로 보아, 왕족의 명칭에 대해서는 후인들의 가필이 있었을 것으로 볼 수 있다. 蕭綱 역시 太淸 3년(549)에 즉위했으며, 이어 蕭繹 또한 大寶 3년(552)에 즉위하여, 후에 각각 簡文帝 · 元帝라고 시호되었는데도, 宋刻本의 작품에 한해서 이들의 시호를 쓰지 않은 점으로 보아, 후인의 가필은 武帝 蕭衍 한 사람에게만 국한되었을 것으로 볼 수 있다. 그렇다면 편찬 당시 원서에서의 蕭衍의 명칭은 아마도 '御製'라고 하였을 것이며, 후인들이 작가를 명확하게 하기 위해 시호를 썼을 것이 분명하다. 이러한 관점에서 왕족 작가의 명칭을 볼 때, 蕭衍・蕭綸(제6자)・蕭繹(제7자)・蕭紀(제8자) 등은 단순히 梁武帝・邵陵王・湘東王・武陵王 등으로 명기하고 있음에 반해, 蕭綱에 대해서만은 '皇太子 聖製'라고 높이 받들고 있음을 알 수 있다. 단지 지위상의 고하로 말한 것이라면 당연히 武帝 蕭衍을 더 높여야만 되며, 蕭綱만을 극도로 떠받들 수 없는 것이다.

둘째, 수록된 작품의 수로 볼 때, 蕭綱의 작품이 가장 많다는 점이다(宋刻本 기준 총 115인 667수 중 76수). 이 점 또한 이 시가집이 그의 주도하에 편찬된 것임을 보여주는 방증이라고 할 수 있다.

셋째, 수록된 梁代의 작품 중 蕭綱의 작품에 응대한 창화시가 많다는 사실이다. 즉 蕭繹의 「寒宵三韻」・「詠秋夜」 두 편은 蕭綱의 「和湘東王三韻」인 「春宵」・「冬曉」와 창화한 것이며, 劉遵의 「從頓還城應令」은 蕭綱의 「頓暫還城」에 응한 것이며, 庾信 및 徐陵의 「奉和詠舞」는 蕭綱의 「詠舞」에 응한 것이며, 王訓의 「奉和率爾有詠」은 蕭綱의 「率爾爲詠」에 응한 것이며, 庾肩吾의 「詠美人自看畫應令」은 蕭綱의 「詠美人觀畫」에 응한 것 등이 그 예다. 이 또한 이 시가집이 蕭綱의 주도하에 그의 문하에서 편찬되었다고 볼 수 있게 하는 부분이다.

이상의 여러 사실로 보아 『玉臺新詠』은 蕭綱의 취지하에 그의 문하에 있던 徐陵에 의해 편찬되었다고 할 수 있다.

### 3) 편찬 시기

『玉臺新詠』의 편찬 경위에 관한 연구 중에 가장 논의가 분분하면서도 아직 정확한 결론에 이르지 못한 부분이 바로 편찬 시기에 관한 부분이다. 이는 곧 이 시가집 자체 혹은 다른 어느 문헌에도 그에 관련된 정확한 기록이 전해오지 않는 까닭이다. 단지 앞에서 인용한 『大唐新語』 중에서 유일하게 그 직접적인 단서를 제공하고 있는데, 그 또한 책의 성격상 전적으로 의거할 수는 없을뿐더러 표현 또한 모호하다.

이와 달리 시가집 자체에 편찬 시기를 암시하는 단서를 발견할 수 있는데, 즉 작품의 배열 순서이다. 이는 시가집 서두의 목록 부분을 통해 일목요연하게 살펴볼 수 있다. 아울러 목록에 명기된 작가의 명칭 또한 중요한 단서를 제공해 주고 있다. 이러한 추론을 가능하게 하는 것은 다름 아닌 『玉臺新詠』의 편찬 방법이 기존의 책과는 다른 점에 있다. 즉 『詩品』이나 『文心雕龍』·『文選』 등은 편찬 당시의 조대 또는 편찬 당시에 생존한 사람에 대한 비평이나 작품을 범위에서 제외했던 반면에, 이 시가집에 수록된 작품은 오히려 편찬자인 徐陵 및 그와 동시대에 생존했던 사람의 작품이 중심을 이루는데, 이는 편찬 시기 고증에 중요한 단서를 제공해 준다.

먼저 권1에서 권6까지의 무명씨의 작품 및 民歌를 제외한 작품의 작가별 배열 순서를 그 생졸 연대와 함께 살펴보면 졸년이 확실한 작가들 중 세 곳의 예외, 즉 권2의 曹丕와 甄皇后, 권3의 王微와 謝惠連, 권4의 王僧達과 顔延之를 제외하고는 전체적으로 작가의 졸년순으로 배열되어 있음을 볼 수 있다. 이 배열 순서를 편찬 원칙과 결부시켜 본다면, 위의 예외 중 첫 번째의 예외는 왕과 그 왕비라는 관점에서 순서를 바꾼 것으로 볼 수 있고, 나머지 예외에 속하는 작가 중 일부는 그 졸년이 현존하는 전적의 기록이 잘못되었거나, 아니면 편찬자가 잘못된 자료를 근거하였을 수도 있겠으며, 또는 책이 전해오는 과정에서 원본과는 다르게 잘못 배열되어졌을 가능성도 있다.

다음으로 권7은 모두 梁朝 왕족의 작품을 수록하고 있는데, 그 순서는 蕭衍·蕭綱·蕭綸·蕭繹·蕭紀 등의 순으로, 졸년을 기준으로 한 것이 아니라 왕족의 長幼順으로 배열하고 있다. 여기서는 우선 명기된 작가의 명칭을 통하여, 蕭衍의 재위 기간(502~549), 蕭綱이 태자로 있을 때(531~549), 蕭繹이 제위(552~554)에 오르기 전의 공통된 시기(531~549)에 이 시가집이 편찬되었다는 것을 알 수 있다. 이로써『大唐新語』에서 편찬 시기를 蕭綱의 만년이라고 한 기록은 잘못된 것이라고 할 수 있다.

편찬 가능 시기는 다시금 편찬자 徐陵의 사적을 살펴봄으로써 범위를 더욱 좁힐 수가 있다. 즉 그는 太淸 2년(548)에 通直散騎常侍를 겸직하여 北朝 東魏(534~550)에 사신으로 갔으며, 그 이후 梁의 도읍인 建康에 侯景이 침입하여 武帝가 피살되고, 蕭繹이 江陵에서 제위에 오를 동안은 억류되어 梁朝에 돌아올 수 없었으니, 이로써 편찬 가능 시기는 531년에서 548년 사이로 좁혀진다.

다음은 권8의 편집 순서를 보기로 하겠다.

권8

| | | |
|---|---|---|
| 蕭子顯(489~537) | 王筠(481~549) | 劉孝綽(481~539) |
| 劉遵(?~535) | 王訓(511~536) | 庾肩吾(487~550) |
| 劉孝威(496~548) | 徐君倩(550?재세) | 鮑泉(?~552) |
| 劉緩(549?재세) | 鄧鏗(?) | 甄固(?) |
| 庾信(513~581) | 劉邈(?) | 紀少瑜(535?재세) |
| 聞人倩(?) | 徐陵(507~583) | 吳孜(?) |
| 湯僧濟(?) | 劉令嫺(525?재세) | 王叔英妻劉氏(?) |

이상 권8의 배열 순서는 권7까지의 배열 순서와는 전혀 다르며, 위에서 추론한 편찬 가능 시기 이후에 죽은 사람도 있는 것으로 보아 졸년순이 아닌 것은 확실하다. 그렇다면 여기에는 어떤 배열 원칙이 존재하는가? 이에 대하여 日人 興膳宏은 독특한 방법으로 중요한 단서를 제공하였다. 즉 그는 이 시가집과 거의 비슷한 시기(534년 1월)에 편찬된 불교의 백과전서격인『法寶聯璧』중의 蕭繹이 쓴 서문을 제시하였다. 그 책은 서문에 의하면 모두 220권에 달하는 것으로, 蕭綱이 태자로 있을 때 東

宮의 문인·학자 38명을 동원하여 편찬한 책이다. 서문 말미에 '삼가 작위를 초록하여 왼쪽에 열거한다(謹抄纂爵位, 陳諸左方)'라고 하면서 편찬에 참여한 38명을 관직의 고하 순서에 따라 그 관직·지역·성명·나이·자 등을 기록하고 있다. 그 중 蕭繹·蕭子顯·劉遵·王訓·庾肩吾·劉孝威 등 6인이 『玉臺新詠』에 수록된 작가라는 점과 그 배열 순서가 서로 일치한다는 점을 알 수 있다. 이러한 사실로 하나의 가설을 세울 수 있는데, 즉 권8의 배열 원칙은 곧 편찬 당시에 생존해 있던 작가의 관직의 고하순이라는 것이다. 당시가 고대 봉건왕조 체제였다는 사실을 감안하면 그 가능성은 더욱 높다고 하겠다.

이러한 가설과 함께 다시 七言體 및 雜言體를 수록한 권9와 五言四句二韻體를 수록한 권10의 배열 순서를 살펴보면 다음과 같이 각각 그 전반부는 권6까지의 배열순이며, 후반부는 권7~권8의 배열순으로 이루어졌음을 알 수 있다.

권9

司馬相如(B.C.179~B.C.117) 劉細君(B.C.110재세) 張衡 秦嘉 曹丕
曹植 傅玄 張載(289재세) 陸機 鮑照 釋寶月(490재세)
陸闕 沈約 吳均 張率 費昶 蕭綱 蕭繹 蕭子顯 王筠
劉孝綽 劉孝威 徐君蒨 王叔英妻劉氏

권10

賈充(217~282) 孫綽(320~377) 王獻之(344~388) 桃葉(?) 謝靈運(385~433)
劉駿(430~464) 許瑤之(?) 鮑令暉 王融 謝朓 虞炎(488재세) 沈約
施榮泰 高爽 吳興妖神(?) 江洪 沈滿願 何遜 吳均 王僧孺 劉令嫺
姚翻 王環(?) 蕭衍 蕭綱 蕭子顯 劉孝綽 庾肩吾 王臺卿(?)
劉孝儀(484~550) 劉孝威 江伯搖(?) 劉泓(?) 何曼才(?) 蕭驎(?) 紀少瑜
王叔英妻有氏 戴暠(?) 劉孝威

이상 권9~권10의 배열 순서는 곧 권9의 司馬相如로부터 費昶까지와 권10의 賈充으로부터 王環까지는 권1부터 권6까지의 배열순에 따른 것이며, 그 후반부는 권7~권8의 배열순에 따른 것임을 볼 수 있다. 이러한 배열 순서를 종합하면, 권1에서 권6까지 및 권9~권10의 전반부는 편찬 당시 졸한 사람의 졸년순 배열이며, 권7~권8 및 권9~권10의 후반부는 편찬 당시 생존해 있던 사람의 梁朝에서의 관직 고하순 배열이라는 사실을 추론할 수 있다. 권10 마지막의 劉孝威는 권10에 거듭 수록되어 있는데, 마지막의 그의 시 2수는 五雲溪館活字本에는 앞부분에 함께 수록되어 있다. 아마도 傳寫되는 과정에 탈락되어 후인들이 덧붙였을 가능성이 있다.

이로써 그 편찬 시기는 권1에서 권6까지 및 권9~권10의 전반부에 수록된 졸년이 명확한 작가 중 가장 최후에 졸한 張率의 졸년(527)과 권6의 최후에 수록된 何思澄의 졸년 범위가 梁武帝 中大通 4년(532) 이후라고 한 것과, 권7~권8 및 권9~권10의 후반부에 수록된 작가 중 그 졸년이 가장 이른 劉遵의 졸년(535) 사이라고 볼 수 있다. 여기서 사적이 명확하지 않은 작가들의 졸년이 좀 더 많이 밝혀지게 되면 편찬 시기의 범위 또한 더욱 좁힐 수 있지만, 우선 이상의 자료를 종합하여 편찬 가능 시기의 범위를 蕭綱이 태자가 된 이후 何思澄이 죽은 해(532)부터 劉遵이 죽은 해인 535년 사이라고 추론할 수 있다.

## 3. 『옥대신영』의 작품 개황

『玉臺新詠』은 서두의 徐陵의 서문과 함께 모두 10권으로 구성되어 있다. 이 시가집에는 漢代의 무명씨의 고시·악부·동요 등과 枚乘의 시를 비롯하여, 梁代의 徐陵 등의 시에 이르기까지 오언체를 위주로 사언체·육언체·칠언체·잡언체 등의 시를 수록하고 있는데, 권1에서 권6까지는 시대순이란 원칙에 따라 작품을 수록하였고, 권7에는 梁代 왕족, 권8에는 梁朝에 벼슬하던 사람을 중심으로 한 편찬 당시 생존 작가들의 작품을 수록하였고, 권9에는 전적으로 오언체를 수록한 다른 권과는 달리 칠언체를 위주로 하고 사언체·육언체·잡언체 등을 수록하고 있으며, 마지막 권10은 絶句의 남상인 五言四句二韻體를 수록하고 있다. 각 권마다의 수록 순서를 보면, 대체로 편찬 당시 이미 죽은 작가는 졸년순이며, 생존 작가는 관직의 고하순 또는 생년순을 원칙으로 하고 있다. 이를 도표로 나타내면 다음 표와 같다.

宋刻本『玉臺新詠』의 작가와 작품 수

| | 작가 수 | 작품 수 |
|---|---|---|
| 권1 | 枚乘·繁欽 등 漢代 작가 13인 | 五言詩 45수 |
| 권2 | 曹丕·左思 등 魏晉간 작가 11인 | 五言詩 39수 |
| 권3 | 陸機·劉鑠 등 晉宋간 작가 12인 | 五言詩 39수 |
| 권4 | 王僧達·施榮泰 등 宋齊간 작가 11인 | 五言詩 44수 |
| 권5 | 江淹·庚丹 등 齊梁간 작가 12인 | 五言詩 69수 |
| 권6 | 吳均·劉令嫻 등 梁代 작가 9인 | 五言詩 60수 |
| 권7 | 梁武帝 蕭衍 등 梁代 왕족 작가 5인 | 五言詩 71수 |
| 권8 | 蕭子顯·王叔英妻 劉氏 등 梁代 생존 작가 21인 | 五言詩 56수 |
| 권9 | 司馬相如·沈約 등 漢代-梁代 작가 25인 | 四言·六言·七言·雜言詩 89수 |
| 권10 | 賈充·劉孝威 등 漢代-梁代 작가 38인 | 五言四句二韻詩 155수 |
| 전체 | 漢代-梁代 작가 115인 | 四言·五言·六言·七言·雜言詩 667수 |

이상의 宋刻本에 수록된 작가와 작품의 수에 대해 紀容舒의『玉臺新詠考異』에서는 작품의 총 편수는 위와 같지만, 작가에 대해서는 약간의 이견이 있다. 四庫全書本 역시 수록된 작품은 위와 같은데, 다만 권4의 顔延之의「秋胡詩」1수(9章)를 9수로 본 차이가 있다.

그러나 陳玉父本과는 다른 別本 宋刻本을 저본으로 삼은 五雲溪館 活字本(현재 四部叢刊本)은 약간 차이가 있는데, 특히 작가에 대해서는 책이 전체적으로 조판 과정에서 탈락되고 잘못 들어간 부분이 많아 고찰할 가치가 별로 없다. 수록된 작품에 대해서도 宋刻本과 비교하였을 때 추가된 시와 누락된 시가 일부 있는데, 먼저 추가된 시는 권6의 吳均의 시에 「梅花落」 1수가 있으며, 탈락된 시는 권6의 吳均의 시 「和蕭洗馬子顯古意」 6수 중 제2·3·4·5 등의 4수, 王僧孺의 시 「爲人述夢」 1수, 費昶의 10수 중 마지막 시 「長門后怨」 1수(이는 목록에는 10수로 되어 있는 걸로 보아 조판 과정에서 누락된 것 같음)와 권7의 蕭綱의 시 중 마지막 시 「孌童」 1수와 권8의 庾肩吾의 시 7수 중 마지막 「和湘東王應令冬曉」 1수, 庾信의 「雜詩」 3수 중 두 번째 시 「七夕」 1수 등 모두 9수이다. 이로써 이 판본에 수록된 시가는 宋刻本보다 8수 적은 총 159수(권4의 顔延之의 「秋胡詩」를 9수로 보고 있지만 1수로 계산함)이다.

다음은 『文選』의 詩卷 부분과 비교하여 작가와 작품을 살펴보기로 하겠다. 먼저 『文選』에 수록된 작가와 작품의 수는 漢代 李陵으로부터 齊梁代 徐悱에 이르기까지 모두 65인의 시와 무명씨의 古詩 19수를 포함하여 총 444수가 된다. 이것은 제32~33권의 屈原·宋玉·劉安 등의 楚辭를 뺀 것이다. 『玉臺新詠』과 비교하여 특징으로 들 수 있는 것은 첫째, 『玉臺新詠』이 편찬 당시 생존하고 있던 작가의 작품을 중심으로 수록하고 있는 반면, 『文選』은 생존 작가의 작품을 제외시켰다. 둘째, 『玉臺新詠』이 空前絶後할 정도로 많은 여성 작가의 작품을 수록하고 있는데 비해, 『文選』은 전체를 통해 班昭의 「東征賦」와 班婕妤의 「怨歌行」 1수만을 수록하고 있으며, 시가로 볼 때는 단지 1인 1수에 한하고 있음을 볼 수 있다. 셋째, 『玉臺新詠』이 악부와 민가를 대량으로 수록하고 있음에 비해 『文選』은 단지 「古樂府」 3수 등 극히 일부분만 수록하고 있다. 이러한 차이점은 두 선집의 특징을 여러 가지 측면에서 비교해볼 수 있게 하는 좋은 자료가 된다.

## 4. 『옥대신영』의 선시(選詩) 기준

『玉臺新詠』이란 제명과 그 서문은 편찬자의 선시 기준을 말해주는 부분이다. 무릇 모든 저작의 제목은 그 저작의 내용을 총괄하는 의미를 가지기 때문에 먼저 '玉臺新詠'이란 제명이 가지고 있는 의미에 대해서 살펴보기로 한다.

이 선집의 제목에 대해서는, '玉臺'(趙均)·'玉臺集'(『大唐新語』·『滄浪詩話』)·'玉臺新詠集'(沈逢春) 등의 이명이 있는데 모두 별칭이다. 우선 '玉臺'란 옥으로 장식한 누대 혹은 아름다운 누대를 가리키니, 모두 궁중 여인들의 거처, 넓게는 여인들의 거처를 가리키는 미칭으로 볼 수 있다. 이와는 달리 옥으로 장식된 경대란 뜻으로 쓰인 경우도 있다. 어쨌든 '玉臺'의 뜻은 좁은 의미로는 궁중 여인들의 거처를 말하며, 나아가 여인들의 거처, 또는 여인들의 생활공간을 가리킨다고 할 수 있다. 그러므로 '玉臺'는 곧 이 시가집에 수록된 시가의 내용적인 측면을 가리키는 말로, 여성과 관계가 있음을 뜻한다.

다음으로 제목에 쓰인 '新詠'이란 의미에 대해 살펴보면, '新'은 '舊'에 대한 말로서, 이전과는 다른 새로운 것이란 의미이며, '詠'은 시가라는 의미로 쓰였다고 할 수 있다. 따라서 '전대와는 다른 새로운 시가'라는 의미로 파악할 수 있다. 그렇다면 그 새로운 시가는 무엇을 가리키는 것일까? 이 점을 밝히기 위해 우선 '新詠'과 유사한 용어, 즉 '新聲'·'新變'의 의미를 살펴보기로 하겠다. 그 중 먼저 편찬자 徐陵의 '新聲'에 대한 관점을 보면 다음과 같다.

> 그렇지만 이미 新聲은 없어지고 모두 옛날의 음악과 같아져, 정작에는 대부분이 음률에 맞추는 것을 부끄럽게 여기어, 魏文侯를 졸리게 하게 될까 겁이 날 뿐이다(但旣乏新聲, 全同古樂, 正恐多慙於協律, 致睡於文侯耳).
>
> —「荅族人梁東海太守長孺書」

여기서의 '新聲'은 전대와 다른 새로운 음악이란 의미로 볼 수 있다. 아울러 다른 용례에 있어서도 모두 음악과 관련하여 각 시대마다의 새로운 음악 · 악곡 · 곡조란 뜻으로 사용되고 있다. 다시 말하면 전대부터 전해오던 舊曲인 전통음악이 아니라 당시에 새로이 유행하게 된 新曲이란 의미로 파악할 수 있다. 그러나 이러한 의미로 쓰인 '新聲'을 漢代부터 梁代까지 몇 조대를 걸친 다양한 종류의 시가들을 수록하고 있는 『玉臺新詠』의 작품을 개괄하는 명칭인 '新詠'으로 파악할 수는 없다.

南朝 시가사의 가장 큰 의의는 '新變'에 있다고 할 수 있다. 그 중 永明體의 '新變' 내용은 주로 형식상의 聲律 강구와 그를 위해 필요했던 구수의 제한(4 · 8 · 10구) 등이며, 이러한 永明體가 다시 '新變'하여 梁代의 宮體詩가 되었다고 할 수 있다. 宮體詩는 永明體에서 다시 新變하여 聲律을 더욱 정밀하게 강구하였고, 내용면에서는 더욱 편협하게 되어 여성과 관련된 艷詩가 되었던 것이다. 齊梁시대에 국한시켜 '新變'을 말하자면, 주로 형식적 측면에서 일변하여 齊 永明體가 되었고, 내용적 측면에서 再變하여 梁 宮體詩가 되었다고 볼 수 있다. 이와 같이 내용면에서 여성과 관련된 시가로서의 '新變'의 의미를 지니고 있는 宮體詩는 바로 『玉臺新詠』에 수록된 작품의 주류를 차지하고 있다. 이로 본다면 '新詠'의 의미는 漢代로부터 梁代까지의 한 가지로 개괄할 수 없는 형식적 측면에서의 시가를 말한 것이 아니라, 내용적 측면에서의 宮體詩와 같은 종류로 볼 수 있는 여성과 관련된 시가를 의미한 것이라고 볼 수 있다.

이상을 종합하면, 『玉臺新詠』이란 제목의 의미는 곧 '玉臺의 새로운 시가'라고 할 수 있으며, 나아가 '여성과 관계 있는 새로운 시가'라는 뜻으로 볼 수 있다.

다음으로 서문에 나타난 선시 기준을 살펴보겠다. 『玉臺新詠』의 서문은 이 시가집의 편찬자인 徐陵이 썼다. 고금을 막론하고 서문의 성격은 저작이나 詩文 등의 저작 · 편찬 경위나 요지, 작가 · 작품에 대한 평론 또는 그와 관계된 기타 사항에 대해 밝히는 글이다. 따라서 『玉臺新詠』의 내용과 편찬 동기 및 선시 기준 등을 살펴보는데 있어서, 그 서문이 가장 일차적이면서도 직접적인 자료임은 분명하다.

서문의 요지는 '후궁들을 위해 각지에 흩어져 있는 명편과 가작들을 편집하였다'는 것이다. 그러나 이 글의 성격은 기존의 다른 저작 또는 선집의 서문과는 전혀 다르다. 즉 옛부터 서문이란 실용문에 속하는 글로서, 사실의 전달을 목적으로 편저자의 취지를 서술한 글이다. 하지만 徐陵의 이 서문은 후궁이라는 한 여성 형상의 창조를 통한 허구를 기초로 하고 있어, 구체적인 편찬 경위와 선시 기준이 명확하게 밝혀져 있지 않다.

다만 마지막 제8장에서 '전대의 이름난 작품과 현재의 가작들(往世名篇, 當今巧製)'을 수집하여 편집한다고 했으며, 나아가 좀 더 구체적으로 수록된 작품의 성격을 밝히고 있다.

> 사랑 노래를 편찬하고 수록하여, 모두 열 권으로 만들었다(撰錄豔歌, 凡爲十卷).

> 일찍이 雅와 頌에는 끼이지 못하지만, 역시 國風 작가들에게는 외람되지 않을 것이다(曾無忝(일작 '參')於雅頌, 亦靡濫於風人).

이를 통해 본다면 수록된 시가가 『詩經』의 國風에 견줄 수 있는 사랑노래라고 했음을 알 수 있다.

다음으로 수록된 시가의 효용에 대해서 다음과 같이 비교적 길게 언급하고 있다.

> 다시금 옥녀와 투호를 한다 해도 즐거움은 백 번 던지는 데서 끝나고, 齊나라 여인처럼 육박으로 다투어도 마음의 즐거움은 여섯 대젓가락에서 끝이 나며, 한가로운 경치에도 별로 즐겁지 않으니, 오직 새로운 시에 뜻을 맡겨서, 무

릇 저 원추리와 차조기를 대신하여 조금이나마 근심을 든다(雖復投壺玉女, 爲觀盡於百驍, 爭博齊姬, 心賞窮於六箸, 無怡神於暇景, 惟屬意於新詩, 庶得代彼皐蘇, 微蠲愁疾).

이를 통해 알 수 있는 것은 독자로 설정된 후궁들은 적막하고 수심에 찬 기다림의 연속인 나날을 지내는데, 그들의 근심을 덜어주기 위해 이 시가집을 편찬하였으며, 그 시가의 효용은 투호·육박 등의 오락에 비해 더욱 높으며, 또 원추리·차조기와 같은 근심 해소용 약제와 같은 성격을 지닌다고 하였다. 이는 수록된 작품의 성격과 이 시가집 편찬의 취지가 명백히 오락적 기능에 있음을 강조한 것이라고 하겠다. 여기에서 말하는 '新詩' 또한 제명의 '新詠'과 같은 의미로 당시 새로이 유행하던 新體詩인 宮體詩를 가리킨다고 볼 수 있다.

서문은 이어서 다음과 같이 그러한 시가의 효용이 유가와 도가 등의 사상을 습득하는 것보다 더 나으며, 또한 歌功頌德을 위주로 왕실의 수요에 부응하였던 漢代의 賦보다 더 낫다고 했다.

어찌 鄧 황후가 『春秋』를 배웠지만 유가의 업적을 이루기 어려웠던 것과, 竇 태후가 오로지 黃老에 심취했지만 금단의 술법을 이루지 못했던 것과 같겠는가? 이 때문에 西蜀의 호걸집에서 감정 기탁하는 것을 모두 「魯靈光殿賦」에서만 하고, 東宮의 甲觀에서 음영을 단지 「洞簫頌」에만 그치던 것보다는 나을 것이다(豈如鄧學春秋, 儒者之功難習, 竇專黃老, 金丹之術不成? 因勝西蜀豪家, 託情窮於魯殿, 東儲甲觀, 流詠止于洞簫).

漢代의 賦가 비록 제왕의 오락적 수요에 부응한 일면도 있으며, 사물에 대한 심미의식의 표현으로 볼 수도 있지만 『玉臺新詠』에 수록된 작품과는 성격이 다르며, 또한 오락적 효용이 뒤진다고 편찬자는 파악하였던 것이다.

종합하면, 서문에 나타난 이 시가집의 편찬 목적과 선시 기준은 후궁들의 오락적 수요에 부응하기 위한 시가라는 것이다. 즉 『詩經』의 國風에 견줄 수 있는 전대부터 당시까지의 사랑노래를 편집하였다는 것이다. 서문에 나타난 편찬 목적은 독자를 염두에 둔 것으로, 그 독자란 좁게는 당시 궁중 내의 여성들, 즉 后妃 및 궁녀들을 의미한다고 할 수 있다. 나아가 넓게는 바로 고대 식자층에 속하는 여성들을 의미한다고 볼 수 있다.

## 5. 『옥대신영』과 여성문학

『玉臺新詠』은 여성 독자를 위해 여성과 관련된 작품을 수록한 시가집이다. 그 중에는 여성 작가의 작품도 있고, 남녀의 애정을 노래한 작품도 있고, 여성의 미덕・미모 및 규방의 주변 사물을 노래한 작품도 있고, 남성 동성애에 있어서의 여성 역으로 볼 수 있는 남성을 노래한 작품도 있고, 여성을 단지 오락의 상대 또는 소유물로 본 작품도 있다. 그러나 극히 일부 부정적 관점에서 나온 작품을 제외하고는 대부분이 긍정적 관점의 여성 관련 작품이다. 고대 중국 문학, 특히 시가사가 남성 위주로 전개되어 왔다는 점을 감안한다면 이 시가집은 여성문학으로서의 매우 큰 의의를 지니고 있다. 작품의 내용적 측면뿐만 아니라 외형적인 여러 측면에서도 『玉臺新詠』은 여성문학적 특징이 농후하다.

첫째, 다른 선집에 비해 여성 작가의 작품이 매우 많이 수록되어 있는데, 즉 班婕妤, 吳孫公主 劉細君, 秦嘉妻 徐淑, 魏 甄皇后, 劉勳妻 王宋, 桃葉, 蘇伯玉妻, 鮑令暉, 范靖妻 沈滿願, 徐悱妻 劉令嫺, 王叔英妻 劉氏, 吳興妖神 등이다.

둘째, 남성 작가의 작품일지라도 모두 여성과 관계된 작품이며, 아울러 작품의 시점이 대부분 여성이라는 특징을 지니고 있다.

셋째, 수록된 작품에 사용된 어휘가 대부분 여성과 밀접한 관련성을 지니고 있다. 즉 여성의 외모·화장·복식 등에 관한 어휘가 거의 매편마다 다량으로 사용되고 있다. 또한 당시 여성들의 노동에 관계된 어휘들이 많이 사용되고 있는데, 주로 양잠·베짜기·다듬이질·다림질·薰衣·재봉·빨래 등 가족의 의복을 준비하는 일과 마름·연밥·궁궁이 등의 식물을 채취하여 가족에게 음식을 제공하는 일이 일상적인 일이었음을 보여 준다. 그리고 여성의 생활공간으로서의 처소와 관련된 어휘들이 많이 사용되고 있다. 처소와 관련된 어휘는 일찍이 漢代의 賦에도 많이 등장하는데, 차이점은 漢賦에 사용된 처소들은 대부분 궁정을 중심으로 한 제왕 위주의 것임에 반해, 이 시가집에 수록된 작품들에서는 영역이 궁궐 밖 민간으로까지 확대되어 범위의 제한이 없어졌다는 점이다. 아울러 그것은 일반 여성을 포함하여 후비 혹은 기녀 등 여성의 생활공간으로 등장한다는 점이 다르다.

넷째, 애정과 이별에 관한 전고와 상징어가 많이 사용되고 있다. 입신양명에 뜻을 둔 남성과는 달리 여성의 주된 관심은 애정에 집중되어 있었으므로 이 또한 여성과 밀접한 관계를 지닌 어휘이자 여성문학적 요소라고 할 수 있다.

다섯째, 가족 관계에 관련된 호칭 및 애정 상대로서의 남녀에 관한 호칭 등이 많이 사용되고 있다. 이 또한 여성과 밀접한 관계를 지닌 어휘이자 여성문학적 요소라고 할 수 있다.

여섯째, 순전히 여성의 전유물이라고 볼 수는 없지만 애정과 관련된 각종의 감정과 심리에 관련된 어휘들이 많이 사용되고 있다. 이 또한 대부분은 여성의 심리에 관한 어휘들이다. 아울러 기쁜 감정보다 슬픈 감정에 대한 표현이 압도적으로 많은 것 또한 이 시가집이 여성의 슬픔을 내용으로 한 작품을 위주로 하고 있음을 말한다.

마지막으로 『文選』과 비교하였을 때 『玉臺新詠』에 쓰인 글자 중 『文

選』에 출현하지 않는 글자들을 살펴보면, 대략 2백 자 정도가 된다. 그 글자 중 상당수가 여성의 외모·복식·화장과 관계 있는 글자이다. 이는 바로 그 사용 빈도와는 무관하게 또 다른 측면에서 『玉臺新詠』의 여성문학적 특징을 보여주는 부분이다.

종합하면 『玉臺新詠』은 수록된 개개의 작품은 물론 시가집 자체의 성격으로 보아, 남성 위주의 고대 역사의 흐름 속에서 초기 인류의 여성주의의 원형을 소리 높여 외친 여성문학으로서의 의의를 지니고 있다고 할 수 있다.

## 6. 『옥대신영』과 『화간집(花間集)』

『花間集』은 後蜀人 趙崇祚가 편찬(540)하고 歐陽炯이 서문을 쓴 최초의 문인 詞選集으로, 晚唐 溫庭筠을 중심으로 한 五代 詞人의 작품 500수를 수록하고 있다. 『玉臺新詠』과 『花間集』은 모두 음악과 관련된 가사집이라는 공통점이 있다. 차이점은 작품에 적용된 음악의 성격과 결합 방식을 들 수 있는데, 즉 전자의 작품은 모두 漢代 및 南朝의 樂府와 민간 음악임에 비해 후자에 수록된 작품의 음악은 燕樂이며, 또한 전자의 작품은 대부분 가사가 있은 연후에 入樂된 것으로 인식되고 있는데 비해, 후자의 작품은 악보에 맞추어 지은 가사라는 점이다.

음악 형식의 차이를 무시하고, '塡詞'라는 음악과의 결합 방식만을 놓고 본다면, 그 연원은 隋代 이전으로 거슬러 올라갈 수 있다. 즉 漢代 악부의 음악을 建安시대 曹氏 부자를 중심으로 한 문인 집단이 대대적으로 채용하여 가사를 지었으며, 이후 西晉의 陸機, 南渡 후인 宋의 鮑照 등이 모두 악부에 의해 가사를 지었다. 비록 東晉 이후 漢魏의 음악이 많은 변화를 일으켰다 할지라도 악부의 음악을 제명으로 한 많은 擬樂府 창작은 단순히 그 뜻만을 모방한 것이라는 관점은 무리가 있다. 후대 학자들은 이것들을 모두 '擬樂府'라고 하여 음악성을 상실한 시라고 보지만, 그것은 문헌에 악보가 남아 있지 않다는 점에서 나온 추측일 따름이지, 결코 당시 상황을 정확히 파악한 것이라고는 할 수 없다.

이 점을 수긍한다면 당시의 악부 모방 작품은 악보가 먼저 있은 연후에 그 가사를 지은 것으로도 볼 수 있다. 그 외에 문인이 직접 작곡과 작사를 겸했던 일도 있었는데, 현존하는 문헌상 梁 武帝 蕭衍이 이미 새로이 음악을 지어 가사를 전사하였음을 알 수 있다. 이러한 사실로 볼 때, 『玉臺新詠』의 작품이 후대의 詞와도 유사함을 알 수 있다. 『玉臺新詠』은 시가 음악과 분화되는 과정의 산물이고, 『花間集』은 음악과 분화된 시의 음악과의 재결합 과정의 산물이니, 결국 그 頂點에서는 같은 성격을 띤다고 할 것이다.

『花間集』의 성격을 좀 더 구체적으로 살펴보면 『玉臺新詠』과 관련된 몇 가지 특징을 발견할 수 있다.

첫째, 晩唐 五代에 확립된 詞는 바로 시가 음악과 분리된 후, 음악에 대한 회귀의 결과라고 볼 수 있다. 그것은 곧 『玉臺新詠』에 수록된 작품과 같은 음악성이 짙은 시가로의 회귀이다.

둘째, 여성과 애정을 내용의 특징으로 하는 詞는 바로 『玉臺新詠』과 내용상의 동일성에 의해 밀접한 관계를 가지는데, 이는 비록 직접적이고 의식적인 계승은 아닐지라도 그 음악 정신의 계승이라고 볼 수 있다.

셋째, 유가의 교화성을 배제한 내용적인 측면은 심미의식에 있어서 唐代 시가에 대한 부정에서 출발하여 『玉臺新詠』 편찬 시기인 南朝의 유미주의 심미의식에 대한 긍정의 결과라고 볼 수 있다.

이상의 詞와의 관계를 통해 알 수 있는 것은 음악적 측면에서 『玉臺新詠』의 작품이 시가 음악과 분리되기 시작할 무렵의 초기 단계에 속하는 까닭에 내용면에서 편협한 점이 존재하는데, 이는 詞에도 마찬가지로 적용시킬 수 있다. 즉 『花間集』의 詞 역시 시에서 분리되어 음악성과 결합하기 시작할 무렵의 초기 단계로서의 내용면의 편협성이 존재한다고 할 수 있을 것이다. 이 두 시대의 시와 음악은 모두 후대로 가면서 형식과 내용면에 있어서 발전을 가져와 전자는 唐代 律詩라는 황금기를 맞게 되고 후자는 宋代에 이르러 황금기를 맞게 되는 공통점이 있다.

## 7. 『옥대신영』의 가치

우선 해당 시기 시가의 교감과 여성 관련 풍속사를 연구하는 자료로서의 가치를 지니고 있다.

이 시가집은 비록 내용면의 편협성을 인정한다고 하더라도 漢代 이후 梁代까지의 시가선집으로서, 다음과 같은 점에서 중고 시기 시가를 연구하는 데 있어서 결코 빠트릴 수 없는 귀중한 자료 역할을 한다.

첫째, 「日出東南隅行」·「孔雀東南飛」 등 민가 및 무명씨의 작품은 물론이요, 曹植의 「棄婦詩」, 左思의 「嬌女詩」, 庾信의 「七夕」 등 유명 문인의 작품조차도 이 선집을 통해 후세에 전해질 수 있었다.

둘째, 『文選』 또는 기타 전적 및 작가의 문집에 수록된 작품과 중복되는 경우에 일부 작가 또는 작품의 자구에 있어서 차이를 보이는 부분이 있는데, 이 선집을 통해 그 진위를 교감하는 자료로 삼을 수 있다. 예를 든다면, 『文選』에 수록된 '古詩十九首' 중 8수는 이 선집에서 枚乘의 작품으로 수록하고 있는데, 이것을 徐陵의 단순한 실수로 볼 수는 없다. 이에 대해 故 李徽教 교수는 일찍이 『文選』에 수록된 古詩 19수와 기타 전적에서 찾아낸 5수를 포함한 24수의 古詩와 『玉臺新詠』에 수록된 古詩 8수, 枚乘의 「雜詩」 9수 및 『文選』과 『玉臺新詠』에 수록된 陸機의 「擬古詩」를 서로 비교하여 枚乘의 「雜詩」 9수에 해당하는 작품이 하나의 묶음으로 전해지고 있었다고 추론하였다.

淸初의 朱彝尊 역시 서로 차이를 보이는 부분은 두 책을 함께 살펴야 한다고 인식하였다. 다음은 원서에 수록된 그의 跋文의 끝 부분이다.

> 그렇기 때문에 시를 외우고 세상을 논하는 사람들은 마땅히 『玉臺新詠』을 취해서 함께 살필 것이지, 『文選』만을 오로지 믿지는 말아야 될 것이다(然則誦詩論世者, 宜取『玉臺』並觀, 毋偏信『文選』可爾).

이렇게 볼 때 『玉臺新詠』에 수록된 작가와 작품의 관계의 진실성을 단순히 『文選』 및 기타 전적과의 다르기 때문에 잘못이라고 무시해버릴 수만은 없다. 그것은 작품의 내용이 염정적이라서 읽을 가치가 없다고 여겨 나아가 시가집 자체의 진실성마저 무시해버리는 잘못된 태도라고 할 수 있다.

아울러 이 시가집 권9에 수록되어 있는 「盤中詩」는 종래 어느 시대 누구의 작품인지 불분명하다고 알려져 왔지만, 이 선집에서는 西晉 때 蘇伯玉의 처의 작품이라고 밝혀져 있는 것도 그 한 예에 속한다. 이와 같이 다른 전적과 비교할 때 작품의 자구나 작가에 있어서 차이를 보이는 작품이 상당히 많다. 이 선집이 조기에 편찬된 자료라는 이유 하나만으로도 중고 시기 문학을 연구하는 사람들에게 있어서 결코 빼 놓을 수 없는 귀중한 자료가 된다.

셋째, 이 선집은 내용적인 측면에서 중고 시기의 여성 관련 풍속사를 연구하는 데 있어서도 귀중한 자료 역할을 한다. 즉 변경으로 출정한 남편을 그리워하는 작품을 통해, 당시의 군대·부역의 제도를 어느 정도 파악할 수 있으며, 남녀의 연애와 결혼을 소재로 한 작품을 통해 당시의 연애와 혼인제도의 여러 측면을 파악할 수 있으며, 또한 기녀를 소재로 한 작품을 통해 중국 妓女史의 일면을 이해할 수 있으며, 또한

采桑·擣衣 등 여성의 노동을 소재로 한 작품 및 여성과 관련된 각종 시구를 통해 당시의 여성 생활사의 일면을 파악할 수도 있다. 이 밖에도 남성 동성애·侍童·買妾 등과 관련된 당시 귀족층의 잡다한 생활 풍속을 파악할 수 있는 귀중한 자료 역할을 한다.

## 8. 『옥대신영』의 판본

『文選』은 편찬된 직후부터 사대부들의 관심의 대상이 되어, 隋代의 蕭該의 『文選音義』로부터 지금까지 그 연구가 지속되어 와 판본의 진위에 대해서는 의심이 없었다. 이와는 달리 『玉臺新詠』은 그 성격상 사대부들의 존중을 받지 못하여 일찍부터 온전한 판본이 망실되었으며, 그로 인해 서로 다른 여러 가지 판본이 출현하였다. 따라서 『玉臺新詠』의 판본 연구는 중국 고전문학 연구에 있어서 중요한 부분이라고 할 수 있다. 특히 편찬되어 장서각에 보관된 이후, 2차에 걸친 화재로 장서들이 불타게 되었다고 하니, 그런 재난 속에서도 지금 그 책이 남아 있다는 것은 판본의 善不善을 따지기에 앞서 그나마 다행스런 일이라고 할 수 있다.

『玉臺新詠』의 판본에 대해서 살펴보면, 南朝 梁나라 때 徐陵이 편찬한 이 시가집은 사대부들의 경시를 받은 나머지 원본의 모습이 망실된다. 현존하는 최고의 판본은 비록 殘卷이지만 敦煌에서 발견된 唐寫本인데, 그것을 통해 적어도 唐代에는 그 원형이 남아 있었을 것이라고 추측해 볼 수 있다. 나아가 현존하는 다른 여러 판본들을 가지고 이 唐寫本의 체제를 따라 원본의 체제 정도는 재구성해 볼 수 있을 것이다. 이후 北宋 시기에 國子監 등에서 판각하였는데, 그때는 이미 온전한 형태가 아니었으며, 南宋시대 陳玉父가 복원시킬 때부터도 여러 가지 서로 다른 판본이 존재하고 있었으며, 그에 따라 明清을 거치면서 諸家들이 저마다 교정·보충하고 箋注하여 지금까지 여러 모습으로 전해져 온다.

따라서 지금 가장 善本이라고 치는 明 趙均 覆刻本 역시 五雲溪館活字本 등 다른 판본들과 마찬가지로 원본의 모습과 완전히 일치한다고는 볼 수 없다. 그러나 옛부터 諸家들이 殘卷인 唐寫本 이외에는 南宋 때의 陳玉父本을 가장 완전한 최초의 善本으로 여겼으니, 이 판본을 覆刻한 趙均本을 또한 가장 善本으로 칠 수밖에 없는 것이다. 다만 현존하는 五雲溪館活字本 또한 비록 版刻 시기는 明代이지만 陳玉父本과는 또 다른 宋刻本을 저본으로 한 것이니, 이 두 가지 판본을 함께 살펴야 할 것이다. 따라서 역자는 明清 이후 宋刻本이라고 말하는 陳玉父本을 저본으로 삼고 五雲溪館活字本 및 기타 다른 판본도 함께 참고하였다.

아울러 현재 우리가 볼 수 있는 책들이 저본으로 삼은 판본을 살펴보면, 먼저 본 역서의 기본 텍스트인 1986년판 穆克宏 點校本은 程琰 刪補本이며(그 중 '宋刻不收'의 작품은 후인들의 보충으로 보고 번역에서 제외시켰다), 四部備要本과 1967년판 廣文書局本(臺北) 또한 程琰 刪補本이며, 四庫全書本은 馮班 校正趙均本이며, 四部叢刊本은 五雲溪館活字本이며, 中國書店(北京, 1986)과 中州書局(鄭州, 1991)에서 영인한 것은 1935년판 世界書局本으로, 이는 또한 趙均 覆刻宋本을 저본으로 한 것이며, 臺北 世界書局에서 1972년 재판한 영인본은 비록 趙均 覆刻宋本을 저본으로 하고 있지만 字版의 차이와 『續玉臺新詠』이 수록되어 있지 않은 차이점이 있다. 1993년 上海書店에서 영인한 것은 四庫全書本이다. 일본 번역본의 경우 岩波文庫에서 1953·1955·1956년에 걸쳐 상·중·하 세 권으로 출판된 것은 '官版'이라고도 하는 日本 文化翻刻本을 저본으로 한 것이며, 이것을 주석상에서 약간의 수정을 거쳐 출판한 것이 明治書院에서 1974년과 1975년에 걸쳐 상하권으로 출판한 新釋漢文大系本이다.

『玉臺新詠』의 版本

| 順番 | 版本名 | 時期 | 底本 | 備考 |
|---|---|---|---|---|
| 1 | 敦煌 唐寫本 | 唐代 | 唐代 版本 | 2卷의 51行 殘存 |
| 2 | 陳玉父本 | 嘉定 乙亥(1215) | 舊京本・石氏所藏本 | 麻沙本・宋刻本・祖本 |
| 3 | 五雲溪館 活字本 | 1514년 以前 | 別本 宋刻本 | 四部叢刊本 |
| 4 | 華允剛蘭雪堂活字本 | 1514년 | 五雲溪館活字本 | 趙均 所藏本 |
| 5 | 徐學謨海曙樓刻本 | 嘉靖(1522~1566) | 別本 宋刻本 | 日本에 전해짐 |
| 6 | 鄭玄 撫刻本 | 嘉靖 己亥(1539) | 通行本・陳隋外集 | 續玉臺新詠 |
| 7 | 張嗣修・茅國縉本 | 萬曆(1573~1619) | 別本 宋刻本 | |
| 8 | 華亭楊元鑰本 | 萬曆(1573~1619) | 華允剛蘭雪堂活字本 | |
| 9 | 歸安茅元禎 重刻本 | 1579년(?) | 華亭楊元鑰本 | 歸安茅氏重刻本 |
| 10 | 李維楨 跋本 | 萬曆 32년(1604) | 別本 宋刻本 | |
| 11 | 袁宏道 評本 | 1622년 以前 | 華亭楊元鑰本 | 陶周望 所藏本 |
| 12 | 沈逢春刻本 | 1622년 | 袁宏道 評本 | |
| 13 | 馮氏兄弟 抄宋刻本 | 崇禎 2년(1629) | 趙均所藏 陳玉父本 | 馮舒 跋本 |
| 14 | 趙均 覆刻宋本 | 崇禎 6년(1633) | 陳玉父本 | 善本으로 알려짐 |
| 15 | 馮班 校正趙均本 | 永曆 己丑(1649) | 趙均 覆刻陳玉父本 | 四庫全書本 |
| 16 | 南陵徐氏覆小宛堂影宋本 | 1675년 前後 | 趙均 覆刻陳玉父本 | |
| 17 | 吳兆宜 箋注本 | 康熙 乙卯(1675) | 徐乾學所藏 趙均本 | 總 870章 |
| 18 | 淸初抄本・淸影明抄本 | 淸代 | 趙均本(?) | 北京圖書館 所藏 |
| 19 | 紀容舒 考異本 | 乾隆 丁丑(1757) | 趙均 覆刻陳玉父本 | 四庫全書本 |
| 20 | 紀均 校正稿本 | 乾隆 癸巳(1773) | 趙均本(?) | 評點, 校正 |
| 21 | 程琰 刪補本 | 乾隆 甲午(1774) | 吳兆宜 箋注本 | 四部備要本 |
| 22 | 日本 文化 翻刻本 | 文化 3년(1806) | 趙均 覆刻陳玉父本 | 官版 |
| 23 | 穆克宏 點校本 | 1985년 | 程琰 刪補本 | 北京 中華書局本 |

차례

# 옥대신영 2

# 차례 옥대신영 1 · 3

# 『옥대신영』 권4

# 卷4

## 왕승달(王僧達)

◇王僧達(423~458) : 琅邪 臨沂(지금의 山東省 臨沂縣) 사람으로, 어려서부터 학문을 좋아했고 글을 잘 써서 스무 살도 채 되기 전에 始興 王濬의 後軍參軍이 되었으며, 太子舍人으로 천거되었다. 특히 宋 文帝는 그의 재주를 아껴 臨川王 劉義慶의 딸과 결혼하게 했다. 본래 사냥을 좋아해 마을의 소년들과 말 타고 돌아다니길 좋아했으며, 손수 소를 도살하기도 했다. 얼마 후 太子洗馬가 되었으나 어머니의 상 때문에 물러났다. 상을 마친 뒤에는 宣城太守가 되었는데, 여전히 사냥을 좋아해 관청을 떠나 돌아다니며 사냥터에서 공무를 보기도 했다. 다시 吳郡太守가 되었으며, 여러 번 中書令에 천거되었다. 스스로 재주를 믿고 재상이 되지 못함을 한하면서 상관의 비위를 건드려 마침내 高闍에게 모반죄의 누명을 쓰고 옥중에서 사약을 받아 죽었다. 顏延年과는 성격과 경력이 비슷하여 서로 시문을 주고받으며 교유하였다. 문집 10권이 전해온다.

## 124. 칠석날 달빛 아래

「七夕月下」

| | |
|---|---|
| 遠山斂雰祲,[1] | 먼 산은 엷은 구름을 거두고 |
| 廣庭揚月波. | 넓은 뜰에는 달빛 물결 날리네 |
| 氣往風集隙,[2] | 더운 공기 사라지니 서늘한 바람 문틈으로 몰려 들고 |
| 秋還露泫柯.[3] | 가을이 돌아오니 이슬이 나뭇가지에 맺혀 떨어지네 |
| 節期旣已孱,[4] | 칠석 절기가 벌써 다가오니 |
| 中宵振綺羅.[5] | 한밤중에 비단옷 먼지 털고 입네 |
| 來歡詎終夕, | 기쁨은 왔건만 어찌 이 밤 오래가지 않는지 |
| 收淚泣分河. | 눈물 닦으며 은하수를 사이에 두고 흐느끼네 |

해설 이 작품은 견우직녀 고사를 소재로 한 시다. 계절의 변화에 따라 1년에 한 번뿐인 칠석날은 찾아오고, 헤어져 있던 견우직녀는 애틋한 만남을 이룬다. 하지만 언제나 그렇듯 행복은 순간이고 슬픔은 길게 마련이라 다시금 두 사람의 눈물은 1년의 긴 세월을 적신다.

---

1) '雰祲'(분침) : 본래 음양의 두 기운이 서로 침범하여 형성된 상스럽지 못함을 상징하는 사악한 기운을 뜻하지만 여기서는 단순히 雲氣, 즉 엷은 구름을 가리킨다.
2) '氣'(기) : 더운 공기. '風'(풍) : 서늘한 바람. '隙'(극) : 문틈.
3) '泫'(현) : 이슬이 떨어지다.
4) '節期'(절기) : 칠월칠석. '孱'(잔) : 다가오다. 임박하다.
5) '中宵'(중소) : 한밤중. '振'(진) : 옷의 먼지를 털다.

## 안연지(顏延之)

◇顏延之(384~456) : 자가 延年, 시호은 憲子이며, 琅邪 臨沂(지금의 山東省 臨沂縣) 사람이다. 어려서 아버지를 여의고 가난했으나 열심히 독서하여 문장의 명성이 세상에 알려졌다. 술을 좋아하고 행동에 구속을 받지 않았으며 서른 살에도 결혼을 하지 않았다. 또한 재물을 탐하지 않고 평생을 검소하게 살았다. 江東 지역에서는 '顏謝'라고 하여 謝靈運과 병칭되었다. 일찍이 '潯陽三隱' 중의 한 사람인 周續之와 經義에 대해 토론한 적이 있는데, 핵심적이며 이치에 맞는 말로 劉裕의 칭찬을 받기도 했다. 太子中舍人에 올랐다가, 少帝 劉義符가 즉위하자 始安太守라는 외직에 임명되었다. 나중에 傅亮 등이 피살되자 步兵校尉가 되어 내직에 복귀하였다.

자신의 재능에 대한 자부심이 대단하여 직언을 서슴치 않아 당시 '안표범(顏彪)'라고 불리었으며, 그것 때문에 종종 권신들과 알력을 빚었는데, 劉湛·殷景仁 등의 권력 농단을 직언하다가 永嘉太守로 좌천되기도 했다. 나중에 劉湛이 피살된 후 비로소 중용되었는데, 선후로 始興王 劉濬의 後軍諮議參軍·御史中丞·國子祭酒·司徒左長史 등을 역임하였다. 후에 劉劭가 文帝를 시해하고 즉위하자 光祿大夫에 임명되었고, 孝武帝가 즉위하자 다시 金紫光祿大夫에 임명되었다. 『文選』에는 다른 작가에 비해 많은 20여 편의 작품이 수록되어 있으며, 본래 25권의 문집이 있었으나 망실되고 明나라 때의 집본인 『顏光祿集』이 남아 있다.

### 125. 직녀를 대신해 견우에게 주다

「爲織女贈牽牛」

婺女儷經星,[6]　　무녀성은 28수와 나란히 빛나고

6) '婺女'(무녀) : 28수 중의 하나인 별자리 이름으로 '女宿'의 별칭. 玄武七宿 중 셋째 별자리이며 네 개의 별로 이루어져 있다. '儷'(려) : 나란하다. '經星'(경성) : 行星에 대

| | |
|---|---|
| 嫦娥棲飛月.[7] | 항아는 나는 듯 떠오르는 달 속에서 살지요 |
| 慚無二媛靈,[8] | 두 아가씨 같은 신통력 없는 걸 부끄럽게 여기며 |
| 託身侍天闕.[9] | 몸을 의지한 채 하늘 궁전을 모시고 있지요 |
| 閶闔殊未暉,[10] | 천문은 아직도 환히 빛나지 않으니 |
| 咸池豈沐髮. | 함지에서 어찌 머리를 감을 수 있을까요 |
| 漢陰不久張,[11] | 은하수 남쪽엔 밤 아직 펼쳐지지 않았으니 |
| 長河爲誰越?[12] | 긴 강은 또 누굴 위해 건너나요 |
| 雖有促讌期,[13] | 비록 짧은 만남의 기약 있지만 |
| 方須凉風發.[14] | 장차 서늘한 바람 불기를 기다려야만 하지요 |
| 虛計雙曜周,[15] | 부질없이 해와 달의 주기를 계산해 보지만 |
| 空遲三星沒.[16] | 공연히 삼성별만 더디게 지지요 |
| 非怨杼軸勞,[17] | 베 짜는 일 힘들다고 원망하는 게 아니라 |

---

한 말로, 28수 등의 恒星을 가리킨다.

7) '嫦娥'(항아): 신화전설상의 여신으로, 본래 羿의 아내였으나 羿가 '十日並出' 때 아홉 개 해를 쏘아 없앤 공로로 西王母에게 받은 불사약을 훔쳐 달로 도망가 살았다고 한다.

8) '二媛'(이원): 두 아가씨. 여기에서는 婺女와 嫦娥를 가리킨다. '靈'(령): 신통한[총명한] 덕성.

9) '天闕'(천궐): 天帝가 살고 있다는 하늘의 궁전.

10) '閶闔'(창합): 전설상의 天門. '殊'(수): 오히려. 결국. '暉'(휘): 빛나다. 여기에서는 환하게 열리다란 뜻으로 쓰였다.

11) '漢'(한): 은하수. '陰'(음): 산의 북쪽 또는 강의 남쪽. '久'(구): 『考異』에서는 『藝文類聚』(권4)에 따라 '夕'자로 보았는데, 여기에서도 이를 따랐다. '張'(장): 펼치다.

12) 이상 네 구는 직녀의 원망과 하소연을 표현한 것이다.

13) '促'(촉): 짧다. '讌'(연): 잔치. 여기에서는 견우직녀의 즐거운 만남을 의미한다.

14) '須'(수): 모름지기 ……해야 한다. 기다리다.

15) '雙曜'(쌍요): 해와 달. '周'(주): 운행 주기.

16) '三星'(삼성): 28수 중의 하나인 參宿. 나란한 세 별이 음력 2월 저녁에 동쪽 하늘에 떴다가 점점 남쪽으로 이동해 간다고 한다. 『詩經』「唐風」「綢繆」에 "나뭇단을 꽁꽁 동여매는데, 삼성별이 하늘에 떠 있네. 오늘밤은 어떤 밤이더냐? 내 좋은 님 만나는 날(綢繆束薪, 三星在天. 今夕何夕? 見此良人)"이라고 했다. 이상 두 구는 직녀가 견우와 만나는 칠석날을 기다리는 심정을 나타낸 것이다.

17) '杼軸'(저축): 베틀의 도구로, 씨실을 받는 북과 날실을 받는 축. 여기에서는 베 짜는 일을 뜻한다.

但念芳菲歇. 다만 꽃다운 청춘 시들까 봐 걱정되어서지요

**해설** 이 작품은 견우직녀 고사를 소재로 한 시로, 직녀를 대신해 견우에게 주는 서술 형식을 취했다. 비록 부부이지만 1년에 한 번밖에 만나지 못하고 떨어져 살아야 하는 운명을 지닌 견우와 직녀, 그 중에서도 여성인 직녀의 운명은 어떠했던가? 오직 그 하루 칠석날을 기다리며 살아가는 그녀의 마음은 원망과 투정과 하소연 등이 뒤섞여 있었으리라. 마지막 두 구에서는 사랑을 채 이루지 못하고 늙어가는 것에 대한 초조와 두려움을 읽을 수 있다. 이와 같이 당시에 견우직녀 고사가 시의 소재로 많이 이용되었다는 것은 그와 같은 이별이 흔한 시대였음을 반증하는 것으로 볼 수 있다.

## 126. 추호시

「秋胡詩」[18]

椅梧傾高鳳,[19] 의나무 오동나무는 높이 나는 봉황을 위해 가지

---

18) 이 작품은 秋胡故事를 소재로 한 것으로, 相和歌辭 淸調曲에 속한다. 『列女傳』「節義傳」(魯秋潔婦)에 의하면, "정결한 여인이란 魯나라 秋胡의 아내이다. 아내를 맞은 지 5일 만에 집을 떠나 秦나라로 가서 벼슬을 살다가 5년 후에 집에 돌아왔다. 집으로 오는 길에 길가에서 뽕 따는 여인을 보고 秋胡는 반해 수레에서 내려 말하길, ……. '힘들게 밭을 가는 것은 풍년을 만남만 못하고, 힘들게 누에를 치는 것은 공경대부에게 사랑을 받느니만 못하다오. 나에게 금이 있는데 부인에게 드리고자 하오'라고 하였다. 이에 부인이 말하길, '뭐라고요? 무릇 뽕을 따서 열심히 일하며, 실을 잣고 베를 짜서 의복과 음식을 마련하여 시부모를 섬기고 남편을 공양하는 저에게 금이 무슨 필요가 있겠어요? 바라옵건대 경에게 다른 뜻 안 계시고 저 또한 음탕한 생각 없으니, 그대의 선물과 상자 안의 금을 거두시지요'라고 하였다. 秋胡선생은 결국 자리를 떠나 집에 돌아와 금을 받들고 가서 어머니께 드리고 사람을 시켜 아내를 불러오게 했는데, 바로 조금 전에 뽕 따던 사람이라 秋胡선생은 부끄러움에 어쩔 줄 몰라했다. 아내가 말하기를 '당신께서는 머리를 묶고 관을 쓰고 몸을 닦아 어버이를 하직하고 벼슬하러 떠났다가 5년 만에 돌아오시니, 마땅히 기쁜 마음으로 말을 몰아 먼지를 날리며 질풍

| | |
|---|---|
| | 를 기울이고 |
| 寒谷待鳴律.[20] | 차가운 골짜기는 따뜻한 음률 울릴 때를 기다리네 |
| 影響豈不懷, | 그림자와 메아리처럼 어찌 서로를 생각하지 않으랴 |
| 自遠每相匹.[21] | 먼 곳에 있어도 항상 서로 감응한다네 |
| 婉彼幽閑女,[22] | 아름다워라 저 유순한 여인 |
| 作嬪君子室.[23] | 아내가 되어 군자의 집에 들어오네 |

---

처럼 달려오셔야 했습니다. 그런데도 지금 길가의 여인에 반해 당신의 장식을 풀어 금을 그녀에게 주었으니 그것은 어머님을 잊으신 것인데, 어머님을 잊음은 불효입니다. 여색을 밝히고 음탕히 구는 짓은 더러운 행실이며, 더러운 행실은 옳지 못한 것입니다. 무릇 어버이를 섬기되 효성스럽지 못하니 임금을 섬기되 충성을 다하지 못할 것이며, 집에서의 처신이 의롭지 못하니 관청에서의 정치도 도리에 맞지 않을 것입니다. 효도와 충성을 모두 잃어버렸으니 반드시 뜻을 이루지 못할 것입니다. 저는 차마 보지 못하겠으니 당신은 다시 아내를 맞으세요, 저는 시집을 살지 않겠습니다'라고 말한 뒤 집을 떠나 동쪽으로 달려가 강물에 몸을 던져 죽었다(潔婦者, 魯秋胡子妻也. 旣納之五日, 去而宦於陳, 五年乃歸. 未至家, 見路旁婦人採桑, 秋胡子悅之, 下車謂曰, …… '力田不如逢豐年, 力桑不如見國卿. 吾有金, 願以與夫人.' 婦人曰, '嘻! 夫採桑力作, 紡績織紝, 以供衣食, 奉二親, 養夫子. 吾不願金, 所願卿無有外意, 妾亦無淫泆之志, 收子之齎與笥金.' 秋胡子遂去, 至家, 奉金遺母, 使人喚婦至, 乃嚮採桑者也, 秋胡子慚. 婦曰, '子束髮脩身, 辭親往仕, 五年乃還, 當所悅馳驟, 揚塵疾至. 今也乃悅路傍婦人, 下子之裝, 以金予之, 是忘母也. 忘母不孝, 好色淫泆, 是汚行也, 汚行不義. 夫事親不孝, 則事君不忠. 處家不義, 則治官不理. 孝義並亡, 必不遂矣. 妾不忍見, 子改娶矣, 妾亦不嫁.' 遂去而東走, 投河而死)"라고 했다. 『西京雜記』에 나오는 내용도 이와 대동소이하다. 이 책에는 이와 같은 내용의 작품으로 제2권에 傅玄의 「和班氏詩」(71)가 처음으로 나온다.

19) '椅梧'(의오) : 낙엽활엽교목인 의나무와 오동나무. 모두 봉황이 서식하는 나무로 알려져 있다. '高鳳'(고봉) : 높은 곳에 사는 봉황 또는 높이 나는 봉황.

20) '鳴律'(명률) : 律管. 음악에서 음의 표준을 정한 竹管이다. 黃鐘·大呂 등 모두 12개로 이루어져 있으며 길이가 각기 일정한 비율로 증감되어 있다. 漢 劉向의 『七略別錄』 「諸子略」에 따르면, "鄒衍이 燕나라에 있을 때 어떤 골짜기가 땅이 비옥하지만 차가와 오곡이 자라지 않았는데, 鄒선생이 그곳에 살면서 율관을 불자 온기가 일어 기장이 자라게 되었다고 하니, 지금 그 이름을 '黍谷'이라고 한다(鄒衍在燕, 有谷地美而寒, 不生五穀, 鄒子居之, 吹律而溫至生黍, 至今名黍谷)"라고 했다. 이상 두 구는 음양과 부부의 이치를 의미하고 있다.

21) '相匹'(상필) : 상대하다. 상응하다. 이상 두 구는 몸과 그림자, 소리와 메아리 같은 밀접한 부부의 의미를 나타내고 있다.

22) '婉'(완) : 아름다운 모양. '幽閑'(유한) : 유순한 모양.

23) '作嬪'(작빈) : 아내가 되다.

峻節貫秋霜,[24]　　높은 절개는 가을 서리와 같고
明豔侔朝日.[25]　　맑고 고운 용모는 아침 해와 같네
嘉運旣我從,[26]　　아름다운 운명이 이미 나와 함께 하니
欣愿自此畢.[27]　　기쁜 바람은 이로써 실현되네

燕居未及好,[28]　　편안하고 즐거운 생활 아직 채 누리지도 못했건만
良人顧有違.[29]　　낭군님에겐 오히려 이별할 일 생겼다네
脫巾千里外,[30]　　누건 벗어던지고 천 리 밖으로 떠나
結綬登王畿.[31]　　비단끈 패옥에 매고 황성 곁으로 길을 떠나네
戒徒在昧旦,[32]　　이른 새벽부터 하인들을 타이르고
左右相來依.　　주위에는 사람들이 따르네
驅車出郊郭,　　수레 몰고 교외의 성곽을 나서니
行路正威遲.[33]　　갈 길은 정말이지 멀기도 하네
存爲久離別,　　살아서는 오랜 이별
沒爲長不歸.　　죽는다면 영원히 돌아오지 못한다네

---

24) '峻節'(준절): 고상한 절개. '貫'(관): 통하다. 같다.
25) '明豔'(명염): 곱고 아름다운 모양. '侔'(모): 같다.
26) '我從'(아종): '從我'의 도치. 나를 따르다.
27) '欣愿'(흔원): 秋胡와 부부가 되어 평생 행복하게 살고자 하는 바람. '自此'(자차): 초야로부터. '畢'(필): 실현하다.
28) '燕居'(연거): 편안하고 즐거운 삶. '好'자는 五雲溪館活字本 및 『文選』에는 '歡'자로 되어 있으며, 『考異』도 그것을 따라 고쳤다.
29) '良人'(량인): 아내의 남편에 대한 호칭. '顧'(고): 오히려. '違'(위): 이별하다. 떨어지다.
30) '巾'(건): 벼슬 없는 처사가 쓰던 두건.
31) '綬'(수): 佩玉이나 도장에 매었던 비단끈. 벼슬한다는 의미. '王畿'(왕기): 왕성 주변 천 리 내의 범위. 秋胡가 벼슬하러 떠난 陳나라 땅을 가리킨다.
32) '戒徒'(계도): 무리에게 알리다. 여기에서는 하인들에게 출발 준비를 시키는 것을 가리킨다. '昧旦'(매단): 날이 밝기 시작할 무렵인 이른 새벽. 이하 두 구는 출발 전후의 모습을 나타내고 있다.
33) '正'(정): 바야흐로. 확실히. '威遲'(위지): 길이 먼 모양.

| | |
|---|---|
| 嗟余怨行役,[34] | 아 나는 이 여행길이 원망스럽네 |
| 三陟窮晨暮.[35] | 서너 번씩 산을 오르며 아침저녁으로 힘을 다한다네 |
| 嚴駕越風寒,[36] | 수레와 말을 정비하여 찬바람 불어닥치는 산을 넘으며 |
| 解鞍犯霜露.[37] | 안장 풀고 쉬면서 서리와 이슬 맞는다네 |
| 原隰多悲涼,[38] | 들판 습지에는 슬프고 처량한 느낌 가득하고 |
| 回飆卷高樹.[39] | 회오리바람은 키 큰 나무를 휘도네 |
| 離獸起荒蹊,[40] | 무리에서 떨어진 짐승은 황야의 좁은 길로 튀어나오고 |
| 驚鳥縱橫去. | 놀란 새는 어지럽게 날아다니네 |
| 悲哉游宦子,[41] | 슬프도다 타향에서 벼슬하는 신세여 |
| 勞此山川路. | 힘겹도다 이 산천의 길이여 |

| | |
|---|---|
| 迢遙行人遠,[42] | 아득히 길 떠난 당신은 멀리 계시고 |
| 婉轉年運徂.[43] | 어김없이 한 해 두 해 세월은 흐르네 |
| 良時爲此別, | 좋은 시절 이렇게 헤어져 |

34) '行役'(행역) : 병역 · 부역 · 공무 등으로 외지로 나가는 것. 여기에서는 여행길을 뜻한다.

35) '陟'(척) : 산을 오르다. '窮'(궁) : 힘을 다하다. 이 장은 임지로 가는 秋胡의 힘든 역정을 나타내고 있다. 힘든 길이라 미쳐 집안의 아내를 떠올릴 여유가 없음을 나타낸다.

36) '嚴駕'(엄가) : 거마를 정비하다.

37) '解鞍'(해안) : 말안장을 풀고 휴식하다. '犯霜露'(범상로) : 서리와 이슬을 맞다.

38) '原隰'(원습) : 저습한 평원지대. '悲涼'(비량) : 슬프고 처량한 감정.

39) '回飆'(회표) : 회오리바람. '卷'(권) : 돌다.

40) '離獸'(리수) : 무리에서 떨어진 짐승. '荒蹊'(황혜) : 황야의 작은 길.

41) '游宦子'(유환자) : 타지로 가서 벼슬하는 사람.

42) '迢'(초) : 『文選』 및 『樂府詩集』에는 '超'자로 되어 있다. '迢遙'(초요) : 아득히 먼 모양.

43) '婉'(완) : 『文選』 및 『考異』에는 '宛'자로 되어 있는데 여기에서도 그것을 따라 해석하였다. '宛轉'(완진) : 순시에 따라 변하다. 또는 돌다. '年運'(년운) : 세월. '徂'(조) : 기다.

| | |
|---|---|
| 日月方向除.[44] | 날짜는 바야흐로 섣달로 향해가는데 |
| 孰知寒暑積, | 그 누가 알리요 추위 더위가 몇 번이나 지났는지 |
| 僶俛見榮枯.[45] | 눈 깜짝하는 사이 꽃이 피었다 시드는 모습 본다네 |
| 歲暮臨空房, | 세모에 텅 빈 방에 있자니 |
| 涼風起座隅.[46] | 차가운 바람이 자리 한 켠에서 일어나네 |
| 寢興日已寒, | 잠에서 깨니 날은 이미 추워져 |
| 白露生庭蕪.[47] | 흰 이슬은 뜰의 무성한 초목에 내리네 |

| | |
|---|---|
| 勤役從歸顧,[48] | 열심히 일한 후 고향 가는 꿈 이루어지니 |
| 反路遵山河.[49] | 집으로 돌아가는 길은 산과 강을 따라 이어져 있네 |
| 昔辭秋未素,[50] | 떠날 때는 가을이 채 완연하지 않았었는데 |
| 今也歲載華.[51] | 지금은 꽃 피는 계절 |
| 蠶月觀時暇,[52] | 누에치는 달이라 짬을 내어 둘러보니 |
| 桑野多經過. | 뽕나무 들판에는 많은 사람들 오고가네 |
| 佳人從所務, | 한 미인이 부지런히 일하는데 |
| 窈窕援高柯.[53] | 어여쁜 모습으로 높다란 뽕나무 가지를 당기네 |

44) '除'(제) : '涂'자와 통하는 글자로, 음력 12월의 별칭.
45) '僶俛'(민면) : 우러러보고 굽어보는 사이의 짧은 시간. '榮枯'(영고) : 봄에 꽃 피고 가을에 시드는 것. 즉 계절의 변화.
46) '座隅'(좌우) : 자리의 한 쪽 모퉁이.
47) '蕪'(무) : 무성한 초목.
48) '從'(종) : 뜻을 이루다. '顧'(고) : 『文選』과 五雲溪館活字本 및 『考異』에는 '願'자로 되어 있는데, 여기에서도 이를 따라 해석하였다. '歸願'(귀원) : 고향에 돌아가고자 하는 소망.
49) '反'(반) : '返'자와 통하는 글자로 (고향으로) 돌아가다. '遵'(준) : 따라가다.
50) '素'(소) : 가을(이 되다). 이는 오행에 있어 백색은 가을과 상응하기 때문이다. 제3권 陸機의 「爲周夫人贈車騎」(94)의 '素秋'를 참조할 것.
51) '歲'(세) : 해. 때. 시기. '載'(재) : 자라다. 피다.
52) '蠶月'(잠월) : 누에치는 달인 음력 3월. '觀'(관) : 五雲溪館活字本에는 '歡'자로 되어 있다. '時暇'(시가) : 여가. 틈. 짬.
53) '窈窕'(요조) : 아름다운 모양.

| | |
|---|---|
| 傾城誰不顧, | 성조차 무너뜨릴 미인을 그 누가 쳐다보지 않으리 |
| 弭節停中阿.[54] | 수레 멈추고 굽은 길 모퉁이에 선다네 |

| | |
|---|---|
| 年往誠思勞,[55] | 몇 해가 지났으니 정말이지 그리움에 괴롭고 |
| 事遠闊音形.[56] | 일하는 곳이 멀어 목소리와 모습도 아득하네 |
| 雖爲五載別, | 비록 5년의 이별이었건만 |
| 相與昧平生. | 서로 평소의 모습을 알아보지 못하네 |
| 捨車遵往路, | 수레에서 내려 왔던 길을 따라 걸어가 |
| 鳧藻馳目成.[57] | 물오리가 물풀에 이끌리듯 어느새 눈길을 보내네 |
| 南金豈不重,[58] | 남방에서 나는 쇠가 어찌 귀하지 않으랴만 |
| 聊自意所輕.[59] | 곧바로 스스로 하찮게 여긴다네 |
| 義心多苦調,[60] | 절의를 지키는 마음이기에 고언이 많으며 |
| 密此金玉聲.[61] | 단호함은 이렇게 황금과 구슬의 소리처럼 사람을 감동시키네 |

| | |
|---|---|
| 高節難久淹, | 고상한 절개 때문에 오래 머물기 어려워 |

54) '弭'(미): 멈추다. 그치다. '節'(절): 깃발. '弭節'은 수레를 멈추다. '中阿'(중아): '阿中'의 도치로 굽어져 있는 길의 모퉁이.

55) '勞'(로): 괴롭다. 『考異』에서는 이 구절을 '思誠勞(그리움이 정말로 괴롭다)'라는 어순의 잘못으로 의심하고 있다.

56) '事'(사): 종사하다. 秋胡는 외지에서 공무에 종사하고 그 아내는 고향에서 가사에 종사하는 것을 가리킨다. 『考異』에서는 '路'자로 고쳤다. '闊'(활): 오래[멀리] 떨어져 있다.

57) '鳧'(부): 물오리[청둥오리]. '藻'(조): 물풀. '鳧藻': 물오리가 물풀에서 노는 것. '目成'(목성): 눈길을 보내며 정을 표하다.

58) '南金'(남금): 남방에서 나던 銅. 여기에서는 귀중한 물건 또는 돈을 의미한다.

59) '聊'(료): 우선. 즉시.

60) '義心'(의심): 절의를 지키려는 마음. '苦調'(고조): 苦言. 忠言.

61) '密'(밀): 빈틈없음. 신중함. 단호함. '金玉聲'(금옥성): 금과 옥의 소리처럼 말이 남을 감동시킨다는 뜻. 이상 네 구는 秋胡의 추파에 그 아내가 동요하지 않고 오히려 결연하게 거절한다는 내용이다. '此'(차): 『文選』에는 '比'자로 되어 있다.

| | |
|---|---|
| 朅來空復辭.[62] | 그곳을 떠나 부질없이 다시 물러나네 |
| 遲遲前途盡,[63] | 느릿느릿한 행차 어느덧 앞길은 다하고 |
| 依依造門基.[64] | 아쉬운 듯 대문 앞에 이르네 |
| 上堂拜嘉慶,[65] | 안채에 올라가 어머님께 절 올리고 |
| 入室問何之. | 내실에 들어가 아내 어디 갔는지를 묻는다네 |
| 日暮行采歸, | 날이 저물어 뽕 따러 갔다가 돌아오는데 |
| 物色桑榆時.[66] | 사방 경치가 황혼일 때라네 |
| 美人望昏至, | 미인은 황혼을 바라보며 집에 오니 |
| 慚歎前相持.[67] | 부끄럽고 한탄스럽네 좀 전에 함께 있던 사람이라네 |

| | |
|---|---|
| 有懷誰能已? | 가슴에 맺힌 생각 그 누구가 멈출 수 있으랴 |
| 聊用申苦難.[68] | 잠시 그 동안의 고통과 어려움을 펼친다네 |
| 離居殊年載,[69] | 헤어져 살기를 몇 해가 지났던가 |
| 一別阻河關.[70] | 한번 헤어진 뒤 산과 강에 가로막혀 |
| 春來無時豫,[71] | 봄이 와도 즐거운 적이 없었고 |
| 秋至應早寒. | 가을 되면 응당 남 먼저 추위 느끼며 |

62) '朅'(걸) : 가다. 떠나다. '朅來'(걸래) : 가다 또는 오다란 偏意複詞. '復辭'(부사) : 다시금 물러나다.

63) '遲遲'(지지) : 시간이 길거나 길이 먼 모양, 또는 느리게 가는 모양.

64) '依依'(의의) : 아쉬워하는 모양. '造'(조) : 이르다. '門基'(문기) : 대문 아래의 땅.

65) '嘉慶'(가경) : 본래 경사스럽고 좋은 일이란 뜻인데, '拜'자와 같이 쓰여 외출에서 돌아와 부모님께 절하는 것을 나타내는 말로 쓰였다.

66) '物色'(물색) : 경치. 경물. '桑榆'(상유) : 뽕나무와 느릅나무. 해가 질 때 햇빛이 이 나무들을 비춘다고 하여 저녁때를 가리키는 말로 쓰였다.

67) '相持'(상지) : 서로 대립하다.

68) '聊'(료) : 잠시. 우선. '用'(용) : '以'자와 같이 '……으로 인해'라는 뜻. '申'(신) : 진술하다. 펼치다.

69) '殊'(수) : 지나다.

70) '阻'(조) : 막다. 막히다. '關'(관) : 관문 역할을 하는 산.

71) '豫'(예) : 즐겁나. 기쁘나.

明發動愁心,[72]　새벽마다 근심이 일어나니
閨中起長歎.　규방에서는 잠에서 깨어 긴 탄식했다네
慘悽歲方晏,[73]　서글피 해는 바야흐로 저물어가고
日落遊子顏.　해 지면 벼슬길 떠난 그대 모습 떠올렸다네

高張生絶弦,[74]　거문고 줄 팽팽히 조이면 끊어지게 마련
聲急由調起.　소리가 급한 것은 빠른 곡조 때문
自昔枉光塵,[75]　예전에 빛나는 풍채 굽히시고 저와 결혼할 때
結言固終始.[76]　맹세의 말씀은 평생을 한결같다고 했었다네
如何久爲別,　어찌하여 오랜 이별 뒤에
百行愆諸己.[77]　자신의 온갖 품행이 다 사라졌는지
君子失明義,　군자가 밝은 의리 잃어버린다면
誰與偕沒齒?　누구와 함께 백년해로 하리오
愧彼行露詩,[78]　저 정숙한 여인을 노래한 '행로' 시에 부끄러워
甘之長川汜.[79]　기꺼이 긴 강 가로 가서 몸을 던지리

---

72) '明發'(명발) : 새벽.

73) '慘悽'(참처) : 비통한 모양. '晏'(안) : 저물다.

74) '高張'(고장) : 거문고의 줄을 팽팽하게 죄는 것. 이하 두 구에 대해『文選』의 李周翰의 주에 따르면, '거문고 비파를 비유로 삼았는데, 팽팽히 조이면 반드시 줄이 끊어지게 됨은 절개를 지키며 목숨을 다한다는 것이며, 급한 소리가 곡조로부터 나온다는 것은 고통스런 언사가 깊은 한에서 나온다는 것이다'라고 해석했다.

75) '自昔'(자석) : 이전. 지난날. '枉'(왕) : 상대방에 대해 겸손의 뜻을 나타내는 말. '光塵'(광진) : 상대방의 풍채에 대한 미칭.

76) '結言'(결언) : 맹세의 말. '終始'(종시) : 처음부터 끝까지, 또는 한평생.

77) '百行'(백행) : 온갖 품행. '愆'(건) : 상실하다. 잃다. '諸'(저) : '之於'. 이상 두 구는 오래 헤어져 있던 남편에게 좋은 품성이 없어졌음을 원망하고 있다.

78) '行露'(행로) :『詩經』「召南」중의 편명. 절개가 굳건한 여인이 강포한 남자에게 굴하지 않고 자신의 지조를 밝히는 것을 노래한 시다.

79) '之'(지) : 가다. '汜'(사) : 물가.

**해설** 이 작품은 '秋胡戲妻' 고사를 소재로 한 시다. 전체 9장으로 이루어져 있으며, 각 장은 다시 10구로 이루어져 있고 장별로 환운되어 있다. 文淵閣本에는 9수로 나누어져 있다. 『文選』의 劉良의 주에 의하면 임금의 굳건하지 못한 의리를 풍자하기 위한 시라고 했다.

이 작품의 주요 배경은 뽕밭이며, 고사와 무관하게 기본적인 구조는 나그네와 뽕 따는 여인 사이의 애정 문제이다. 이러한 종류의 시가를 혹자는 '採桑詩歌'라고 명명하였는데, 시대에 따라 주제가 달리 표현되는 특징을 갖고 있다. 그 중에서도 대제국의 통치 이념으로서 충성이 강조되던 시대인 秦漢시대에 출현했던 작품들은 제1권의 「日出東南隅行」(9)처럼 여성의 정절을 지나치게 강조하는 특징을 지니고 있다. 반면에 南朝 후기로 갈수록 자유연애를 묘사하는 작품으로 바뀌어 감을 발견할 수 있다.

## 포조(鮑照)

◇鮑照(414?~466) : 자가 明遠이며, 東海(지금의 江蘇省 漣水縣 북쪽) 사람이다. 빈한한 庶族 출신이었으나 獻詩로 인해 臨川王 劉義慶의 칭찬을 받아 國侍郞으로 선발되었으며 후에 海虞·永嘉 등지의 현령이 되었다. 文帝 元嘉 연간에 黃河와 濟水가 맑아지는 상스러운 조짐이 있었다고 하는데, 그것을 위해 그가 「河淸頌」을 지으니, 글이 매우 뛰어났다고 한다. 후에 中書舍人이 되었으며, 이어 臨海王 劉子頊의 前軍參軍이 되어 문서를 주관하다가 臨海王이 모반으로 죽지 그 역시 반란군에 의해 죽었다.

謝靈運·顏延之와 더불어 '謝顏鮑'라고 병칭되었다. 그는 시가에 뛰어났는데, 그 중에서도 악부에 뛰어나 六朝 전체에 걸쳐 첫손에 꼽힌다. 또한 그의 시가는 당시 다른 문인들에 비해 현실을 광범위하고도 심각하게 반영하여 당시 문벌제도로 대표되던 사회현실의 부조리한 면을 폭로하였다. 그의 작품은 『鮑參軍集』에 수록되어 전하며, 그의 누이 鮑令暉 또한 시를 잘 지었으며, 이 선집에도 수록되어 있다.

## 127. 성 서문에서 달을 감상하다

「翫月城西門」[80]

始見西南樓, 처음 서남쪽 누각 위에 떴을 땐
纖纖如玉鉤. 가늘고 곱기가 옥 갈고리 같다가
末映東北墀,[81] 나중에 동북쪽 섬돌을 비출 땐
娟娟似蛾眉.[82] 길고 구부정한 모습 마치 아미눈썹 같네
蛾眉蔽珠籠,[83] 아미눈썹 여인은 주렴에 가려져 있고
玉鉤隔綺窓.[84] 옥 갈고리는 비단 창문 너머에 있네
三五二八時, 보름날 열엿샛날에는
千里與君同. 천 리 먼 곳 떨어져 있어도 당신과 함께 볼 수 있으련만
夜移衡漢落,[85] 밤 깊어지자 북두성과 은하수 기우는데
徘徊帷幌中.[86] 휘장 안에서 이리저리 서성댄다네
歸華先委露,[87] 떨어지는 꽃 제 먼저 이슬을 맞아 시들고
別葉早辭風. 떨어지는 잎 일찌감치 바람을 맞아 나무를 떠나네

80) 『文選』에는 「玩月城西門廨中」이라고 되어 있다.
81) '墀'(지) : 섬돌. 계단.
82) '娟娟'(연연) : 길게 굽은 모양, 또는 부드럽고 가는 모양.
83) '珠籠'(주롱) : 구슬을 엮어 만든 발. 일설에는 구슬로 장식한 창문이라고도 한다. 『文選』에는 '珠櫳'으로 되어 있다.
84) '綺'(기) : 어떤 책에는 '瑣'자로 되어 있다.
85) '衡'(형) : 북두칠성 중 제5성인 '玉衡'. '漢'(한) : 은하수.
86) '帷幌'(유황) : 휘장. '幌'자는 다른 책에는 '櫎'자, 또는 '戶'자로 되어 있다.
87) '歸華'(귀화) : 떨어시는 꽃. '委露'(위로) : 이슬을 맞아 시들다.

| | |
|---|---|
| 客遊厭辛苦, | 타향살이 나그네는 괴로움에 신물이 나고 |
| 仕子倦飄塵. | 벼슬아치로 먼지처럼 떠돌기도 진력이 나네 |
| 休澣自公日,[88] | 휴가를 얻어 관청에서 물러나 |
| 晏慰及私晨.[89] | 한가로이 내 시간을 즐기는데 |
| 蜀琴抽白雪,[90] | 촉나라 거문고는 백설곡을 연주하고 |
| 郢曲繞陽春.[91] | 영땅 곡조 양춘곡이 대들보를 감도네 |
| 肴乾酒未缺,[92] | 안주는 떨어졌으나 주흥은 아직 식지 않았는데 |
| 金壺啓夕輪.[93] | 물시계는 이미 밤이 깊었음을 알리네 |
| 迴軒駐輕蓋,[94] | 돌아가는 수레 멈추게 하고 |
| 留酌待情人.[95] | 자리에 남아 술 기울이며 다정한 벗들을 기다리네 |

---

88) '休澣'(휴한) : 『文選』에는 '休浣'으로 되어 있다. 관리의 휴가. '自公'(자공) : 관청에서 퇴근하다. 『詩經』「召南」「羔羊」에 "퇴근하여 집에 돌아와 식사하다(退食自公)"란 구절이 있다.

89) '晏慰'(안위) : '宴慰'와 같다. 한거하다. '私晨'(사신) : '私辰'과 같다. 개인적인 시간. 다른 책에는 '晏'자는 '宴'자로, '晨'자는 '辰'자로 되어 있다.

90) '蜀琴'(촉금) : 蜀 지방의 거문고. 蜀 땅의 司馬相如가 거문고를 잘 연주했다고 한다. '抽'(추) : 타다. 연주하다. '白雪'(백설) : 거문고의 곡조명. 師曠이 지었다고 전한다.

91) '郢曲'(영곡) : 楚나라의 수도인 郢 지방에서 유행하던 가곡. '繞'(요) : 얽히다. 감기다. 휘돌다. 『文選』에는 '發'자로 되어 있다. '陽春'(양춘) : '白雪曲'과 마찬가지로 가곡명.

92) '肴'(효) : 고기 안주. '乾'(건) : 다하다. '缺'(결) : 없어지다. 쇠락하다. 『文選』에는 '闋(끝나다)'자로 되어 있다.

93) '金壺'(금호) : 청동으로 된 물시계. '啓'(계) : 일깨워주다. '夕輪'(석륜) : 『考異』에서는 "송각본에는 '夕輪'이라고 되어 있는데 해석할 수 없다. 『文選』에는 '夕淪'으로 되어 있는데, 李善이 주석하기를, '안주는 다 떨어졌지만 주흥은 아직 끝나지 않았고, 쇠항아리 물시계는 이미 저녁 물결을 일으키네'라고 했으니, 의미가 오히려 통할 수 있어 여기에서는 『文選』을 따른다(宋刻作夕輪, 不可解. 文選作夕淪, 李善註謂, '肴雖乾而酒未止, 金壺之漏, 已起夕波.' 義尙可通, 今從文選)'라고 했다. 그러나 문맥상 이미 밤이 깊었음을 나타내는 말이 와야 하기 때문에 '淪'을 침몰하다. 다하다 등의 뜻으로 보고, '夕淪'은 저녁 시간을 알리는 물방울이 다 떨어졌다고 해석할 수 있다.

94) '迴軒'(회헌) : 돌아가는 수레. '駐'(주) : 멈추다. '輕蓋'(경개) : 수레의 가벼운 지붕.

95) '留酌'(류작) : 붙잡고 술을 따르다. '情人'(정인) : 잔치에 참석했던 친구.

**해설** 이 작품은 달에 대한 감상을 노래한 시다. 宋 孝武帝 연간에 작가가 秣陵縣의 현령으로 있을 때 지은 것으로, 가을날 성 서문 관서에서의 달 감상을 내용으로 하고 있다. 달밤의 경물 묘사와 함께 그를 통해 촉발된 유랑 같은 관직생활에 대한 권태로움을 표현하였다. 이 작품은 내용에 있어 여성과 관련된 부분이 전무하다. 그러나 『玉臺新詠』에 수록된 이유는 아마도 마지막 구의 '情人'을 이성간의 애인으로 보았기 때문일 것이다.

## 128. '서울 낙양'편을 본뜬 시

「代京洛篇」[96]

| | |
|---|---|
| 鳳樓十二重,[97] | 봉황루 열두 층 |
| 四戶八綺窗.[98] | 네 개의 문과 여덟 개의 아름다운 창 |
| 繡桷金蓮華,[99] | 수놓인 서까래엔 황금빛 연꽃 피어 있고 |
| 桂柱玉盤龍.[100] | 계수나무 기둥엔 옥룡이 서려 있네 |
| 珠簾無隔露, | 진주 주렴은 이슬도 못 가리고 |
| 羅幌不勝風. | 비단 휘장은 바람에 일렁이네 |
| 寶帳三千萬,[101] | 보석 달린 장막은 삼천만 냥 나가는데 |

96) 어떤 책에는「煌煌京洛行」또는「代陳思王京洛篇」이라고 되어 있다. 相和歌辭 瑟調曲에 속하며 전체 5解로 이루어져 있다. 원작은 曹植의 작품으로 볼 수 있지만 전해오지 않는다.

97) '鳳樓'(봉루) : 晉나라의 궁궐 이름.

98) '戶'(호) : 외짝으로 된 출입문, 즉 지게문. '綺窗'(기창) : 아름다운 무늬를 아로새긴 창문.

99) '桷'(각) : 네모난 서까래.

100) '玉盤龍'(옥반룡) : 옥으로 만든 용이 기둥 위에 똬리처럼 대들보를 바치고 있음을 뜻한다.

101) '寶帳'(보장) : 아름다운 장막. 여기에서는 후궁들의 거처를 의미한다. '萬'(만) : 어떤 책에는 '所'자로 되어 있다.

| | |
|---|---|
| 爲爾一朝容.[102] | 당신 한 번 뵙기 위해 화장을 한다네 |
| 揚芬紫煙上, | 보랏빛 연기 위로 향기를 날리며 |
| 垂綵綠雲中.[103] | 푸른 구름 속으로 비단옷 드리우네 |
| 春吹迴白日, | 봄날 퉁소 소리는 하얀 해를 돌아서 퍼져나가고 |
| 霜歌落塞鴻.[104] | 서리 묻은 노래는 변경의 기러기를 떨어뜨리네 |
| 但懼秋塵起, | 단지 두려운 건 가을 먼지 일어 |
| 盛愛逐衰蓬. | 융성하던 사랑이 시든 쑥처럼 쫓겨나는 것 |
| 坐視青苔滿,[105] | 앉아 있을 땐 섬돌에 가득 핀 푸른 이끼 보며 |
| 臥對錦筵空. | 누워 있을 땐 허전한 비단자리와 함께 하네 |
| 琴筑縱橫散,[106] | 거문고와 축 소리도 제멋대로 흩어지고 |
| 舞衣不復縫. | 헤진 무도복은 꿰매지도 않는다네 |
| 古來皆歇薄, | 자고로 만물은 그치고 쇠하게 마련인데 |
| 君意豈獨濃. | 당신 마음만 어찌 홀로 두터우리오 |
| 惟見雙黃鵠, | 오직 보이는 건 한 쌍의 노란 고니새 |
| 千里一相從. | 천 리 길 한결같이 함께 하는 것 |

**해설** 이 작품은 임금의 총애가 식은 궁녀의 원망과 한탄을 노래한 것이다. 시의 내용에 대해 『樂府詩集』에서 다음과 같이 언급하고 있다.

처음에는 서울인 낙양의 아름다움에 대해 한껏 묘사하였고, 나중에는 임금의 은총이 식어 외톨이가 된 신세에 대한 원망과 쇠락한 운명에 대한 탄식을

102) '爾'(이) : 2인칭대명사로, 여기에서는 임금을 가리킨다. '一朝'(일조) : 한 번 배알하다. '容'(용) : 꾸미다. 화장하다.
103) '綵'(채) : 비단(옷), 또는 문채. 이 구는 여인의 아름다운 의상을 찬미한 부분이다.
104) 이상 두 구는 궁녀의 음악적 재능을 찬미한 부분이다.
105) 이 구는 총애를 잃어 찾아오는 사람이 없음을 섬돌에 가득 자란 이끼로 표현하였다.
106) '琴'(금) : 거문고. '筑'(축) : 거문고와 모양은 비슷하지만 조금 더 큰 현악기. 양 손으로 껴안고 대나무로 쳐서 소리를 낸다.

말하였다(始則盛稱京洛之美, 終言君恩歇薄, 有怨曠沉淪之歎).

그러나 관점에 따라선 이와 같은 남녀간의 애정 관계를 군신간의 관계에 대한 비유로 볼 수도 있으며, 나아가 종래의 관점은 이러한 비유가 하나의 원칙처럼 굳어져 있었다.

## 129. 악부 '백두음'을 본뜬 시

「擬樂府白頭吟」[107]

| | |
|---|---|
| 直如朱絲繩,[108] | 거문고의 붉은 명주줄처럼 곧고 |
| 淸如玉壺冰. | 옥항아리 속 얼음같이 맑으며 |
| 何慚宿昔意,[109] | 평소의 사랑에 부끄러운 일 하나 없건만 |
| 猜恨坐相仍.[110] | 의심과 원망이 무단히 계속해서 생기네 |
| 人情賤恩舊, | 옛 사랑 하찮게 여기는 게 인지상정이며 |
| 世義逐衰興. | 흥망을 따라 변해가는 게 세상이치이니 |
| 毫髮一爲瑕,[111] | 털끝 하나라도 흠이 된다면 |
| 丘山不可勝. | 언덕과 산조차 배겨낼 수 없는 법 |
| 食苗實碩鼠,[112] | 곡식 훔쳐 먹는 놈은 확실히 큰 쥐이며 |

107) 이 작품은 제1권 古樂府詩 6수 중 제5수인 「皚如山上雪」(13)을 본뜬 것이다.

108) '朱絲繩'(주사승) : 琴瑟의 붉은 현.

109) '何慚'(하참) : 어찌 부끄러우랴. '宿昔'(숙석) : 지난날. 이전. 평소. '意'(의) : 애정. 사랑. 이 구는 평소 자신에 대한 남편의 사랑에 부끄러워할 만한 행동을 하지 않았다는 뜻이다.

110) '猜恨'(시한) : 시기와 원한. '坐'(좌) : 이유 없이. 공연히. '相仍'(상잉) : 서로 작용하여 계속 생겨나다.

111) '瑕'(하) : 옥의 흠. 결점. 잘못.

112) '苗'(묘) : 곡식. '碩鼠'(석서) : 큰 쥐. 『詩經』「魏風」「碩鼠」에 "큰 쥐야 큰 쥐야, 내 곡식 먹지 마라(碩鼠碩鼠, 無食我苗)"란 구절이 있는데, 여기에서 '碩鼠'는 탐관오리를 가리킨다.

| | |
|---|---|
| 點白信蒼蠅.[113] | 흰 것을 더럽히는 건 정말로 쉬파리라네 |
| 鳧鵠遠成美,[114] | 물오리와 고니는 멀리 있기 때문에 찬미를 받고 |
| 薪芻前見淩.[115] | 땔나무와 꼴은 먼저 것이 밑에 깔리게 마련 |
| 申黜褒女進,[116] | 신 왕후가 폐출되고 포국 여자 들어오고 |
| 班去趙姬升.[117] | 반첩여가 떠나고 조씨 여인 높은 자리에 오르니 |
| 周王日淪惑,[118] | 주나라 왕은 나날이 유혹에 빠져들고 |
| 漢帝益嗟稱.[119] | 한나라 임금은 더더욱 감탄하고 칭찬하네 |

---

113) '點'(점) : 더럽히다. 어떤 책에는 '玷'자로 되어 있다. '信'(신) : 실로. 참으로. '蒼蠅'(창승) : 쉬파리. 『詩經』「小雅」「青蠅」의 '青蠅'처럼 간신배・소인배를 가리킨다.

114) '鳧'(부) : 물오리[청둥오리]. '鵠'(곡) : 고니. 『韓詩外傳』卷2에 따르면, "田饒가 魯나라 哀公을 섬겼는데 중용되지 못하자, 哀公에게 '신은 임금님 곁을 떠나 고니처럼 날아갈 것입니다'라고 말하였다. 哀公이 그 이유를 물으니 다음과 같이 대답했다. '임금님께서는 저 닭을 보지 못했습니까? 머리엔 관을 쓰고 있으니 '文'이며, 발에는 며느리발톱이 달려 있으니 '武'이며, 적을 만나면 용감히 싸우니 '勇'이며, 먹이를 찾으면 알려주니 '仁'이며, 밤을 지키며 시간을 알려주니 '信'입니다. 닭에게 이러한 오덕이 있는데도 임금님께서는 오히려 날마다 빠져 닭고기를 먹는 이유는 무엇입니까? 바로 가까이 있기 때문인 것이지요. 저 고니는 한 번에 천 리를 나는데, 임금님의 동산과 연못에 와서 임금님의 물고기와 자라를 먹고, 임금님의 기장과 좁쌀을 쪼아먹으니, 이러한 오덕도 없는데도 오히려 귀하게 여기시는 이유는 바로 그 새가 멀리서 왔기 때문일 것입니다. 신도 임금님 곁을 떠나 고니처럼 멀리 날아갈 것입니다'라고 하니 哀公이 '가지 마라. 내 너의 말을 새겨 두마'라고 했다(田饒事魯哀公而不見察, 田饒謂哀公曰, '臣將去君, 黃鵠擧矣.' 哀公曰, '何謂也?' 曰, '君獨不見夫雞乎! 首戴冠者, 文也, 足搏距者, 武也, 敵在前敢鬥者, 勇也, 得食相告, 仁也, 守夜不失時, 信也. 雞有此五德, 君猶日瀹而食之者, 何也? 則以其所從來者近也. 夫黃鵠一擧千里, 止君園池, 食君魚鱉, 啄君黍粱, 無此五者, 君猶貴之, 以其所從來者遠矣. 臣將去君, 黃鵠擧矣!' 哀公曰, '止. 吾將書子言也.')"라고 하였다.

115) '薪'(신) : 땔나무. '芻'(추) : 꼴. 짐승의 먹이로 쓰이는 풀.

116) '黜'(출) : 내쫓기다. 이 구는 周 幽王이 褒國을 정벌한 뒤 진상 받은 褒姒란 여인 때문에 申王后가 폐출된 사실을 가리킨다.

117) 이 구는 漢나라 成帝 때 趙飛燕이란 새로운 후궁 때문에 班婕妤가 총애를 잃은 사실을 가리킨다.

118) 이 구는 周나라 幽王에 대한 이야기다. 좀처럼 웃지 않는 褒姒를 위해 幽王은 백방으로 노력했으나 허사였다. 그러던 중 적의 침입을 알리는 봉화를 피우고 북을 치니 각 지역의 제후들이 황급하게 모여들었다가 적이 없는 줄 알고 불평하며 돌아가는 모양을 보고 크게 웃었다고 한다.

119) 이 구는 漢나라 成帝의 이야기다. 임금이 한번은 樊嫕에게 몰래 이야기하기를, 왕

| | |
|---|---|
| 心賞猶難恃,[120] | 진심어린 사랑도 오히려 믿기 어려운 판국에 |
| 貌恭豈易憑?[121] | 미모와 예절에만 기대기가 어찌 쉬우랴 |
| 古來共如此, | 자고로 모두 이와 같으니 |
| 非君獨撫膺. | 그대만 유독 가슴 치며 원망할 게 아니라네 |

**해설** 이 작품은 버림받은 여인의 하소연을 서술한 시다. 전체적으로 볼 때 주인공의 심정은 자신을 버린 상대방에 대한 원망이 아니라, 세태 묘사를 통해 버림받은 사실을 인정하는 체념에 가깝다. 때로는 희망조차 포기한 체념이 더 큰 위로가 될 수도 있을 것이다.

## 130. 뽕 따기

「採桑詩」[122]

| | |
|---|---|
| 季春梅始落,[123] | 늦봄에 매실 막 떨어질 무렵 |
| 女工事蠶作.[124] | 아가씨들은 누에치기에 바쁘네 |
| 採桑淇洧間,[125] | 기수 유수 근처에서 뽕을 따고 |
| 還戲上宮閣.[126] | 상궁루로 돌아와서 논다네 |
| 早蒲時結陰,[127] | 철 이른 부들이 때맞추어 그늘을 짓고 |

---

후에게 기이한 향료가 있지만 班婕妤의 몸에서 나는 향기보다 못하다라고 했다 한다.

120) '心賞'(심상): 진심어린 사랑.

121) '貌恭'(모공): 아름다운 용모와 공손한 태도.

122) 相和歌辭 相和曲에 속한다.

123) 이 시기는 양력으로 5월에서 6월 초에 해당한다.

124) '女工'(녀공): 양잠 · 방직 · 자수 · 재봉 등의 일을 하는 여성.

125) '淇'(기): 河南省 臨縣에서 발원하는 黃河의 지류. '洧'(유): 河南省 登封縣에서 발원하여 동으로 흐르는 강.

126) '上宮'(상궁): 魏나라에 있던 누각 이름. 『詩經』「鄘風」「桑中」에 "뽕밭에서 만나기로 약속하고, 상궁루로 나를 맞이하네(期我乎桑中, 要我乎上宮)"라고 하였다.

127) '蒲'(포): 향포[부들]. 늪이나 연못가에 절로 자라는데, 줄기는 1m 가량이며 잎은 가

晩篁初解籜.[128]　　죽순은 비로소 껍질을 벗는데
藹藹霧滿閨,[129]　　가물가물 안개는 규방 안에 가득하고
融融景盈幕.[130]　　넘실넘실 햇빛은 장막 안에 가득하네
乳燕逐草蟲,　　어린 제비는 풀벌레를 쫓고
巢蜂拾花萼.[131]　　벌집의 벌은 꽃받침 속 꿀을 모으네
是節最暄妍,[132]　　이 계절은 연중 가장 따뜻하고 아름다우며
佳服又新爍.[133]　　고운 새옷도 눈이 부시네
斂歎對回塗,　　탄식을 멈추고 구비진 길 보면서
揚歌弄場藿.[134]　　노랫소리 드날리며 곽향 향기 음미하네
抽琴試佇思,[135]　　거문고 타면서 깊은 시름을 맡기고
薦珮果成託.[136]　　패옥 드리는 건 실은 몸을 맡긴다는 뜻이라네
承君郢中美,[137]　　그대에게서 영중의 가곡 같은 찬미를 받고

---

늘고 길며, 여름에 누른 꽃이 이삭 모양으로 피며, 잎으로는 방석을, 줄기로는 부채를 만들기도 한다.

128) '晩篁'(만황) : 어린 대나무. '籜'(탁) : 대나무 껍질.

129) '藹藹'(애애) : 무성하거나 번성한 모양.

130) '融融'(융융) : 밝은 모양. 왕성한 모양.

131) '花萼'(화악) : 꽃받침. 여기에서는 꽃의 꿀을 가리킨다.

132) '暄妍'(훤연) : 날씨가 따뜻하고 경치가 아름답다.

133) '新爍'(신삭) : 새것이어서 빛을 발하다.

134) '弄'(롱) : 감상하다. '場藿'(장곽) : 꿀풀과의 여러해살이풀인 藿香. 산지에서 자라며, 높이는 20~30cm이고, 풀 전체에 길이 1~2mm 정도의 털이 난다.

135) '抽'(추) : 퉁기다. 연주하다. '佇思'(저사) : 깊은 시름. '佇' : 『考異』 및 日本 文化翻刻本에는 모두 '抒'자로 되어 있다.

136) '薦'(천) : 드리다. 바치다. 올리다. '珮'(패) : '佩'와 같다. 장식으로 몸에 차는 노리개 또는 패물. '託'(탁) : 남자에게 평생 자신을 맡기다.

137) '郢中'(영중) : 춘추전국시대 楚나라의 도읍지인 郢都. '美'(미) : 좋은 의미. 宋玉의 「對楚王問」 중에 "영중에서 손님 중에 노래하는 사람이 있었는데, 처음에 「하리」·「파인」을 노래할 때는 도성 안에서 따르며 화답하는 사람들이 수천 명이었으며, 다음에 「양아」·「해로」를 노래할 때는 도성 안에서 화답하는 사람이 수백 명이었으며, 다음에 「양춘」·「백설」을 노래할 때는 도성 안에서 따르며 화답하는 사람이 수십 명이었다(客有歌于郢中者, 其始曰下里巴人, 國中屬而和者數千人, 其爲陽阿薤露, 國中屬而和者數百人, 其爲陽春白雪, 國中屬而和者數十人)"라고 했다. '郢中美' : 郢中에서 부르던 가곡 속의 좋은 의미.

| | |
|---|---|
| 服義久心諾.[138] | 의리를 지키고자 오래 전에 마음속으로 허락했다네 |
| 衛風古愉豔,[139] | 위나라 풍속은 예로부터 반하게 하는 아리따움을 숭상했고 |
| 鄭俗舊浮薄.[140] | 정나라 습속은 예전부터 경박하였다네 |
| 虛願悲渡湘,[141] | 부질없이 소원 빌며 상수의 신을 슬퍼하고 |
| 空賦笑瀍洛.[142] | 헛되이 부를 지으며 전수 낙수의 여신을 비웃네 |
| 盛明難重來,[143] | 창성한 시절 다시 오기 어려운데 |
| 淵意爲誰涸?[144] | 강물 같이 깊은 이내 마음 누굴 위해 다하랴 |
| 君其且調絃, | 그대 이제 잠시 거문고 줄을 고르신다면 |
| 桂酒妾行酌.[145] | 소첩은 그댈 위해 계피주를 따르리 |

**해설** 이 작품은 제1권의 古樂府「日出東南隅行」(9)과 같이 '採桑'을 소재로 한 여성의 이상적 애정을 노래한 시다. 그러나 작품의 주제는 여성의 정절을 찬미한 전자와는 상반되게 자유로운 연애에 대한 소망이다. 이러한 변화는 바로 각 시대의 심미의식의 변화에 따른 것으로 볼 수 있다. 즉 남녀 애정 문제의 경우, 秦·漢 등의 통일 시기에는 국가에 대한 충성심을 보좌하는 윤리로서 여성의 정절을 이상적인 미로 간주했으나, 魏晉南北朝 같은 혼란기에는 충성이란 집단윤리보다 개성의 자유가 더 존중되었으며, 이에 따라 자유로운 연애가 이상

138) '服義'(복의): 의리를 지키다.

139) '衛風'(위풍): 衛나라의 풍속. '愉豔'(유염): 화려하고 아름다워 사람을 즐겁게 하다.

140) '浮薄'(부박): (애정이) 굳건하지 못하고 경박하다.

141) '渡湘'(도상): 본래 湘水를 건너다란 뜻이지만, 여기에서는 湘水의 신인 湘君과 湘夫人을 가리킨다. 이 구는 屈原이 지은『九歌』중「湘君」·「湘夫人」을 의미한다.

142) '空賦'(공부): 曹植의「洛神賦」. '瀍洛'(전락): 본래 瀍水와 洛水라는 두 강을 가리키지만, 여기에서는 宓羲氏의 딸로 洛水에 빠져 洛水의 신이 된 宓妃를 가리킨다.

143) '盛明'(성명): 창성한 때. 한창때.

144) '淵意'(연의): 강이나 연못 같이 넓고 깊은 물처럼 충만한 애정. '涸'(확): 마르다. 다하다.

145) '桂酒'(계주): 계피주. '行酌'(행작): 술을 따르다.

적인 미로 간주될 수 있었던 것이다.

## 131. 꿈속의 귀향

「夢還詩」[146]

銜淚出郭門,[147] 눈물 머금은 채 성곽문 나서서
撫劍無人逵.[148] 인적 없는 한길에서 칼을 어루만지는데
沙風闇塞起,[149] 모래 바람은 컴컴한 변방에서 일고
離心眷鄕畿.[150] 떠나온 이내 마음 고향땅을 그리네
夜分就孤枕, 한밤중에 외로이 잠자리에 드니
夢想暫言歸. 꿈길에서나마 잠시 고향으로 돌아가네
孀婦當戶笑,[151] 생과부는 문 옆에서 미소를 지은 채
繅絲復鳴機.[152] 고치를 켜 실을 뽑아 베틀을 울리네
慊款論久別,[153] 간절히 오랜 이별 이야기하면서
相將還綺帷.[154] 함께 비단 휘장 안으로 들어가네
靡靡簷下凉,[155] 차츰차츰 처마 밑은 서늘해지고
朧朧窓裏煇.[156] 흐릿흐릿 창 안의 불빛은 약해지네

---

146) 어떤 책에는 제목이 '夢歸鄕'으로 되어 있다.
147) '郭'(곽) : 外城.
148) '逵'(규) : 사통팔달의 큰길.
149) '闇'(암) : 어둡다. 컴컴하다. 이 구절이 가리키는 지역은 황사가 자욱한 중국 북방 변경이다.
150) '眷'(권) : 그리워하며 돌아보다. '鄕畿'(향기) : 고향.
151) '孀婦'(상부) : (생)과부. '笑'(소) : 馮班校正趙均本에는 '歎'자로 되어 있는데, 『考異』에도 '笑'자는 다음 구와 문맥상 맞지 않다고 하며 이를 따랐다.
152) '繅絲'(소사) : 누에고치를 켜서 실을 뽑다.
153) '慊款'(겸관) : 진지하다. 간절하다.
154) '相將'(상장) : 함께.
155) '靡靡'(미미) : 느리게. 점차. '簷'(첨) : 처마.
156) '朧朧'(롱롱) : 몽롱[희미]한 모습.

| | |
|---|---|
| 刈蘭爭芬芳,[157] | 난초 베어 향기를 다투듯 |
| 採菊競葳蕤.[158] | 국화 따서 아름다움 겨루듯 |
| 開奩集香蘇,[159] | 향그릇 열어 향기로운 풀 모아 담고 |
| 探袖解纓徽.[160] | 소매 더듬어 매어 둔 향주머니를 푼다네 |
| 寐中長路近, | 잠에선 긴 길도 가깝더니만 |
| 覺後大江違. | 깨고 나니 큰 강이 가로막고 있네 |
| 驚起空歎息, | 놀라 일어나 부질없이 탄식하니 |
| 恍惚神魂飛.[161] | 아득히 영혼만 하늘을 날아가네 |
| 白水漫浩浩, | 흰 강물은 가득하게 넓디넓고 |
| 高山壯巍巍. | 높은 산은 장엄하게 높디높네 |
| 波潮異往復, | 파도와 조류는 가고 오는 게 구분되고 |
| 風霜改榮衰. | 바람과 서리는 꽃피고 시듦을 바꾸네 |
| 此土非吾土, | 이 땅은 내 고향 땅 아니니 |
| 慷慨當訴誰? | 북받친 슬픔 누구에게 하소연해야 하나 |

**해설** 이 작품은 변방으로 종군하여 오랫동안 고향에 돌아가지 못한 병사의 고향(아내)에 대한 그리움을 묘사한 시다. 특이한 것은 고향에 돌아가 아내를 만나고자 하는 간절한 바람을 꿈으로 묘사했다는 점이다. 깨었을 때의 간절함은 그대로 꿈으로 이어지는 법, 그러나 꿈은 역시 꿈일 뿐 깨어나면 실망감만 더 커지게 마련이다. 대부분의 꿈은 꿀 때는 생생하다가도 깨어나면 내용의 앞뒤가 잘 연결되지 않기

---

157) '刈'(예) : 베다.

158) '葳蕤'(위유) : 무성한 모양. 아름다운 모양. 이상 두 구는 두 사람 간에 이뤄지는 사랑의 표현이 아닌가 여겨진다.

159) '奩'(렴) : 향그릇. '香蘇'(향소) : 꿀풀과의 여러해살이풀인 석잠풀. 산과 들의 습지에서 자라기 때문에 '水蘇'라고도 불리는데, 여기에서는 단순히 '향기로운 풀'이란 뜻으로 쓰였을 수도 있다.

160) '纓徽'(영휘) : 향주머니.

161) '恍惚'(황홀) : 정신이 흐릿한 모양.

때문인지, 이 시 역시 꿈 내용 부분은 전체적으로 의미가 석연치 않다. 이 시는 당연히 변새시로 분류할 수도 있으며, 이는 당대 변새시의 선구가 된다고 할 수 있다.

## 132. 고시를 본뜬 시

「擬古」

| | |
|---|---|
| 河畔草未黃, | 강가의 풀은 채 시들지도 않았는데 |
| 胡雁已矯翼.162) | 북녘에서 온 기러기 벌써 날개를 치네 |
| 秋蛩扶戶吟,163) | 가을 귀뚜라미는 문에 붙어 울고 |
| 寒婦晨夜織.164) | 추운 날씨에도 여인은 새벽부터 밤중까지 베를 짜네 |
| 去歲征人還, | 작년에 출정했던 사람 돌아왔는데 |
| 流傳舊相識.165) | 옛날부터 당신을 알고 지냈다 하네 |
| 聞君上隴時,166) | 듣자하니 당신은 농 땅 오르실 제 |
| 東望久歎息. | 동쪽 바라보며 길게 탄식했다 하며 |
| 宿昔衣帶改,167) | 밤 사이에도 허리띠는 헐렁해지고 |
| 旦暮異容色. | 아침 저녁으로 얼굴색 나빠지셨다 하네 |
| 念此憂如何, | 이런 걱정으로 생기는 근심을 어찌하나 |
| 夜長憂向多. | 밤이 길어 근심도 깊어만 가네 |

162) '矯翼'(교익) : 날개를 치며 높이 날다. '矯' : 높이 들다.
163) '扶'(부) : 五雲溪館活字本에는 '挾'자로 되어 있다.
164) '寒'(한) : 일반적으로 빈한하다는 뜻으로 풀이하는데, 문맥상 추운 날씨로 보는 것이 더 타당할 것 같다.
165) '流傳'(류전) : 소식을 전하다.
166) '隴'(롱) : 산 이름. 지금의 甘肅省과 陝西省의 경계 지역까지 이어져 있다. 甘肅省 일대를 가리키는 지명으로 보기도 한다.
167) '衣帶'(의대) : 옷을 여미는 띠. 허리띠. 옷과 허리띠로 보기도 한다.

明鏡塵匣中,　　밝은 거울은 먼지 낀 경대 속에 있고
寶瑟生網羅.　　귀한 비파엔 거미줄이 생기네

**해설** 이 작품은 출정 가서 돌아오지 않는 남편을 그리워하는 여인의 심경을 서술한 시다. 남편은 오래 전에 멀리 서북 변경으로 출정하였다. 그러나 예정된 기일이 되어도 돌아오지 않아 그리움과 수심은 늘어만 간다. 특히 한 해가 기울기 시작하는 가을, 남쪽 내지의 날씨조차도 추워지니 변경의 남편은 추위를 또 어떻게 날까? 제대한 사람 중 다행히 변경에서 남편과 같이 복무하던 사람이 남편의 소식을 전해주는데, 남편 또한 고향 생각에 비쩍 야위어가더라고 하였다. 이 일을 어쩌나? 이런저런 걱정과 가슴 아리는 보고픔에 화장도 연주도 손에 잡힐 리 만무하다.

## 133. 한 쌍의 제비

「詠雙燕」168)

雙燕戲雲崖,169)　　한 쌍의 제비가 구름 너머에서 노닐며
羽翮始差池.170)　　날개를 마악 펄럭이네
出入南閨裏,　　남쪽 규방 안을 들락거리다
經過北堂陲.　　북쪽 안채 모퉁이를 지나네
意欲巢君幕,　　생각이야 그대 장막 안에 깃들고 싶지만
層楹不可窺.171)　　깊은 저택 안은 엿볼 수도 없다네

---

168) 어떤 책에는 '雙'자가 없다.
169) '雲崖'(운애) : 구름 끝 또는 높은 절벽. 여기에서는 전자의 의미로 쓰였다.
170) '羽翮'(우핵) : 날개. '始'(시) : 바로. 한창. '差池'(치지) : 들쭉날쭉한 모양. 『詩經』「邶風」「燕燕」에 "제비가 높이 날며, 훨훨 날개짓하네(燕燕于飛, 差池其羽)"라고 했다.
171) '層楹'(증영) : 높고 깊은 큰 집.

沈吟芳歲晚,　　시름에 빠진 채 꽃 같은 세월은 저물고
徘徊韶景移.[172]　　서성거리다 봄날 아름다운 경치는 지나가네
悲歌辭舊愛,　　슬픈 노래 부르며 옛사랑과 작별하고
銜泥覓新知.　　진흙 물고 새사랑 찾는다네

**해설** 이 작품은 제비를 의인화시켜 사랑을 노래한 시다. 작품은 의미상 전후반부가 서로 잘 연결되지 않는다. 그러나 제비를 여인이라고 봤을 때, 그 여인이 사모하던 사람은 지금 높은 벼슬아치가 되어 접근하기 어렵게 되었다. 그렇다고 마냥 그리워하고 근심하면서 지내기엔 청춘이 무상하니, 눈물 흘리면서 님을 포기하고 새로운 님을 찾아 떠난다는 내용이 된다.

## 「증고인(贈故人)」 2수

### 134. 친구에게 1

「贈故人」[173] 其一

寒灰滅更燃,　　차가운 재는 불이 꺼져도 다시 탈 수 있고
夕華晨更鮮.　　저녁 꽃은 새벽이면 다시 싱싱해지며
春冰雖暫解,　　봄 얼음은 잠시 녹지만
冬冰復還堅.　　겨울 얼음으로 다시금 굳어지는데
佳人捨我去,　　훌륭한 그 사람 날 버리고 가시면
賞愛長絶緣.[174]　　좋은 우정은 영원히 끊어지고 만나네

172) '韶景'(소경) : 봄날의 아름다운 경치. 여기에서는 앞 구와 함께 꽃 같은 한창때를 가리킨다.
173) 어떤 책에는 「贈故人馬子喬」라고 되어 있다.

歡至不留時,　　기쁨은 닥치지만 잠시도 머물지 않으니
每感輒傷年.　　언제나 느끼듯 가는 세월에 가슴만 아프네

**해설** 이 작품은 친구와의 석별의 정을 노래한 시다. 다른 책에 의하면 작가는 헤어져 떠나가는 馬子喬란 친구에게 모두 여섯 수의 시를 써 주었다고 하는데, 그 중 두 수가 이 선집에 수록된 것이다. 이 작품은 자연의 순환 이치를 끌어 비유하여 인간사의 무상함과 대비하고 있는 게 돋보이는데, 굳이 친구 사이가 아니라 연인 사이의 석별을 노래한 시로도 볼 수 있을 것이며, 그래서 이 선집에 실리게 되었을 것이다.

## 135. 친구에게 2

「贈故人」 其二

雙劍將別離,[175]　　한 쌍의 칼이 이별하려 할 제
先在匣中鳴.　　먼저 상자 속에서 운다네
煙雨交將夕,[176]　　안개와 빗속에 날은 저물고

---

174) '賞愛'(상애) : 칭찬하며 좋아하다. 친구 사이의 우정을 가리킨다.

175) '雙劍'(쌍검) : 이 고사는 『晉書』 「張華傳」에 나온다. 북두성과 견우성 사이에 보랏빛 기운이 자주 비쳤는데, 당시 천문에 밝았던 豫章 사람 雷煥은 그 기운이 보검의 정기가 하늘에 뻗친 것이라고 했다. 張華는 그를 豊城 현령에 임명하였으며, 그가 현에 이르러 감옥 밑 땅을 네 길 정도 파고 들어가 하나의 돌상자를 캐내었는데, 그 속에 각각 '龍泉' · '太阿'라고 새겨진 두 개의 칼이 들어 있었다. 이에 하나는 張華에게 주고 하나는 자기가 찼다. 張華가 雷煥에게 편지를 써서 "칼의 무늬를 자세히 살펴보니 바로 명검인 干將인데, 莫邪는 어째서 보내지 않았는가? 그렇지만 하늘이 내린 신물이니 끝내 합쳐질 것이다"라고 했다. 나중에 張華가 피살된 뒤 그의 칼은 향방을 알 수가 없었다. 한편 雷煥이 죽은 후 그의 아들 雷華가 아버지가 남겨 준 칼을 차고 임지로 부임하는 길에 延平 나루를 지나갈 때, 갑자기 칼이 허리춤에서 튀어나와 물 속으로 빠져버렸다. 그래서 잠수부를 시켜 물 속에 들어가 찾게 하였는데, 칼은 보이지 않고 몇 길이나 되는 아름다운 무늬의 두 마리 용이 서로 몸을 서리고 얽혀 있는 것만 보여 겁이 나서 물에서 나왔다. 그래서 칼을 잃어버리게 되었다.

| | |
|---|---|
| 從此遂分形. | 이로부터 마침내 서로 헤어져 |
| 雌沈吳江水,[177] | 암칼은 오나라 강물에 빠지고 |
| 雄飛入楚城. | 숫칼은 초나라 성으로 날아든다네 |
| 吳江深無底, | 오나라 강은 바닥 모르게 깊고 |
| 楚城有崇扃.[178] | 초나라 성에는 빗장 높이 걸려 있는데 |
| 一爲天地別, | 일단 천지간에 이별을 하면 |
| 豈直阻幽明.[179] | 어찌 다만 저승과 이승 사이의 거리뿐이랴 |
| 神物終不隔, | 신령스런 사물은 끝내 떨어지지 않는 법이니 |
| 千祀儻還幷.[180] | 천 년 후엔 혹 다시 합쳐지려나 |

**해설** 이 작품 역시 앞 작품과 마찬가지로 친구와의 석별의 정을 노래한 시다. 특별히 이 작품은 한 쌍의 명검이었던 干將과 莫邪라는 칼의 고사를 이용하여 언젠가는 반드시 만날 수 있기를 바라는 염원을 담고 있다. 동란의 시대를 사는 짧은 인생, 한 번 헤어지면 다시 만난다는 것은 저승과 이승 사이의 거리보다 더 어렵겠지만, 그래도 독실한 우정의 우리는 어쩌면 언젠가 다시 만날 수도 있으리라.

---

176) '交'(교) : (안개와 비가) 번갈다.

177) '吳江'(오강) : 吳나라 경내를 흐르는 강. 여기에서는 江西省 경내를 흘러 鄱陽湖로 유입되는 贛江을 가리킨다.

178) '崇'(숭) : 높다. '扃'(경) : 빗장.

179) '直'(직) : 단지. 다만.

180) '儻'(당) : 혹시. 어쩌면.

## 왕소(王素)

◇王素(418~471) : 자는 休業이며, 琅邪 臨沂(지금의 山東省 臨沂縣) 사람이다. 어려서부터 지조와 덕행이 있었다. 노모에다 집안이 가난하여 廬陵侍郎이 되었다가 어머니가 죽자 은거하고 더 이상 벼슬에 나가지 않았다. 孝文帝가 즉위하자 그를 太子舍人으로 불렀고, 大明 연간에는 江夏王 劉義恭이 倉曹의 속관으로 불렀으며, 泰始 6년(470)에는 明帝가 太子中舍人으로 불렀으나 모두 나아가지 않았는데, 그럴수록 명성은 더욱 높아졌다. 산 속에 노래기란 곤충이 있었는데 울음소리가 맑고 유장하여 듣기 좋았지만 그 형체는 매우 추했다고 하니, 그가 「蚿賦」를 지어 자신에게 비유하였다. 문집 16권이 전해온다.

### 136. 완보병체를 따라 짓다

「學阮步兵體」[181]

沉情發遐慮,[182] 그윽한 감정은 아련한 생각 일으키니
紆鬱懷所思.[183] 울적한 심정으로 그리운 님 생각하네
髣髴聞簫管,[184] 어렴풋이 퉁소 소리 들리는 듯한데

181) '阮步兵體'(완보병체) : 步兵校尉를 역임했던 阮籍의 詠懷詩를 가리킨다.

182) '沉情'(침정) : 그윽한 정. '遐慮'(하려) : 생각이 멀리까지 미치다.

183) '紆鬱'(우울) : 우울하다. 울적하다.

184) '髣髴'(방불) : 마치 ……한 듯하다. '簫管'(소관) : 퉁소. 이하 두 구는 秦 穆公의 딸 弄玉이 簫史에게 퉁소를 배운 사실을 이야기한다. 『列仙傳』에 "簫史라는 사람은 秦 穆公 때의 사람이다. 퉁소를 잘 불어 공작・학 등을 뜰에 불러올 수 있었는데, 穆公의 딸 弄玉이 그를 좋아하니, 穆公이 마침내 딸을 그와 혼인시켰다. 매일 弄玉에게 봉황의 울음을 내도록 가르쳤는데, 몇 년 뒤에 봉황 소리 비슷하게 불 수 있게 되어, 봉황이 그 집에 와 머물렀다. 穆公이 봉황대를 지어 주자, 부부는 그 위에 올라가서 몇 년 동안 내려오지 않다가, 어느 날 모두 봉황을 따라 날아가 버렸다(簫史者, 秦穆公時人也, 善吹簫, 能致孔雀白鶴於庭, 穆公有女, 字弄玉, 好之, 公遂以女妻焉. 日教弄玉作鳳鳴, 居數年, 吹似鳳聲, 鳳凰來止其屋. 公爲作鳳臺, 夫婦止其上不下數年, 一日皆隨鳳凰飛去)"라고 했다. 이 선집의 서문에도 '得吹簫於秦女'라는 구가 있다.

| | |
|---|---|
| 鳴鳳接嬴姬.[185] | 봉황 소리 내면서 영씨 아가씨를 맞이하네 |
| 連緜共雲翼,[186] | 끝없이 함께 구름 속을 날며 |
| 嬿婉相攜持.[187] | 다정하게 서로 손잡고 가네 |
| 寄言芳華士,[188] | 꽃다운 나이의 선비에게 말하노라 |
| 寵利不常期. | 총애와 이익은 항상 기약할 수는 없다고 |
| 涇渭分淸濁,[189] | 경수 위수는 맑고 흐림이 분명하다지만 |
| 視彼谷風詩. | 저 '곡풍' 시를 보게나 |

**해설** 이 작품은 신하에 대한 임금의 총애와 여자에 대한 남자의 사랑은 고정된 게 아니라 변할 수 있음을 풍자한 시다. 먼저 簫史와 弄玉에 대한 상상을 통해 한 쌍의 사랑하는 연인을 떠올리고, 그 속에 남녀 간의 사랑은 변할 수 있다는 의미를 내포시킨 뒤, 군신관계로 나아가 한창때의 선비들에게 임금의 총애 또한 변할 수 있다는 것을 알리고자 했다. 나에 대한 다른 사람의 태도는 바뀔 수가 있다. 그것은 나의 역량 밖이다. 그러나 남을 대하는 나의 태도는 나의 의지에 따른 것이니 쉽게 바꾸어서는 안 될 것이다. 모두가 그렇게 굳건하다면 사랑도 총애도 어찌 변할 수가 있으랴?

---

185) '嬴姬'(영희) : 秦 穆公의 딸 弄玉.

186) '連緜'(련면) : 끊임없이 이어지는 모양. '雲翼'(운익) : 구름 속에서 날개짓하다.

187) '嬿婉'(연완) : 사이좋은 모양. '攜持'(휴지) : 손을 잡다. 끌어 주다.

188) '芳華'(방화) : 꽃다운 한창 나이.

189) '涇渭'(경위) : 涇水와 渭水라는 두 강. 『詩經』「邶風」「谷風」에 "涇水는 渭水로 인해 흐려지지만, 그 고인 물은 그지없이 맑다네. 그이는 신혼에 빠져, 나를 거들떠보지도 않네(涇以渭濁, 湜湜其沚. 宴爾新昏, 不我屑以)"라고 했다. 이 선집의 서문에도 '涇渭之間, 若斯而已'이란 구절이 나온다. 이하 두 구는 자신의 깨끗한 자질이 흐린 渭水에 대한 맑은 涇水처럼 분명하지만 섞이면 드러나지 않게 되며, 「谷風」 시의 버림받은 여인처럼 신세가 변할 수도 있음을 이야기하고 있다.

## 오매원(吳邁遠)

◇吳邁遠(?~474) : 문학을 유난히 좋아하여, 明帝가 불러서 보고는 "이 사람은 글 쓰는 것 빼고는 아무 것도 없다"라고 했다 한다. 자기 과시를 좋아하며 남을 무시하였는데, 시를 지으면 스스로 흡족해 하며 바닥에 던지면서 "曹子建인들 어찌 지적할 게 있겠는가"라고 했다 한다. 宋나라 때 江州從事가 되었으며, 齊나라 때는 원로대신으로서 정기적으로 조회에 참가하던 奉朝請에 임명되었다. 宋 元徽 2년(474)에 桂陽의 난에 연루되어 죽었으며, 문집 8권이 전한다.

### 악부를 모방한 시(擬樂府) 4수

#### 137. 날아오는 한 쌍의 고니

「飛來雙白鵠」[190]

可憐雙白鵠,[191]　　부러운 한 쌍의 고니
雙雙絶塵氛.[192]　　짝을 지어 먼지 자욱한 속세와 떨어져
連翩弄光景,　　나란히 날개짓하며 햇빛을 희롱하고
交頸遊青雲.　　목 서로 부비며 푸른 구름 속에서 노는데
逢羅復逢繳,[193]　　그물을 만나고 다시 주살을 맞으니

---

190) '白鵠'(백곡) : 고니. 백조 오리과에 속하며, 날개 길이 49~55cm, 꽁지 길이 14~17.5cm, 몸무게 4.2~4.6kg이다. 몸 빛깔은 암수가 같은 순백색이고, 부리는 시작 부분에서 콧구멍 뒤쪽까지가 노란 색이다. 제1권의 古樂府 6수 중의 제6수인 「雙白鵠」(14)에 대한 擬作이며, 음악상으로는 相和歌辭 瑟調曲에 속한다.

191) '可憐'(가련) : 부럽다란 뜻으로 쓰였다.

192) '雙雙'(쌍쌍) : 함께. 짝을 이뤄. '塵氛'(진분) : 지저분한 속된 세상.

193) '繳'(격) : 주살. 줄 달린 화살.

雌雄一旦分.　　암수가 하루아침에 헤어지게 되었네
哀聲流海曲,　　슬픈 울음소리 구비진 바닷가에 흐르고
孤叫出江濆.[194]　　외로운 절규는 강가에서 나오네
豈不慕前侶?[195]　　어찌 눈앞의 동료가 사랑스럽지 않으랴만
爲爾不及群.　　그대 생각 때문에 무리 속에 섞일 수가 없네
步步一零淚,　　걸음걸음마다 한 방울씩 눈물 떨구며
千里猶待君.[196]　　천 리 먼 곳에서 당신을 기다린다네
樂哉新相知,　　즐겁다네 새로운 만남
悲來生別離.[197]　　슬프다네 생이별
持此百年命,[198]　　이 짧은 백 년 수명 살면서
共逐寸陰移.[199]　　모두 순간의 흐름을 쫓아가는데
譬如空山草,　　비유하면 빈 산의 풀 같으니
零落心自知.[200]　　시들어 떨어짐을 스스로 알리라

**해설** 이 작품은 짝 잃은 고니에 대한 묘사를 통해, 사별의 슬픔 및 인생무상을 노래한 시가이다. 진실한 사랑 또는 혹독한 실연의 아픔을 겪어 본 사람만이 인생의 참 의미를 안다고 했던가? 작품은 한 쌍의 고니가 한창 사랑의 기쁨을 만끽하는 것으로 시작되는데, 그 중 한 마리가 주살에 맞는 구절부터 갑자기 분위기가 반전된다. 후반부에서는 남은 한 마리의 슬픈 감정이 차츰 고조되어, 마침내 그 슬픔 속에서 삶의 의미와 무상함을 깨닫게 된다는 것으로 마무리하고 있다.

---

194) '江濆'(강분): 강가.
195) '前侶'(전려): 눈앞의 동료.
196) '君'(군): 주살에 맞아 죽은 자기의 짝을 가리킨다.
197) '來'(래): 형용사 뒤에 붙어 정도가 심함을 나타낸다.
198) '持'(지): 가지다.
199) '逐'(축): 쫓다. '寸陰'(촌음): 짧은 시간. '移'(이): (시간이) 흘러가다. 시계가 있기 전 시간의 변화는 그림자의 이동을 통해 알았다.
200) '零落'(령락): 잎이 말라 떨어지다. 늙음의 비유로 쓰였다.

## 138. 양춘곡

「陽春曲」[201]

| | |
|---|---|
| 百里望咸陽,[202] | 백 리 먼 곳 함양땅 바라보니 |
| 知是帝京域. | 그곳은 임금님 계신 서울땅인 줄 알겠네 |
| 綠樹搖雲光,[203] | 푸른 나무는 구름 새로 비치는 햇빛을 흔들고 |
| 春城起風色.[204] | 봄날 성곽에는 바람이 이는데 |
| 佳人愛景華,[205] | 미인은 아름다운 경치를 좋아해 |
| 流靡園塘側.[206] | 연못 있는 정원을 산책하네 |
| 妍姿豔月映, | 아리따운 자태는 달빛을 받아 더욱 곱고 |
| 羅衣飄蟬翼. | 얇은 비단저고리 매미날개처럼 나부끼네 |
| 宋玉歌陽春,[207] | 송옥이 양춘곡을 불렀지만 |
| 巴人長歎息. | 파인곡에 사람들이 길게 탄식했다네 |
| 雅鄭不同賞,[208] | 아악과 속요는 똑같이 감상할 수는 없는 법 |
| 那令君愴惻?[209] | 속요 같은 이내 노래 어찌 그댈 슬프게 하리오 |
| 生平重愛惠, | 평생토록 그대의 사랑과 은혜 소중히 여기는데 |

201) 『樂府詩集』에는 '陽春歌'라고 되어 있다. 淸商曲辭 江南弄에 속한다.

202) '咸陽'(함양) : 秦나라의 수도. 지금의 陝西省 咸陽縣.

203) '雲光'(운광) : 구름 사이로 비치는 햇빛.

204) '風色'(풍색) : 바람.

205) '景華'(경화) : 아름다운 경치.

206) '流靡'(류미) : 유람하다. '園塘'(원당) : 연못이 딸려 있는 정원.

207) '陽春'(양춘) : 곡조 이름. 陽春曲. 宋玉의 「對楚王問」 중에 "郢中에서 손님 중에 노래하는 사람이 있었는데, 처음에 「下里」·「巴人」을 노래할 때는 도성 안에서 따르며 화답하는 사람들이 수천 명이었으며, 다음에 「陽阿」·「薤露」를 노래할 때는 도성 안에서 화답하는 사람이 수백 명이었으며, 다음에 「陽春」·「白雪」을 노래할 때는 도성 안에서 따르며 화답하는 사람이 수십 명이었다(客有歌于郢中者, 其始曰下里巴人, 國中屬而和者數千人, 其爲陽阿薤露, 國中屬而和者數百人, 其爲陽春白雪, 國中屬而和者數十人)"라고 했다. 다음 구의 '巴人' 역시 곡조 이름이다.

208) '雅'(아) : 『詩經』의 '雅'와 같은 雅樂. '鄭'(정) : 『詩經』의 鄭風 같은 俗謠. '同賞'(동상) : 똑같이 감상하다.

209) '那'(나) : 어찌. '君'(군) : 떠나 있는 님. '愴惻'(치창) : 슬퍼하는 모양.

私自憐何極?[210]　　저 혼자 가련해하는 것은 언제나 끝날까

**해설** 이 작품은 봄날의 풍경 묘사로부터 시작하여 임을 그리는 여인의 슬픔을 그리는 것으로 끝을 맺고 있다. 주인공 여인의 남편은 지금 서울에 살고 있다. 아마도 높은 벼슬을 하고 있으리라. 계절은 한창 봄이 무르익을 때, 여인의 춘정이 피어나게 마련이다. 주인공은 봄날을 맞아 남편을 그리며 남편이 있을 멀리 서울 쪽을 바라본다. 그리고 서울의 풍경이 아내의 상상을 통해 묘사된다. 상상은 마침내 남편에게 새로 아리따운 미인이 생겼으리란 단정으로 이어지며, 그리하여 여인은 탄식으로 가득찬 슬픈 노래를 부른다. 하지만 고상한 남편이 이 촌스런 속요의 뜻을 이해할 리가 없다. 그러나 언젠가 돌아올지도 모를 그 날을 위해 한탄 속에 지조를 지키며 살아간다. 이 신세, 이 슬픔 언제 끝이 날까?

## 139. 오랜 이별

「長別離」[211]

生離不可聞,　　생이별했단 소문조차 들을 순 없거늘

210) 宋玉의 「九辯」 중에 "혼자 슬퍼해 보지만 이 신세 언제나 끝날까(私自憐兮何極)"라는 구절이 있다.

211) 『樂府詩集』(권71) 江淹의 「古別離」의 해제에 "『楚辭』에 '슬픔은 생이별보다 더 슬픈 게 없고'라고 했으며, 「古詩」에 '가고 가고 또 가고 가, 그대와 생이별하였네. 서로 만여 리 떨어져, 각기 하늘 한 쪽에 있다네'라고 했다. 나중에 蘇武가 匈奴에 사신을 갔을 때, 李陵이 그에게 시를 주었는데, '좋은 시절은 다시 올 수 없는데, 이별은 순식간이라네'라고 했다. 때문에 후인들이 이 시를 모방해 「古別離」를 지었다. 梁 簡文帝도 「生別離」를 지었고, 宋 吳邁遠에게는 「長別離」가 있으며, 唐 李白에게는 「遠別離」가 있는데, 역시 모두 이와 같은 종류이다(『楚辭』曰, '悲莫悲兮生別離.' 『古詩』曰, '行行重行行, 與君生別離. 相去萬餘里, 各在天一涯.' 後蘇武使匈奴, 李陵與之詩曰, '良時不可再, 離別在須臾.' 故後人擬之爲『古別離』. 梁簡文帝又爲『生別離』, 宋吳邁遠有『長別離』, 唐李白有『遠別離』, 亦皆類此)"라고 했다. 宋 雜曲歌辭에 속한다.

況復長相思.[212]　하물며 오래 그리워하게 될 줄이야
如何與君別,　어찌하여 당신과 이별하였나
當我盛年時.[213]　내 이 한창 나이에
蕙華每搖蕩,[214]　향기로운 혜초꽃은 바람이 불 때마다 흔들리는데
妾心空自持.[215]　소첩의 마음은 부질없이 감정을 억누르네
榮乏草木歡,　꽃은 피었으나 초목이 누리는 즐거움이 없고
瘁極霜露悲.[216]　시들어 마르니 서리와 이슬 걱정하는 슬픔도 끝나네
富貴身難老,　부귀하면 몸도 잘 늙지 않지만
貧賤年易衰.　빈천하면 나이도 쉬이 시드는 법
持此斷君腸,[217]　이 때문에 내 속을 끊으니
君亦宜自疑.[218]　그대 또한 마땅히 자신을 헤아려 보세요
淮陰有逸將,[219]　회음후 한신은 뛰어난 장군이었으나
折翮謝翻飛.[220]　날개가 꺾여 더 날지를 못하였고
楚亦扛鼎士,[221]　초나라 항우도 솥을 번쩍 들던 장사였으나

---

212) '況復'(황부) : 게다가. 하물며. '思'(사) : 『考異』에는 제목을 감안하여 '離'자로 봐야 할 듯하다고 했다.
213) '盛'(성) : 어떤 책에는 '少'자로 되어 있다.
214) '蕙華'(혜화) : 蕙草의 꽃. 蕙草는 일종의 향초. '搖蕩'(요탕) : 흔들리다.
215) '自持'(자지) : 자제하다. 억제하다.
216) 이상 두 구의 의미는 난해하다. 생각건대 집 떠나 돌아오지 않는 임을 기다리다 늙어가는 주인공의 독백이 아닌가 한다. 비록 꽃이 핀 듯 한창때의 나이를 맞았지만 남편이 없기에 초목들이 제때를 만나 누리는 그 즐거움도 없으며, 기다리다 늙어가니 마치 서리 맞아 시들고 말라버린 초목처럼 변하게 되어 서리를 두려워하고 슬퍼하는 마음도 끝이 나버렸다는 말이다.
217) '君'(군) : 日本 新釋漢文大系本에 따라 '吾'자의 잘못으로 본다.
218) '疑'(의) : 재다. 헤아리다. 짐작하다.
219) '淮陰'(회음) : 淮陰侯 韓信을 가리킨다. 劉邦을 도와 項羽를 치고 漢나라를 세우는 데 공을 세웠으나 劉邦에게 免死狗烹 당했다. '逸將'(일장) : 뛰어난 장수.
220) '翮'(핵) : 날개. '謝'(사) : 상실하다. 제거되다. '翻飛'(번비) : 날다. 날개짓.
221) '扛'(강) : (두 손으로) 마주 들다. 이하 두 구는 項羽에 대한 이야기다. 項羽는 키가 8尺이 넘었으며 힘은 솥을 번쩍 들 정도였으나, 劉邦에게 패하여 烏江에서 자결하였다.

出門不得歸. 집을 나와 끝내 돌아가지 못했으며
正爲隆準公,[222] 다만 높은 코의 유방만이
仗劍入紫微.[223] 긴 칼 차고 자미궁에 들어갔다네
君才定何如? 당신의 재주는 정작 어떠한가요
白日下爭暉. 흰 해도 다투던 빛을 떨어뜨리며 저무는데

**해설** 이 작품은 벼슬하러 떠난 남편에 대한 그리움과 당부의 심정을 서술하고 있다. 시의 내용으로 보아 남편은 청운의 꿈을 안고 벼슬을 찾아 떠난 것으로 보인다. 당시 남녀 양성의 세상은 서로 달랐다. 즉 남성은 바깥을 향해 열려 있는 세상을 살았고, 여성은 집안에 국한된 닫힌 세상을 살았었다. 그랬었기에 남성은 넓게 열린 세상으로 달려나갈 수 있었지만, 여성은 오직 집안에 갇혀 지내면서 바깥 세상으로 떠난 임이 돌아오기만을 기다릴 수밖에 없었던 것이다. 비극은 바로 이런 사회적 구조에서 잉태될 수밖에 없었다. 작품의 끝 부분에 이르면 여성의 맹목적인 기다림이 현대의 독자들로 하여금 쓰디쓴 웃음을 짓게 만든다. 당신은 韓信이나 項羽에 비하면 정말 보잘 것 없는 사람인데, 세월만 보내면서 무얼 더 추구하고 있는가요? 저는 명예도 재산도 다 싫답니다. 오직 당신과 함께라면…….

## 140. 오랜 그리움

「長相思」[224]

晨有行路客, 새벽녘 길가는 나그네 한 사람

222) '正'(정) : 단지. 다만. '隆準'(륭준) : 높은 코. 『史記』에는 漢 高祖 劉邦의 모습에 대해 "높은 코에 용의 얼굴(隆準而龍顔)"이라고 했다.
223) '紫微'(자미) : 본래 별자리 이름이나 여기에서는 제왕의 궁전을 의미한다.

依依造門端.[225] 어렴풋이 대문가에 이르렀는데
人馬風塵色,[226] 사람과 말의 지친 행색으로 보아
知從河塞還. 황하 부근 변경에서 돌아온 줄 알겠네
時我有同棲,[227] 당시 저에게도 함께 살던 사람 있었으나
結宦遊邯鄲.[228] 벼슬하려고 한단에서 떠돌고 있답니다
將不異客子, 바야흐로 손님과 다를 바 없을 것이니
分飢復共寒. 배고픔도 나누고 추위도 함께 나겠지요
煩君尺帛書,[229] 귀찮으시겠지만 한 자 베에 쓴 편지 전해 주신다면
寸心從此殫.[230] 제 소원 이것으로 족할 것입니다.
遣妾長憔悴,[231] 버림받은 저는 오래도록 초췌하게 지내니

---

224) 『樂府詩集』의 해제에 의하면, "古詩에, '손님이 먼 곳에서 와, 내게 서찰 하나를 주셨는데, 앞에는 오래도록 그립다 하였고, 뒤에는 오랜 이별을 말하였네'라고 했다. 李陵의 시에 '집 떠난 사람 오래 머물 수 없는데, 각기 오랜 그리움을 말하네'라고 했다. 蘇武의 시에 '살아 있다면 당연히 다시 돌아올 테지만 죽으면 당연히 오래 그리워하게 될 뿐이지요'라고 했는데, '長'이란 것은 시간이 오래며, 거리가 멀다란 말로, 집 떠난 사람이 오래 수자리 살면서 편지를 부쳐 그리운 사람에게 보낸 것을 말했다. 古詩에 또 '손님이 멀리서 와 나에게 비단 한 단을 주었는데, 한 쌍의 원앙새 무늬를 넣고, 말라서 합환이불을 만든다네. 오랜 그리움이란 솜을 넣고, 풀리지 않게 가를 꿰맨다네'라고 했는데, 이불 속에 솜을 넣어 그리움이 길게 이어진다는 뜻을 나타내었으니, 이 때문에 '長相思'라고 한 것이다. 또한 「千里思」란 제목도 있는데, 이와 같은 종류이다(古詩曰, '客從遠方來, 遺我一書札. 上言長相思, 下言久離別.' 李陵詩曰, '行人難久留, 各言長相思.' 蘇武詩曰, '生當復來歸, 死當長相思.' 長者久遠之辭, 言行人久戍, 寄書以遺所思也. 古詩又曰, '客從遠方來, 遺我一端綺. 文彩雙鴛鴦, 裁爲合歡被. 著以長相思, 緣以結不解.' 謂被中著綿以致相思綿綿之意, 故曰長相思也. 又有『千里思』, 與此相類)"라고 했다. 宋 雜曲歌辭에 속한다.

225) '依依'(의의) : 어렴풋한 모양. 가물거리는 모양. '造'(조) : 이르다. 도착하다. '端'(단) : 가. 주위. 이상 두 구를 통해 주인공 여자는 매일 같이 남편을 기다리며 혹시나 하는 마음으로 제대로 잠도 자지 못한 채 눈과 귀를 온통 대문 쪽에 두고 있음을 알 수 있다.

226) '風塵'(풍진) : 여행길에 지치고 고생함.

227) '同棲'(동서) : 함께 사는 사람. 여기에서는 남편을 가리킨다.

228) '結宦'(결환) : 벼슬(아치)과 관계를 맺다. '遊'(유) : 벼슬 없이 떠돌다. 나그네 신세로 돌아다니다. '邯鄲'(한단) : 趙나라 수도로, 현재 河北省 내에 있다.

229) '尺帛'(척백) : 길이가 한 자의 비단. 편지가 길지 않다는 의미이다.

230) '寸心'(촌심) : 바람. 뜻. '殫'(탄) : 다하다.

231) '遣妾'(견첩) : 버림받은[쫓겨난] 여자. 이하 끝까지는 편지의 내용이다.

豈復歌笑顏? 어찌 다시금 노래하며 웃는 얼굴 찾겠어요
簷隱千霜樹,232) 처마엔 천 년 서리 견딘 나무가 숨겨져 있고
庭枯十載蘭. 뜨락엔 십 년 묵은 난초 말라 있지요
經春不擧袖, 봄 지나도 소매 들어 꽃 꺾지 않으면
秋落寧復看?233) 가을 되어 떨어지면 어찌 다시 보겠어요
一見願道意,234) 한번 뵙고 제 마음 말씀드리고 싶지만
君門已九關.235) 당신의 문 이미 아홉 겹으로 잠겨 있지요
虞卿棄相印,236) 우경은 재상의 인장을 내던지고
擔簦爲同歡.237) 삿갓 메고 함께 즐겁게 지냈다고 하지요
閨陰欲早霜, 규방의 그늘진 북쪽엔 이른 서리 내리려 하는데
何事空盤桓? 무슨 일 하시기에 공연히 서성거리고만 계시나요

**해설** 이 작품은 벼슬을 찾는다는 핑계로 집을 떠난 남편을 그리워하는 여인의 심정을 그린 시다. 고시 중의 '長相思'를 노래한 작품을 모방한 것이지만 내용은 약간 다르다. 즉 인편을 통해 남편의 편지

232) '簷'(첨) : 처마. '千霜樹'(천상수) : 천 년 된 나무. 여기에서는 집을 지을 때 쓰인 서까래나 대들보 등을 가리킨다. 이하 두 구는 각각 굳건한 사랑[樹]과 쉬이 변하는 사랑[蘭]을 대조적으로 비유하고 있다.

233) 이상 두 구는 세월이 흘러 늙어감에 대한 아쉬움과 경계의 마음을 표현하고 있다.

234) 宋玉의 楚辭 「九辯」에 "한번 뵙고 제 뜻을 말씀드리고 싶지만, 임금님의 마음은 저완 다르군요(願一見兮道余意, 君之心兮與余異)"라고 했다.

235) '九關'(구관) : 아홉 겹으로 잠겨 있다. 屈原의 楚辭 「招魂」에 "혼이시여 돌아오라! 그대는 하늘로 오를 필요가 없다오. 호랑이와 표범들이 아홉 겹 문을 지키며, 하계의 인간들을 잡아먹고 있다오(魂兮歸來! 君無上天些. 虎豹九關, 啄害下人些)"라고 했다.

236) 『史記』 「平原君虞卿列傳」에 의하면, 虞卿은 본래 유세객이었다. 짚신을 신고 자루가 긴 관을 쓴 채 趙나라 孝成王을 설득시켰으며, 1차 알현으로 황금과 白璧을 얻었으며, 2차 알현으로 上卿에 올랐다. 秦나라와의 외교에 적절한 대책을 제시하였으며, 나중에는 魏나라 재상인 魏齊와의 관계로 인해 萬戶侯와 재상의 벼슬을 내던지고 趙나라를 빠져 나가 함께 고통을 겪었으며, 魏齊가 죽은 후 그의 뜻을 책으로 지었다고 한다.

237) '簦'(등) : 우산처럼 자루가 달린 삿갓.

를 받은 것이 아니라, 남편에게 자신의 그리움을 전하는 편지를 보낸다는 구조이다. 주인공의 마음은 앞 작품과 마찬가지로 남편이 높은 벼슬자리에 있는 것을 바라는 게 아니라, 벼슬이고 뭐고 다 내던지고 집에 돌아와 자신과 함께 행복하게 살기를 바라고 있다. 사람이면 누구나 한 번쯤은 품었음직한 마음이 아니겠는가? 그렇게 살기를 아무리 원해도 그 소원은 오직 남자의 결정에 달려 있으니 얼마나 가슴이 답답할까?

## 포령휘(鮑令暉)

◇鮑令暉(464년 전후 재세) : 鮑照의 누이동생으로 생평이 뚜렷하지 않다. 鮑照가 孝武帝에게 "신의 여동생의 재주는 응당 左芬에 버금가지만, 저의 재주는 左思에게 미치지 못할 뿐입니다"라고 말했다고 한다. 鍾嶸은 『詩品』에서 "鮑令暉의 歌詩는 종종 필치에 힘이 넘치며 속기가 없고 정교한데, 擬古詩는 더욱 뛰어나다(令暉歌詩, 往往斷絶淸巧, 擬古尤勝)"라고 평했다.

### 141. '푸르디푸른 강가의 풀'을 본뜬 시

「擬靑靑河畔草」[238]

裊裊臨窓竹,[239]　　창가의 대나무 간들간들
藹藹垂門桐.[240]　　대문 앞 드리워진 오동나무 너울너울

---

238) 이 작품은 제1권 枚乘의 「雜詩」 9수 중 제5수(19)이자, '古詩 19首' 중의 제2수에 대한 모방이다.

239) '裊裊'(뇨뇨) : 가늘고 긴 나뭇가지가 간들거리는 모양.

240) '藹藹'(애애) : 나무가 무성한 모양.

灼灼青軒女,[241]　푸른 창문가에 눈부신 여인
泠泠高臺中.[242]　쓸쓸히 높은 누대 안에 있네
明志逸秋霜,[243]　고결한 지조는 가을 서리 능가하고
玉顔豔春紅.[244]　옥 같은 얼굴은 봄꽃보다 더 곱네
人生誰不別?　인생살이 뉘라서 이별이 없으랴만
恨君早從戎.　한스럽네 그대 일찍 군대 간 것
鳴弦慚夜月,　울리는 악기줄이 밤달에 수줍고
紺黛羞春風.[245]　감색 눈썹먹은 봄바람에 부끄럼 타네

**해설** 이 작품은 군대 간 남편을 기다리는 여인의 심정을 서술한 시다. 남편이 없는 여인의 처소에는 적막감이 감돈다. 고결한 지조에 아름다운 용모를 겸비한 이 여인의 수심은 무엇으로 말미암은 것인가? 작품 중의 '早'자라는 시어를 통해, 아마도 남편은 신혼 때 종군한 것으로 보인다. 신혼의 기쁨이라도 맛보았으면 이다지 한스럽지는 않을 텐데, 거문고를 연주해도 들어주는 사람 없이 달빛만 교교히 흐르니 부끄럽고, 곱게 화장을 했건만 봐주는 이 없이 봄바람만 무심히 스쳐지나가니 그것이 부끄럽다.

---

241) '灼灼'(작작) : 밝게 빛나는 모양. 여성의 미모를 가리킨다. '青軒'(청헌) : 푸른 색의 창문.
242) '泠泠'(령령) : 쓸쓸하다. 적막하다.
243) '明志'(명지) : 고상한 지조. 밝은 뜻. '逸'(일) : 뛰어나다. 넘다.
244) '春紅'(춘홍) : 봄에 피는 붉은 꽃.
245) '紺'(감) : 검은 색을 띤 짙은 남색. 반물(색).

## 142. '손님이 먼 데서 오시어'를 본뜬 시

「擬客從遠方來」[246]

客從遠方來, 손님이 먼 데서 오시어
贈我漆鳴琴. 내게 옻칠 된 거문고를 주셨는데
木有相思文,[247] 나무엔 그리움의 무늬 새겨져 있고
弦有別離音. 줄에는 이별을 슬퍼하는 곡조 흐르지요
終身執此調,[248] 평생토록 이 곡조의 뜻 지키며
歲寒不改心.[249] 엄동설한에도 마음 변치 않겠으니
願作陽春曲,[250] 바라건대 양춘곡 지어서
宮商長相尋.[251] 곡조의 오음처럼 오래도록 따랐으면

**해설** 이 작품은 거문고를 매개로 하여 멀리 있는 임에 대한 여인의 그리움과 사랑을 표현한 시다. 멀리서 임이 사랑의 증표로 귀한 거문고를 손님 편에 보내왔다. 거문고에는 '相思'를 의미하는 무늬가 새겨져 있고, 연주하니 헤어져 있음을 슬퍼하는 듯한 곡조가 흐른다.

---

246) 이 작품은 제1권 서두의 古詩 8수 중 제5수(5)이자, '古詩 19首' 중의 제18수에 대한 모방이다. 相和歌辭 瑟調曲에 속한다.

247) 이 구에 대한 吳兆宜의 주석을 보면 다음과 같다. 梁 任昉의 『述異記』(卷上)에 "옛날 戰國시대 때 魏나라는 秦나라가 일으키는 전쟁으로 인해 고통을 받고 있었다. 일찍이 백성 중의 한 사람이 秦나라를 치기 위해 종군하였는데 오랜 후에도 돌아오지 않자 그의 아내는 그리워하다가 죽었다. 장사를 지낸 뒤 무덤가에 나무가 한 그루 자랐는데 가지와 잎이 모두 남편이 있는 곳을 향해 기울어져 있었기 때문에 그 나무를 '상사목'이라고 불렀다(昔戰國時, 魏國苦秦之難. 嘗有民從征戍秦, 久不返, 妻思而卒. 旣葬, 塚上生木, 枝葉皆向夫所在而傾, 因謂之相思木)"라고 한다. 이 주석을 따르면 '文'은 나무의 재질을 뜻하며, 이 구는 거문고가 상사목으로 만들어졌다는 뜻이 된다.

248) '此調'(차조) : 굳건한 애정을 노래한 거문고 곡조.

249) 이 구는 '늙거나 어떠한 역경이 닥친다 하더라도 임 향한 일편단심을 바꾸지 않겠다'라는 뜻이다.

250) '陽春曲'(양춘곡) : 곡조 이름.

251) '宮商'(궁상) : 고대 오음인 宮·商·角·徵·羽. '相尋'(상심) : 찾다. 이어지다.

여인은 선물에 담긴 임의 사랑을 가슴에 새기며 평생 변치 않으리라 다짐한다. 陽春曲의 고운 선율이 서로 잘 어울리듯 자신도 그 사람과 그렇게 잘 어울렸으면 하는 바람을 표현하였다.

## 143. 편지를 써서 집 떠난 임에게 부치다

「題書後寄行人」[252]

| | |
|---|---|
| 自君之出矣, | 그대 떠나신 후로는 |
| 臨軒不解顏.[253] | 창가에 서서 늘 찌푸린 얼굴이지요 |
| 砧杵夜不發,[254] | 밤이 되어도 다듬이질 소리 나지 않고 |
| 高門晝常關.[255] | 높은 대문은 언제나 잠겨 있지요 |
| 帳中流熠耀,[256] | 장막 안에는 반딧불 떠다니고 |
| 庭前華紫蘭.[257] | 뜰 앞엔 보랏빛 난초가 꽃을 피워요 |
| 物枯識節異, | 초목 마른 걸 보니 절기 변한 줄 알겠고 |
| 鴻來知客寒. | 기러기 날아오는 걸 보니 나그네 추위에 떠는 줄 알겠어요 |
| 遊用暮冬盡,[258] | 겨울 다 가도록 객지를 떠도시니 |
| 除春待君還.[259] | 봄 다 지날 동안 그대 돌아오길 기다려요 |

252) '題書'(제서) : 편지를 쓰다. '行人'(행인) : 집 떠나 있는 사람. 남편을 가리킨다. 제목이 어떤 책에는 「寄行人」이라고만 되어 있으며, 『樂府詩集』에는 「自君之出矣」라고 되어 있다. 雜曲歌辭에 속한다.

253) '軒'(헌) : 창.

254) '砧杵'(침저) : 다듬잇돌과 다듬잇방망이.

255) '晝常'(주상) : 『文苑英華』에는 '恒晝'로, 『考異』에는 '晝長'으로 되어 있다.

256) '帳'(장) : 다른 책에는 '幃'자 또는 '帷'자로 되어 있다. '熠耀'(습요) : 반딧불. 개똥벌레 꽁무니에서 나는 형광 불빛.

257) '華'(화) : '花'자와 같다. 동사로 쓰였다.

258) '遊'(유) : 남편이 집을 떠나 객지를 떠돈다는 뜻이다. '用'(용) : '以'자와 같이 '……하느라고'란 뜻이다. '暮冬'(모동) : 늦겨울. 음력 12월.

해설 이 작품은 집 떠난 남편을 기다리는 여인의 심정을 서술한 시다. 남편이 떠난 후로는 즐거움을 잃어버려 늘 우울한 얼굴이요, 남편이 없으니 옷을 손질할 일도 없고, 찾아오는 사람 없어 대문도 늘 굳게 닫혀 있다. 반딧불이가 날고, 난초가 피는 계절이 지나고 초목이 시들고 기러기 날아오는 가을이 되자, 객지에서 추위에 떨 남편 생각은 더욱 간절해진다. 그러나 겨울이 되면 꼭 오겠다던 그 사람은 끝내 돌아오지 않은 채 봄이 되어 버렸다. 만물이 소생하는 봄, 이런 좋은 날이면 남편이 분명 돌아오시리라. 기다림은 더욱 간절해진다.

## 144. 고시를 모방하여 지금 사람에게 주다

「古意贈今人」[260]

寒鄕無異服,[261] 추운 지방엔 별다른 의복 없어
衣氈代文練.[262] 짐승털로 옷을 지어 고운 비단옷 대신하지요
月月望君歸, 달이면 달마다 당신 돌아오길 바라는데
年年不解綖.[263] 몇 해가 지나도록 당신은 관 장식을 풀지 않네요
荊揚春早和,[264] 형주 양주에는 봄이 와 일찍 따뜻해도

259) '除'(제) : 없어지다. 다하다. 지나가다. '除春'(제춘) : 봄이 다 지나갈 동안. 이 구는 『文苑英華』에는 '遊取暮秋盡, 餘思待春還'이라고 되어 있으며, 『樂府詩集』에는 '遊取暮春盡, 餘思待君還'이라고 되어 있다. 『考異』에서는 '除春'의 의미를 모르겠다고 했다. 생각건대 이상 두 구는 겨울이 되면 돌아오겠다고 약속하고 떠난 남편이 겨울 지나고 봄이 되었건만 돌아오지 않자, 봄이 다 지나갈 동안에는 오리라 생각하며 기다린다는 뜻이다.

260) '古意'(고의) : 옛날 시의 뜻을 모방하다. 詩題의 하나.

261) '異服'(이복) : 특별한 의복.

262) '衣'(의) : 동사로 쓰여, 옷을 만들다. 옷으로 삼다. '氈'(전) : 짐승털. '文練'(문련) : 누인 고운 비단.

263) '綖'(연) : 옛날 관리들의 모자의 장식. '不解綖'(불해연) : 관리의 모자를 벗지 않다. 벼슬을 그만 두지 않다. 여기에서는 집을 떠난 남편이 종사하는 일을 가리킨다.

264) '荊揚'(형양) : 荊州와 揚州. 長江 중하류 지역에 대한 범칭.

| | |
|---|---|
| 幽冀猶霜霰.[265] | 유주 기주에는 아직 서리와 싸락눈 내릴 것인데 |
| 北寒妾已知, | 북방의 추위야 제가 벌써 알지만 |
| 南心君不見. | 남방의 제 마음 당신은 못 보겠지요 |
| 誰爲道辛苦? | 누구에게 쓰라린 제 마음을 말하겠습니까 |
| 寄情雙飛燕. | 한 쌍의 나는 제비에게나 이 마음 부치렵니다 |
| 形迫杼煎絲,[266] | 몸은 베틀의 북에 죄어드는 실처럼 고통스럽고 |
| 顔落風催電.[267] | 얼굴은 비바람 속 번개처럼 빠르게 시든답니다 |
| 容華一朝盡, | 꽃다운 용모 하루아침에 다 지고 |
| 惟餘心不變. | 오직 남은 건 변치 않는 마음뿐이랍니다 |

**해설** 이 작품은 일을 위해, 또는 벼슬 때문에 북방으로 떠난 남편을 그리워하는 여인의 심정을 서술한 시다. 이미지의 대립을 잘 운용하고 있는 작품이다. 즉 작품 전반부는 집을 떠난 남편과 그 남편을 기다리는 여인을 철저히 대비시키고 있다. 이 두 형상은 다시 각각에 속하는 하위 형상들을 이끌면서 대립된 형상을 더욱 뚜렷하게 부각시키고 있다. 이러한 대립된 이미지를 바탕으로 하여 작품 후반부는 여인의 그리운 심정을 집중적으로 묘사하여 주제를 더욱 부각시키고 있다.

---

265) '幽冀'(유기) : 幽州와 冀州. 黃河 이북 북방 지역에 대한 범칭.

266) '形'(형) : 몸. '迫'(박) : 핍박당하다. 시달리다. '杼煎絲'(저전사) : 베틀의 북이 실을 죄듯. '絲'는 '思'자와 동음이의어로 쓰였다. 이 구는 남편에 대한 그리움 때문에 고통에 시달림을 의미한다.

267) '風催電'(풍최전) : 비바람 속에 치는 번개. 시간의 빠름을 의미한다.

## 「승려 갈씨의 처 곽소옥을 대신하여 지은 시(代葛沙門妻郭小玉詩)」 2수

### 145. 승려 갈씨의 처 곽소옥을 대신하여 지은 시 1
「代葛沙門妻郭小玉詩」 其一[268)]

明月何皎皎,[269)] 밝은 달은 그 얼마나 휘영청한지
垂櫎照羅茵.[270)] 드리워진 휘장 통해 비단이부자리를 비추네
若共相思夜, 그대도 나와 같이 그리운 이 밤을 함께 한다면
知同憂怨晨. 똑같이 근심과 원망으로 지샌 새벽임을 알 텐데
芳華豈矜貌,[271)] 향기로운 꽃이 어찌 내 시든 용모를 동정하랴
霜露不憐人. 서리와 이슬도 사람을 불쌍히 여기지 않는다네
君非青雲逝,[272)] 그대가 푸른 구름 속으로 떠나가지 않았다면
飄迹事咸秦.[273)] 높은 자리에 올라 나라 위해 일하는 사람이었을 텐데
妾持一生淚, 이내 몸은 한평생 눈물을 동무 삼아
經秋復度春. 가을 보내고 다시 봄을 보내네

**해설** 이 작품은 승려가 되어 떠난 남편을 그리워하며 혼자 사는 여인의 심경을 서술한 시다. 함께 살다가 불문에 귀의하겠다고

268) '沙門'(사문) : 승려. 중.
269) '皎皎'(교교) : 달빛이 밝은 모양. 휘영청 밝은 모양.
270) '櫎'(황) : 휘장. 장막. '幌'자의 옛 글자. 어떤 책에는 '幌'자로 되어 있다. '羅茵'(라인) : 비단으로 된 요[방석. 자리].
271) '矜'(긍) : 동정하다. 불쌍히 여기다. 다음 구의 '憐'자와 의미가 같다.
272) '青雲逝'(청운서) : 멀리 떠나 숨어서 살며 집에 돌아오지 않다.
273) '飄迹'(표적) : 높은 자리에 오르다. '飄跡'과 같다. '咸秦'(함진) : 秦나라. 또는 불특정의 나라. 秦나라는 孝公 이후 줄곧 咸陽을 수도로 삼았다. 이상 두 구는 남편이 은일하여 승려가 되지 않고, 관직에 올라 나라를 위해 일하는 사람이라면 만날 희망이라도 품을 수 있을 텐데라는 뜻이다.

떠난 그 남편은 모질기도 하다. 의지하고 살던 가족들은 어쩌란 말인지. 차라리 서울로 벼슬을 떠났다면 남이 뭐라고 하든 찾아가 볼 수도 있을 테고, 또 어쩌다 보면 우연히 만날 날도 있으련만. 이런 이별, 이런 버림 받음 참으로 딱하기도 하여라. 차라리 젊은 여자 신도 만나 파계라도 했으면.

## 146. 승려 갈씨의 처 곽소옥을 대신하여 지은 시 2
「代葛沙門妻郭小玉作」其二

| | |
|---|---|
| 君子將遙役,[274] | 당신은 멀리 부역 떠나실 적에 |
| 遺我雙題錦.[275] | 시를 수놓은 한 쌍의 비단을 주셨지요 |
| 臨當欲去時, | 떠나려 하실 무렵에 |
| 復留相思枕.[276] | 다시 상사 무늬 수놓인 베개 주셨지요 |
| 題用常著心,[277] | 시는 항상 사랑하는 마음 잊지 않게 하고 |
| 枕以憶同寢. | 베개는 함께 자던 사람 떠올리게 하지요 |
| 行行日已遠, | 가고 가서 날로 더욱 멀어지건만 |
| 轉覺心彌甚.[278] | 오히려 그리움은 더 깊어진다는 걸 깨달아요 |

해설 이 작품 역시 앞 작품과 같은 제목의 시다. 그러나 내용은 약간 차이가 있다. 앞 작품에서의 남편은 승려가 되어 집을 떠난 데 반해, 이 작품에서는 부역 때문에 먼 곳으로 떠났다고 한다. 그렇다면 이 작품에서의 남편은 기한이 되면 돌아온다는 말이 된다. 그래서인지

274) '君子'(군자) : 남편을 가리킨다. '遙役'(요역) : 멀리 떠나 부역하는 것.
275) '雙題錦'(쌍제금) : 글씨가 새겨진 한 쌍의 비단.
276) '相思枕'(상사침) : 相思木으로 만든 베개. 또는 상사 무늬가 새겨진 베개.
277) '用'(용) : ……로(서). '以'자와 같다. '著心'(착심) : 명심하다.
278) '轉'(진) : 도리어. 오히려. '彌'(미) : 더욱.

이어지는 내용 또한 남편이 아내를 지극히 사랑하는 것으로 묘사되어 있다. 이는 작품의 제목에 비추어 볼 때 이해가 잘 되지 않는 부분이다. 또한 제목과 내용의 일치 여부를 떠나 이 작품은 시 자체의 구성만으로도 볼 때 매우 교묘하게 짜여져 있다. 먼 곳으로 떠나는 남편이 정표로 남겨 준 선물은 밝은 낮이든 어두운 밤이든 항상 남편을 생각하게 하는 물건이다. 그것 때문인지 남편이 집을 떠난 뒤 세월은 흐르고 흘러, 그에 따라 사랑도 차츰 식게 마련이건만 오히려 더욱 깊어진다고 하였다.

## 구거원(丘巨源)

◇丘巨源(?~484?) : 蘭陵 사람으로 생평이 자세하지 않다. 젊어서 孝廉으로 천거되었으며, 孝武帝에게 알려져 羽林監을 역임했다. 建元 초에 武昌太守를 제수 받았으나 기뻐하지 않고 동요를 인용해서 "차라리 建業의 물을 마실지언정 武昌의 물고기는 먹지 않으리(寧飮建業水, 不食武昌魚)"라고 했다. 이에 餘杭令이 되었으며, 明帝 때는 吳興太守가 되었는데, 당시에 풍자의 뜻이 담긴 「秋胡詩」를 지었다가 그 일로 피살되었다.

### 147. 칠보부채

「詠七寶扇」[279]

妙縞貴東夏,[280]　　정미한 생명주는 동부산이 귀하고

279) '七寶'(칠보) : 여러 가지 보물에 대한 범칭.

280) '妙'(묘) : 정미하다. '縞'(호) : 가늘고 흰 생견. '東夏'(동하) : 중국의 동부. '夏'는 중국의 옛 이름. 제1권의 班婕妤의 「怨詩」(27)에서 노래하는 團扇의 재료인 비단 역시 중

| | |
|---|---|
| 巧媛出吳闉.[281] | 솜씨 좋은 미인은 오나라 서울 출신이라네 |
| 裁狀白玉璧,[282] | 마름질한 모양은 흰 벽옥 같고 |
| 縫似明月輪. | 재봉한 형태는 밝은 달을 닮았네 |
| 表裏鏤七寶,[283] | 안팎으로 칠보를 아로새기고 |
| 中銜駭鷄珍.[284] | 가운데엔 진기한 무소뿔을 붙여 넣었으며 |
| 畵作景山樹,[285] | 경산의 나무를 그렸고 |
| 圖爲河洛神.[286] | 황하와 낙수의 신을 그렸다네 |
| 來延揮握翫,[287] | 초청되어 여인의 손에 잡혀 흔들리며 놀고 |
| 入與鐶釧親.[288] | 상자 속에 들어가 팔찌와 친하게 지낸다네 |
| 生風長袖際, | 긴 소매 끝에 바람을 일으키어 |
| 晞華紅粉津.[289] | 화장하여 윤기 흐르는 꽃 같은 얼굴을 말린다네 |

국 동부의 齊나라산이다.

281) '巧媛'(교원) : 바느질 솜씨가 정교한 미인. '媛'자는 『考異』에는 '技'자로 되어 있다. '吳闉'(오인) : 吳나라 도성을 가리킨다. '闉' : 성안의 이중문.

282) '玉璧'(옥벽) : 평평하고 둥글며 가운데가 비어 있는 環形의 옥.

283) '鏤'(루) : 새기다. 『考異』에는 '縷'자로 되어 있다.

284) '銜'(함) : 품다. 물다. 넣다. '駭鷄珍'(해계진) : 무소뿔의 일종. 晉 葛洪의 『抱朴子』「登涉」에 "또 통천서의 뿔에는 실 같은 붉은 무늬가 하나 있는데, 밑에서부터 끝까지 통해 있어 거기에 곡식을 담아 닭 떼 속에 놓아두면, 닭들이 쪼아 먹어려 하다가 얼마 못 가 놀라 도망간다. 그래서 남방 사람들은 통천서를 해계서라고도 한다(又通天犀角, 有一赤理如綖, 有自本徹末, 以角盛米, 置雞群中, 雞欲啄之, 未至數寸, 卽驚却退, 故南人或名通天犀爲駭雞犀)"라고 했다.

285) '景山'(경산) : 산 이름. 河南省 偃師縣 남쪽에 있다. 『詩經』「商頌」「殷武」에 "저 경산에 오르니, 소나무와 잣나무 꼿꼿하기도 하여라(陟彼景山, 松栢丸丸)"라고 했다.

286) '河洛神'(하락신) : 黃河의 신인 河伯과 洛水의 신인 宓妃. 이상 두 구는 각각 나무 그늘과 물의 시원함을 의미하는 그림을 부채에 그렸다는 뜻이다.

287) '來延'(래연) : 초청되어 오다. '揮握'(휘악) : 손에 잡혀 흔들리다.

288) '鐶釧'(환천) : 팔찌. 보관될 때는 팔찌와 함께 같은 상자에 들어간다는 뜻이다.

289) '晞華'(희화) : 꽃을 마르게 하다. 여인의 꽃 같은 얼굴에 부채질함을 뜻한다. '紅粉津'(홍분진) : 연지와 분 등의 화장으로 인해 윤택이 나는 얼굴. 이 구는 의미가 명확하지 않다. 생각건대 화장하여 윤기가 흐르는 미인의 얼굴에 부채질하여 마르게 한다는 뜻이 아닌가 한다. 吳兆宜의 주석에 의하면, 周達觀의 『成齋雜記』에 "吳나라의 옛 궁궐에 향수내가 있었는데, 곧 西施가 목욕하던 곳으로, 사람들이 화장품 연못이라 불렀다(吳故宮有香水溪, 乃西施浴處, 人呼爲脂粉塘)"라고 했다 한다.

| | |
|---|---|
| 拂眄迎嬌意,[290] | 일렁이면서 애교 떠는 여인을 흘겨보고 |
| 隱映含歌人.[291] | 나즈막히 노래하는 가수의 얼굴 숨기듯 가린다네 |
| 時移務忘故, | 시간이 흐르니 애써 옛날을 잊으며 |
| 節改競存新.[292] | 계절이 바뀌자 다투듯 새것을 찾으니 |
| 卷情隨象簟,[293] | 감정을 거두고 상아자리를 따르며 |
| 舒心謝錦茵.[294] | 마음 편히 먹고서 비단이부자리에게 양보하네 |
| 厭歇何足道,[295] | 쉬는 게 만족스럽다고 어찌 말하랴만 |
| 敬哉先後晨.[296] | 삼가 생각한다네 시간상의 전후일 뿐이라는 것을 |

**해설** 이 작품은 칠보부채를 읊은 영물시다. 그러나 단순한 영물이 아니라, 영물을 통해 남성에게 버림받은 여성의 심정을 노래하고 있다. 전반 8구까지는 부채의 형상에 대한 묘사이다. 그 진귀한 형상은 다름 아닌 자질이 뛰어난 여인의 형상이기도 하다. 다음으로 부채가 여인의 수중에 들어가면서부터 서술의 중심이 부채로부터 여인에게로 더 기울게 되며, 그것은 끝으로 갈수록 더욱 심화된다. 그리하여 작품의 주제 역시 부채를 말하고자 한 것이 아니라 여인의 버림받음을 말하는 게 되는 것이다.

---

290) '拂'(불): 흔들다. 부채질하다. '眄'(면): 곁눈질하다. 흘겨보다. '迎嬌意'(영교의): 교태를 부리는 마음. 여기에서는 그런 마음의 사람. 이하 두 구는 부채질하는 여인의 모습을 부채의 입장에서 서술한 것이다.

291) '隱映'(은영): 가려진 뒤로 비친다. '含歌'(함가): 나지막한 소리로 노래하다.

292) '存新'(존신): 새것을 바라다. 새로운 것을 좇다.

293) '卷情'(권정): 감정을 거둬들이다. '象簟'(상점): 상아로 만든 자리. 부채와 같은 여름 용품이다.

294) '舒心'(서심): 마음을 편안히 하다. '謝'(사): 사양하다. 양보하다. '錦茵'(금인): 비단으로 만든 자리. 겨울용품으로 보았다.

295) '厭歇'(염헐): 쉬는 것에 만족하다. '何足道'(하족도): 언급할 가치가 있으랴.

296) '敬'(경): 신중하다. '哉'(재): 감탄사. '先後晨'(선후신): 선후로 새벽을 맞는 것. 이 구는 총애와 버림받음은 단지 새벽을 전후로 맞는 것 같은 시간적인 순서에 따른 것일 뿐이니, 신중하게 행동하라는 뜻이다.

## 148. 이웃의 기녀의 노랫소리를 듣다

「聽隣妓」

| | |
|---|---|
| 披袵乏遊術,[297] | 관복을 걸치기엔 유세술이 부족하고 |
| 憑軾寡文才.[298] | 벼슬하여 수레에 오르기엔 글재주가 부족하다 |
| 蓬門長自寂,[299] | 쑥대 대문 안에서 오래도록 홀로 적적하게 지내며 |
| 虛席視生埃. | 텅 빈 자리에 쌓인 먼지를 바라본다 |
| 貴里臨妝館,[300] | 귀족들의 마을은 기루 곁에 있으며 |
| 東鄰鼓吹臺.[301] | 동쪽 이웃에 거문고와 퉁소 소리 나는 누대가 있다 |
| 雲間嬌響徹,[302] | 구름 사이로 맑고 고운 소리 올라가고 |
| 風末豔聲來. | 바람 끝에서 고운 노래 흘러온다 |
| 飛華瑤翠幄,[303] | 아름다운 비취빛 장막에 꽃잎이 날아들고 |
| 揚芬金碧杯.[304] | 황금 술잔 벽옥 술잔에 향기가 흩날린다 |
| 久絶中州美,[305] | 오래도록 중앙고을의 아름다움과 떨어져 |

297) '披袵'(피임) : 관복을 걸치다. '遊術'(유술) : 유세의 기술.

298) '憑'(빙) : 기대다. 의지하다. '軾'(식) : 수레앞턱가로나무. 수레에 탄 채 상대에 예를 표할 때 잡는 나무. '憑軾' : 벼슬아치가 되다.

299) '蓬門'(봉문) : 쑥대를 엮어 만든 대문. 가난한 집.

300) '貴里'(귀리) : 고문세족들이 모여 사는 마을. 北魏 楊衒之의 『洛陽伽藍記』「修梵寺」에 "절 북쪽에 永和里가 있는데, …… 마을에는 太傅錄尙書 長孫稚, 尙書右僕射 郭祚, 吏部尙書 邢鸞, 廷尉卿 元洪超, 衛尉卿 許伯桃, 涼州刺史 尉成興 등의 여섯 저택이 있었는데, 모두 높은 대문과 화려한 지붕에, 건물마다 넓고 아름다웠으며, 개오동과 홰나무가 길에 그늘을 드리우고, 오동나무와 버드나무가 길 양쪽에 심어져 있었으니, 당시 사람들은 '귀리'라고 하였다(寺北有永和里, ……里中太傅錄尙書長孫稚, 尙書右僕射郭祚, 吏部尙書邢鸞, 廷尉卿元洪超, 衛尉卿許伯桃, 涼州刺史尉成興等六宅, 皆高門華屋, 齋館敞麗, 楸槐蔭途, 桐楊夾植, 當世名爲貴里)"고 했다. '妝館'(장관) : 화장[치장]한 여인들의 처소. 여기에서는 妓樓를 가리킨다. 어떤 책에는 '倡館'이라고 되어 있다.

301) '鼓吹臺'(고취대) : 음악 소리 나는 누대. 妓樓를 가리킨다.

302) '嬌響'(교향) : 맑고 고운 음악 소리. '徹'(철) : 이르다. 도달하다.

303) '瑤'(요) : 진귀하고 아름답다. '翠幄'(취악) : 비취색 장막.

304) '金碧'(금벽) : 황금과 벽옥, 또는 그러한 색.

305) '中州'(중주) : 지금의 河南省에 해당하는 豫州. 중국의 중심지. 중원 지역. 이 구는

從念尸鄕灰,[306]　　이전에 품었던 이상들은 고향의 재가 되었다
遺情悲近世,[307]　　무정한 마음은 근세를 슬퍼하는데
中山安在哉![308]　　음탕하게 놀던 한나라 중산정왕은 어디에 있는가

**해설** 이 작품은 작가가 고향에 칩거할 때 이웃의 기루에서 들려오는 음악 소리를 듣고 그 광경과 자신의 감회를 노래한 시다. 작가는 스스로 말하기를 자신은 처세술과 글재주가 부족하여 벼슬을 오랫동안 하지 못했다고 했다. 그러나 시의 후반부 내용을 통해 보자면 단순한 능력 문제만은 아닌 것 같다. 즉 비록 근세라는 단서를 달고 있지만 사실은 당시의 왕실과 귀족들이 모두 음란함에 빠져 있는 혼란한 시기였기 때문에 의식적으로 벼슬을 회피하고 있음을 암시하고 있다. "옛사람들은 뜻을 이루었을 때는 그 은택이 백성들에게 미쳤고, 뜻을 이루지 못했을 때는 수신하는 것으로 세상에 자신을 드러내었으며, 벼슬길이 막히면 자신만을 착하게 하며, 벼슬길이 형통하면 세상 사람들을 함께 착하게 만든다(古之人, 得志澤加於民, 不得志修身見於世, 窮則獨善其身, 達則兼善天下)"라고 하지 않았던가.

---

작가가 벼슬생활을 못한 기간이 오래 되었다는 뜻이다.

306) '從念'(종념) : 종래의 생각. 이전에 품었던 입신양명에 대한 이상. '尸鄕'(시향) : 河南省 偃師縣 서남쪽에 있는 지명. 은자의 거처라는 뜻으로 쓰였다. 田橫이 漢나라의 신하되기를 거부하며 자결한 곳이기도 하다. 劉向의 『列仙傳』에는 "祝鷄翁이란 사람은 洛邑 사람이다. 尸鄕의 북쪽 산 밑에 살면서 백여 년 동안 닭을 키웠는데, 닭이 천여 마리가 되었으나 모두 이름을 지어주었다. …… 닭을 불러들이고자 할 때는 이름을 부르면 그 소리에 따라 왔다(祝鷄翁者, 洛人也. 居尸鄕北山下, 養鷄百餘年, 鷄有千餘頭, 皆立名字. …… 欲引呼名, 卽依呼而至)"라고 했다. '灰'(회) : 재가 되다. 재처럼 식어버리다.

307) '遺情'(유정) : 무정하다. '近世'(근세) : 근대. 현재와 가까운 이전 시대. 여기에서는 漢代를 가리킨다.

308) '中山'(중산) : 漢 武帝의 동생인 中山靖王 劉勝. 전하는 바에 의하면 그는 술을 좋아하고 색을 밝혀, 첩이 백여 명이나 되었다고 한다. 이 구에는 宋 文帝 이후 문란해진 황실에 대한 비판의 뜻이 담겨 있다고 볼 수 있다.

## 왕융(王融)

◇王融(468~494) : 자가 元長이며, 琅邪 臨沂(지금의 山東省 臨沂縣) 사람으로 王僧達의 손자이다. 어려서부터 지혜가 뛰어났으며 경전과 사서를 두루 섭렵한데다 문장 또한 뛰어나 秀才로 천거되어 太子舍人이 되었다. 약관의 나이에 가업을 계승하기 위해 武帝를 찾아가 시험을 청하여 秘書丞이 되었다. 永明 9년 武帝가 芳林園으로 잔치를 나와 신하들과 禊除를 거행하였을 때 그가 '曲水詩'의 서문을 썼는데, 그 문사가 화려하여 당시의 칭송을 받았으며, 그것으로 寧朔將軍이란 벼슬이 더해졌다. 竟陵王과 특히 막역하게 교유하였는데 武帝의 병세가 위독해지자 竟陵王을 세우려고 하다가 鬱林王이 즉위하게 되자 그는 廷尉로 강등되었다가 27세의 나이로 옥중에서 죽었다. '竟陵八友'의 한 사람이며, 沈約 등과 함께 '永明體' 시인으로 유명하다. 문집 10권이 전해온다.

### 「고시의 뜻(古意)」 2수[309]

#### 149. 고시의 뜻 1

「古意」 其一

| | |
|---|---|
| 遊禽暮知反, | 놀던 새도 날 저물면 돌아올 줄 아는데 |
| 行人獨未歸. | 길 떠난 그 사람만 아직 돌아오질 않네 |
| 坐銷芳草氣,[310] | 향기롭던 풀내음 부질없이 시들게 하고 |
| 空度明月輝. | 밝은 달빛 헛되이 흘러가게 둔다네 |

309) '古意'(고의) : 古詩의 뜻. '擬古'와 같은 의미이다. 『古文苑』에는 「和王友德元古意」 2수라고 되어 있다.

310) '坐'(좌) : 부질없이. 헛되이. '銷'(소) : 녹다. 사라지다. 이하 두 구는 세월의 흐름에 따라 청춘이 시들어감을 탄식한 것이다.

| | |
|---|---|
| 嚬容入朝鏡,[311] | 아침에 찌푸린 얼굴로 거울 앞에 이르면 |
| 思淚點春衣. | 그리움의 눈물이 봄옷을 적신다네 |
| 巫山彩雲沒,[312] | 무산의 고운 구름도 사라지고 |
| 淇上綠條稀.[313] | 기수 가에 푸른 버들가지도 드문데 |
| 待君竟不至, | 기다리는 임은 끝내 오시지 않고 |
| 秋雁雙雙飛. | 가을 기러기들만 쌍쌍이 날고 있네 |

**해설** 이 작품은 먼 길 떠나 돌아오지 않는 남편을 그리워하는 여인의 심경을 묘사한 시다. 제목에서 보는 바와 같이 비록 고시에 대한 모방이지만 형식과 내용에 있어 한층 정제된 작품이라고 할 수 있다. 새와 같은 미물도 날이 저물고 때가 되면 둥지로 돌아올 줄 알건만 한번 떠난 그 사람은 돌아올 줄 모른다. 임 없이 맞는 봄, 향기로운 꽃인들 무슨 의미가 있을까? 휘영청 밝은 달은 또 무엇 때문에 쓸데없이 저리도 밝은지. 문득 거울 앞에 설 때면 어제보다 더 시든 자신의 용모에 눈물을 떨군다. 그러는 새에도 야속한 저 세월은 쉬지도 않으니 어느새 가을이 되어 버렸다. 걱정은 제2수에서 다시금 추위에 고생할 임

311) '嚬'(빈) : 찌푸리다. '入'(입) : ……에 이르다.

312) '巫山'(무산) : 宋玉의 「高唐賦」에 "옛날 선왕께서 高唐에 놀러 간 적이 있었는데, 싫증을 느껴 낮잠을 자다가 꿈에 한 여인을 보았다. 그 여인은 '저는 巫山의 여자인데, 高唐에 왔다가 임금님이 高唐에 노신다기에 잠자리를 깔아 드리고자 합니다'라고 말하여, 왕은 그녀를 받아들였다. 떠나면서 작별하며 '저는 巫山 남쪽 높은 언덕의 돌산에 사는데, 아침에는 구름이 되었다가 저녁이면 내리는 비가 되어, 아침 저녁으로 陽臺 아래에 있습니다'라고 말했다고 한다(昔者先王, 嘗遊高唐, 怠而晝寢, 夢見一婦人. 曰 '妾, 巫山之女也, 爲高唐之客, 聞君遊高唐, 願薦枕席' 王因幸之. 去而辭曰, '妾在巫山之陽, 高丘之阻, 旦爲朝雲, 暮爲行雨, 朝朝暮暮, 陽臺之下')"라고 했다. '彩雲'(채운) : 고운 구름. 이 구는 남녀간의 운우의 즐거움이 사라졌음을 탄식한 것이다.

313) '淇'(기) : 강 이름. 河南省 경내에 있는 淇河. 『詩經』「鄘風」「桑中」에 "나와 桑中에서 만날 약속을 하고, 나를 桑宮으로 맞았다가, 나를 淇水 가로 전송해 주네(期我乎桑中, 要我乎桑宮, 送我乎淇之上矣)"라는 구절이 있는데, 남녀간의 즐거운 만남을 의미한다. 이 구 역시 그러한 의미로 쓰여 즐거운 만남도 없어졌다란 뜻이 된다. '條'자는 어떤 책에는 '楊'자로 되어 있다.

생각으로 이어진다.

## 150. 고시의 뜻 2

「古意」 其二

| | |
|---|---|
| 霜氣下孟津,[314] | 서리 기운은 맹진 나루터에 내리고 |
| 秋風度函谷.[315] | 가을바람은 함곡관을 지나가네 |
| 念君凄已寒,[316] | 생각하니 당신은 쓸쓸히 추위에 떨고 계실 것 같아 |
| 當軒卷羅縠.[317] | 창가에서 얇은 비단을 말고 있다네 |
| 纖手廢裁縫, | 가녀린 고운 손은 바느질을 그만두었고 |
| 曲鬢罷膏沐.[318] | 굽실한 귀밑머리는 감고 기름 바르는 것도 그만두었다네 |
| 千里不相聞, | 천 리 멀리 임 소식 들을 수 없으니 |
| 寸心鬱氛氳.[319] | 한 치 마음에 답답함이 가득하네 |
| 況復飛螢夜, | 하물며 다시금 반딧불 날아다니는 밤임에랴 |
| 木葉亂紛紛.[320] | 나뭇잎도 떨어져 어지러이 날리는데 |

314) '孟津'(맹진) : 나루터 이름. '盟津'이라고도 쓰며, 지금의 河南省 孟縣 남쪽에 있다.

315) '函谷'(함곡) : 관문 이름. 秦나라의 동쪽 관문에 해당하며, 지금의 河南省 靈寶縣 남쪽에 있다.

316) '凄'(처) : 쓸쓸하다. 처량하다. '已'(이) : 또한.

317) '軒'(헌) : 창문. '卷'(권) : 옷감을 말다. '羅縠'(라곡) : 올이 가늘고 성긴 비단의 일종. 이 구는 가을이 되어 객지의 남편이 추위에 떨 것이 걱정되어 옷을 지으려고 한다는 뜻으로 본다.

318) '膏'(고) : 머릿기름을 바르다. '沐'(목) : 머리를 감다.

319) '鬱'(울) : 근심. 우울. 답답함. '氛氳'(분온) : 기운이 왕성한 모양. 『古文苑』에는 '紛蘊'으로, 『考異』에는 '氤氳'으로 되어 있다.

320) 이상 두 구는 기다리는 사람은 오지 않고 다시 가을이 되었나는 뜻이다.

**해설** 이 작품 역시 앞의 작품과 마찬가지로 먼 길 떠나 돌아오지 않는 남편을 기다리는 여인의 심경을 묘사한 시다. 내용은 앞 시에서 이어진다. 기다리는 사람은 오지 않는데, 계절은 바뀌어 가을이 되었다. 가을이 되니 장차 추위에 떨 남편이 걱정 된다. 그래서 옷을 꺼내어 지으려 하지만 소식도 끊긴 사람에게 어찌 부칠 것인지를 생각하고 그만 옷 짓는 일을 내팽개쳐 버린다. 보아줄 사람이 곁에 없으니 머리를 감고 화장하는 것 또한 무슨 필요가 있으랴? 이래저래 가슴속엔 울화만 치민다. 한 해가 다시금 끝나가는 가을 이 계절에는 더욱 그렇다.

## 151. 비파

「詠琵琶」

| | |
|---|---|
| 抱月如可明, | 달 모양의 비파를 껴안으니 밝게 빛나는 듯 |
| 懷風殊復清.[321] | 공명통을 울리는 바람소리는 특이하고도 청아하네 |
| 絲中傳意緒, | 현을 통해 마음을 전하며 |
| 花裏寄春情.[322] | 꽃무늬 속에다 사랑의 마음을 부친다네 |
| 掩抑有奇態,[323] | 나직한 소리에는 신기한 운치 배어 있고 |
| 悽愴多好聲.[324] | 처량한 곡조에는 좋은 소리가 많다네 |
| 芳袖幸時拂,[325] | 향기로운 소매 다행히 때때로 휘날리고 |
| 龍門空自生.[326] | 용문산엔 오동나무 부질없이 절로 자란다네 |

321) '懷風'(회풍) : 공명통을 울리는 바람소리. '殊'(수) : 특별하다. '復'(부) : 또한. '清'(청) : 맑다. 청아하다.

322) '花'(화) : 비파의 몸통에 아로새긴 꽃무늬를 가리킨다.

323) '掩抑'(엄억) : 비파의 낮은 소리. '奇態'(기태) : 신기한 운치.

324) '悽愴'(처창) : 슬픈 모양. '好聲'(호성) : 귀에 듣기 좋은 소리.

325) '芳袖'(방수) : 여인의 향기로운 소매. '幸'(행) : 다행히. '時'(시) : 때때로. '拂'(불) : 소매를 떨치다. 생각건대 이 구는 비파가 요행히 미인의 손에 의해 연주된다는 뜻으로 보인다.

**해설** 이 작품은 비파의 모양과 소리 등에 대해 노래한 순수한 영물시다. 이 작품이 이 선집에 들 수 있었던 것은 여인의 주변 사물을 노래한 작품도 선시 기준에 부합했기 때문이다.

## 152. 장막

「詠幔」

| | |
|---|---|
| 幸得與珠綴, | 다행히도 진주로 수놓아져 |
| 羃歷君之楹.327) | 그대의 집 기둥에 드리워져 있다네 |
| 月映不辭卷, | 달빛 비칠 땐 말아올려지는 것도 마다 않고 |
| 風來輒自輕.328) | 바람 불어올 땐 매번 저절로 가벼이 날린다네 |
| 每聚金鑪氣,329) | 늘 쇠향로의 향기를 집안에 모으고 |
| 時駐玉琴聲.330) | 때로는 옥같이 귀한 거문고 소리 머물게 한다네 |
| 俱願致尊酒,331) | 모두가 원하는 건 한 잔 술을 가져오는 것 |
| 蘭釭當夜明.332) | 난초 등잔은 밤이 되면 밝아진다네 |

326) '龍門'(룡문) : 陝西省 韓城縣 동북쪽에 위치한 오동나무의 산지. 枚乘의 「七發」에 "龍門의 오동나무는 높이가 백 자인데도 가지가 없으며, 뿌리는 반쯤 죽었고 반쯤 살아 있다. 겨울이 되면 매서운 바람과 나부끼는 싸락눈과 휘날리는 눈발을 맞고, 여름이 되면 천둥과 번개를 맞는다(龍門之桐, 高百尺而無枝, 其根半死半生. 冬則烈風漂霰飛雪之所激也, 夏則雷霆霹靂之所感也)"라고 했다. 생각건대 이 구는 비파의 재료를 이야기하는 부분으로 보인다.

327) '羃歷'(멱력) : 덮다. 가리다. 치다.

328) '輒'(첩) : 매번. 즉각.

329) '金鑪'(금로) : 금속으로 만든 향로.

330) '玉琴'(옥금) : 거문고에 대한 미칭.

331) '俱'(구) : 모두. '尊'(준) : 술그릇. '樽' 또는 '罇'과 같다. 『古文苑』에는 '俱'자가 '但'자로, '致'자가 '置'자로 되어 있는데, 『考異』도 이를 따랐다.

332) '蘭釭'(란강) : 난초의 기름을 사용하는 등잔.

**해설** 이 작품은 방 또는 대청 앞에 쳐져 있는 장막을 노래한 영물시다. 이 시 역시 순수한 영물시로 볼 수 있는데, 장막 자체가 특별히 여인의 처소와 관계 있다는 의미에서 수록된 것으로 보인다.

## 153. 무산은 높고

「巫山高」333)

想象巫山高,334)　　상상의 나래를 펴니 무산은 높고
薄暮陽臺曲.335)　　어스름 저녁빛이 양대를 구비 도네
煙霞乍舒卷,336)　　안개는 잠깐 사이에도 펴졌다가 걷히고
蘅芳時斷續.337)　　두형 향기 때때로 끊어졌다 이어졌다 하네
彼美如可期,338)　　아름다운 저 미인을 만날 수 있을 것만 같으니
寤言紛在屬.339)　　만나 이야기 나누는 모습이 눈앞에 어지럽네

---

333) '想象'(상상) : 상상. 꿈.

334) '巫山'(무산) : 四川省과 湖北省의 변경에 위치한 산 이름으로, 산세가 높고 험준한데 長江이 그 가운데를 뚫고 지나면서 유명한 巫峽을 형성하였다. 巫山 12봉이 長江가에 늘어서 있는데, 그 중에 神女峯이 가장 기이하다. 전하기로 赤帝의 딸이 巫山의 남쪽에 묻혀 신녀가 되었다고 한다. 『樂府解題』에 따르면 "「古辭」에는 단지 '長江과 淮水는 물이 깊은데 건널 수 있는 다리가 없어 물가에서 멀리 바라보며 고향에 돌아갈 생각만 할 뿐임'을 말하였지만, 齊나라 王融의 '想象巫山高'나 梁나라 范雲의 '巫山高不極' 같은 것은 陽臺의 신녀 고사를 섞어서 더 이상 멀리 바라보며 고향에 돌아가고자 하는 뜻이 없게 되었다(古詞言, "江淮水深, 無梁可度, 臨水遠望, 思歸而已. 若齊王融'想像巫山高', 梁范雲『巫山高不極』. 雜以陽臺神女之事, 無復遠望思歸之意也")"라고 했다. 이 곡은 鼓吹曲辭 漢鐃歌에 속하는 古辭 1수를 모방한 것이다.

335) '陽臺'(양대) : 巫山의 신녀가 아침저녁으로 머물던 곳. 제4권 王融의 「古意」 其一(149)의 '巫山……'구의 주석을 참조할 것.

336) '煙霞'(연하) : 안개. '霞'자는 어떤 책에는 '華'자로, 『樂府詩集』에는 '雲'자로 되어 있다. '乍'(사) : 갑자기. 잠깐 사이. '舒卷'(서권) : 펴졌다 걷혔다 하다.

337) '蘅'(형) : 杜蘅. 향초의 일종. '蘅芳'(형방) : 『樂府詩集』에는 '猿鳥'로 되어 있다.

338) '彼美'(피미) : 저 미인. 巫山의 신녀를 가리킨다.

339) '寤言'(오언) : 만나서 이야기하다. '晤言'과 같다. '紛'(분) : 어지럽다. 혼란하다. 在屬(재촉) : 시야에. '屬'사는 『考異』 등의 책에는 '矚'사로 되어 있는데, 여기에서도 이를

憮然坐相思,[340] 낙심한 채 부질없이 그리워하는데
秋風下庭綠. 가을바람은 뜰의 푸른 가지로 불어오네

**해설** 이 작품은 巫山 神女 고사를 빌려 쓴 애정시다. 작가는 상상 속에서 巫山 神女와 같은 미인을 그려보지만 끝내 그런 사람을 만날 수 없다는 현실에 실망하고 만다. 그렇게 상상하고 실망하는 사이에도 시간은 어김없이 흘러 어느덧 가을로 접어든다.

## 사조(謝朓)

◇謝朓(464~499) : 자가 玄暉이며, 陳郡 陽夏(지금의 河南省 太康 부근) 사람으로, 南朝의 세족인 謝安의 후손이다. 문화적 소양이 풍부한 집안 환경에서 성장하였으며, 호방한 성품에다 교유를 좋아했고 어려서부터 문장으로 이름이 났었다. 초서와 예서를 잘 썼으며, 오언시에도 뛰어나 沈約이 그의 시를 두고 "2백 년 이래로 이런 시가 없었다"라고 극찬하였다. 일찍이 齊나라 豫章王의 參軍과, 隨王 蕭子隆의 功曹·文學 등의 관직을 역임하였다. 나중에 中書郎으로 옮겼다가 宣城太守라는 외직으로 나갔으며, 建武 연간에는 尙書吏部郎에 올랐다. 東昏侯 永元 원년, 江祏 등이 始安王 蕭遙光 옹립을 도모했는데 함께 하지 않는다고 하여 옥중에서 피살되었다.

그는 南朝 齊나라 때의 대표적인 시인으로 沈約 등과 함께 '永明體' 창작을 주도하였다. 그의 시가는 謝靈運의 산수시풍을 계승하여 경물 묘사에 뛰어나다. 하지만 조탁의 흔적은 잘 보이지 않으며, 애써 성률을 강구하고 시구를 정련하여 唐代 율시의 격률화에 적잖은 영향을 끼쳤으며 李白의 추숭을 받았

---

따랐다.
340) '憮然'(무연) : 크게 실망하는 모양. '坐'(좌) : 공연히. 헛되이.

다. 문집 12권이 전해온다.

## 「왕 주부에게 드림(贈王主簿)」 2수

### 154. 왕 주부에게 드림 1

「贈王主簿」 其一[341]

| | |
|---|---|
| 日落窗中坐, | 해 진 뒤 창 가에 앉은 여인 |
| 紅妝好顔色. | 붉은 화장에 얼굴빛이 곱다네 |
| 舞衣襞未縫,[342] | 무도복 주름은 아직 깁지 않았고 |
| 流黃覆不織.[343] | 유황 명주는 덮어둔 채 짜지도 않았네 |
| 蜻蛉草際飛,[344] | 잠자리는 풀잎 끝에서 날고 |
| 遊蜂花上食. | 이리저리 나는 벌은 꽃 위에서 꿀을 따네 |
| 一遇長相思, | 한 번의 우연한 만남이 오래도록 그리우니 |
| 願寄連翩翼.[345] | 펄럭펄럭 저 날개에 이내 그리움 전했으면 |

**해설** 이 작품은 증정시에 해당하는 것으로, 한 여인이 우연히 만난 남자와 사랑에 빠져 일상의 일도 제대로 하지 못한 채 오직 그

---

341) '主簿'(주부) : 관직 이름. 중앙 및 郡縣, 나아가 장수 및 중신들에게도 두어졌던 속관으로, 주로 문서를 주관하고 사무를 처리하였다. 여기에서 王主簿는 당시 主簿 직에 있던 작가의 처남인 王季哲을 가리킨다.

342) '襞'(벽) : 주름 (잡다).

343) '流黃'(류황) : 본래 황갈색 또는 황갈색의 물품을 뜻하지만, 특별히 황갈색 비단을 가리키기도 한다. 제1권 古樂府詩 6수 중 제2수인 「相逢狹路間」(10)의 말미에, '大婦織羅綺, 中婦織流黃'이라는 구절이 있다. '覆'(복) : 덮다. 가리다. 이 구의 의미는 '짜던 황갈색 비단도 덮어둔 채 손을 대지 않는다'이다.

344) '蜻蛉'(청령) : 잠자리.

345) '連翩翼'(련편익) : 연속적으로 날개를 펄럭이다.

사람과 다시 만날 수 있기만을 바라는 심정을 노래한 시다. 상사병이 든 여인의 눈에는 풀밭을 나는 잠자리와 벌조차도 부러움의 대상이며, 그 사람에게 자신의 심정을 전해볼 수 있기만 해도 좋은 것이다. 전할 수 있는 방법이란 오직 하늘을 힘차게 나는 저 새들을 통해 부치는 방법밖에 떠오르지 않으니 어찌 하랴?

## 155. 왕 주부에게 드림 2

「贈王主簿」 其二

| | |
|---|---|
| 淸吹要碧玉,[346] | 맑은 퉁소 소리는 벽옥을 부르는 듯 |
| 調弦命綠珠.[347] | 퉁기는 거문고 현은 녹주를 부르는 듯 |
| 輕歌急綺帶,[348] | 가벼운 노래 부를 때도 비단 허리띠 꽉 죄고 |
| 含笑解羅襦.[349] | 미소 머금으며 얇은 비단저고리 고름 푸네 |
| 餘曲詎幾許,[350] | 남은 곡조 얼마쯤 되는지 |
| 高駕且峙䠧.[351] | 높고 큰 수레 잠시 머뭇머뭇 할 제 |
| 徘徊韶景暮,[352] | 서성이는 가운데 봄날의 해는 저무네 |
| 惟有洛城隅. | 저 낙양성 모퉁이 너머로 |

346) '淸吹'(청취) : 맑게 높이 퍼지는 관악기의 소리. '要'(요) : 맞이하다. '碧玉'(벽옥) : 南朝 宋 汝南王의 애첩 이름. 汝南王이 그녀를 위해 「碧玉歌」를 지었다고 한다.

347) '調弦'(조현) : 현악기를 연주하다. '命'(명) : 부르다. '綠珠'(록주) : 西晉 石崇의 애첩 이름. 곱고 아름다웠으며 피리를 잘 불었는데, 나중에 孫秀의 압력 때문에 누각에서 떨어져 자살했다고 한다.

348) '急'(급) : 꽉 조이다. '綺帶'(기대) : 무늬 있는 비단으로 만든 허리띠.

349) '羅'(라) : 얇고 부드러운 비단의 일종. '襦'(유) : 길이가 짧은 저고리.

350) '詎幾'(거기) : 얼마. 몇. '許'(허) : ……쯤[정도].

351) '高駕'(고가) : 본래는 높고 큰 수레라는 뜻인데, 그러한 수레를 탄 사람이란 뜻으로 상대방에 대한 경칭으로도 쓰인다. '峙䠧'(치도) : '踟躕'와 같다. 머뭇거리는 모양.

352) '韶景'(소경) : 봄날의 햇빛.

**해설** 이 작품 역시 앞의 시와 같은 증정시인데, 내용이 비교적 난해하다. 시는 전후반부로 나눠 볼 수 있는데, 전반부는 옛날의 유명했던 기녀인 碧玉과 綠珠처럼 음악을 잘하는 여인에 대한 묘사이다. 후반부에서는 높은 관직의 남자가 수레를 타고 지나다가 우연히 그 여인의 음악 소리를 듣고 반하여 머뭇거리는 상황을 묘사하였다. 그러나 담장을 사이에 두고 서로 마음만 있을 뿐 용기를 내어 만나지 못하고 서성거리기만 하니, 그러는 사이에 봄날의 길지 않은 해는 저물고 꽃 같은 청춘도 지나간다.

## 156. 왕 주부의 '원망' 시에 화답하다

「同王主簿怨情」

掖庭聘絶國,353)　　액정궁의 후궁은 머나먼 나라로 시집갔고
長門失歡讌.354)　　장문궁에는 즐거움이 사라졌네
相逢詠蘼蕪,355)　　서로 만났을 땐 궁궁이를 노래했고
辭寵悲團扇.356)　　총애 잃고 나서 둥근 부채 슬퍼했네
花叢亂數蝶,357)　　꽃떨기 사이로 나비 몇 마리 어지러이 날고

353) '掖庭'(액정): 후궁들이 거처하는 곳 또는 그 궁궐 이름. '聘'(빙): 아내를 맞이하다. '絶國'(절국): 멀리 떨어져 있는 나라. 즉 이민족인 흉노족의 나라를 가리킨다. 이 구는 漢 元帝 때 이민족과의 화친정책의 일환으로 흉노의 單于에게 시집 간 王昭君에 대한 이야기이다.

354) '長門'(장문): 長門宮. 漢 武帝의 陳皇后가 총애를 잃고 물러나 살던 곳이다. '歡讌'(환연): '歡宴'과 같다. 즐겁게 놀다.

355) '蘼蕪'(미무): 궁궁이. 향초의 일종. 이 구절은 이 선집의 첫 작품인 古詩 8수 중의 첫째 수인 「上山採蘼蕪」(1)를 의미하고 있다.

356) 이 구절은 이 선집 제1권의 班婕妤의 「怨詩」(27)의 내용을 이야기하고 있다. 漢나라 成帝 때 班婕妤가 총애를 잃고서 長信宮에서 太后를 공양하면서, 자신의 신세를 둥근 부채에 비유한 「怨詩」를 지었다고 한다.

357) '花叢'(화총): 많이 모여 있는 꽃.

| | |
|---|---|
| 風簾入雙燕. | 바람에 날리는 발 속으로 한 쌍의 제비 날아드네 |
| 徒使春帶賒,[358] | 부질없이 봄옷 허리띠를 헐렁하게 하며 |
| 坐惜紅顏變.[359] | 거저 홍안이 변해가는 걸 안타까워하네 |
| 平生一顧重,[360] | 평생에 눈길 한 번 받는 게 소중하며 |
| 夙昔千金賤. | 지난날엔 천금도 하찮게 여겼다네 |
| 故人心尙永,[361] | 옛사람 마음은 영원함을 숭상했다는데 |
| 故心人不見. | 옛 마음 가진 사람 만날 수가 없네 |

**해설** 이 작품은 남자에게 버림받은 여인의 원망을 노래한 시다. 남성 중심 사회에서는 사랑에 있어서 여성은 언제나 수동적이었다. 사랑을 하는 게 중요한 게 아니라 사랑을 받는 게 중요했으며, 사랑을 받고 있는 동안에도 마음속엔 항상 언제 버림받을지 모른다는 두려움이 자리하고 있었다. 지조와 신의를 강조하는 온갖 도덕규범들을 말하는 남성 중심의 사회에서 막상 여성들은 그런 도덕률로 자신들을 대하는 남성을 찾기는 어려웠던 것이다.

358) '賒'(사) : 느슨하다.

359) '坐'(좌) : 헛되이. 부질없이.

360) 劉向의 『列女傳』에 따르면, 鄭子瞀는 楚 成王의 부인이었는데, 成王이 누대에 올랐을 때 子瞀가 돌아보지 않자 成王이 '돌아보면 내 그대에게 천금을 주겠다'고 하였으나, 子瞀는 끝내 돌아보지 않고 떠났다고 한다. 이 구는 바로 이 사실을 이야기하고 있다.

361) 『文選』 등 다른 책에는 '爾'자로 되어 있다.

## 「밤에 기녀의 노래소리를 들으며(夜聽妓)」 2수

### 157. 밤에 기녀의 노래소리를 들으며 1

「夜聽妓」 其一

| | |
|---|---|
| 瓊閨釧響聞,362) | 아름다운 규방에선 팔찌 소리 울리고 |
| 瑤席芳塵滿.363) | 옥으로 꾸민 자리엔 향기로운 먼지 가득하네 |
| 要取洛陽人, | 낙양 귀인들 초청해 오니 |
| 共命江南管. | 모두 강남의 피리를 불게 하네 |
| 情多舞態遲, | 정이 많아 춤동작은 느리고 |
| 意傾歌弄緩. | 마음 한 곳에 기우니 노래소리도 느리네 |
| 知君密見親, | 당신께서 친밀한 정 은밀히 보내는 줄 알고 |
| 寸心傳玉腕. | 님 향한 작은 마음이 옥 같은 손목을 통해 전해지네 |

**해설** 이 작품은 밤에 기녀의 처소에서 들리는 음악 소리를 듣고 잔치 자리를 상상하며 쓴 시다. 일반 여염집 규방과는 달리 기녀의 처소는 화려하기 이를 데 없다. 마침 북쪽의 洛陽에서 온 귀한 손님들을 위한 연회가 열리고 있는데, 이들은 모두 한결같이 강남의 음악을 듣고자 한다. 노래하고 춤추는 사이에 어느덧 남녀의 사랑도 싹터 서로 은밀히 자신의 마음을 표현한다. 이러한 과정은 파티석상에서 서로 눈이 맞아 마음을 주고받는 현대인과 전혀 다를 바 없는 것이다.

362) '瓊閨'(경규) : 규방에 대한 미칭. 여기에서는 기녀가 거처하는 곳을 말한다. '釧'(천) : 팔찌.

363) '瑤席'(요석) : 옥으로 장식한 자리. 또는 그처럼 아름다운 자리를 뜻한다. '芳塵'(방진) : 기녀가 움직일 때 그 주위에서 일어나는 향기로운 먼지.

## 158. 밤에 기녀의 노래소리를 들으며 2

「夜聽妓」 其二

上客光四座,364)　귀하신 손님들은 자리를 빛내고
佳麗直千金.　미인의 아름다움 천금에 해당하네
掛釵報纓絶,365)　비녀를 매어 주며 갓끈 끊어준 은혜에 보답하고
墮珥答琴心.366)　귀고리 떨어뜨려 거문고 소리에 실은 마음에 보답하네
蛾眉已共笑,367)　초승달 같은 눈썹도 모두 미소를 지으며
淸香復入襟.　맑은 향기도 다시 옷깃으로 스며드네

---

364) '上客'(상객) : 존귀한 신분의 손님. '四座'(사좌) : 좌석 전체.

365) '掛'(괘) : 매다. 묶다. 宋玉의 「諷賦」에 "주인의 딸이 비취비녀를 저의 갓끈에 매어 주었습니다(主人之女, 以翡翠之釵, 掛臣冠纓)"라고 했다. '掛釵'는 곧 사랑의 표시다. '纓絶'(영절) : 갓끈을 끊다. 『說苑』에 이와 관련된 고사가 있다. 楚 莊王이 신하들에게 술을 내렸는데, 날이 저물어 한창 주흥이 무르익을 무렵 갑자기 촛불이 꺼졌고, 이때 미인의 옷자락을 당기는 사람이 있었다. 미인은 그 사람의 갓끈을 자른 뒤 왕에게 확인하여 달라고 했다. 그러자 왕은 신하들에게 실례를 범하게 한 것은 자기가 술을 하사했기 때문이며, 여자의 절개 때문에 선비를 욕되게 할 수 없다고 하면서 신하들 모두 갓끈을 자르게 한 뒤 즐겁게 놀았다. 후에 晉나라와 楚나라 사이에 전쟁이 있었는데 한 신하가 항상 앞장 서서 적을 격퇴하여 승리를 가져 왔다. 莊王이 그가 누군지 알아보니 전날 잔치자리에서 갓끈이 끊어졌던 바로 그 신하였다고 한다.

366) '墮珥'(타이) : 귀걸이를 떨어뜨리다. 사랑을 표시하는 행위의 하나다. 『史記』 「滑稽列傳」에 齊 威王이 淳于髡에게 어떻게 주량이 변할 수 있는지에 대한 물음의 대답 중에, "고향 마을의 모임처럼, 남녀가 섞여 앉아서 차례대로 술을 따르며 느긋하게 육박이나 투호를 즐기기도 하고 서로 무리를 짓기도 하며 손을 잡아도 처벌하지 않고 눈길 주는 것도 금지하지 않으며, 앞에서는 귀걸이를 떨어뜨리기도 하고 뒤에서는 비녀를 놔두기도 한다면, 저는 이러한 술자리를 즐기며 여덟 말을 마실 수 있는데 취하는 것은 두세 번뿐입니다(若乃州閭之會, 男女雜坐, 行酒稽留, 六博投壺, 相引爲曹, 握手無罰, 目眙不禁, 前有墮珥, 後有遺簪, 髡竊樂此, 飮可八斗而醉二參)"라고 대답했다. '琴心'(금심) : 거문고에 실어 전하는 사랑의 마음. 『史記』 「司馬相如列傳」에 "당시 卓王孫의 딸 文君은 얼마 전 남편을 여의었으며 음악을 좋아했다. 그래서 司馬相如는 일부러 그 지역 현령과 서로 존중하는 척 하면서 거문고 소리에 마음을 실어 그녀를 유혹했다(是時卓王孫有女文君新寡, 好音, 故相如繆與令相重, 而以琴心挑之)"라고 했다.

367) '已'(이) : 다음 구의 '復'자와 호응하는 글자.

歡樂夜方靜, 환락의 밤은 그제사 고요해지고
翠帳垂沈沈.[368] 비취 휘장은 깊은 어둠을 드리우네

**해설** 이 작품 역시 앞의 시와 마찬가지로 기녀의 연회석상의 모습을 묘사한 시다. 귀한 손님들과의 연회는 서로 애정을 표시하며 즐겁게 진행된다. 그러나 밤이 깊으면 새벽이 오게 마련, 잔치도 어느덧 끝나고 기녀의 방은 휘장이 드리워진 채 깊은 어둠 속에 쌓인다. 연회 중에 유달리 깊게 정이 들었던 쌍은 어쩌면 함께 새벽을 맞았을 수도 있으리라.

## 159. 한단의 옛 후궁이 시집가 취사병의 아내가 되다 「詠邯鄲故才人嫁爲廝養卒婦」[369]

生平宮閣裏,[370] 평생토록 궁전 안에서
出入侍丹墀.[371] 드나들며 임금님을 모신 신분
開笥方羅縠,[372] 상자 열어보면 얇고 고운 비단 들어 있고
窺鏡比蛾眉. 거울 들여다보면 초승달 같은 눈썹 예뻤다네
初別意未解, 처음 궁중을 떠날 때는 얽힌 생각 채 풀리지 않

---

368) '沈沈'(침침) : 밤 깊은 모습.

369) 어떤 책에는 '詠'자가 없다. '邯鄲'(한단) : 趙나라의 수도. 현재 河北省 내에 있다. '才人'(재인) : 후궁의 벼슬 중의 하나. 漢나라 때 설치되었으며, 晉나라 때에는 천 석 이하에 해당했었다. 『晉書』「后妃傳」에 "晉 武帝는 漢魏의 제도를 채택하여, …… 美人·才人·中才人 등이 있었는데, 벼슬은 천 석 이하에 해당했다(晉武帝採漢魏之制, …… 有美人才人中才人, 爵視千石以下)"라고 했다. '廝養卒'(시양졸) : 군대에서 장작을 패거나 밥을 짓는 등 잡일을 하는 병졸. 이 작품은 雜曲歌辭에 해당한다.

370) '宮閣'(궁각) : 궁궐. 궁전.

371) '丹墀'(단지) : 궁전 내의 붉은 계단. 여기에서는 임금을 상징하는 말로 쓰였다.

372) '笥'(사) : 대나무로 만든 네모난 옷상자. '方'(방) : 겨우. 단지. '羅縠'(라곡) : 올이 가늘고 성긴 비단.

| | |
|---|---|
| | 았었고 |
| 去久日生悲. | 떠나온 지 오래 되니 나날이 슬픔이 인다네 |
| 憔悴不自識, | 초췌한 모습은 자신도 못 알아볼 정도건만 |
| 嬌羞餘故姿.[373] | 수줍음 띤 아리따움에는 옛모습 남아 있네 |
| 夢中忽彷彿, | 꿈속에서 문득 임금님 모습 뵌 듯하니 |
| 猶言承讌私.[374] | 친밀한 은총을 입은 것 같네 |

**해설** 이 작품은 후궁의 신분으로 있다가 병사에세 시집간 한 여인의 처지를 그린 시다. 당시 후궁이 궁궐 밖의 일반인에게 시집가는 상황이 어느 정도 보편적이었는지, 또는 왜 그렇게 마음에도 없는 결혼이 이루어졌는지는 알 수 없다. 그러나 시의 내용으로 볼 때 그 결혼은 여인이 원하지 않았던 것이었음을 분명히 알 수 있다. 여인은 온실 속의 화초처럼 생활하다가 비바람을 피할 수 없는 들판의 야생초 신세로 바뀌었다. 그러나 그 여인은 어쩌면 제삼자가 쓴 시에서처럼 불행하지 않았을지도 모른다. 궁중에서 언제 임금의 은총을 입을지도 모르며 늙어가는 박제된 여성이기보다는 오히려 아들 딸 낳고 사람들 사이에 부대끼며 살아가는 게 훨씬 더 행복할지도 모르기 때문이다.

## 160. 가을 밤

「秋夜」

| | |
|---|---|
| 秋夜促織鳴,[375] | 가을밤에 귀뚜라미 울고 |
| 南隣擣衣急.[376] | 남쪽 이웃집의 다듬이질 소리 급한데 |

373) '嬌羞'(교수) : 부끄러움을 띤 아름다운 모습.
374) '猶言'(유언) : ……와 같다. '讌私'(연사) : 친밀한 사랑.
375) '促織'(촉직) : 귀뚜라미.
376) '擣衣'(도의) : 다듬이질(하다).

思君隔九重,[377] 구구만리 떨어져 있는 그대 생각에
夜夜空佇立. 밤마다 부질없이 우두커니 서 있네
北窓輕幔垂,[378] 북쪽 창문에는 가벼운 장막 드리워지고
西戶月光入. 서쪽 창문으론 달빛이 스며드는데
何知白露下, 흰 이슬 내리는 걸 어찌 알까
坐視階前濕.[379] 앉은 채로 눈앞의 섬돌 젖는 것 바라보네
誰能長分居? 뉘라서 오래 떨어져 살 수 있을까
秋盡冬復及. 가을 다 가면 겨울 또 닥치는데

**해설** 이 작품은 가을밤에 멀리 떠나 있는 님을 그리워하는 여인의 심경을 노래한 시다. 가을은 겨울의 길목이자, 만물이 조락하는 계절이다. 하루 중의 황혼 때와 마찬가지로 사람으로 하여금 시간의 흐름을 가장 절실하게 느끼게 하는 시기이기도 하다. 이런 감정은 집 떠난 나그네에게나 나그네를 기다리는 사람에게는 더욱 절실하다. 가을이 되면 미리 겨울 준비를 한다. 집집마다 겨울옷을 장만하느라 다듬이질 소리가 다급해지는데도 나그네의 아내는 그저 멍하니 섬돌에 내리는 이슬을 보며 가을을 전송할 뿐이다. 섬돌은 어쩌면 여인의 눈물 때문에 젖었을지도 모르겠다.

---

377) '九重'(구중) : 까마득히 먼 모양.
378) '幔'(만) : 장막. 휘장.
379) 이상 두 구는 '내리는 이슬은 보이지 않지만 섬돌이 축축히 젖어드는 것을 보고 이슬이 내리고 있음을 안다'라는 뜻이다.

## 「잡다한 노래(雜詠)」 5수[380]

### 161. 등잔불

「燈」

| | |
|---|---|
| 發翠斜漢裏,[381] | 비스듬히 기운 은하수 속에서 비취빛 발하는 듯 |
| 蓄寶宕山峰.[382] | 탕산 봉우리에 단사 보석을 감춘 듯 |
| 抽莖類仙掌,[383] | 불꽃 돋운 모양은 선인장과 같고 |
| 銜光似燭龍.[384] | 빛을 머금으니 촉룡과도 흡사하네 |
| 飛蛾再三繞, | 나닐던 나방 두세 번 맴돌고 |
| 輕花四五重. | 가벼운 불꽃 사오 겹을 이루네 |
| 孤對相思夕, | 님 그리운 밤 홀로 등잔 마주하고 있자니 |
| 空照舞衣縫. | 부질없이 무도복 솔기만 비추네 |

380) 徐學謨海曙樓刻本에는 이 네 글자가 없다.

381) '發翠'(발취) : 비취빛을 발하다. '斜漢'(사한) : 비스듬히 기운 은하수. '漢'자는 『藝文類聚』 등에는 '漢'자로 되어 있다.

382) '蓄寶'(축보) : 보석을 감추다. '宕山'(탕산) : 전설상의 산 이름. 『列仙傳』 「主柱傳」에 "主柱라는 사람은 어디 사람인지 모른다. 도사와 함께 宕山에 오르면서 그곳에 단사가 있는데 수만 근을 얻을 수 있다고 말했다. 宕山의 관리가 이를 알고 산에 올라가 단사를 막아버리자, 단사가 흘러나와 불처럼 날아다녔다. 이에 主柱가 가져가는 것을 허락했다(主柱者, 不知何所人也. 與道士共上宕山, 言此有丹沙, 可得數萬斤. 宕山長吏知而上山封之, 沙流出, 飛如火, 乃聽柱取)"라고 했다.

383) '仙掌'(선장) : 선인장.

384) '燭龍'(촉룡) : 전설상의 신 이름. 『山海經』 「大荒北經」에 "서북해의 밖, 赤水의 북쪽에 章尾山이 있다. 한 신이 있는데 사람의 얼굴에 뱀의 몸으로 붉은 색을 띠고 있으며 세로로 된 눈이 하나 있다. 그가 눈을 감으면 어두워지고 눈을 뜨면 밝아진다. 먹지도 자지도 쉬지도 않으며 비바람을 불러올 수 있다. 이것은 대지의 밑바닥까지 비추는데 이름을 燭龍이라고 한다(西北海之外, 赤水之北, 有章尾山. 有神, 人面蛇身而赤, 直目正乘. 其瞑乃晦, 其視乃明. 不食不寢不息, 風雨是謁. 是燭九陰, 是謂燭龍)"라고 했다.

**해설** 이 작품은 제목만으로 보면 영물시에 속한다고 할 수 있다. 그러나 순수한 영물시가 아니라 영물을 통해 감정을 서술한 서정시로 볼 수 있다. 여기에서 영물의 구체적 대상은 바로 등잔불이다. 전반 네 구는 등잔불의 형상에 대한 묘사이며, 후반 네 구는 영물을 통해 그립고 외로운 심정을 기탁하였다. 불꽃 주변을 맴도는 나방이 마치 임을 그리워하는 자신의 모습인양 처량하게 보이는데, 임도 없는 텅 빈 방에서 홀로 등잔불을 보면서 긴긴 밤의 근심을 녹이고 있다. 아울러 마지막 구의 '舞衣'라는 시어를 통해 작품의 주인공이 기녀임을 알 수 있다.

## 162. 촛불

「燭」

| | |
|---|---|
| 杏梁賓未散,[385] | 화려한 누각에 손님들 아직 흩어지지 않았는데 |
| 桂宮明欲沈.[386] | 계궁의 밝음은 점차 어두워져 가네 |
| 曖色輕幃裏, | 희미한 빛은 가벼운 휘장 안을 비추고 |
| 低光照寶琴. | 나직한 빛은 보석 박힌 거문고를 비추네 |
| 徘徊雲髻影,[387] | 여인의 구름 같은 쪽 그림자 서성이고 |
| 灼爍綺疏金.[388] | 아로새긴 창문은 황금색으로 빛나네 |
| 恨君秋月夜, | 그대를 한하노라 가을 달밤에 |
| 遺我洞房陰. | 나를 깊숙한 안방 어두운 곳에 버려두셨네 |

385) '杏梁'(행량): 은행나무로 만든 대들보. 크고 화려한 집을 가리킨다.

386) '桂宮'(계궁): 궁전 이름. 『三秦記』에 의하면, 未央宮의 漸臺 서쪽에는 桂宮이 있고, 중앙에는 明光殿이 있는데, 모두 금과 옥으로 주렴을 만들었고, 곳곳에 명월주와 황금과 옥으로 된 계단이 있어 주야로 환하게 빛이 났다고 한다. '沈'(침): 어두워지다.

387) '雲髻'(운계): 구름 같이 뭉실뭉실하게 쪽 찐 머리 모양.

388) '灼爍'(작삭): 불이 환하게 빛나는 모양. '綺疏'(기소): 속에 무늬를 새겨 넣은 창문. '金'(금): 황금색을 띠다.

**해설** 이 작품 역시 표면적으로는 영물시에 속한다. 영물의 구체적 대상은 촛불이다. 역시 일반적인 촛불이 아니라 가을밤 외로운 여인의 규방을 비추는 촛불이다. 작품에 출현하는 화려한 거처, 궁전에 대한 언급으로 보아 혹 임금의 은총을 기다리는 후궁의 심경을 노래한 작품으로 볼 수도 있겠다.

## 163. 자리

「席」

| | |
|---|---|
| 本生朝夕池,389) | 본래 밀물 썰물 오가는 연못에서 자라니 |
| 落景照參差.390) | 떨어지는 햇빛이 들쭉날쭉한 골풀을 비추네 |
| 汀洲蔽杜若,391) | 모래톱에서는 향초인 두약을 뒤덮고 |
| 幽渚奪江蘺.392) | 그윽한 물가에서는 천궁 자리를 빼앗네 |
| 遇君時採擷,393) | 우연히 당신을 만나 때맞춰 따여 |
| 玉座奉金巵.394) | 임금님 모신 자리에서 황금 술잔 떠받드네 |
| 但願羅衣拂, | 다만 원하는 것은 얇은 비단저고리 떨치어 |
| 無使素塵彌.395) | 뽀얀 먼지 가득 끼지 않게 되기를 바랄 뿐 |

389) '朝夕'(조석): '潮汐'과 같다. 밀물과 썰물. '池'(지): 연못. 내용으로 보아 강가 또는 바닷가와 연결된 연못을 가리킨다고 볼 수 있다.
390) '參差'(참치): 가지런하지 않은 모양. 여기에서 가리키는 것은 자리를 짜는 데 이용되는 식물인 골풀 또는 부들의 종류를 가리킨다.
391) '汀洲'(정주): 강가의 모래톱. 또는 강 중간의 모래섬. '杜若'(두약): 향초의 일종. 키가 한두 자 정도인 다년생 초본이다.
392) '幽渚'(유저): 으슥한 물가. '江蘺'(강리): '江離'라고도 한다. 미나리과의 여러해살이풀로 향초의 일종. 주로 물가의 으슥한 곳에 자라는데, 키는 30~60cm이며 속이 비어 있고 가지가 다소 갈라진다.
393) '採擷'(채힐): 손으로 잘라서 따다.
394) '玉座'(옥좌): 임금이 앉는 자리. '巵'(치): 술잔.
395) '彌'(미): 가득하다. 이상 두 구는 항상 님을 위한 잔치가 열려 옷자락 휘날리며 춤을 추어 자리에 먼지가 앉을 새가 없었으면 하는 바람을 표현하고 있다.

**해설** 이 작품 역시 앞의 작품과 마찬가지로 영물시에 속한다. 영물의 구체적 대상은 바닥에 까는 자리이다. 서술 방식은 의인화된 1인칭시점이다. 전반 네 구는 자리의 원료가 되는 골풀이나 왕골의 생태에 대해 묘사하고 있으며, 후반 네 구는 자리로서의 역할을 묘사하고 있다. 자리를 만들기 위해 골풀을 채취하는 사람은 단순한 일꾼이겠지만 여기에서는 자신을 사랑해주는 남자로 보고 있다. 작품 전체의 시어를 두고 볼 때, 이 작품의 주인공 역시 임금이 자주 찾아주기를 바라는 후궁이라고 볼 수 있겠다.

## 164. 경대

「鏡臺」

| | |
|---|---|
| 玲瓏類丹檻,[396] | 영롱함은 붉은 난간 같고 |
| 苕亭似玄闕.[397] | 우뚝함은 천문처럼 높네 |
| 對鳳懸淸冰, | 한 쌍의 봉황은 맑은 얼음에 매달려 있고 |
| 垂龍掛明月.[398] | 꼬리 드리운 용은 밝은 달에 걸려 있네 |
| 照粉拂紅妝,[399] | 분칠한 얼굴 비추며 붉게 화장하고 |
| 插花埋雲髮.[400] | 꽃을 꽂으며 구름 같은 머리카락 매만지네 |
| 玉顏徒自見,[401] | 옥 같은 얼굴 부질없이 드러나 보이지만 |
| 常畏君情歇. | 늘 두려운 건 그대의 정 끊기는 것 |

---

396) '玲瓏'(령롱): 맑고 밝은 모양. '丹檻'(단함): 붉은 색의 난간. 거울의 몸체를 형용한 것이다.

397) '苕亭'(초정): 우뚝하니 높은 모양. '玄闕'(현궐): 天門. 天帝나 신선이 사는 곳.

398) 이상 두 구에서 '對鳳'과 '垂龍'은 경대의 장식이며, '淸冰'과 '明月'은 거울의 면을 가리킨다.

399) '拂'(불): 화장하다.

400) '埋'(매): 다른 책 및 『考異』에 '理'자로 되어 있는데, 이를 따라 해석했다.

401) '玉顏'(옥안): 여인의 옥 같이 아름다운 얼굴. '自見'(자현): 자신을 드러내다.

**해설** 이 작품 역시 영물시에 속한다. 영물의 구체적 대상은 경대이다. 전반 네 구에서는 경대의 외면적인 아름다움을 묘사했고, 후반 네 구에서는 거울을 보며 화장하는 여인의 심경을 서술했다. 옥 같이 아름다운 얼굴도 님이 봐 줄 때라야만 의미가 있는 법, 님을 만날 희망이 끊길 때 거울도 더 이상 그 기능을 발휘하지 못하고 먼지가 낀 채 버려지리라.

## 165. 떨어진 매화

「落梅」

新葉初冉冉,402) 새로 난 잎은 막 하늘하늘하고
初蕊新霏霏.403) 갓 생긴 꽃잎은 산뜻하여 곱고도 향기롭네
逢君後園讌, 그대를 뒤뜰 잔치 자리에서 만나
相隨巧笑歸.404) 단교소란 후궁을 따라 돌아오네
親勞君玉指, 몸소 그대 옥 같은 손가락 번거롭게 하여
摘以贈南威.405) 몇 송이 꺾어서 남위에게 선사하네
用持插雲髻, 그 꽃을 구름 같은 쪽에 꽂으니

---

402) '冉冉'(염염) : 부드럽고 약한 모양.

403) '蕊'(예) : 꽃(술). '霏霏'(미미) : 아름답고 향기로운 모양.

404) '巧笑'(교소) : 여기에서 魏 文帝의 후궁인 段巧笑를 가리키는데, 보라색 분 화장을 처음으로 했다고 한다. 이상 두 구는 매화가 임금을 잔치 자리에서 처음 만났는데, 그 자리에 있던 段巧笑란 후궁이 꽃을 땀으로 인해 그녀를 따라 궁실에 들게 되었음을 의미한다.

405) '南威'(남위) : 春秋시대 晉나라의 미녀로, '南之威'라고도 한다. 『戰國策』「魏策」에 "晉 文公이 南之威를 얻은 후 3일 동안 조회를 하지 않았으며, 마침내는 그녀를 내쫓아 멀리 하면서 말하기를 '후세에 반드시 여색 때문에 나라를 망치는 자가 있을 것이다'(晉文公得南之威, 三日不聽朝, 遂推南之威而遠之曰, '後世必有以色亡其國者'.)"라고 했다. 이상 두 구는 매화가 임금의 손에 의해 꺾이어 南威라는 미인에게 선사됨을 의미한다.

翡翠比光輝.[406]　　비취가 찬란히 빛나는 것 같은데
日暮長零落,[407]　　날 저물면 영원히 시들어버려
君恩不可追.　　그대 은총 따를 수가 없다네

**해설** 이 작품 역시 영물시에 속한다. 영물의 구체적 대상은 나무에서 떨어진 매화이다. 여기에서는 그 매화를 작품의 주인공으로 의인화하고 있는데, 매화가 임금을 통해 후궁에게 전달되면 후궁이 임금의 은총을 입듯 자신도 임금의 은총 입기를 바라고 있다. 비록 매화와 후궁은 별개로 서술되고 있지만 임금의 은총을 바란다는 동일한 속성상 사실은 한 가지로 볼 수 있다. 보는 관점에 따라서는 이 시의 주제를 떨어진 매화를 영물하는 가운데 작가가 처했던 정치적 상황에 대한 느낌을 기탁한 것으로 볼 수도 있다.

## 육궐(陸厥)

◇陸厥(472~499) : 자가 韓卿이며 吳郡 吳(지금의 江蘇省 蘇州) 사람이다. 어려서부터 고상한 풍격이 있었으며 글을 잘 지었다. 오언시는 신기할 정도로 뛰어났으며, 沈約과 四聲에 대해 논하기도 하였다(「與沈約書」). 주에서 秀才로 천거하여 王晏의 少傅主簿가 되었으며, 後軍行軍參軍으로 자리를 옮겼다. 永元 원년 始安王 蕭遙光의 반란 때 아버지 陸閑이 피살되고 이어 동생 陸絳마저 그로 인해 죽자 자신도 연좌되었으나 얼마 후 사면되어서 통한해 하다가 28세의 젊은 나이로 죽었다. 문집 10권이 전해온다.

---

406) '翡翠'(비취) : 푸른 빛 옥의 일종인 비취.
407) '零落'(령락) : 시들어 떨어지다.

## 166. 중산왕의 귀첩을 노래하다

### 「中山王孺子妾歌」[408]

如姬寢臥內,[409]　여희는 왕의 침소에서 잤고
班妾坐同車.[410]　반첩여는 왕과 한수레를 탔다네
洪波陪歓帳,[411]　홍파대 연회의 휘장 안에서 임금님 모셨고
林光宴秦餘.[412]　진나라 유적인 임광전에서 잔치를 벌였네
歲暮寒飇及,[413]　한 해 저무니 찬바람 불아치고
秋水落芙蕖.[414]　가을물은 연꽃을 떨어뜨리네
子瑕矯後駕,[415]　미자하는 임금 수레를 제 것처럼 몰았고

---

408) 『樂府詩集』에 「中山王孺子妾歌」가 2首 수록되어 있는데, 이는 그 중 두 번째 작품이며, 雜曲歌辭에 속한다. '中山王'(중산왕) : 漢 武帝의 아우인 中山靖王 劉勝. '孺子妾'(유자첩) : 왕의 여러 첩 중에 품계가 있는 첩을 가리키는 말. 貴妾.

409) '如姬'(여희) : 戰國시대 魏나라 安釐王의 侍妾. '臥內'(와내) : 침실. 『史記』 「魏公子列傳」에 "侯嬴이 이에 사람들을 물리치고 공자 無忌에게 '제가 듣건대 晉鄙의 병부는 항상 왕의 침실에 있다고 하는데, 如姬가 가장 총애를 받으며 왕의 침실을 마음대로 드나드니 그것을 훔칠 수 있을 것입니다'라고 말했다(侯生乃屛人間語曰, '嬴聞晉鄙之兵符, 常在王臥內, 而如姬最幸, 出入王臥內, 力能竊之')"고 한다.

410) '班妾'(반첩) : 漢 成帝의 후비 班婕妤. 어떤 책에는 '妾'자가 '婕'자로 되어 있다.

411) '洪波'(홍파) : 趙簡子의 누대 이름. '陪'(배) : 모시다. '歓帳'(음장) : 야외에 장막을 설치하여 여는 잔치. 『韓詩外傳』(卷7)에 "簡子는 거처할 때도 그와 함께 하였고, 외출할 때도 그와 함께 하였는데, 얼마 안 되어 周舍가 죽자 簡子는 마치 아들을 잃은 것 같이 슬퍼하였다. 나중에 여러 대부들과 洪波의 누대에서 술잔치를 벌였는데, 술이 취하자 簡子는 눈물을 흘리며 울었다(簡子居, 則與之居, 出, 則與之出. 居無幾何, 而周舍死, 簡子如喪子. 後與諸大夫飲於洪波之臺, 酒酣, 簡子涕泣)"라고 했다.

412) '林光'(림광) : 秦나라 때의 行宮 이름. '秦餘'(진여) : 秦나라의 유적.

413) '飇'(표) : 세차게 부는 바람.

414) '芙蕖'(부거) : '芙蓉'과 같다. 연꽃.

415) '子瑕'(자하) : 春秋시대 衛 靈公의 총신인 彌子瑕. '矯'(교) : 사칭하다. 제멋대로하다. '後駕'(후가) : '后駕'와 같다. 임금이 타는 수레. 『韓子』를 근거로 한 李善의 주석에 따르면, 彌子瑕는 衛王에게 총애를 받았다. 당시 衛나라에는 임금 수레를 몰래 타면 刖刑(발꿈치를 자르는 형벌)에 처하는 법이 있었다. 어느 날 밤 彌子瑕는 어머니가 병이 났다는 소식을 전해 듣고 임금 수레를 몰고 궁문을 나갔다. 그 소식을 들은 왕은 오히려 어머니 때문에 刖刑을 범한 그의 효성을 칭찬하였다고 한다.

安陵泣前魚.[416]　　안릉군은 먼저 잡힌 고기를 슬퍼하였네
賤妾終已矣,　　소첩도 끝내 이렇게 되고 말 것인데
君子定焉如.[417]　　마마께선 정녕 어찌 생각하는지요

**해설** 이 작품은 후비가 왕의 총애를 잃을까 걱정하는 심경을 묘사한 시다. 전반부에서는 총애를 받았던 전대의 후비들에 대해 언급하였고, 후반부에서는 총애가 시들어 버림받는 것에 대한 우려를 서술하였다. 관점에 따라서는 후비에 대한 임금의 총애를 통해, 신하에 대한 임금의 총애를 기탁한 것으로 볼 수도 있다. 서술상의 특징은 전고를 많이 사용하였다는 점이다.

## 시영태(施榮泰)

◇施榮泰(?) : 생평이나 사적이 전해오지 않는다.

416) '安陵'(안릉) : 戰國시대 楚 共王의 총신인 安陵君. '泣前魚'(읍전어) : (낚시할 때) 먼저 잡힌 고기의 신세를 슬퍼하다. 戰國시대 魏王의 총신 龍陽君과 관련된 전고로, 여기에서는 잘못 인용되었다. 이에 대한 자세한 내용은 제2권 阮籍의 「詠懷詩」 2수 중 둘째 수(63)의 주석을 참조할 것.

417) '焉如'(언여) : '如何'와 같다. 어떠한가. 이 구는 '소첩도 나이가 들어 미모가 시들면 버려질 게 분명한네, 임금님 역시 저를 버리실지 않으실지 잘 모르겠습니다'란 뜻이다.

## 167. 잡시

「雜詩」

趙女脩麗姿,　　조나라 여인은 아름다운 자태 다듬고
燕姬正容飾.　　연나라 여인은 얼굴 화장 고치는데
妝成桃毀紅,　　화장 끝나니 복사꽃 붉은 색도 무색하고
黛起草慚色.[418]　　눈썹 그리니 풀들도 제 푸른 색 부끄러워하네
羅裙數十重,　　얇은 비단 치맛사락 수십 겹이지만
猶輕一蟬翼.　　한 마리 매미 날개인 양 가벼운데
不言縠袖輕,[419]　　비단 소맷자락 가볍다 하지 않고
專歎風多力.　　오로지 바람이 세다고 탄식하네
鏘珮玉池邊,[420]　　옥 연못가에서 패옥 소리 울리고
弄笑銀臺側.　　은 누대 옆에서 장난하며 깔깔대네
折柳貽目成,[421]　　버들가지 꺾어서는 눈길 준 그이에게 드리고
插蒲贈心識.[422]　　부들을 뽑아서는 마음속의 그 사람께 드리네
來時嬌未盡,　　올 때는 아리따움 채 다하지 않았지만
還去媚何極.　　돌아갈 땐 아름다움 얼마나 지극한지

**해설** 이 작품은 연못가의 누대로 나와 노는 여인들의 아름다움을 묘사한 시다. 옛날부터 미인의 고장으로 유명한 趙나라와 燕나라

418) '黛'(대) : 눈썹을 그릴 때 쓰는 흑청색의 안료인 눈썹먹. 눈썹을 가리키기도 한다. '起'(기) : 화장한 눈썹이 마치 구부정한 애벌레 모양을 하고 있기 때문에 쓴 말이다.
419) '縠'(곡) : 주름진 비단.
420) '鏘'(장) : 옥이나 방울 등이 울리는 소리. '珮'(패) : 장식으로 허리에 차던 패옥.
421) '目成'(목성) : 남녀가 눈길을 주고받으며 사랑에 빠지다. 여기에서는 연인을 가리킨다.
422) '插'(삽) : 五雲溪館活字本에는 '採'자로 되어 있으며, 吳兆宜는 "'插'자는 '拔'자로 해야 한다. 古辭 「拔蒲曲」 중에 '그대와 함께 부들을 뽑는데, 종일토록 한 줌도 안 되네'라는 구가 있다(插, 當作拔. 古辭拔蒲曲, 與君同拔蒲, 竟日不盈把)"라고 주를 달았다. 여기에서도 이를 따라 해석하였다. '心識'(심식) : 마음속의 생각. 여기에서는 마음에 두고 있는 사람, 즉 연인을 가리킨다.

지역의 미인들처럼 아름답게 화장을 하고, 고운 비단옷에 진귀한 패옥을 차고 연못가를 거닐기도 하고, 누각에 올라 장난도 친다. 춘정에 젖은 미인들은 연못가에 자란 버들가지나 부들을 꺾어 애인에게 주면서 사랑을 고백한다. 이 시는 마치 『詩經』「國風」의 애정시를 연상시킨다. 즉 남녀의 연애가 아무런 도덕적 구속 없이 지극히 자연스럽게 이루어지고 있음을 알 수 있다. 이것은 아마도 작품의 배경이 유가사상이 쇠미해진 南朝의 혼란기였던 데서 기인한 것이 아닐까 한다.

# 『옥대신영』 권5

# 卷5

## 강엄(江淹)

◇江淹(444~505) : 자가 文通이며, 濟陽 考城(지금의 河南省 蘭考縣 동쪽) 사람이다. 어려서 아버지를 여의고 가난하였지만 배우기를 좋아해 일찍부터 문장으로 이름이 높았으며, 宋・齊・梁 등 세 나라에 걸쳐 벼슬을 하였다. 宋나라 때는 뜻을 크게 펼치지 못했는데, 建平王 劉景素에게 의지하여 있을 땐 오히려 모함으로 감옥에 갇히었다가, 상서를 올려 진정하여 다행히 죄를 면하게 되었다. 나중에 蕭道成・蕭衍 등에게 의지하면서부터 차츰 관직이 높아지게 되었다. 齊나라에서는 中書侍郎・尙書左丞・御史中丞 등을 역임하였으며, 직분에 충실하여 권세가들에 대한 탄핵도 서슴치 않았다. 梁나라 때는 散騎常侍左將軍이 되었다가 臨沮縣伯에 봉해졌고, 武帝 天監 연간에는 金紫光祿大夫에 천거되었으며, 나중에는 醴陵侯에 봉해졌다. 한번은 冶亭에서 잠을 자는데 꿈에 한 남자가 자기를 郭璞이라고 하면서 "내 붓이 그대 곁에 있은 지 오래

되었는데, 이제 돌려줘야 한다"라고 하여 품속을 뒤지니 오색 붓 한 자루가 있어서 돌려주었다고 한다. 그 후 그의 글에는 뛰어난 구절이 없었는데, 당시 사람들은 재주가 다했기 때문이라고 했다. 謚號는 '憲'이며, '江郞'이라고 불리었다.

그의 시문은 궁체시가 풍미하던 당시를 감안하면 비교적 건강한 편이었다. 그는 전인들의 시가 유산에 대해 깊이 있게 공부를 하였으며, 전대의 작품을 모방한 작품이 많다. 그가 지은 詩賦와 文論은 모두 백여 편에 달하는데, 스스로 전후집으로 편찬하였으며, 지금은 『江文通集』이란 이름으로 세상에 전해 온다.

## 「고시의 체제(古體)」 4수[1)]

### 168. 옛날의 이별

「古離別」[2)]

遠與君別者, 멀리 당신을 떠나보냈으니
乃至雁門關.[3)] 지금쯤 당신은 안문관에 도착했겠지요
黃雲蔽千里, 누런 모래구름이 천 리를 뒤덮고 있으니
遊子何時還? 나그네는 언제 돌아오실런지요
送君如昨日, 당신 전송한 게 바로 어제 같은데
簷前露已團.[4)] 처마 끝에는 이슬이 벌써 흥건하네요
不惜蕙草晩,[5)] 혜초 시드는 건 안타깝지 않으나

---

1) 이 네 작품은 『文選』 권31의 '雜體詩 30首' 속에 들어 있다.
2) 雜曲歌辭에 속한다.
3) '雁門關'(안문관) : 옛날 유명한 요새였던 雁門山. 지금의 山西省 代縣 서북쪽.
4) '團'(단) : '漙'자와 같이 이슬이 많은 모양을 나타낸다.
5) '蕙草'(혜초) : 향초의 일종. 콩과에 속하는 초본식물로, 熏草·零陵香이라고도 하며, 여름에 꽃이 피고 향기가 강하다. '晩'(민) : (초목이) 시들다.

| | |
|---|---|
| 所悲道里寒.[6] | 오직 슬픈 건 당신의 원정길 추위지요 |
| 君子在天涯, | 당신은 하늘 한 켠에 계시니 |
| 妾身久別離. | 저와는 오랜 이별이지요 |
| 願一見顏色, | 원하옵건대 당신 모습 한 번 뵙는 것은 |
| 不異瓊樹枝.[7] | 옥나무의 가지 꺾는 것과 다를 바 없지요 |
| 免絲及水萍,[8] | 새삼덩굴과 개구리밥풀처럼 |
| 所寄終不移. | 당신에게 맡긴 몸 영원히 변치 않겠어요 |

**해설** 이 작품은 멀리 북방 변경으로 원정 떠난 남편을 그리는 여인의 심정을 묘사한 시다. 셋째 구에서 황사 구름이 천 리를 덮고 있다는 표현은 본래 변경의 자연환경이지만, 한편으론 전쟁이 아직 끝나지 않음을 상징하고 있을지도 모르겠다. 그리운 당신 얼굴 한 번 뵙기가 마치 이 세상에는 없는 옥으로 된 나무의 가지를 꺾는 것만큼이나 어렵다고 표현할 때의 여인의 심경은 어떠할까? 그러나 언젠가 돌아오기만 한다면야 나는 새삼덩굴처럼 그대에게 의지하는 이 마음 변치 않겠건만…….

---

6) '道里'(도리) : 남편이 원정에 오른 길을 가리킨다. '里'자는 어떤 책에는 '路'자로 되어 있다.

7) '瓊樹'(경수) : 옥나무. 매우 진기한 물건이란 의미로, 남편 만나기가 그만큼 어렵다는 뜻이 내포되어 있다.

8) '免絲'(토사) : 새삼. 메꽃과의 일년초로, 나무에 붙어사는 기생식물이다. 줄기는 황갈색의 철사 모양이고, 잎은 퇴화하여 비늘 모양이며, 기생근으로 양분을 섭취하며, 8~9월에 흰 꽃이 핀다. 씨앗은 '노사자(免絲子)'라 하여 한방에서 약재로 쓰인다. 水萍(수평) : 개구리밥. 개구리밥과의 다년생 수초. 늪이나 연못의 물위에 떠서 자라며, 몸은 길고 둥근 세 가닥의 잎으로 이루어져 있는데, 윗면은 녹색이고 아랫면은 자주색이다. 물속으로 실 같은 뿌리를 많이 드리우고 떠 있다. 이 구절은 새삼이 나무에 의지하듯, 개구리밥이 물에 의시하듯 자신도 남편에게 의지하여 살겠다는 뜻이다.

## 169. 반첩여

「班婕妤」[9)]

綾扇如團月,[10)] 능라 부채는 둥근 달을 닮았는데
出自机中素.[11)] 베틀에 걸린 흰 비단에서 나왔네
畵作秦王女,[12)] 진 목공의 딸을 그림 속에 담으니
乘鸞向煙霧.[13)] 난새 타고 안개 속을 향하네
彩色世所重,[14)] 아름다운 색은 세상 사람들이 다 소중히 여기지만
雖新不代故.[15)] 비록 새것이라 한들 옛것을 대신할 순 없다네
竊悲凉風至,[16)] 남몰래 슬퍼하는데 서늘한 바람 불어와
吹我玉階樹.[17)] 나의 옥 계단 앞 나무를 흔드네
君子恩未畢, 임금님 은총 아직 다하지 않았건만
零落在中路.[18)] 도중에 시들고 만다네

**해설** 이 작품은 제1권의 班婕妤의 「怨詩」(27)를 본뜬 시로, 은총이 시들어 버림받은 후궁의 슬픔을 노래하고 있다. 일부일처제에서 특권을 누렸던 고대 지배계층 남성들, 그들에겐 여인은 정녕 '喜新厭舊'의 노리개에 불과했던가?

---

9) 『文選』에는 「班婕妤詠扇」이라고 되어 있다. 相和歌辭 楚調曲에 속한다.
10) '綾扇'(릉선) : 세견으로 만든 부채.
11) '素'(소) : 흰색의 생견.
12) '秦王女'(진왕녀) : 秦 穆公의 딸 弄玉을 가리킨다. 이 선집 서문의 주석을 참조할 것.
13) '煙霧'(연무) : 연기와 안개, 또는 안개와 구름. 여기에서는 신선 세계를 뜻한다.
14) '彩色'(채색) : 아름다운 색. 여기에서는 여인의 미색을 가리킨다.
15) 이상 두 구는 趙飛燕으로 인해 班婕妤에 대한 총애가 시들게 됨을 나타내고 있다.
16) '竊悲'(절비) : 몰래 혼자 슬퍼하다. '凉風'(량풍) : 서늘한 바람. 가을바람.
17) '玉階'(옥계) : 옥돌로 만든 계단으로, 궁중을 가리킨다.
18) '零落'(령락) : (초목이) 시들어 떨어지다. 여기에서는 버림받음을 뜻한다. '中路'(중로) : 도중.

## 170. 장 사공의 이별의 정

「張司空離情」[19]

秋月映簾櫳,[20]　　가을 달은 발이 드리워진 창문에 비치고
懸光入丹墀.[21]　　땅에 드리운 달빛 붉은 계단으로 들어오는데
佳人撫鳴琴,　　미인은 거문고 만지며 연주하면서
淸夜守空帷.　　맑은 밤 텅 빈 휘장 안을 지키고 있네
蘭徑少行迹,　　난초 자란 길에는 다닌 행적 드물고
玉臺生網絲.[22]　　경대에도 거미줄이 생기는데
夜樹發紅彩,[23]　　밤중의 나무는 붉은 색을 발하고
閨草含碧滋.[24]　　규방 앞의 풀 푸른빛을 함초롬히 머금었네
羅綺爲君整,　　비단옷을 당신 위해 매만져
萬里贈所思.　　만 리 밖의 그리운 님에게 드린다네
願垂湛露惠,[25]　　바라오니 짙은 이슬 같은 은혜 베푸시어
信我皎日期.[26]　　저에게 밝은 해 같은 약속 믿게 하소서

**해설** 이 작품은 원작과 마찬가지로 길을 떠나 돌아오지 않는 남편을 기다리는 여인의 심정을 서술한 시다. 가을이란 계절, 그리고 하늘에 걸린 달은 멀리 있는 그 사람을 더욱 그립게 한다. 다가올 추위를 어떻게 날까? 수만 리 떨어져 있는 그 사람도 지금쯤 나처럼 저 달을 보며 나를 생각하시겠지.

---

19) 張華의 「情詩」 5수(72~76)가 제2권에 수록되어 있다.
20) '簾櫳'(렴롱) : 발이 드리워진 창문.
21) '丹墀'(단지) : 붉은 색 계단.
22) '玉臺'(옥대) : 경대의 미칭. '網絲'(망사) : 거미줄.
23) '紅彩'(홍채) : 꽃을 가리킨다.
24) '碧滋'(벽자) : (초목이) 푸르며 윤택이 있다.
25) '垂'(수) : 베풀다. '湛露'(잠로) : 짙은 이슬.
26) '皎日期'(교일기) : 밝은 해를 두고 하는 맹세[언약].

## 171. 휴 스님의 이별에 대한 원망

「休上人怨別」[27]

| | |
|---|---|
| 西北秋風至, | 가을바람이 서북쪽에서 불어오니 |
| 楚客心悠哉.[28] | 초나라의 나그네 근심이 하염없네 |
| 日暮碧雲合,[29] | 날은 저물어 푸른 하늘에 구름이 모여들건만 |
| 佳人殊未來.[30] | 아름다운 그 사람만 유독 아직 아니 오시네 |
| 露彩方泛艶,[31] | 이슬방울은 달빛을 받아 한창 반짝이고 |
| 月華始徘徊.[32] | 달빛은 서성이기 시작하는데 |
| 寶書爲君掩,[33] | 진귀한 책도 당신을 위해 덮어 두었으며 |
| 瑤琴詎能開?[34] | 옥 거문고도 어찌 꺼내서 타겠는가 |
| 相思巫山渚,[35] | 무산의 모래톱을 그리워하고 |
| 悵望雲陽臺.[36] | 서글피 양대쪽을 바라보네 |
| 金爐絶沉燎,[37] | 금속 향로엔 타던 침향불 꺼진 지 오래 |

27) '上人'(상인) : 승려에 대한 존칭. '休上人'(휴상인) : 宋나라 때 승려였던 湯惠休(대략 464년 전후 재세)를 가리킨다. 沈約의 『宋書』에 의하면, "승려 惠休는 글을 잘 지었는데, 徐湛之가 그를 돈독하게 대해 주었으며, 世祖의 명으로 환속하였다. 본성은 湯이며, 벼슬이 揚州從事에까지 이르렀다(沙文惠休善屬文, 徐湛之與之甚厚, 世祖命使還俗. 本姓湯, 位至揚州從事)"라고 했다. 그의 시풍은 綺艶하며, 怨情을 노래한 작품이 많다. 『玉臺新詠』 권10에 '宋刻不收'의 작품으로 「楊花曲」 1수가 수록되어 있다.

28) '楚客'(초객) : 楚 지방을 떠돌아다니는 나그네. '心悠'(심유) : 그리운 마음이 깊고 끊임없는 것.

29) '碧雲'(벽운) : 푸른 하늘의 구름. '合'(합) : 모이다.

30) '佳人'(가인) : 아름다운 사람. 임이나 벗 모두 가능하다.

31) '露彩'(로채) : 이슬방울. '泛艶'(범염) : 이슬에 달빛이 비쳐 반짝이는 모습을 나타낸다.

32) '月華'(월화) : 달빛.

33) '寶書'(보서) : 진귀한 서적. 경전. 불경.

34) '瑤琴'(요금) : 옥으로 장식한 거문고. '詎'(거) : 어찌. 의문부사.

35) '巫山'(무산) : 宋玉의 「高唐賦」에 언급된 신녀가 사는 곳. 제4권 王融의 「古意」 其一(149)의 주석을 참조할 것. '渚'(저) : 모래톱.

36) '悵望'(창망) : 슬픈 심정으로 바라보다. '雲陽臺'(운양대) : 다른 책에는 '陽雲臺'라고 되어 있는데, 모두 巫山의 신녀가 사는 '陽臺'를 가리킨다.

37) '金爐'(금로) : 철제 향로. 어떤 책에는 '膏爐(향로)'라고 되어 있다. '沉燎'(침료) : 팔

綺席生浮埃.[38] 비단 자리엔 덮인 먼지 생긴다네
桂水日千里,[39] 계강은 하루에 천 리를 흐르니
因之平生懷. 그 물에다 평소의 그리움을 맡기려네

**해설** 이 작품은 집을 떠나 돌아오지 않는 남편을 기다리는 여인의 그리움을 서술한 시다. 내용으로 보아 나그네가 고향의 아내를 그리는 시, 또는 남자가 벗을 그리워하는 시로도 볼 수 있지만 원작의 내용을 감안할 때 규원시로 보는 것이 더 타당할 것이다. 달밤이 좋기는 하나 임 없는 달밤은 쓸쓸함만 더할 뿐, 독서도 음악도 다 의미가 없는 것이다. 더욱 향은 누굴 위해 피울 것이며 비단 자리도 누굴 위해 펼치겠는가? 다만 아득히 흐르는 저 강물에 이내 그리움을 흘려보내니, 임이여 그 강물 보거든 나의 그리움인 줄 알고 손이라도 담그소서.

## 구지(丘遲)

◇丘遲(464~508) : 자가 希範이며, 吳興 烏程(지금의 浙江省 吳興縣) 사람이다. 여덟 살 때 이미 글을 지을 수 있었으며, 아버지 丘靈鞠은 항상 "기골이 나와 비슷하다"라고 말했다. 처음에 太學博士가 되었다가 다시 殿中郞이 되었으며, 梁나라 때는 中書侍郞이 되어 吳興邑中正과 待詔文德殿까지 겸직하였

---

꽃나무과의 상록교목인 침향목으로 만든 침향을 태우는 불. 침향목을 벌채하여 땅속에 묻어서 樹脂가 없는 부분을 썩힌 다음 수지가 많이 들어 있는 부분만을 얻거나 나무의 상처에서 흘러나온 수지를 모아 침향을 만든다. 침향은 의복이나 불건에 향기를 스며들게 하고 또 이것을 태우면 향기를 낸다. 옛날부터 귀한 향의 하나로 애용되었다.

38) '浮埃'(부애) : 물체의 표면에 생기는 먼지.

39) '桂水'(계수) : 강 이름. 湖南省 경내를 흐른다.

다. 당시 武帝가 連珠詩를 지은 후 신하들에게 응대하는 시를 짓게 했는데, 10여 명의 신하들 중 그의 시가 가장 뛰어났다고 한다. 나중에 永嘉太守로 나갔다가 다시 中書郎으로 복귀하였으며, 다시 司徒從事中郎으로 옮겼다.

그의 글은 화려하고도 빼어나, 당시 鍾嶸은 그의 시에 대해 "서로 어울려 조화롭기가 마치 떨어진 꽃이 풀에 붙어 있듯 하다"라고 평했다. 문집 10권이 전해온다.

## 172. 유 복야의 '출정한 남편에 대한 원망'에 삼가 화답하다 「敬酬柳僕射征怨」[40]

| | |
|---|---|
| 淸歌自言姸, | 맑은 노래 스스로 아름답다고 하고 |
| 雅舞空僊僊.[41] | 우아한 춤 부질없이 하늘거리는데 |
| 耳中解明月,[42] | 귀에는 명월주 귀고리가 풀어지고 |
| 頭上落金鈿.[43] | 머리에는 꽃비녀가 떨어지네 |
| 雀飛且近遠,[44] | 참새는 아침이면 가까이로 멀리로 날지만 |
| 暮入綺窗前. | 날 저물면 비단창 앞으로 날아든다네 |
| 魚戱雖南北, | 물고기는 남으로 북으로 노닐지만 |
| 終還荷葉邊. | 끝내는 연잎 주위로 돌아온다네 |
| 惟見君行久,[45] | 오직 느끼는 건 그대 떠난 지 오래 되었다는 것 |

40) '敬酬'(경수) : 삼가 화답하다. '柳僕射'(류복야) : 柳惔을 가리킨다. 자가 文通이며, 河東 解 사람으로 尙書右僕射를 역임했다. 일설에는 柳世隆을 가리킨다고도 하는데, 그는 永明 원년에 尙書左僕射에 올랐다. '僕射' : 임금을 모시며 정책을 의논하던 관명으로, 秦나라 때 처음 설치되었으며, 漢 獻帝 때 左右僕射로 나뉘었다. '征怨'(정원) : 출정을 떠난 남편을 원망하다. 이 시는 雜曲歌辭에 속한다.

41) '僊僊'(선선) : 춤추는 모양. 가벼이 날리는 모양.

42) '明月'(명월) : '明月璫'과 같은 뜻으로 명월주 귀고리를 가리킨다. 이하 두 구는 여인이 남편을 기다리다 마침내 치장도 필요 없다고 느끼게 되었음을 의미한다.

43) '金鈿'(금전) : 꽃문양을 아로새긴 비녀.

44) '且'(차) : 『考異』는 '旦'자로 고쳤는데, 여기에서도 이를 따랐다.

45) '見'(견) : 느끼다. 알다.

新年非故年.[46]　　새해는 지난 해가 아니라네

**해설** 이 작품은 출정한 남편을 그리워하는 여인의 심경을 서술한 시다. 남편이 출정한 뒤 여인은 고운 목소리로 노래도 하고, 하늘거리며 춤도 춰 보지만 이내 그것이 아무 의미가 없음을 알게 된다. 멀리 또는 가까이, 남으로 또는 북으로 노닐던 저 새들과 물고기도 때가 되면 제자리를 찾아들건만 남편만이 돌아오지 않는다. 여인의 감각은 오직 남편이 떠난 지 오래되었다는 사실만을 감지할 뿐이다. 혹시 남편은 올해가 작년의 연장이라 생각하고 있는 것은 아닐까? 그래서 해가 바뀐지도 모르고 있는 것은 아닐까?

## 173. 서 시중의 '남을 대신해 그 아내에게 주다'에 화답하다 「答徐侍中爲人贈婦」[47]

丈夫吐然諾,[48]　　남편은 천금 같은 승낙의 말을 뱉고는
受命本遺家.　　명령 받고서 일찌감치 집을 내팽개쳤다네
糟糠且棄置,　　조강지처가 버림을 받았으니
蓬首亂如麻.[49]　　그녀의 쑥대머리는 난마처럼 엉클어져 있네
側聞洛陽客,　　들리는 소문에 남편은 낙양의 빈객이 되어
金蓋翼高車.[50]　　황금빛 지붕을 높은 수레에 날개처럼 달았으며

46) 이 구는 남편이 떠난 후 해가 바뀌었음을 뜻한다.
47) '徐侍中'(서시중): 徐勉(476~535)을 가리킨다. 자가 修仁이며, 東海 郯 사람으로, 梁나라 때 中書侍郎·侍中 등을 역임했다.
48) '然諾'(연낙): 허락. 승낙. 말에 신용이 있음을 의미하기도 한다.
49) '蓬首'(봉수): 쑥대머리. 쑥대처럼 어지럽게 엉클어져 있는 머리카락. '亂如麻'(란여마): 뒤얽힌 삼처럼 어지럽다.
50) '金蓋'(금개): 금으로 꾸며진 수레 지붕. '翼'(익): 날개 모양을 하고 있다. 또는 나는 듯이 빠르다.

謁帝時來下,51)　임금님 배알할 때 수레에서 내리는데
光景不可奢.52)　그 모습 그렇게 호사스러울 수 없다 하네
幽房一洞啓,53)　깊고 어두운 방 일단 활짝 열리니
二八盡芳華.　열여덟 미인은 모두 다 향기로운 꽃이라네
羅裾有長短,　얇은 비단 옷자락은 길기도 하고 짧기도 하며
翠鬢無低斜.54)　비취색 살쩍은 빠져들지 않을 수가 없다네
長眉橫玉臉,　긴 눈썹은 옥 같은 얼굴 가로질러 있고
皓腕卷輕紗.55)　하얀 팔목엔 가벼운 비단이 감겨 있다네
俱看依井蝶,　모두 우물에 기대어 나비 구경하고
共取落簷花.　함께 처마 아래 떨어지는 꽃을 줍는다네
何言征戌苦?　어찌 수자리의 고통 말하랴
抱膝空咨嗟.　무릎 껴안고 부질없이 탄식할 뿐

**해설** 이 작품은 서울로 벼슬하러 떠난 남편에게 버림받은 여인의 비참한 심경을 서술한 시다. 본래 원작은 지금 남아 있지 않지만 제목만으로 볼 때 벼슬하러 떠난 남편이 집에 남아 있는 아내에게 주는 시였을 것이라고 추측된다. 하지만 이 작품은 아내의 시점에서 서술되고 있다. 남편은 나라를 위한 충정에 어명을 받들고 서울로 떠난다. 남편에겐 영광이요, 나라 위한 길이겠지만 조강지처 아내에겐 버림받음 외의 다른 의미가 없다. 남편이 벼슬아치가 되었으나 조강지처의 삶엔 변화가 없다. 아니 이전보다 살림은 더욱 궁핍해지고 몰골도 더욱 초췌해져 간다. 그 삶의 모습을 단 한 구 '쑥대머리는 난마처럼 엉클어져 있네'라고

51) '來下'(래하) : 내려오다. '下來'와 같다.
52) '奢'(사) : 호사스럽다. 아름답다. 자랑스럽다.
53) '幽房'(유방) : 깊고 어두운 방. '洞啓'(동계) : 활짝 열리다.
54) '翠鬢'(취빈) : 검고 윤기나는 살쩍. '鬢' : 살쩍. 관자놀이와 귀 사이에 난 털. '低斜'(저사) : 기울다. 빠져들다. 끌리다.
55) '紗'(사) : 가볍고 결이 고운 비단.

표현하였다. 이후 시의 대부분은 서울에서 벼슬을 하는 남편의 호화로운 생활 묘사에 할애되고 있다. 그 호화로움에 대한 묘사가 지극할수록 아내의 궁핍함은 대조적으로 부각된다. 끝으로 자기도 남들처럼 남편이 차라리 수자리라도 떠났으면 하는 극단의 바람을 나타내었다. '糟糠之妻不下堂'이란 격언은 어쩌면 동서고금에 두루 통하는 진리이리라.

## 심약(沈約)

◇沈約(441~513) : 자가 休文이며, 吳興 武康(지금의 浙江省 德淸縣) 사람이다. 宋・齊・梁 등 세 조대에 걸쳐 벼슬하였으며, 齊梁대 문단의 영수였다. 어려서 아버지를 여의고 가난하게 살았지만 독실한 의지로 배우기를 좋아해 주야로 게을리 하지 않았다. 너무 공부만 해 병이 날까 하는 걱정에 어머니가 등잔불 기름을 줄이자, 낮에는 책을 읽고, 밤에는 낮에 읽은 것을 외우면서 열심히 공부하여 마침내 온갖 서적에 능통하였으며 문장을 잘 짓게 되었다. 그는 왼쪽 눈이 겹눈동자였으며, 남달리 총명하였다.

蔡興宗이 그가 재주가 뛰어나다는 소문을 듣고 그를 칭찬하면서 參軍 및 記室에 임명하였는데, 자기의 여러 아들에게 "沈記室은 인륜의 사표이니 마땅히 그를 잘 본받아야 한다"라고 했다. 조정으로 들어와 尙書度支郞이 되었으며, 齊나라 때는 文惠太子를 위해 문서를 관장하였고, 四部의 도서를 교열하였다. 文惠太子에게 총애를 받아, 太子家令・司徒右長史・黃門侍郞・東陽太守・國子祭酒・司徒左長史・南淸河太守 등의 벼슬을 역임하였다. 竟陵王 蕭子良이 학사들을 초빙하였는데, 그 역시 蕭琛・王融・謝朓・范雲・蕭衍・任昉 등과 함께 그의 문하에 들어갔다. 당시 사람들은 그들을 '竟陵八友'라고 하였는데, 그 중 謝朓와 王融은 齊나라 때 피해를 입었으나 나머지 사람들은 모두 梁나라 때까지 활동하였다. 范雲 등과 함께 蕭衍을 도와 梁나라의 제업을 이루게 하여 尙書僕射가 되었다. 나중에 建昌縣侯에 봉해지고, 다시 尙書令과 太子

少傅에 천거되었으며, 스스로 재상 자리에 오래 있었다고 생각하고, 三公이 되고자 하였으나 武帝가 끝내 허락하지 않았다. 이에 외직으로 나가고자 했지만 이마저도 허락되지 않자, 徐勉에게 편지를 써서 자신의 뜻을 호소하였다. 얼마 후 죽었으며, 시호는 '隱'이었는데, 사람들은 그를 '沈隱侯'라고도 불렀다.

그의 생활은 검소하였으며, 술을 마시지 않았고 기호도 적었다. 대신에 서적을 애호하여 만년에 모은 책이 2만 권에 달해 비교될 사람이 없었다고 한다. 아울러 그는 多産 작가 중의 한 사람으로, 『晋書』 110권, 『宋書』 100권, 『齊紀』 20권, 『高祖紀』 14권, 『邇言』 10권, 『謚例』 10권, 『宋文章志』 30권 및 문집 백 권, 소설류에 속하는 『俗說』 3권 등을 지었다고 한다. 또한 그는 『四聲譜』를 지었으며, '四聲八病說'을 창시하였다. 詩體 또한 날로 엄정해져 古詩와 상대적인 律詩라는 체제를 형성하였으며, 齊나라 永明 연간에 謝朓·王融 등과 함께 永明體 작가로도 불린다. 현존하는 작품은 단지 『宋書』와 明나라 사람의 輯本인 『沈隱侯集』뿐이다.

## 174. 높은 곳에 올라서 봄빛을 바라보다

「登高望春」

登高眺京洛,[56] 높은 곳에 올라 낙양을 바라보니
街巷紛漠漠.[57] 거리가 어지럽게 가득 흩어져 있고
回首望長安, 고개 돌려 장안을 바라보니
城闕鬱盤桓.[58] 궁궐들은 빽빽이 넓고도 크네
日出照鈿黛, 해가 떠서 비녀와 눈썹화장을 비추고
風過動羅紈. 바람이 지나가며 얇은 비단옷을 흔드네
齊僮躡朱履,[59] 제나라 동자는 붉은 신발을 신고

56) '京洛'(경락): 洛陽. 東周와 東漢의 수도였다.
57) '漠漠'(막막): 가득히 흩어져 있는 모양.
58) '城闕'(성궐): 궁궐. '盤桓'(반환): 넓고 큰 모양.
59) '躡'(섭): 신다. '朱履'(주리): 붉은 색 가죽신. 신분이 높은 사람이 신었다.

趙女揚翠翰.[60]　　조나라 여인은 비취새 깃털 수식을 드날리네
春風搖雜樹,　　봄바람이 잡목을 흔드는데
葳蕤綠且丹.[61]　　우거진 초목은 푸르고도 붉다네
寶瑟玫瑰柱,[62]　　보석 비파에 붉은 매괴옥 기러기발
金羈瑇瑁鞍.[63]　　금빛 재갈에다 대모 수식 안장
淹留宿下蔡,[64]　　하채 땅 귀공자를 붙잡아 묵게 하고
置酒過上蘭.[65]　　술잔치 베풀며 상란관에 들르네
解眉還復斂,　　미간을 폈다가 다시 찌푸려보는데
方知巧笑難.　　정작 애교어린 미소는 어려운 줄 안다네
佳期空靡靡,[66]　　아름다운 언약도 부질없이 더딘데
含睇未成歡.[67]　　눈길을 보내지만 아직 사랑을 이루지는 못하네
嘉客不可見,　　훌륭한 손님은 뵐 수가 없으니
因君寄長歎.　　당신 때문에 긴 탄식을 전한다네

**해설** 이 작품은 봄날에 높은 곳에 올라가 바라본 서울의 모습을 상상을 통해 서술한 시다. 구체적으로 번화한 도시 속에 선남선녀들이 오고가는데, 작품 속의 여주인공은 춘정을 품고 귀공자의 사랑을 구하지만 이룰 수 없어 탄식만 깊다고 했다.

---

60) '翠翰'(취한) : 비취새의 깃으로 만든 首飾의 일종.
61) '葳蕤'(위유) : 초목이 무성한 모양. '綠且丹'(록차단) : 푸른 잎과 붉은 꽃을 가리킨다.
62) '寶瑟'(보슬) : 비파에 대한 미칭. '玫瑰'(매괴) : 중국산 붉은 색의 옥.
63) '金羈'(금기) : 황금으로 꾸민 말의 재갈. '瑇瑁'(대모) : 바다거북. 등딱지는 무늬가 있고 딱딱하여 장식용으로 이용된다.
64) '淹留'(엄류) : 체류하다. 오래 머물다. '下蔡'(하채) : 지명. 지금의 安徽省 鳳臺縣. 이 지역은 '陽城'과 함께 옛날 楚나라 귀공자들의 봉읍지로, 귀인 또는 미인의 지역이란 뜻으로 쓰였다.
65) '置酒'(치주) : 주연을 베풀다. '過'(과) : 들르다. '上蘭'(상란) : 長安 서쪽에 있던 누각 이름. 漢나라 때 上林苑 안에 上蘭觀이 있었다고 한다.
66) '靡靡'(미미) : 느린[더딘] 모양.
67) '含睇'(함제) : 사랑스런 눈길로 보다. '成歡'(성환) : 남녀 간의 즐거운 만남.

## 175. 왕소군

「昭君辭」[68]

| | |
|---|---|
| 朝發披香殿,[69] | 아침에 피향전을 출발해 |
| 夕濟汾陰河.[70] | 저녁에 분수강을 건너네 |
| 於玆懷九逝,[71] | 이곳에서 마음은 아홉 번이나 고향으로 가고 |
| 自此斂雙蛾.[72] | 이때부터 아름다운 두 눈썹도 찌푸려지네 |
| 沾妝疑湛露,[73] | 화장한 얼굴을 적시는 눈물은 짙은 이슬인가 하며 |
| 繞臆狀流波.[74] | 끝없이 이어지는 생각은 흐르는 물결 같네 |
| 日見奔沙起,[75] | 날마다 세차게 황사 날리는 것 보이고 |
| 稍覺轉蓬多. | 이리저리 날리는 쑥대가 많아짐을 조금씩 느낀다네 |
| 胡風犯肌骨, | 흉노 땅에서 불어오는 삭풍은 살과 뼈에 스며들어 |
| 非直傷綺羅.[76] | 더욱이 얇은 비단옷 속 몸을 아프게 하네 |
| 銜涕試南望, | 눈물 머금은 채 남쪽을 바라보기도 하지만 |
| 關山鬱嵯峨.[77] | 관문과 산들은 빽빽이 높기만 하네 |
| 始作陽春曲, | 처음에는 양춘곡을 불렀지만 |
| 終成苦寒歌.[78] | 결국에는 고한행을 부르게 된다네 |

---

68) 『文苑英華』에는 「昭君怨」이라고 되어 있다. 相和歌辭 吟歎曲에 속한다.

69) '披香殿'(피향전) : 漢나라 후궁의 궁전 이름.

70) '汾陰'(분음) : 지명. 지금의 山西省 萬榮縣이다. '汾陰河'(분음하) : 汾水를 가리킨다.

71) '九'(구) : 많이. 자주. '逝'(서) : 가다. 여기에서는 고향에 가다는 뜻으로 쓰였다. 『楚辭』 「九章」 「抽思」의 "혼백은 하룻밤에도 아홉 번이나 다녀간다네(魂一夕而九逝)"라는 구에서 왔다.

72) '斂'(렴) : 움츠리다. '雙蛾'(쌍아) : 아름다운 두 눈썹. 미인의 눈썹이 누에나방의 더듬이처럼 길게 굽어져 있다는 뜻에서 온 말이다.

73) '沾妝'(점장) : 화장한 얼굴을 적시다. '湛露'(잠로) : 짙은 이슬.

74) '繞臆'(요억) : 가슴을 휘돌다. 끊임없이 이어지는 생각.

75) '奔沙'(분사) : 세차게 날리는 황사.

76) '非直'(비직) : 뿐만 아니라. 게다가.

77) '嵯峨'(차아) : 산이 높이 솟은 모습을 나타낸다.

78) '苦寒歌'(고한가) : 漢 樂府인 「苦寒行」을 가리킨다. 앞 구의 「陽春曲」은 즐거움을

惟有三五夜, 희망은 오직 삼오야 보름밤에
明月暫經過.[79] 밝은 달이 하늘을 잠시 지날 때뿐이라네

**해설** 이 작품은 漢 元帝 때 정략에 의해 匈奴의 單于에게 시집 간 후비 王昭君의 비극을 노래한 시다. 다른 작품들과 달리 출발에서부터 匈奴 땅에 이르기까지의 여정을 근간으로 삼아 그 사이의 경물과 심정을 노래하고 있다. 고국에서 멀어져 목적지에 가까워질수록 기후와 경물은 변하고, 그에 따라 설움과 비통함은 더욱 커져간다. 억지로라도 경쾌한 음악을 연주해보지만 그럴수록 절망은 더욱 크게 자라난다. 어찌 하랴. 달이라도 밝은 밤이면 그 달을 보며 그리움을 전하는 수밖에. 이 시의 특징은 구성과 묘사가 정밀하다는 데 있다. 이는 齊梁 시단 전체의 흐름이기도 하다.

## 176. 어린 신부를 위한 노래

「少年新婚爲之詠」[80]

山陰柳家女,[81] 산음현 유씨의 딸
莫言出田墅.[82] 농가 출신이라 말하지 마라
丰容好姿顔,[83] 예쁜 용모 아리따운 얼굴에
便辟工言語.[84] 듣기 좋은 뛰어난 말씨까지

---

노래하는 음악으로, 이 곡은 고통을 노래하는 음악으로 비유하고 있다.

79) 이상 마지막 두 구는 보름달이 떴을 때 달을 보며 고국에 대한 그리움을 전할 수 있을 뿐이라는 뜻이다.

80) '少年'(소년) : 나이가 젊다. 젊은 여인.

81) '山陰'(산음) : 지명. 지금의 절강성에 있었다.

82) '田墅'(전서) : 농가. '墅' : 시골의 농막.

83) '丰容'(봉용) : 예쁜 용모.

84) '便辟'(편벽) : 남의 기분에 맞춰 말하다. 듣기 좋게 말하다.

腰肢旣軟弱, 연약한 허리와 팔다리에
衣服亦華楚.[85] 옷도 아름답고 정갈한데
紅輪映早寒,[86] 빨간 망토는 이른 추위에 빛을 발하고
畫扇迎初暑. 그림 부채는 초여름을 맞이한다네
錦履並花紋, 비단신발에는 나란한 한 쌍의 꽃무늬
繡帶同心苣.[87] 수놓인 허리띠엔 동심결 무늬
羅襦金薄厠,[88] 능라 저고리엔 금박이 섞여 있고
雲鬢花釵擧.[89] 구름 같은 살쩍엔 꽃비녀가 질러져 있다네

我情已鬱紆,[90] 내 마음은 벌써 근심이 휘감고 있는데
何用表崎嶇?[91] 무엇으로 뒤엉킨 이 마음을 표현할까
託意眉間黛, 미간의 눈썹화장에 뜻을 맡기고
申心口上朱. 입가에 칠한 연지에 마음을 펼친다네
莫爭三春價, 석 달 봄과 우열을 다투지 마라
坐喪千金軀.[92] 공연히 천금 같은 몸만 소모할 뿐
盈尺靑銅鏡,[93] 한 자 넘는 청동 거울
徑寸合浦珠.[94] 한 치 직경의 합포산 진주
無因達往意, 그대 향한 이 마음 전할 길 없으니
欲寄雙飛鳧.[95] 하늘 나는 한 쌍의 청둥오리에게라도 부쳐볼까

---

85) '華楚'(화초): 아름답고 깨끗하다.
86) '紅輪'(홍륜): '紅綸'과 같다. 어깨에 두르는 붉은 수건. 숄. 어깨걸이.
87) '同心苣'(동심거): 연쇄적인 횃불[불꽃] 무늬. 부부의 견고한 애정을 상징한다.
88) '厠'(측): 섞이다. 섞여 있다.
89) '擧'(거): 비녀가 머리카락에 의해 들려 있는 것처럼 보인다는 의미다.
90) '鬱紆'(울우): 근심스런 생각이 휘감다.
91) '崎嶇'(기구): 감정이 뒤얽혀 있는 모양.
92) '坐'(좌): 공연히. 이상 두 구는 뜻이 애매하다.
93) '盈尺'(영척): 한 자가 넘다.
94) '合浦'(합포): 옛날의 郡 이름. 지금의 廣西壯族自治區의 合浦縣 동북쪽에 해당하며, 진주의 생산지로 유명했다. '合浦珠'(합포주): 合浦産 진주.

裾開見玉趾,[96] 치맛자락 사이로 옥 같은 발이 보이고
衫薄映凝膚.[97] 얇은 적삼 위로 매끈한 살결 비치는데
羞言趙飛燕,[98] 조비연이라고 불리는 것도 수치로 여기고
笑殺秦羅敷.[99] 진라부조차 콧방귀 뀔 정도라네

自顧雖悴薄,[100] 나 자신 생각하면 미천하지만
冠蓋曜城隅.[101] 관복과 수레가 성 모퉁이를 비추며
高門列騶駕,[102] 높은 대문 앞엔 귀한 수레들이 즐비하고
廣路從驪駒.[103] 넓은 길에서 가라말을 따르게 하니
何慚鹿盧劍,[104] 어찌 녹노검에 부끄러울 것이며
詎減府中趨?[105] 어찌 관청 안의 양반걸음에 빠지랴
還家問鄉里, 집으로 돌아와 마을 사람들에게 묻는다네
詎堪持作夫?[106] 그 누가 내 남편감이 되겠소

**해설** 이 작품은 제1권의 「日出東南隅行」(9)을 모방하여 신부의 아름다움을 노래한 시다. 단락은 원작과 비교하기 쉽게 임의로 나눈

95) '鳧'(부) : 물오리. 청둥오리.
96) '裾'(거) : 옷자락. '趾'(지) : 발.
97) '凝膚'(응부) : 매끄러운 피부.
98) '趙飛燕'(조비연) : 漢 成帝 때의 후비.
99) '殺'(살) : 형용사 뒤에 쓰여 정도가 심함을 나타내는 말. '秦羅敷'(진라부) : 제1권의 古樂府 「日出東南隅行」(9)의 여주인공 이름. 미인의 대명사.
100) '悴薄'(췌박) : 미천하다.
101) '冠蓋'(관개) : 관과 수레 지붕. 관리의 복식과 수레를 뜻한다.
102) '騶駕'(추가) : 임금의 수레.
103) '驪駒'(려구) : 가라말. 털빛이 검고 체구가 작은 말.
104) '鹿盧劍'(녹노검) : 자루에 옥으로 도르래 모양을 새긴 칼.
105) '府中趨'(부중추) : 관청 안에서 걷는 빠른 걸음. 이상 두 구는 자신이 「日出東南隅行」(9)에서 秦羅敷가 자랑하는 남편과 비교해도 손색이 없다는 말이다.
106) '詎'(거) : 어찌. 『考異』는 '誰'자의 잘못이라고 하였다. '持'(지) : '以'자와 같은 뜻으로 쓰였다.

것이다. 제목으로 보아 신부의 나이는 보통 사람들보다 더 어렸을 것으로 추측된다. 비록 가난한 농부의 딸이지만 외모와 복식은 어느 미인 못잖다. 아울러 趙飛燕과 秦羅敷조차 우습게 여길 정도라는 부분에서는 민가의 과장법을 엿볼 수 있다. 마지막 단락에서 자신은 비록 미천한 출신이지만 자기 남편만은 옛날 秦羅敷가 자랑하던 남자에 손색없는 남자이기를 바라는 마음을 나타내고 있다. 이 작품의 미인에 대한 묘사의 특징은 한결같이 미모에 대한 칭송이지 미덕에 관한 언급은 없다는 점이다. 아마도 당시의 유미주의적인 시대사조를 반영한 것이리라.

## 잡다한 곡조(雜曲) 3수

### 177. 손잡고

「攜手曲」[107)]

| | |
|---|---|
| 舍轡下雕輅,[108)] | 고삐 놓고 무늬 아로새겨진 수레에서 내려 |
| 更衣奉玉牀.[109)] | 옷 갈아입는 시중들다가 옥 침상의 임금을 모신다네 |
| 斜簪映秋水, | 비스듬히 기운 비녀 가을 물에 비치고 |
| 開鏡比春妝.[110)] | 경대 열고 거울 보며 봄 화장을 한다네 |
| 所畏紅顔促, | 두려운 것은 붉은 얼굴 빨리 늙어 |

107) 雜曲歌辭에 속한다. 郭茂倩은 "「攜手曲」은 梁나라 때 沈約이 지은 것이다(攜手曲, 梁沈約所制也)"라고 했다.

108) '轡'(비) : 고삐. '輅'(로) : 큰 수레. 임금의 수레.

109) '更衣'(경의) : 옷을 갈아입다. 옷을 갈아입고 쉬는 곳. '玉牀'(옥상) : 옥 침대 또는 옥으로 꾸민 침대. 이 구는 漢 武帝의 후비 衛子夫가 武帝의 옷 갈아입는 시중을 들다가 총애를 받았다는 고사에서 왔다.

110) '比'(비) : 맞다. 같다. '春妝'(춘장) : 봄 화장.

君恩不可長. 임금의 은총 오래갈 수 없다는 것
鵔冠且容裔,[111] 준관조차 바람에 흔들리게 마련인데
豈吝桂枝亡.[112] 어찌 계수나무가지 수식 없어짐을 아까워하랴

**해설** 이 작품은 총애를 받고 있는 후비의 근심을 서술한 시다. 비록 지금은 더없는 은총을 받고 있지만 지난 날 예를 통해 볼 때 나이가 들고 용모가 시들면 버림받을 게 뻔하다는 생각이 미치자 기쁨은 그만 근심으로 변한다. 게다가 총애를 받는 신하들조차 언제 물러나게 될지 모르는 판에 후궁의 총애가 영원하기를 바라는 것은 이치에 맞지 않다고 생각하니 더욱 슬퍼지는 것이다.

## 178. 그리운 사람이여

「有所思」[113]

西征登隴首,[114] 서쪽으로 출정하여 농산 꼭대기에 오르는데
東望不見家. 동쪽으로 바라봐도 우리 집은 보이지 않네
關樹抽紫葉, 관문의 나무 보라색 잎이 나고
塞草發青芽. 변경의 풀은 푸른빛 싹이 트니
昆明當欲滿,[115] 곤명호에 물 가득해져 가겠고

---

111) '鵔'(준) : 金鷄. 꿩과에 속하는 새. 날개 길이는 수컷이 약 20cm, 암컷이 약 18cm이다. 빛깔이나 모양·크기가 꿩과 비슷하다. 수컷의 꽁지는 매우 길어 60cm에 이른다. '鵔冠'(준관) : 金鷄의 깃으로 장식한 冠. 漢 惠帝 때 郎과 侍中들이 모두 이 관을 썼다. '容裔'(용예) : 바람에 흔들리는 모양.

112) '桂枝'(계지) : 옛날 여인들의 首飾의 일종. 이상 두 구는 벼슬아치도 자리를 영구히 지키기 어려운데 하물며 후비들에 대한 총애는 말해 무엇하겠는가라는 뜻이다.

113) 鼓吹曲辭 漢鐃歌十八首에 속한다.

114) '隴'(롱) : 산 이름. 지금의 陝西省 隴縣과 甘肅省 平涼 일대에 걸쳐 있다.

115) '昆明'(곤명) : 연못 이름. 漢 武帝 때 長安 근교에 팠다.

葡萄應作花. 포도도 때맞춰 꽃을 피우리라
流淚對漢使,[116] 눈물 흘리며 한나라 사신에게 부탁하여
因書寄狹斜.[117] 편지 써서 장안 골목으로 부친다네

**해설** 이 작품은 변경으로 출정한 남자의 고향에 대한 그리움을 서술한 시다. 당시 대개의 작품이 집에 남아 있는 여성의 시점에서 지어졌음을 감안할 때 이 작품은 그 참신성이 돋보인다. 지금도 마찬가지이리라. 전방에서 군 복무를 하다보면 계절이 바뀔 때마다 고향 생각은 더욱 북받치게 마련이다. 어쨌든 이 작품은 唐代 邊塞詩의 선구라고 할 수 있다.

## 179. 밤이면 밤마다

「夜夜曲」[118]

河漢縱且橫,[119] 은하수도 세로에서 가로로 바뀌고
北斗橫復直.[120] 북두칠성도 가로에서 수직으로 변했네
星漢空如此,[121] 별자리는 부질없이 이러한데
寧知心有憶.[122] 내 맘속의 그리움 어찌 알리오
孤燈曖不明, 외로운 등잔불은 따뜻하지만 밝지 않은데

116) '漢使'(한사): 변경으로 온 본국의 사신.
117) '狹斜'(협사): 좁은 골목. 일설에는 골목 이름으로 보기도 한다.
118) 雜曲歌辭에 속한다. 郭茂倩은 "「夜夜曲」은 梁나라 때 沈約이 지은 것이다(夜夜曲, 梁沈約所制也)"라고 했다.
119) '河漢'(하한): 은하수.
120) '北斗'(북두): 북두칠성. 이상 두 구는 시간이 지나 별자리가 이동함을 뜻한다.
121) '星漢'(성한): 은하수. 여기에서는 앞 두 구에 나오는 은하수와 북두칠성을 함께 일컫는다.
122) '憶'(억): 생각하다. 그리워하다.

寒機曉猶織. 차가운 베틀에서 새벽까지 베를 짜네
零淚向誰道, 흐르는 눈물 누구에게 하소연하나
雞鳴徒歎息. 닭이 우니 공연히 탄식만 나오네

해설 이 작품은 사랑하는 사람을 생각하며 잠 못 이루는 여인의 심정을 묘사한 시다. 형식적인 면에서 '一韻到底'의 압운과 대구 등으로 볼 때 거의 율시에 근접한 시라고 할 수 있다. 내용에 따라 전후반으로 구분되는데, 전반 네 구는 처소 밖 하늘에 대한 묘사이며, 그것을 통해 밤 시간의 흐름을 이야기하고 있다. 후반 네 구는 처소 안으로 시선을 옮겨 여인의 심경에 더욱 가깝게 접근하여 감정을 고조시킨다. 낮 동안 사람들 틈에 섞여 잠시 잊었다가도 밤이 되어 혼자가 되면 다시 생각나는 그 사람. 밤이면 밤마다 이런 상황이 지속될진대 그녀의 몸은 필경 어떻게 될까? '외로운 밤이면 밤마다 님 모습 떠올리긴 싫어, 희미한 전등불 밑에서 내 모습 초라한 것 같아. 싫어, 정답게 지저귀는 저 새들 내 맘 알까, 몰라…….'

## 잡다한 노래(雜詠) 5수

### 180. 봄

「春詠」[123]

楊柳亂如絲,[124] 버들가지는 실처럼 어지러이 날리고
綺羅不自持.[125] 고운 비단옷자락도 바람에 일렁이며

123) 어떤 판본에는 「春思」라고 되어 있다.
124) '楊柳'(양류) : 수양버들과 버드나무를 함께 일컫는 말이지만, 대개 버드나무에 대한 총칭으로 쓰인다.

春草青復綠,[126]　　누렇던 풀은 봄이 되자 다시 파래지는데
客心傷此時.　　나그네 마음은 이 시절을 아파하네
青苔已結洧,[127]　　푸른 이끼는 벌써 유수 가에 맺히고
碧水復盈淇.[128]　　파란 물은 다시 기수에 가득하며
日華照趙瑟,[129]　　햇빛은 조나라 여인의 비파를 비추고
風色動燕姬.[130]　　바람은 연나라 여인의 마음을 움직이는데
衿中萬行淚,　　옷깃에 떨어지는 만 갈래 눈물은
故是一相思.　　오로지 그리움 때문일지니

**해설** 이 작품은 객지를 떠도는 남자의 고향에 대한 그리움을 묘사한 시다. 봄이 되자 무채색 자연은 다시금 푸름으로 진동하며 만물이 약동하건만 고향을 떠난 나그네 마음은 여전히 눈 속에 갇혀 있다. 얼굴을 타고 흐르는 그이의 눈물 속엔 그리움이 녹아 어쩌면 쓴 맛이 날지도 모르겠다.

## 181. 복숭아나무

「詠桃」

風來吹葉動,　　바람 불어오니 잎사귀가 흔들리고
風去畏花傷.　　바람 지나가니 꽃 다칠까 걱정이다
紅英已照灼,[131]　　붉은 꽃은 이미 찬란히 빛나고

---

125) ‘自持’(자지) : 스스로를 지키다.
126) ‘青’(청) : 『考異』에 따라 ‘黄’자로 해석하였다.
127) ‘洧’(유) : 강 이름. 河南省 경내를 흐른다. 지금의 雙洎河.
128) ‘淇’(기) : 강 이름. 河南省 북부를 흐르며, 黃河의 지류 중 하나이다.
129) ‘日華’(일화) : 햇빛.
130) ‘風色’(풍색) : 바람.
131) ‘照灼’(조작) : 찬란하게 빛나다.

況復含日光. 게다가 햇빛을 머금으니 어떠하랴
歌童暗理曲, 노래하는 아이 어두워지자 노래를 연습하고
游女夜縫裳. 밖에 나가 놀던 여인 밤이 되자 옷을 깁는다
詎減當春淚, 어찌 줄겠는가 봄 맞아 흘리는 눈물이
能斷思人腸. 시름겨운 사람의 애간장도 끊을 수 있으리

**해설** 이 작품은 복숭아나무 묘사를 통해 봄밤에 그리움에 젖어 눈물 흘리는 여인의 심경을 서술한 시다. 임에 대한 그리움은 여느 땐들 없지 않으나, 유독 복사꽃 활짝 피는 봄이 되면 더욱 짙어진다. 그리하여 흐르는 눈물은 양도 많을뿐더러 비통한 심정이 녹아들어 애간장을 끊는다.

## 182. 달

「詠月」[132]

月華臨靜夜, 달빛이 고요한 밤을 비추며
夜靜滅氛埃.[133] 밤 고요함은 먼지를 없애네
方暉竟戶入,[134] 네모난 달빛이 창문 가득 들어오고
圓影隙中來.[135] 둥근 달그림자는 벽 틈 속에서 나오네
高樓切思婦,[136] 높은 누각엔 절박한 심정의 시름에 젖은 여인
西園遊上才.[137] 서원에는 훌륭한 인재들이 논다네

---

132) 『文選』에는 「應王中丞思遠詠月」이란 제목으로 실려 있다.
133) '氛埃'(분애) : 먼지.
134) '方暉'(방휘) : 사각형 달빛. 달빛이 네모난 창을 통해 들어오기 때문에 하는 말. '竟'(경) : 두루. 가득. 전부.
135) '圓影'(원영) : 둥근 달빛. 달빛이 벽의 둥근 틈 사이로 비치기 때문에 일컫는 말. '隙'(극) : 벽 사이의 틈.
136) '切'(절) : 절박하다. 가혹하다.

網軒映珠綴,138)　그물눈 같은 격자 창문엔 붉은 장식 비치고
應門照綠苔.139)　대문에는 푸른 이끼가 비치네
洞房殊未曉,140)　깊은 규방은 아직 채 밝지 않았으며
淸光信悠哉.141)　맑은 달빛은 참으로 하염없네

**해설** 이 작품은 달밤의 경물을 묘사하면서 은연중 깊은 규방 여인의 시름을 노래한 시다. 깊은 규방을 홀로 지키며 휘영청 밝은 달을 하염없이 바라보는 저 여인의 간절한 그리움은 누굴 향한 것인가?

## 183. 버드나무

「詠柳」

輕陰拂建章,142)　가벼운 그늘은 건장궁에 흔들리며
夾道連未央.143)　길을 끼고 미앙궁으로 이어져 있네
因風結復解,　바람을 맞으니 엉켰다가 다시 풀리고
霑露柔且長.　이슬에 젖으니 부드럽고도 길다네
楚妃思欲絶,144)　초나라 왕비의 그리움은 끊어지려 하고

137) '西園'(서원) : 漢 上林苑의 별칭. '上才'(상재) : 재능이 출중한 인재.
138) '網軒'(망헌) : 그물 문양의 조각, 즉 격자로 장식한 창문. '珠綴'(주철) : 진주를 엮어 만든 장식물. 『文選』 李善의 注에는 가장자리의 붉은 색 장식이란 뜻인 '朱綴'의 잘못으로 보았다.
139) '應門'(응문) : 왕궁의 정문. 일반적인 대문을 가리키는 말로 쓰였다.
140) '洞房'(동방) : 집안 깊숙한 곳의 규방. '殊'(수) : 오히려. 아직.
141) '悠'(유) : 悠長하다. 길다.
142) '拂'(불) : 흔들리다. '建章'(건장) : 궁전 이름. 漢 武帝 太初 원년(B.C.104)에 건립되었으며, 지금의 陝西省 長安縣 서쪽에 있었다.
143) '夾道'(협도) : 길 양쪽. '未央'(미앙) : 궁전 이름. 漢 高祖 7년(B.C.200), 蕭何의 주관으로 건립되었으며, 지금의 陝西省 西安市 서북쪽에 있었다.
144) '楚妃'(초비) : 楚나라 왕비. 글에 따라 가리키는 사람이 다른데, 여기에서는 楚 文王의 부인인 息嬀를 가리킨다. 楚 文王이 息을 친 후, 息嬀를 아내로 맞아 아들까지 낳

班女淚成行.[145]　　반첩여의 눈물도 줄을 지어 흐르네
遊人未應去,[146]　　나그네는 일찍이 길 떠나지 못하고
爲此還故鄕.　　이 놈의 버드나무 때문에 고향으로 돌아가네

**해설** 이 작품은 버드나무에 대한 묘사를 통해 이별과 그리움을 노래한 시다. 버드나무를 뜻하는 한자인 '柳'자는 떠나는 사람을 붙잡는다는 뜻인 '留'자와 발음이 같은 관계로 쌍관어로 곧잘 쓰이던 글자이다. 그래서 떠나는 사람에게 백 마디 말 대신 버들가지 한 가지를 꺾어 주면서 석별의 아쉬움을 나타냈던 것이다.

## 184. 지

「詠篪」[147]

江南簫管地,[148]　　강남은 관악기의 산지
妙響發孫枝.[149]　　오묘한 소리가 뿌리 대나무 피리에서 나오네
殷勤寄玉指,[150]　　깊은 속마음을 옥 같은 손가락에 맡기니
含情擧復垂.[151]　　감정에 따라 소리가 높아졌다 낮아졌다 하네
雕梁再三繞,[152]　　무늬 새겨진 대들보를 두세 번 감돌며

---

고 살았는데, 그녀는 입을 다물고 살았다. 그 이유를 물으니, '두 남편을 섬기게 되었으니 죽지는 못할망정 무슨 말을 하겠습니까'라고 했다 한다. 일설에는 楚 莊王의 부인인 樊姬를 가리킨다고도 한다.

145) '班女'(반녀) : 漢 成帝의 후비인 班婕妤.
146) '未應'(미응) : '不曾'과 같이 '일찍이 ……하지 않다'란 뜻이다.
147) '篪'(지) : 가로로 부는 죽관악기의 일종. 구멍이 여덟 개 있다.
148) '簫管'(소관) : 옛날 관악기의 총칭.
149) '孫枝'(손지) : '孫竹'과 같이, 대나무의 뿌리 끝에서 자라는 대나무를 가리킨다.
150) '殷勤'(은근) : 속 마음. '玉指'(옥지) : 옥 같이 고운 미인의 손가락.
151) '擧復垂'(거부수) : 악기의 소리가 높아졌다 낮아졌다 함을 뜻한다.
152) '雕梁'(조량) : 무늬를 새긴 대들보.

輕塵四五移. 가벼운 먼지를 네댓 차례 날리네
曲中有深意, 음악 속에 깊은 마음 담겨 있지만
丹誠君詎知.[153] 뜨거운 사랑을 당신이야 어찌 알리오

**해설** 이 작품은 지라고 하는 관악기에 대한 묘사를 통해 지를 부는 여인의 임에 대한 애틋한 사랑을 노래한 시다. 무릇 예술이란 모두 작가의 감정을 전달하는 한 방편이기 마련이다. 언어와 문자를 통해 문학으로 나타내고, 선과 색을 활용하여 그림으로 나타내고, 소리를 통해 음악으로 나타낸다. 그 중에서 음악은 작가의 감정을 가장 형상화하기 어려운 것이라고 할 수 있으며, 그런 측면에서 음악이란 장르는 가장 고급 예술이 아닐까 한다. 이 작품의 마지막 두 구 역시 음악의 그런 측면을 말한 것은 아닐까.

## 「여섯 가지 생각(六憶詩)」 4수[154]

### 185. 여섯 가지 생각 1

「六憶詩」 其一

憶來時, 올 때를 생각하면
的的上階墀.[155] 밝디밝은 모습으로 계단을 올라
勤勤聚離別,[156] 간절하게 이별의 아픔을 펼치고

153) '丹誠'(단성): 마음에서 우러나는 뜨거운 애정.

154) 雜曲歌辭에 속한다. 이 작품은 첫 구가 세 글자이기 때문에 잡언 및 칠언체를 수록하고 있는 제9권에 수록되어야 하지 않을까 여겨진다.

155) '的的'(적적): 빛나는 모양. 선명한 모양. 어떤 책에는 '灼灼'이라고 되어 있다. '階墀'(계지): 섬돌. 계단.

156) '勤勤'(근근): 간절한 모양. '聚'(취): 모이다. 『考異』에는 '敍'자로 되어 있는데, 여기

慊慊道相思.157)　찐덥잖은 마음으로 그리움을 토로한다네
相看常不足,　모습을 보는 것도 항상 모자라고
相見乃忘飢.　만나면 이내 배고픔도 잊어버린다네

**해설** 이 작품은 오랫동안 헤어져 있던 연인의 재회의 기쁨을 표현한 시다. 기다리던 임이 돌아오면 임의 몸에서는 광채가 나는 듯 주위가 환해질 것이고, 게다가 그동안 무척 보고 싶었다는 말이라도 들을라치면 어찌 끼니 거른 게 생각나겠는가? 봐도 봐도 또 보고 싶고, 보고 있어도 그리운 그 사람이기에.

## 186. 여섯 가지 생각 2

「六憶詩」 其二

憶坐時,　앉아 있을 때를 생각하면
點點羅帳前.158)　얇은 비단 휘장 앞에 단정한 차림으로 앉아
或歌四五曲,　때로는 네댓 곡을 노래하기도 하고
或弄兩三弦.　때로는 두세 차례 거문고를 타기도 한다네
笑時應無比,　웃을 땐 당연히 비할 미인 없고
嗔時更可憐.159)　성낼 때도 더욱 사랑스럽다네

---

에서도 이를 따랐다.

157) '慊慊'(겸겸) : 마음에 차지 않은 모양. 찐덥잖다.

158) '點點'(점점) : 작고 많은 모양을 나타낸다. 그러나 이 시에서는 통하지 않는다. 鈴木虎雄의 견해에 따르면 '佔佔' 또는 '沾沾'의 잘못이 아닌가 하며, 복장이 단정한 모양이라고 했다. 여기에서도 이를 따랐다.

159) '嗔'(진) : 성내다.

해설 이 작품은 여인의 평소 생활 중 방에 앉아 있을 때의 사랑스런 모습을 묘사한 시다. 노래도 부르고 악기도 연주하며 가끔씩 나를 보며 얼굴에 미소를 지으니 그 사랑스러움을 세상 그 무엇에 비하랴? 어디 그뿐인가? 어쩌다 투정어린 화를 낼 때면 더욱 사랑스러워 못 견딜 여인인데.

## 187. 여섯 가지 생각 3

「六憶詩」 其三

| | |
|---|---|
| 憶食時, | 식사할 때를 생각하면 |
| 臨盤動容色.[160] | 쟁반 앞에 임할 때는 표정이 조심스럽고 |
| 欲坐復羞坐, | 앉을 때도 부끄러운 듯이 앉으며 |
| 欲食復羞食. | 먹을 때도 부끄러운 듯이 먹는다네 |
| 含哺如不飢, | 음식을 삼킬 때도 배고프지 않은 듯이 먹고 |
| 擎甌似無力.[161] | 사발을 드는 데도 힘이 없어 보인다네 |

해설 이 작품은 미인의 식사하는 모습을 묘사한 시다. 조심스럽게 식탁에 임해서 식사를 하는데, 앉는 동작이나 먹는 동작도 마치 부끄러운 듯이 조심스럽기 그지없으며, 배가 고파 먹는 음식이건만 표정은 전혀 그렇지 않은 듯하고, 그릇 하나 드는 데도 나긋나긋 힘이 없어 보인다. 이러한 미인상은 아마도 작가뿐만 아니라 당시 南朝 齊梁人들에게 보편적으로 심어져 있던 것이었으리라. 아울러 그것은 남성들에 의해 창조된 미인상이었으리라.

---

160) '動容色'(동용색): 얼굴에 표정을 나타낸다. 이 구는 식사에 임할 때 얼굴에 조심스런 표정이 드러난다는 뜻이다.

161) '擎'(경): 들다. '甌'(구): 사발. 대접.

## 188. 여섯 가지 생각 4

「六憶詩」其四

| | |
|---|---|
| 憶眠時, | 잠잘 때를 생각하면 |
| 人眠强未眠. | 다른 사람이 잠잘 때도 억지로 아직 자지 않으며 |
| 解羅不待勸,[162] | 얇은 비단옷 벗을 때는 도움을 기다리지 않고 |
| 就枕更須牽.[163] | 잠자리에 들어서는 더욱이 끌어안아 주길 바란다네 |
| 復恐傍人見, | 행여 곁에 사람이 볼까 봐 |
| 嬌羞在燭前.[164] | 수줍음 머금은 채 촛불 앞에 있네 |

**해설** 이 작품은 미인의 잠자는 모습을 묘사한 시다. 미인은 잠잘 때도 보통 사람들과 다른가 보다. 잠이 쏟아진다고 잠에 그대로 빠지는 게 아니라, 남이 먼저 잠자리에 들면 그제사 잠을 잔다. 옷 벗는 것도 누가 도와주는 걸 부끄럽게 여기지만, 막상 잠자리에 들어선 임이 자기를 끌어안아 주었으면 하고 바라면서, 행여나 그런 마음이 드러날까 부끄러워한다.

### 열 개의 노래(十詠) 2수

## 189. 옷깃의 수

「領邊繡」

| | |
|---|---|
| 纖手製新奇, | 가녀린 손으로 기이한 옷 짓고 |

162) '勸'(권) : 돕다.
163) '須'(수) : 바라다. 기다리다. '牽'(견) : 끌어당겨 안다.
164) '嬌羞'(교수) : 아름답게 수줍어하다.

刺作可憐儀.[165] 수를 놓아 어여쁜 문양 만드는데
縈絲飛鳳子,[166] 실을 얽어서 호랑나비 날게 하며
結縷坐花兒.[167] 올을 연결해 벌을 앉게 하네
不聲如動吹, 소리는 안 나지만 움직이며 숨쉬는 듯
無風自移枝.[168] 바람 없어도 저절로 가지 흔들리는 듯
麗色儻未歇,[169] 아름다운 얼굴 아직 시들지 않았다면
聊承雲鬢垂.[170] 그런 대로 드리워진 구름 같은 귀밑머리 떠받치겠네

해설 이 작품은 미인의 옷깃에 놓인 수를 묘사한 시다. 솜씨가 매우 뛰어나 수놓은 나비와 벌이 살아 숨쉬는 것 같고, 꽃가지도 흡사 바람에 흔들리는 것처럼 보인다. 이렇게 아름다운 수가 놓인 옷깃은 모름지기 미인에게 어울리는 법, 아직 미모가 시들지 않은 여인의 옷이 되어 구름 같이 뭉실한 귀밑머리를 떠받치게 되리라.

## 190. 발밑의 신

「脚下履」

丹墀上颯沓,[171] 붉은 계단 사뿐사뿐 오르고

165) '刺'(자) : 刺繡. '儀'(의) : 모양. 문양.
166) '縈絲'(영사) : 얽힌 실. '鳳子'(봉자) : 큰 호랑나비.
167) '花兒'(화아) : 벌. 吳注에는 다음 구와 관련시켜 '歌童(노래하는 아이)'이라고 보았다. 그러나 앞 구와 대구라는 점에서 '鳳子'와 대가 되는 벌이란 뜻으로 보는 게 더 나을 듯하다.
168) '移'(이) : 흔들리다. 『考異』 등 다른 책에는 '裊(나부끼다)'자로 되어 있다.
169) '儻'(당) : 만약.
170) '聊'(료) : 잠시나마. 그런 대로.
171) '丹墀'(단지) : 대궐의 붉은 섬돌. '颯沓'(삽답) : 경쾌하게 걷는 모양.

| | |
|---|---|
| 玉殿下趨鏘.[172] | 옥 궁전을 종종거리며 내려오네 |
| 逆轉珠珮響,[173] | 몸을 돌리니 진주 패옥이 딸랑거리고 |
| 先表繡袿香.[174] | 앞장서니 수놓인 저고리 향기 날리네 |
| 裾開臨舞席, | 치맛자락 열릴 때는 춤추는 자리에 있기도 하며 |
| 袖拂繞歌堂. | 소맷자락 날릴 때는 노래하는 마루를 돌기도 하네 |
| 所歎忘懷妾,[175] | 탄식스런 것은 잊혀진 여인이 |
| 見委入羅牀.[176] | 버려둔 채 비단 침상으로 드는 것 |

**해설** 이 작품은 미인의 발에 신겨 있는 신발을 노래한 시다. 내용으로 보아 여인의 신분은 총애를 받는 후비일 것이다. 궁전을 오가며, 때로는 임금 앞에서 노래도 하고 춤도 춘다. 그러나 일단 총애가 식게 되면 여인은 다시금 임금 앞으로 나갈 일이 없게 되고, 그에 따라 신발의 영화도 끝이 나게 되는 것이다. 신발은 그 주인과 공동운명체라고 할 수 있으니, 여인이 총애를 잃는 것이 얼마나 탄식할 만한 것이랴? 영물의 소재가 이렇게까지 세밀화된 것이 놀라울 따름이다.

## 191. '푸르디푸른 강가의 풀'을 본뜬 시

「擬青青河邊草」[177]

| | |
|---|---|
| 漠漠牀上塵,[178] | 자욱하게 침대 위엔 먼지가 앉았고 |

172) '玉殿'(옥전) : 옥으로 꾸민 궁전. '趨鏘'(추장) : 어전에 나아갈 때의 종종걸음의 모양.
173) '逆轉'(역전) : 돌다. 몸을 돌리다. '珠珮'(주패) : 진주를 엮어 만든 패옥.
174) '先表'(선표) : 앞에 서서 드러내다. '袿'(규) : 여자의 저고리.
175) '忘懷'(망회) : 잊다.
176) '見委'(견위) : 버림받다. 내버리다.
177) 이 작품은 제1권의 蔡邕의 「飲馬長城窟行」(35)을 모방한 것으로, 相和歌辭 瑟調曲에 속한다.
178) '漠漠'(막막) : 가득한 모양.

心中憶故人.　　마음속엔 옛사람 생각나네
故人不可憶,　　옛사람 만나는 건 생각할 수도 없으니
中夜長歎息.　　한밤중에 길게 탄식하네
歎息想容儀,　　탄식 속에 임의 모습 떠오르니
不言長別離.　　차마 긴 이별이라 말하지 못하네
別離稍已久,[179]　　이별은 이미 오래
空牀寄杯酒.　　텅 빈 침대를 향한 근심 술잔에다 맡기네

**해설** 이 작품은 멀리 떠나 돌아오지 않는 임을 원망하는 여인의 심경을 나타낸 시다. 임과 함께 잠을 자던 침대는 사용하지 않은 지 오래 되어 먼지가 자욱하게 앉아 있다. 돌아오리란 희망조차 없는데도 마음속엔 온통 그 사람 생각뿐이다. 절망 속에 밤마다 한숨소리, 그러나 떠오르는 임의 모습은 아직도 너무나 생생하기에 이별이란 말을 차마 입에 담기조차 두렵다. 그러나 어쩌랴? 오랜 이별은 부정할 수 없는 현실이니, 그대 때문에 생기는 이 근심을 술로나마 달랠 수밖에.

## 192. '세 며느리의 아름다움'을 본뜬 시

「擬三婦」[180]

大婦掃玉墀,　　큰며느리는 옥 계단을 쓸고
中婦結羅帷.　　둘째며느리는 얇은 비단 휘장을 매는데
小婦獨無事,　　작은며느리만 유독 하는 일 없이

179) '稍已'(초이) : 이미. 벌써.
180) 『考異』 등 다른 책에는 모두 「擬三婦豔」이라고 되어 있다. 이 작품은 제1권의 고악부 「相逢狹路間」(10)의 끝 부분 여섯 구의 세 며느리에 대한 묘사를 모방한 것이다. 相和歌辭 淸調曲에 속한다.

對鏡畫蛾眉.　　거울 앞에서 눈썹화장을 하네
良人且安臥,　　낭군도 잠시 편히 누워 쉬는데
夜長方自私.[181]　　긴 밤 내내 열심히 자신만 돌보네

**해설** 이 작품은 세 며느리, 그 중에서도 특히 철없이 화장에만 열중인 막내며느리의 모습을 묘사한 시다. 집안의 기둥인 큰며느리는 집안 가족 전체를 위해 힘들게 마당을 쓴다. 둘째며느리는 남편과 함께 잠을 자게 될 침실의 휘장을 손본다. 철없는 막내며느리는 집안의 다른 가족들의 일에는 무관심하다. 심지어 남편조차 관심 밖이며 오로지 자기 꾸미기에만 열중이다. 이러한 개인적인 타산과 공동체적 인식의 차이는 세 아들에게도 마찬가지였을 것이다. 형제간의 이러한 책임 의식의 차이는 어떤 배경에서 생겨난 것이며, 그것은 현재에도 유효한 것인가?

## 193. 고시의 뜻

「古意」[182]

挾瑟叢臺下,[183]　　비파 옆에 끼고 총대 아래서
徙倚愛容光.[184]　　서성거리며 어여쁜 제 모습 안타까워하네
佇立日已暮,[185]　　우두커니 서서 기다리는데 날 이미 저물고
戚戚苦人腸.[186]　　근심은 속을 쓰라리게 하네

---

181) '自私'(자사) : 자기만 생각하다.
182) '古意'(고의) : 고시의 뜻. '擬古'와 같은 뜻으로 쓰였다.
183) '叢臺'(총대) : 누대 이름. 戰國시대 楚나라 襄王이 지은 것으로, 지금의 河南省 商水縣에 있었다.
184) '徙倚'(사의) : 미련 때문에 떠나지 못하고 배회하는 모양. '愛'(애) : 안타깝게 여기다. '容光'(용광) : 아름다운 용모.
185) '佇立'(저립) : 오랫동안 서 있다.
186) '戚戚'(척척) : 근심으로 슬퍼하는 모양.

露葵已堪摘,[187]　　아욱도 이미 딸 때가 되었는데
淇水未霑裳.[188]　　기수는 아직 수레 휘장을 적시지 않았다네
錦衾無獨暖,　　비단 이부자리도 혼자 덮으니 따뜻하지가 않고
羅衣空自香.　　얇은 비단옷도 부질없이 저절로 향기를 뿜네
明月雖外照,　　밝은 달은 외모야 비추겠지만
寧知心內傷?　　마음속 아픔이야 어찌 알리오

**해설** 이 작품은 임을 기다리는 여인의 근심을 노래한 시다. 아무리 따뜻한 이불이라도 임 없이 혼자 덮으면 추운 모양이다. 달빛을 받아 고운 그녀에게 근심으로 속이 다 타들어가는 아픔이 있는 줄 그 누가 알겠는가?

## 194. 미인 꿈

「夢見美人」[189]

夜聞長歎息,　　밤에 들리는 긴 한숨소리
知君心有憶.[190]　　그대 마음에 그리움 있는 줄 알겠네
果自閶闔開,[191]　　마침내 저절로 하늘문이 열리고

---

187) '露葵'(로규) : 아욱. 冬葵. 이슬이 내리기 시작할 무렵, 즉 가을이 되면 따기 때문에 '露葵'라고 한다. '堪摘'(감적) : 딸 만하다. 딸 때가 되다.

188) '淇水'(기수) : 강 이름. 黃河의 지류. 지금의 河南省 북부를 흐른다. '裳'(상) : 수레 둘레에 쳐져 있는 휘장. 이 구는 『詩經』「衛風」「氓」 중의 "淇水의 물 넘실넘실, 수레의 휘장을 적시네(淇水湯湯, 漸車帷裳)"라는 구절에서 왔다. 즉 기다리던 임이 아직 찾아오지 않음을 뜻한다.

189) 『考異』에는 제목 아래에 "처음 두 구를 볼 때 이 작품은 꼭 다른 사람의 작품에 화답한 시 같으며, 제목에 탈자가 있는 것으로 보인다. 그러나 여러 판본이 모두 똑같으니 바로 잡을 도리가 없다(案起二句, 似是和人之作, 疑題有脫. 然諸本並同, 無從校補)"라고 했다.

190) '憶'(억) : 생각. 그리움.

魂交睹顔色.[192]　　영혼이 내왕하니 그대 모습 보이네
旣薦巫山枕,[193]　　이미 무산 신녀의 베개를 깔아드렸고
又奉齊眉食.[194]　　다시 거안제미의 밥상을 올린다네
立望復橫陳,　　선 채로 바라보다 다시 옆으로 누웠는데
忽覺非在側.　　문득 잠에서 깨니 곁에 계시지 않네
那知神傷者,　　어찌 알리오 마음 아픈 사람을
潺湲淚霑臆.[195]　　줄줄 흐르는 눈물이 가슴을 적시네

**해설** 이 작품은 벼슬로 인해 가족과 떨어져 있는 남편을 그리워하는 여인의 근심을 서술한 시다. 제목을 통해 알 수 있는 것은 작품의 둘째 구에서부터 마지막 구까지 묘사되고 있는 여인의 모습은 남자의 상상 또는 꿈속에서의 모습이란 사실이다. 다시 말하면 남자의 그리움이 직접적으로 묘사된 것이 아니라, 그의 아내가 자신을 그리워하는 모습으로 묘사된 것이다.

## 195. 고시를 흉내낸 시

「效古」

可憐桂樹枝,　　불쌍하구나 계수나무 가지의

---

191) '果'(과) : 마침내. 실재로. 과연. '閶闔'(창합) : 전설 속의 天門.
192) '魂交'(혼교) : 꿈속에서 정신이 내왕하는 것. 꿈속의 만남.
193) '巫山'(무산) : 宋玉의 「高唐賦」에 언급된 신녀가 사는 곳. 제4권 王融의 「古意」 其一(149)의 주석을 참조할 것.
194) '齊眉'(제미) : 『後漢書』「逸民傳」「梁鴻」에 "집에 돌아올 때마다 아내는 그를 위해 음식을 마련해 梁鴻의 앞에서 감히 쳐다보지 못한 채 밥상을 들어 눈썹과 나란히 하여 바쳤다(每歸, 妻爲具食, 不敢於鴻前仰視, 擧案齊眉)"라고 했다. 남편을 매우 공경함을 의미한다.
195) '潺湲'(잔원) : 눈물이 줄줄 흐르는 모양.

單雄憶故雌. 외로운 수컷 한 마리 옛날 암컷을 그리워하네
歲暮異栖宿, 한 해가 저물지만 다른 둥지에 깃들어 있으며
春至猶別離. 봄이 왔지만 여전히 떨어져 있다네
山河隔長路, 산과 강은 길게 놓인 길을 가로막고
路遠絶容儀. 길은 멀어 모습을 볼 수가 없네
豈云無可匹,196) 어찌 짝 삼을 만한 새 없다고 하랴
寸心終不移. 일편단심 끝까지 변하지 않을 뿐이네

**해설** 이 작품은 떨어져 사는 암수 한 쌍의 새를 통해 떨어져 사는 아내를 그리워하는 남편의 심정을 묘사한 시다. 아내에 대한 남편의 그리움을 주제로 한 점에서 다른 작품과 구별되는 독창성이 있다고 하겠다.

## 196. 초봄

「初春」

扶道覓陽春, 길을 따라서 따뜻한 봄을 찾으며
佳人共攜手. 미인들이 함께 손을 잡고 가는데
草色猶自菲,197) 풀빛 아직은 당연히 옅으며
林中都未有.198) 숲 속엔 아직 아무것도 없다네
無事逐梅花, 까닭 없이 매화꽃을 찾아다니기도 하며
空中信楊柳.199) 부질없이 마음을 버들가지에 맡겨도 보다가

---

196) '可匹'(가필) : 배필로 삼을 만하다.
197) '菲'(비) : 엷다. 미약하다. 즉 풀빛이 아직은 연하다란 뜻이다. 『考異』는 『藝文類聚』에 따라 '腓(초목 등이 말라 시들어 있음)'자라고 보았다.
198) 봄을 느낄 만한 것이 아무것도 없다란 뜻이다.
199) '中'(중) : 『考異』는 『初學記』에 따라 '敎(……로 하여금 ……히게 하다)'자로 보았는

| | |
|---|---|
| 且復歸去來, | 일단 다시 돌아와 |
| 含情寄杯酒. | 가슴에 품은 정을 한 잔 술에 의탁하네 |

**해설** 이 작품은 춘정을 못 이겨 봄을 찾아 나선 미인들의 모습을 읊은 시다. 절기상으로야 이미 봄이 왔다고 하겠지만 무리를 지어 여기저기 쏘다녀 봐도 봄을 느낄 만한 것은 거의 없다. 그래서 이른 봄에 피는 매화와 일찍 푸른 버들가지를 보면서 위안으로 삼는다. 그러나 부풀어 오르는 가슴, 그 속의 수체 못할 춘정은 어찌 하랴? 술이라도 한 잔 하면서 삭히는 수밖에.

## 197. 가신 임을 애도하며

「悼往」[200]

| | |
|---|---|
| 去秋三五月, | 작년 가을 보름달은 |
| 今秋還照房. | 금년 가을에도 여전히 방을 비추며 |
| 今春蘭蕙草,[201] | 금년 봄의 난초와 혜초는 |
| 來春復吐芳. | 내년 봄에 다시금 향기를 토하겠지 |
| 悲哉人道異, | 슬프도다 사람의 이치는 이와 다르니 |
| 一謝永銷亡.[202] | 한번 가면 영원히 사라지고 만다네 |
| 屛筵空有設, | 병풍과 돗자리 부질없이 제자리를 지키고 있는데 |
| 帷席更施張.[203] | 휘장과 침상의 자리는 새것으로 바뀌어져 있네 |
| 遊塵掩虛座, | 떠다니는 먼지는 사람 없는 빈 자리에 덮여 있고 |

네, 여기에서도 이를 따랐다. '信'(신) : 마음을 맡기다.

200) 다른 책에는 「悼亡」이라고 되어 있다.

201) '蘭蕙'(란혜) : 향초인 蘭草와 蕙草.

202) '銷亡'(소망) : 사라지다. 없어지다.

203) '更'(경) : 바꾸다.

| | |
|---|---|
| 孤帳覆空牀. | 외로운 장막은 텅 빈 침상을 덮고 있네 |
| 萬事無不盡, | 세상만사 끝나지 않는 일 없는 법이거늘 |
| 徒令存者傷. | 공연히 산 사람 마음만 아프게 하네 |

**해설** 이 작품은 죽은 아내를 애도하는 시다. 晉나라 潘岳의 「悼亡詩」는 이후 죽은 아내를 애도하는 시의 보편적인 제목이 되었다. 서정시의 가장 보편적인 주제는 이별이라고 한다. 사별도 이별의 한 종류란 점에서 서정시의 주요 모티브가 된다. 그러나 사별은 다른 이별과는 달리 영원한 이별이기 때문에 그 감정의 울림이 무엇보다도 크다. 어떤 이별이 사별만큼 가슴을 아프게 할까? 살아만 있다면야 그 사람이 달나라에 가 있다고 하더라도 언젠가는 만날 희망이 있으리라. 작가가 비록 시의 형식미 추구에 심혈을 기울였던 대표적인 시인이었다고 하더라도 이 작품에서만큼은 진지한 감정을 비교적 잘 엮어내고 있다.

## 유운(柳惲)

◇柳惲(465~517) : 자가 文暢이며, 河東 解(지금의 山東省 解縣 서북) 사람이다. 어려서부터 지조와 덕행이 있었고, 배우기를 좋아하여 이름이 났으며, 서간문에 능하였고 시가를 잘 지었다. 아버지 柳世隆이 거문고를 잘 연주했는데, 그 역시 거문고를 잘 연주했으며, 특히 戴安道의 기술을 터득하였다. 齊 竟陵王 蕭子良이 그 소문을 듣고 法曹參軍으로 임명하여 그의 거문고 연주를 감상하였다. 그 공으로 相國右司馬의 벼슬에 이르렀으며, 梁나라 때는 侍中이 되어 僕射 沈約과 함께 시율을 정하기도 했다. 王融은 그의 "물가 평지에는 나뭇잎 떨어지고, 농산 꼭대기로 가을 구름 날아가네(亭皐木葉下, 隴首秋雲飛)" 시구를 찬탄하면서 서재의 벽과 부채에 써 놓았다. 武帝는 잔치를 열 때마다

그를 불러 시를 짓게 하였는데, 武帝의 「登景陽樓」라는 시에 응대한 시를 지어 칭찬을 받기도 했다. 그 공으로 吳興太守에 임명되었는데, 베푸는 정사는 맑고 안정되어 백성들이 그를 칭송하였다. 또한 바둑을 좋아하여 기보를 品定하기도 하였다. 문집 12권, 『棋品』 3권 및 『十杖龜經』 2권이 전해온다.

## 198. 다듬이질

「擣衣詩」

| | |
|---|---|
| 孤衾引思緒, | 외로운 이불은 그리움의 실마리를 끌어내고 |
| 獨枕愴憂端.204) | 짝 잃은 베개는 근심의 끝자락 슬프게 하네 |
| 深庭秋草綠, | 깊은 뜰에는 가을 풀 푸르고 |
| 高門白露寒. | 높다란 대문에 흰 이슬 차갑네 |
| 思君起淸夜, | 당신 생각에 맑은 밤에 일어나 |
| 促柱奏幽蘭.205) | 기러기발 조여 유란곡을 연주하네 |
| 不怨飛蓬苦,206) | 날리는 쑥의 괴로움은 원망스럽지 않은데 |
| 徒傷蕙草殘.(1절) | 공연히 혜초 시드는 게 가슴 아프네 |
| | |
| 行役滯風波,207) | 부역 나가 풍파에 막히어 |
| 遊人淹不歸.208) | 나그네는 오래도록 돌아오지 않네 |
| 亭皐木葉下,209) | 물가 평지에는 나뭇잎 떨어지고 |

204) '愴'(창) : 슬퍼하다. '憂端'(우단) : 근심의 실마리. 이상 두 구는 남편 없이 혼자 자는 여인의 눈에 띄는 이부자리들이 그리움과 근심을 자아낸다는 뜻이다.

205) '促柱'(촉주) : 기러기발을 이동시켜 거문고의 줄 길이를 짧게 하다. 높은 음으로 조절하다. '幽蘭'(유란) : 거문고의 옛날 악곡 이름.

206) '飛蓬'(비봉) : 말라서 이리저리 날아다니는 쑥. 집을 떠나 객지를 떠도는 남편을 뜻한다. 이하 두 구는 객지를 떠돌며 고생하는 남편이 원망스러운 게 아니라, 늙어가는 자신의 모습이 더 가슴 아프다란 뜻이다.

207) '行役'(행역) : 병역·부역·공무 등으로 인해 타지로 가는 것.

208) '淹'(엄) : 오래.

隴首秋雲飛.[210] 농산 꼭대기로 가을 구름 날며
寒園夕鳥集, 차가운 정원에는 저녁 새가 모여들고
思囿草蟲悲.[211] 시름겨운 동산엔 풀벌레가 슬피 우네
嗟兮當春服,[212] 아아 봄옷 입고 떠났으니
安見禦冬衣?[213](2절)어찌 방한복을 보았으랴

鶴鳴勞永歎,[214] 학 울음은 길게 탄식하는 이 근심스럽게 하니
採菉傷時暮.[215] 조개풀 캐면서 시절 저무는 것 슬퍼하네
念君方遠徭,[216] 그리운 당신은 지금 멀리 부역 떠나셨고
望妾理紈素. 기다리는 소첩은 고운 비단을 손질한다네
秋風吹綠潭, 가을바람 푸른 연못에 불고
明月懸高樹. 밝은 달은 키 큰 나무에 걸려 있는데
佳人飾淨容, 미인은 맑은 얼굴 꾸미고서
招攜從所務.[217](3절) 친구 불러서 함께 제 할 일 한다네

步櫚杳不極,[218] 회랑은 아득히 끝이 없고

209) '亭皐'(정고) : 물가의 평지. 이 구는 아내가 살고 있는 강남 지역 풍경을 묘사하였다.
210) '隴'(롱) : 산 이름. 지금의 陝西省 隴縣과 甘肅省 平凉 일대에 걸쳐 있다. 이 구는 남편이 있는 북방 지역의 풍경을 묘사하였다.
211) '囿'(유) : 새나 짐승을 기르던 동산.
212) '當春'(당춘) : 봄 날씨에 적합하다.
213) '禦冬'(어동) : 추위를 막다.
214) '鶴'(학) : 어떤 책에는 '鸛'자로 되어 있다. 『詩經』「豳風」「東山」에 "황새는 개밋둑에서 울고, 여인은 안방에서 탄식하네(鸛鳴于垤, 婦歎于室)"라고 하였다. '勞'(로) : 근심스럽게 하다.
215) '菉'(록) : 조개풀. 볏과의 일년초. 높이 20~50cm이고, 들이나 논둑에 절로 나는데, 9월에 줄기 끝에서 녹자색 꽃이 핀다. 줄기와 잎은 황색 염료로 쓰인다. 『詩經』「小雅」「采綠」에 "아침 내내 조개풀을 땄지만 한 웅큼도 차지 않네(終朝采綠, 不盈一匊)" 했다.
216) '徭'(요) : 요역. 부역. 『考異』는 『藝文類聚』에 따라 '遊'자가 옳다고 했다.
217) '招攜'(초휴) : 초대해서 함께 하다.
218) '步櫚'(보염) : 처마 밑의 복도. 회랑. '杳'(묘) : 아득하다. 멀다. 어둡다.

離家肅已扃.[219]　별당은 조용하게 이미 빗장 채워져 있네
軒高夕杵散,　높은 난간 위로 저녁 방망이질 소리 흩어지고
氣爽夜碪鳴.[220]　산뜻한 공기 타고 밤 다듬잇돌 소리 울리며
瑤華隨步響,[221]　옥 수식은 걸음 따라 짤랑거리고
幽蘭逐袂生.　그윽한 난향은 소매 따라 피어나네
峙𡾰理金翠,[222]　머뭇거리며 황금과 비취로 꾸민 비녀 매만지고
容與納宵清.[223](4절)　한가로이 맑은 밤공기를 맞는다네

泛豔迴煙彩,[224]　반짝반짝 감도는 아지랑이의 영롱한 빛
淵旋龜鶴文.[225]　빙빙 둘러가며 수놓인 거북과 학의 무늬
淒淒合歡袖,[226]　슬퍼라 합환 무늬의 소매
冉冉蘭麝芬.[227]　하늘하늘 난향과 사향 향기 피어오르네
不怨杼軸苦,[228]　베 짜는 일 고통이야 원망스럽지 않지만
所悲千里分.　슬픈 건 천 리 멀리 헤어져 있는 것
垂泣送行李,　눈물 흘리며 옷 보따리 보내며

---

219) '離家'(리가) : 별채. 별당. '扃'(경) : 빗장. 잠그다.
220) '碪'(침) : 다듬잇돌. '砧'자와 같은 글자이다.
221) '瑤華'(요화) : 꽃 모양으로 만든 首飾의 일종.
222) '峙𡾰'(치도) : 머뭇거리는 모양. '金翠'(금취) : 황금과 비취로 만든 비녀.
223) '容與'(용여) : 여유롭고 한가한 모양.
224) '泛豔'(범염) : 물에 뜬 빛이 반짝이는 모양. '迴煙彩'(회연채) : 감도는 오색영롱한 아지랑이 빛.
225) '淵旋'(연선) : 빙 도는 모양. '龜鶴文'(귀학문) : 장수를 상징하는 거북과 학 무늬. 이상 두 구는 다듬이질하는 옷감의 화려함을 묘사하였다.
226) '淒淒'(처처) : 슬퍼하는 모양.
227) '冉冉'(염염) : 하늘하늘 피어오르는 모양. '麝'(사) : 사향. 사향노루 수컷의 하복부에 있는 향낭을 쪼개어 말린 흑갈색의 가루. '芬'(분) : 향기가 나다.
228) '杼'(저) : 북. 실꾸리를 넣고 북바늘로 고정시켜 날의 틈으로 왔다갔다하게 해서, 실을 풀어 주어 피륙이 짜지도록 하는 배같이 생긴 나무통. '軸'(축) : 바디. 베의 날을 고르며 북의 통로를 만들어 주고 실을 쳐서 짜는 구실을 한다. 가늘고 얇은 대오리를 참빗살같이 세워, 두 끝을 앞뒤로 대고 단단하게 실로 얽어 만든다. 여기에서는 둘 다 베 짜는 일을 의미한다.

傾首遲歸雲.[229](5절) 목을 빼고 돌아오는 구름 기다리네

**해설** 이 작품은 북방 변경에 요역 나가 있는 남편을 그리워하는 여인의 심정을 묘사한 시다. 제목에서 알 수 있듯이 작품은 남편의 겨울옷을 장만해서 변경으로 보낸다는 줄거리가 그 축이다. 다섯 절로 구분한 것은 吳注에 따른 것이다. 제1절은 텅 빈 방과 계절의 변화 등을 통해 남편에 대한 그리움을 일으키는 부분이며, 이어 제2절은 가을이 되어 남편 겨울옷 준비에 대한 생각을 일으킨 부분이며, 제3절과 제4절은 이웃집 여자들이 서로 모여 다듬이질을 하며 겨울옷을 준비하는 것을 서술한 부분이며, 제5절은 겨울옷을 완성하여 변경으로 보낸 뒤 소식이 오기를 기다린다는 것을 표현한 부분이다.

## 고취곡(鼓吹曲)[230] 2수

### 199. 혼자만 만나지 못하다

「獨不見」[231]

別島望風臺,[232]　　외딴섬에는 멀리 조망하는 누대가 있고
天淵臨水殿.　　하늘같이 넓은 연못가엔 전각이 있다네

---

229) '傾首'(경수): 고개를 들다. 목을 빼다. '遲'(지): 기다리다.

230) '鼓吹曲'(고취곡): 옛날 북·퉁소 등으로 연주하던 기악합주곡의 일종. 일명 '短簫鐃歌'라고도 하는 군악으로 차츰 조정에까지 쓰였다. 漢나라 때 '黃門鼓吹'가 있었는데, 임금이 여러 신하들과 잔치를 할 때 사용되었다.

231) 『樂府解題』에는 "그리운데도 만날 수 없음을 슬퍼한 것이다(傷思而不得見也)"라고 했다. 雜曲歌辭에 속한다.

232) '望風'(망풍): 먼 경치를 조망하다. 이하 두 구는 모두 漢나라 황실 원림의 풍경을 묘사한 것이다.

芳草生未積,[233]　화초는 자라지만 아직 무성하진 않은데
春花落如霰.　봄꽃은 떨어져 싸락눈처럼 날리네
出從張公子,[234]　궁궐 밖에 나가서는 장 공자를 따라다니다가
還過趙飛燕.　돌아올 때 조비연의 처소를 지나가게 되었다네
奉帚長信宮,[235]　빗자루 들고 장신궁에서 청소하니
誰知獨不見.　누가 알았으랴 저 혼자만 임금님 뵙지 못할 줄을

**해설** 이 작품은 趙飛燕으로 인해 총애를 잃게 된 班婕妤의 운명을 노래한 시다. 총애가 趙飛燕에게로 옮겨가자 그녀는 長信宮에서 청소나 하는 궁녀로 전락하고 만다. 그렇다고 슬퍼하거나 부러워하지 마라, 임금의 총애는 움직이는 것이니까.

## 200. 관문과 산을 지나며

「度關山」[236]

少長倡家女,[237]　어려서 기녀의 딸로 자라나
出入燕南陲.[238]　연나라 남쪽 지방으로 출가하였지요

---

233) '未積'(미적): 아직 서로 겹쳐질 정도로 무성하지는 않다.

234) '張公子'(장공자): 漢나라 때의 富平侯 張放. 成帝가 민간을 미행할 때 그의 家人으로 변장하고 다녔다고 한다. 이하 두 구는 이 선집 서문의 '由來能舞'의 주석을 참조할 것.

235) '帚'(추): 빗자루. 쓸다. '長信宮'(장신궁): 漢 成帝 때의 후비 班婕妤가 趙飛燕으로 인해 총애를 잃고 물러나서 살던 곳.

236) 『樂府解題』에는 "魏나라 음악은 武帝의 가사를 연주했는데, 임금은 마땅히 스스로 힘써 노력해, 사방을 살펴 똑똑한 사람을 등용하고 우매한 사람을 내쫓으며, 형벌은 줄이고 세금은 가볍게 해야 한다는 의미를 나타냈다(魏樂奏武帝辭, 言人君當自勤苦, 省方黜陟, 省刑薄賦也)"라고 했다. 相和歌辭 相和曲에 속한다. '關山'(관산): 관문과 산.

237) '少長'(소장): 어려서부터 자라다. 『考異』는 『樂府詩集』에 따라 '長安'으로 고쳤는데, 무방하다고 하겠다. '倡家'(창가): 옛날, 가무 등의 음악에 종사하던 사람.

238) '出入'(출입): 『考異』는 이 두 글자의 의미를 알 수 없다고 하면서 '出自'의 잘못이

惟持德自美,[239] 오직 덕성을 지녔기에 스스로도 아름답다 여겼으며
本以容見知.[240] 본디 용모로써 당신에게도 인정을 받았지요
舊聞關山遠, 옛날부터 듣기로 관문과 산이 멀다하던데
何事總金羈.[241] 당신은 무슨 일로 황금 재갈을 매셨는지요
妾心日已亂, 소첩의 마음은 날로 더욱 심란해져 가고
秋風鳴細枝. 가을바람은 가느다란 나뭇가지를 울리네요

**해설** 이 작품은 변경으로 출정하여 돌아오지 않는 남편을 그리워하는 여인의 심정을 묘사한 시다. 여인은 본래 도시의 기녀 집안 출신으로 북방 燕나라로 시집을 갔다. 북방은 전쟁이 잦은 곳, 남편은 어느 날 말을 타고 출정하고, 그 후로 여인은 독수공방 외로운 신세가 된다. 전반 네 구는 그녀의 출신과 미덕·미모를 그렸고, 후반 네 구는 남편이 변경으로 출정하여 돌아오지 않자 수심에 젖는 모습을 그렸다. 무엇 때문에 전쟁이 일어나고, 또 그 전쟁에 왜 출정해야 하는지 여인의 머리로는 도저히 이해가 되지 않는 것이다.

## 201. 잡시

「雜詩」

雲輕色轉暖,[242] 구름 가볍고 경치는 갈수록 따뜻해지며
草綠晨芳歸.[243] 풀은 푸르러 새벽 향기 돌아왔네

---

아닌가 하였다. 여기에서도 이를 따라 해석하였다. '陲'(수): 변경. 가. 끝.
239) '自美'(자미): 스스로 찬미하다.
240) '見知'(견지): 남에게 알려지다. 인정을 받다.
241) '金羈'(금기): 금으로 장식한 말의 재갈. 이 구는 남편이 출정하였음을 나타낸다.
242) '色'(색): 광경. 눈에 띄는 경치.
243) '歸'(귀): 본래대로 회복하다. 즉 겨우내 잃었던 향기를 회복한다는 뜻이다.

| | |
|---|---|
| 山墟罷寒晦,[244] | 산마을에는 추운 밤이 지나고 |
| 園澤潤朝暉. | 정원과 연못에는 아침 햇빛이 매끄럽네 |
| 春心多感動, | 봄날의 마음은 감동도 많아 |
| 睹物情復悲. | 경물을 보다가 마음 다시금 슬퍼지고 |
| 自君之出矣, | 당신 떠나신 뒤 |
| 蘭堂罷鳴機.[245] | 난향 그윽한 별당엔 베틀 소리도 그쳤다네 |
| 徒知遊宦是,[246] | 한갓 멀리 벼슬살이 가는 것 옳은 줄만 알았지 |
| 不念別離非. | 이별이 잘못이란 건 생각지도 못하시네 |

**해설** 이 작품은 벼슬살이하러 떠난 남편을 그리는 아내의 심정을 묘사한 시다. 겨울 동안은 별로 느끼지 못하다가 만물이 소생하는 봄이 되자 남편이 불현듯 그리워진다. 옛날 남성 위주의 사회에 있어서 사회의 구성원은 남성뿐이었으며, 여자는 단지 가정의 일원에 불과하였다. 그리하여 남성의 세계는 가정 밖으로 무한히 열려 있었으며, 여성의 세계는 집안, 더욱 좁게는 남편 한 사람에게 국한되어 있었다. 마지막 두 구는 당시 여성들의 가장 전형적인 관점이었다고 볼 수 있을 것이다. 후대 白居易의 「琵琶行」의 여주인공 또한 사랑을 모르는 장사꾼에 대해 "이익만 소중한 줄 알았지 이별은 가볍게 여기네(商人重利輕別離)"라고 한탄했었다.

244) '山墟'(산허) : 산촌. '寒晦'(한회) : 차가운 밤.
245) '蘭堂'(란당) : 대청 · 방 등에 대한 미칭.
246) '遊宦'(유환) : 외지로 나가 벼슬살이하다.

## 202. 장문궁의 원망

「長門怨」[247]

王壺夜愔愔,[248] 옥항아리에 물 떨어지는 소리는 밤이라 한가롭고
應門重且深.[249] 임금 계신 궁궐 정문은 육중하고도 깊다네
秋風動桂樹, 가을바람은 계수나무를 흔들고
流月搖輕陰. 흐르는 달은 옅은 그림자를 일렁이며
綺簷淸露滴,[250] 아름다운 처마에서 맑은 이슬이 떨어지고
網戶思蟲吟.[251] 그물 무늬 창문엔 시름겨운 곤충이 신음하네
歎息下蘭閤,[252] 탄식하며 규방을 내려와
含愁奏雅琴. 수심어린 얼굴로 우아한 거문고곡 탄다네
何由鳴曉珮,[253] 무슨 방법으로 새벽 패옥 울리며
復得抱宵衾?[254] 다시금 밤 이불 안고 임 모시러 갈 수 있을까

---

247) 이 작품은 본래 漢 武帝의 후비인 陳皇后가 총애를 잃고 長門宮에 거처할 때의 원망을 노래한 것이다. 『樂府解題』에 "陳皇后를 위해 지었다. 陳皇后가 長門宮으로 물러나 살면서 근심과 슬픔 속에 임금을 그리워하던 중, 司馬相如가 문장을 잘 짓는다는 소문을 듣고 황금 백 근을 주고 근심을 풀 수 있는 글을 짓도록 했다. 司馬相如가 「長門賦」를 지었는데 武帝가 보고서 그녀를 슬프게 생각했으며, 그녀는 다시 총애를 얻게 되었다. 후인들이 그 부를 따라 「長門怨」을 지었다(爲陳皇后作也. 后退居長門宮, 愁悶悲思, 聞司馬相如工文章, 奉黃金百斤, 令爲解愁之辭. 相如爲作「長門賦」, 帝見而傷之, 復得親幸. 後人因其賦而爲「長門怨」也)"라고 했다. 陳皇后에 대해서는 이 선집의 서문 서두의 '漢帝金屋之中'이란 구의 주를 참조할 것. 相和歌辭 楚調曲에 속한다.

248) '王壺'(옥호) : 구리로 만든 물시계의 물 담는 항아리에 대한 미칭. '愔愔'(암암) : 평온한 모양.

249) '應門'(응문) : 왕궁의 정문[남문].

250) '綺簷'(기첨) : 화려한[아름다운] 처마.

251) '網戶'(망호) : 격자 등의 그물 무늬를 새긴 창문.

252) '蘭閤'(란합) : 규방에 대한 미칭.

253) '鳴曉珮'(명효패) : 날이 밝아 조정으로 들어가는 관리들이 찬 패옥이 울리는 것. 이 구는 신하들처럼 자신도 다시 총애를 회복해 임금에게 다가갈 수 있기를 바라는 마음을 나타냈다.

254) 『詩經』 「召南」 「小星」에 "총총걸음으로 밤에 길을 나서, 이불과 홑이불 껴안고 가

無復金屋念,[255] 다시는 황금집에 데리고 있겠단 생각 없으시니
豈照長門心? 어찌 장문궁 이 여인의 마음을 비추실까

**해설** 이 작품은 총애를 잃은 陳皇后의 원망을 노래한 시다. 사랑에 있어서의 가변성과 견고성은 동서고금을 막론하고 예술의 가장 큰 원동력이었을지도 모른다. 즉 사랑의 대상인 남녀 간에 어느 일방은 사랑이 견고한 반면 다른 일방이 가변적이었을 때 모순과 비극이 빚어지게 되며, 그것은 곧바로 예술의 주요 모티브가 된다. 다만 고금의 차이를 들자면 옛날에는 거의 대부분, '남성=가변성, 여성=견고성'이란 등식이 성립했다는 것뿐이다.

## 203. 강남곡

「江南曲」

汀洲採白蘋,[256] 강 모래섬에서 개구리밥을 따는 시절
日落江南春. 해가 지는 강남의 봄
洞庭有歸客,[257] 동정호에서 온 귀향하는 한 나그네
瀟湘逢故人.[258] 소상강에서 우리 임을 만났었다네

---

네. 이런 내 운명은 무엇과 같은가(肅肅宵征, 抱衾與裯. 寔命不猶)"라고 했는데, 毛傳에는 후비들이 임금을 모시러 가는 것을 묘사한 것이라고 풀이했다.

255) '金屋'(금옥) : 황금으로 만든 집. 武帝가 어렸을 때 長公主의 딸(후일의 陳皇后)을 보고 아내로 맞는다면 황금으로 만든 집에 살게 하겠다고 했다는 고사. 이 선집 서문의 '漢帝金屋之中'의 주를 참조할 것.

256) '汀洲'(정주) : 강 가운데 있는 작은 섬. '白蘋'(백빈) : 개구리밥과에 속하는 수초. 논이나 연못의 물위에 떠서 산다. 가을에 모체에서 생긴 타원형의 작은 겨울눈이 물속에 가라앉아서 겨울을 나고 이듬해 봄에 물위로 나와 번식한다.

257) '洞庭'(동정) : 洞庭湖. 湖南省 북부의 중국 제2의 담수호. 이 구는 洞庭湖 지역에 있다가 고향으로 돌아가는 나그네를 작품 속 여주인공이 만났다는 뜻이다.

258) '瀟湘'(소상) : 두 강 이름. 瀟水는 湖南省 零陵縣으로 흘러 와 湘水와 합류하여 북

| | |
|---|---|
| "故人何不返?[259] | 임은 왜 안 돌아오시나요 |
| 春華復應晩." | 봄꽃조차 다시 시들어갈 때인데도 |
| 不道新知樂,[260] | 새로 여자 생겼다고 말하는 대신에 |
| 只言行路遠. | 다만 길이 멀어서라고 대답하네 |

**해설** 이 작품은 돌아오지 않은 남편에 대한 여인의 그리움을 서술한 시다. 남편을 기다리던 중 우연히 남편과 함께 있다가 고향으로 돌아가는 중의 사람을 만나게 된다. 남편 소식을 묻는 것은 당연한 일, "왜 우리 남편은 안 돌아오시나요?" 나그네가 만났던 그녀의 남편은 이미 그곳의 딴 여자와 살림을 차리고 있었던 것. 그러나 그 사실을 어찌 저 가련한 여인에게 말한단 말인가. 길이 멀어서 못 온다더란 흰 거짓말이라도 하는 수밖에. 마지막 두 구는 무한한 여음을 독자에게 남겨주고 있다.

## 204. 밤에 일어나 오시다

「起夜來」[261]

| | |
|---|---|
| 城南斷車騎,[262] | 성 남쪽에 수레와 말 자취 끊기고 |
| 閣道覆淸埃.[263] | 복도에는 맑은 먼지 덮였으며 |
| 露華光翠網,[264] | 이슬꽃은 비취빛 거미줄에서 반짝이고 |

---

쪽으로 洞庭湖에 유입된다. '故人'(고인) : 임. 주인공의 남편. 이 구는 나그네가 瀟水와 湘水 부근에서 주인공의 남편을 만났었음을 나타낸다.

259) 이하 두 구는 여주인공이 나그네에게 남편에 대해 묻는 말이다.

260) '新知樂'(신지락) : 새로 사귄 여자와의 즐거움.

261) 『樂府解題』에 "제목의 뜻은 간밤에 그리운 임이 오는 것을 떠올렸다라는 것이다(其詞意猶念疇昔思君之來也)"라고 했다. 雜曲歌辭에 속한다.

262) '車騎'(거기) : 수레와 말. 車馬.

263) '閣道'(각도) : 복도. 건물 안의 방과 방, 또는 건물과 건물을 잇는, 지붕이 있는 좁고 긴 통로.

264) '露華'(로화) : 이슬. '翠網'(취망) : 비취색 거미줄.

月影入蘭臺.[265]　달그림자는 난초누대로 스며드네
洞房且暮掩,[266]　깊은 규방은 어둠 속에 닫혀 있는데
應門或復開.[267]　대궐 문은 혹시나 다시 열리려나
颯颯秋桂響,　솨아솨아 계수나무에 부는 가을바람 소리가
悲君起夜來.[268]　당신이 밤에 일어나 오시는 소리는 아닌지

**해설** 이 작품은 사랑하는 임이 다시 찾아주기를 바라는 여인의 간절한 그리움을 묘사한 시다. 여인은 어쩌면 기녀인지도 모른다. 그리고 그 임은 성안에 사는 높은 벼슬아치로, 한때 이 여인을 자주 찾아주었을지도 모르겠다. 그러나 화류계의 사랑이란 늘 그렇듯 일시적이다. 그래서 발길이 끊어진 지 오래. 그렇지만 여인은 차마 임을 못 잊어 부는 바람소리에도 임이 오시나 하여 잠을 이루지 못한다. 가슴 아린 기다림은 정녕 여인만의 형벌이었던가.

## 205. 칠석날 밤에 바늘에 실을 꿰다

「七夕穿針」[269]

代馬秋不歸,[270]　호마는 가을이 되었건만 돌아오지 않고
緇紈無復緒.[271]　검게 변한 비단옷은 다시 재봉선도 못 찾을 정도

265) '蘭臺'(란대): 戰國시대 楚나라 누대 이름. 또는 주위에 난초가 심어진 누대.
266) '洞房'(동방): 집안 깊숙한 데 위치한 규방.
267) '應門'(응문): 왕궁의 정문[남문].
268) '悲'(비): 『考異』 및 다른 책에는 '非'자로 되어 있다. 여기에서도 이를 따랐다.
269) '七夕穿針'(칠석천침): 음력 7월 7일, 즉 칠석날 밤에 여인들이 일곱 개의 바늘에 오색실을 꿰면서 직녀에게 바느질 솜씨를 빌었던 풍속을 가리킨다.
270) '代馬'(대마): 북방의 준마. '胡馬'와 같다. '代'는 본래 북방 변경의 郡 이름이다. 이 구는 북방 변경지역으로 출정한 남편이 돌아오지 않음을 뜻한다.
271) '緇紈'(치환): 검은 색으로 변해버린 비단옷. '無復緒'(무부서): 더 이상 실마리가 없다. 이 구절은 출정을 떠날 때 입었던 남편의 옷이 낡고 때가 묻어 검게 변해서 재봉

라네

迎寒理衣縫, 차가운 공기 맞으며 옷을 꿰매고
映月抽纖縷. 달빛 받으며 가는 실을 뽑는다네
的皪愁睇光,[272] 밝게 빛나는 수심어린 저 눈빛
連娟思眉聚.[273] 동그랗게 예쁜 그리움에 젖은 찌푸린 눈썹
淸露下羅衣, 맑은 이슬이 비단옷에 내리고
秋風吹玉柱.[274] 가을바람은 거문고에 불어오며
流陰稍已多, 흐르는 듯한 그림자는 조금씩 자꾸 넓어지는데
餘光欲誰與. 남은 달빛은 누구와 함께 하려는지

**해설** 이 작품은 출정한 남편의 겨울옷을 짓는 여인의 그리움을 묘사한 시다. 칠석은 견우직녀가 1년에 한 번 만나는 날이다. 견우직녀의 전설은 생이별과 그리움의 원형으로, 이 작품 역시 생이별의 아픔을 노래한 것이다. 사랑하는 사람과의 원치 않는 생이별, 이보다 더 가슴 아픈 시의 주제가 또 있을까.

## 206. 돗자리

「詠席」

照日汀洲際,[275] 햇빛은 작은 섬 주위를 비추며

---

선을 구분할 수조차 없게 되었음을 뜻한다. 이 두 구는 남편에 대해 묘사한 부분이며, 이후는 고향에 남아 있는 아내에 대한 묘사이다.

272) '的皪'(적력): 밝게 빛나는 모양. '睇光'(제광): 바라보는 눈빛.

273) '連娟'(련연): 구부정하게 예쁜 모양. '眉聚'(미취): 찌푸린 눈썹.

274) '玉柱'(옥주): 옥으로 만든 현악기의 기러기발. 거문고·비파 등을 가리키는 말로 쓰인다.

275) '汀洲'(정주): 강 또는 호수의 작은 섬. 이하 두 구는 돗자리의 재료가 되는 왕골 또는 골풀이 자라는 지역을 묘사한 것이다.

| | |
|---|---|
| 搖風綠潭側. | 바람은 푸른 연못가를 흔드는데 |
| 雖無獨繭輕,[276] | 고치 하나에서 뽑은 명주실의 가벼움은 없지만 |
| 幸有青袍色.[277] | 다행히 푸른 도포의 색채는 있다네 |
| 羅袖少輕塵,[278] | 비단 소매에는 가벼운 먼지 거의 없고 |
| 象牀多麗飾.[279] | 상아로 꾸민 침상은 화려하기도 하네 |
| 願君蘭夜飮,[280] | 그대여 깊은 밤에 이 자리 깔고 술 마시며 |
| 佳人時宴息.[281] | 미인도 때때로 이 자리 펴고 편히 쉬기를 |

**해설** 이 작품은 돗자리를 읊은 순수한 영물시이다. 비록 비단자리 같은 가벼움이야 없다고는 하지만 그 푸른 색은 옛 선비들이 입는 도포의 색과 같아 귀하다. 때로는 무희들이 춤추는 자리가 되기도 하고, 때로는 상아침대의 자리가 되기도 하며, 또 때로는 깊은 밤 무르익는 술자리가 되기도 하고, 지친 미인들이 쉬는 잠자리가 되기도 한다.

---

276) '獨繭'(독견) : 고치 하나에서 뽑은 실. 매우 가벼움을 뜻하는데, 여기에서는 비단천을 의미한다.

277) '青袍'(청포) : 푸른 도포.

278) 이 구는 자리를 깔고 그 위에서 미인이 춤을 추는 것을 형용한 것이다.

279) '象牀'(상상) : 상아로 꾸민 침상. 이 구는 화려한 침상 위에 자리가 깔려 있음을 의미한다.

280) '蘭夜'(란야) : 칠석날 밤. 음력 칠월을 '蘭月'이라고 하는 데서 왔다. 그러나 내용상 어울리지 않는다. 『考異』 등 다른 책에는 '闌夜(깊은 밤)'로 되어 있는데, 여기에서도 이를 따랐다.

281) '宴息'(연식) : 편히 쉬다.

## 강홍(江洪)

◇江洪(대략 502년 전후 재세) : 자와 생평 등이 상세하지 않으며, 濟陽(지금의 山東省 定陶縣 서북) 사람이다. 글을 잘 써서 齊 武帝 때 虞羲 등과 함께 竟陵王 蕭子良의 문하에서 교유하였다. 梁나라 초 建陽令이 되었으며, 어떤 일에 연루되어 피살되었다. 문집 2권이 전해온다.

### 207. 노래하는 여인

「詠歌姬」[282]

| | |
|---|---|
| 寶鑷間珠花,[283] | 보석 비녀장식 사이사이로 진주꽃 박혀 있고 |
| 分明靚妝點.[284] | 짙은 화장 연지곤지 선명하게 눈에 띄며 |
| 薄鬢約微黃,[285] | 엷은 살쩍 주위엔 담황색 분을 발랐고 |
| 輕紅澹鉛臉.[286] | 가벼운 연지는 흰 분 바른 뺨에 살짝 |
| 發言芳已馳,[287] | 노래를 부르자 향기는 더욱 퍼지며 |
| 復加蘭蕙染. | 게다가 난초 혜초 향기가 묻어나네 |
| 浮聲易傷歎,[288] | 높은 노랫소리에는 쉽사리 슬퍼져 탄식하고 |
| 沈唱安而險.[289] | 낮게 부르는 노래는 편안하지만 어렵게 하네 |
| 孤轉忽徘徊, | 홀로 맴돌다 문득 서성거리며 |

282) '歌姬'(가희) : 노래하는 여인. 여자 가수.
283) '鑷'(섭) : 비녀에 다는 장식. '珠花'(주화) : 진주로 엮어서 만든 꽃 모양의 머리 장식.
284) '靚妝'(정장) : 짙고 고운 화장. '點'(점) : 연지로 이마나 볼에 둥글게 찍는 화장.
285) '約'(약) : 바르다. 칠하다.
286) '輕紅'(경홍) : 엷은 연지 화장. '澹'(첨) : 엷다. 담박하다. '鉛臉'(연검) : 흰 분을 바른 뺨.
287) '發言'(발언) : 입을 열다. 노래를 하다. '馳'(치) : 전파되다.
288) '浮聲'(부성) : 높은 음의 노랫소리.
289) '沈唱'(침창) : 낮게 가라앉는 노랫소리. '險'(험) : 어렵다. 힘들다. 이상 두 구는 두 가지 창법 또는 곡조를 묘사한 것이다.

雙蛾乍舒斂.[290]　　두 눈썹도 갑자기 펴졌다가 움츠려드네
不持全示人,　　다른 사람에게 모습을 다 보여주지 않고
半用輕紗掩.　　반쯤은 가벼운 비단으로 가렸네

**해설** 이 작품은 노래하는 여인의 모습을 묘사한 영물시다. 비록 사람을 노래한 작품이지만 당시의 심미의식으로 볼 때 영물시에 포함시킬 수 있다. 처음 네 구에서는 그녀의 화려한 치장을 묘사하였고, 이어지는 네 구에서는 그녀가 부르는 노랫소리를 묘사하였다. 마지막 네 구는 춤을 추는 동작과 비단 수건으로 몸을 반쯤 가린 모습을 묘사하였다.

## 208. 무희

「詠舞女」

腰纖蔑楚媛,[291]　　가는 허리는 초나라 아가씨를 깔볼 정도며
體輕非趙姬.[292]　　가벼운 몸은 조비연을 비난할 정도라네
映衿闐寶粟,[293]　　옷깃에 비치는 보석 가득 박힌 비녀에
緣肘挂珠絲.[294]　　팔꿈치를 따라 진주를 꿴 실이 달려 있네
發袖已成態,　　소매를 떨치자 벌써 하나의 형상을 이루었고
動足復含姿.　　발을 움직이자 다시금 아름다운 자태를 띠네

290) '舒斂'(서렴) : 펼침과 움츠림.
291) '蔑'(멸) : 업신여기다. 『韓非子』「二柄」에, "楚나라 靈王이 가는 허리를 좋아하자 도성 안에는 굶어 죽는 여인이 많았다(楚靈王好細腰, 而國中多餓人)"라고 했다.
292) '非'(비) : 비난하다. 힐난하다. '趙姬'(조희) : 漢 成帝의 후비 趙飛燕을 가리킨다. 그녀는 몸이 가벼워 손바닥 위에서 춤을 출 정도였다고 한다.
293) '衿'(금) : 옷깃. '襟'·'衿'과 같다. 다른 책에는 '襟'자로 되어 있다. '闐寶粟'(전보속) : 보석을 알알이 가득 박아서 꾸민 비녀.
294) '緣肘'(연주) : 팔꿈치를 따라. '挂'(괘) : 매달려 있다. '珠絲'(주사) : 진주를 엮은 실.

斜精若不眄,[295]　　비스듬한 눈동자는 돌아보지 않는 듯
當轉復遲疑.[296]　　몸을 돌리려다 다시금 망설이는 듯
何慚雲鶴起,　　어찌 구름 위로 날아오르는 학에 부끄러울 것이며
詎減鳳鸞時?[297]　　어찌 봉황새 춤출 때보다 못하겠는가

**해설** 이 작품은 춤추는 여인의 모습을 노래한 영물시다. 무희의 용모와 치장, 그리고 춤 동작에 대한 묘사가 당시 시단의 심미의식을 반영하고 있다. 특히 미묘한 춤 동작에 대한 묘사는 단순히 동작에 대한 묘사에만 그치는 게 아니라 무희의 정신과 감정까지도 전해주는 듯하다.

## 209. 빨강 편지지

「詠紅箋」[298]

雜彩何足奇?[299]　　여러 가지 색이 어찌 신기하다고 하랴
惟紅偏作可.[300]　　오로지 붉은 색 하나만으로 훌륭하게 만들었네
灼爍類蕖開,[301]　　눈부신 색채는 연꽃이 피어난 듯
輕明似霞破.　　연한 밝은 빛은 노을이 부서지는 듯
鏤質卷芳脂,[302]　　아로새긴 재질에 향기로운 기름 발라 말았고

---

295) '精'(정) : 『考異』 및 다른 책에는 '睛(눈동자)'자로 되어 있다. 여기에서도 이를 따랐다.
296) '遲疑'(지의) : 망설이는 모양.
297) '詎'(거) : 어찌. '減'(감) : 못하다. '鳳鸞'(봉란) : 봉황.
298) '箋'(전) : 폭이 좁은 정미한 편지지. 본래는 좁고 가는 竹簡을 뜻한다.
299) '何足'(하족) : 어찌 ……할 만 하겠는가?
300) '惟'(유) : 오직. '偏'(편) : 오로지. '可'(가) : 알맞다. 적당하다.
301) '灼爍'(작삭) : 눈부시게 빛나는 모양. '類'(류) : 비슷하다. 같다. '蕖'(거) : 연꽃.
302) '鏤質'(루질) : 무늬를 아로새긴 종이. '芳脂'(방지) : 발삼과 같은 천연수지의 하나. 향료·접착제로 사용된다.

裁花承百和.[303]　꽃을 마름질해 온갖 향료를 입혔다네
且傳別離心,　장차 이별의 마음 전한 뒤
復是相思裹.　다시금 이것을 그리움이란 포장지로 싼다네
不値情幸人,[304]　사랑 받는 사람을 만나지 못한다면
豈識風流座?[305]　어찌 풍류 자리의 멋을 알겠는가

**해설** 이 작품은 붉은 색의 편지지에 대해 묘사한 영물시다. 보통 종이와는 다르게 이 편지지는 주로 여인의 수중에서 사랑의 감정을 전달하는 연애편지를 쓰는 데 사용된다. 빨강색은 정열을 상징한다. 편지지에 담긴 내용 역시 뜨거운 사랑이리라.

## 210. 장미

「詠薔薇」[306]

當戶種薔薇,[307]　대문 앞에 장미를 심었더니
枝葉太葳蕤.[308]　가지와 잎이 너무나도 무성하네
不搖香已亂,[309]　흔들지 않아도 향기는 이미 진동하고
無風花自飛.　바람이 없어도 꽃잎은 절로 날리네
春閨不能靜,　봄 규방의 아가씨 마음 고요할 수가 없으니

303) '百和'(백화) : 각종 향료를 혼합하여 만든 향료.
304) '情幸人'(정행인) : 총애를 받는 사람.
305) '風流座'(풍류좌) : 풍류를 나누는 자리의 운치. '座'는 '席'의 의미로 쓰였다. 이상 두 구는 편지지가 총애를 받는 여인의 수중에 들어가 풍류가 있는 연애편지를 쓰는 용도로 쓰인다는 뜻이다.
306) 다른 책에는 柳惲의 작품이라고 되어 있다.
307) '戶'(호) : 외짝으로 된 문. (대)문.
308) '葳蕤'(위유) : 초목이 무성한 모양.
309) '亂'(란) : 향기가 사방으로 가득 퍼진다는 뜻이다.

| | |
|---|---|
| 開匣理明妃.[310] | 화장대 열고 왕소군 같은 제 얼굴 바라보네 |
| 曲池浮采采,[311] | 구비진 연못엔 떨어진 꽃잎 무성히 떠 있고 |
| 斜岸列依依.[312] | 비스듬한 둑에는 부드러운 가지 늘어서 있네 |
| 或聞好音度,[313] | 간혹 들리는 건 귓가를 스치는 듣기 좋은 지저귐 |
| 時見銜泥歸.[314] | 이따금 보이는 건 진흙 물고 돌아오는 제비 |
| 且對淸觴湛,[315] | 장차 맛있는 술을 마시며 즐길 뿐 |
| 其餘任是非.[316] | 그 외에는 아무 것도 따지지 않는다네 |

**해설** 이 작품은 장미에 대해 묘사한 영물시다. 비록 묘사의 대상은 장미지만, 그것은 단지 흥을 불러일으키는 매개체일 뿐 시의 중심은 춘정을 품은 여인의 부푼 마음을 노래하는 데 있다. 봄이 되니 꽃이 피고 새가 지저귀며 만물이 약동하니 깊숙한 규방에 갇혀 있던 아가씨의 마음 또한 설레지 않을 수 있겠는가? 들리는 것 보이는 것 모두가 마음에 즐거우니 인생만사 시비를 따지는 게 무슨 필요가 있을까? 다만 맛있는 술로 춘흥을 풀어내면 될진대.

310) '對'(대) : 『考異』 및 다른 책에는 '理'자로 되어 있다. '明妃'(명비) : 漢 元帝 때의 후비로 흉노에 시집 간 王昭君을 가리킨다.

311) '采采'(채채) : 아름답고도 무성한 모양.

312) '依依'(의의) : 부드럽고도 무성한 모양.

313) '好音'(호음) : 듣기 좋은 소리. 여기에서는 새가 지저귀는 소리를 가리킨다.

314) '銜泥'(함니) : 진흙을 물다. 제비를 가리킨다.

315) '淸觴'(청상) : 맛있는 술. 美酒. '湛'(담) : 즐거움에 빠지다.

316) '任是非'(임시비) : 잘잘못을 따지지 않는다.

## 고상(高爽)

◇高爽(대략 502년 전후 재세) : 자는 밝혀져 있지 않으며, 廣陵(지금의 江蘇省 江都縣) 사람이다. 글을 잘 썼으며, 齊 永明 연간에 衛軍 王儉에게 시를 지어 주어 칭찬을 받고 孝廉으로 천거되었다. 梁 天監 초에 中軍臨川王參軍을 역임하였고, 그 후 외직으로 나가 晉陽令이 되었다. 당시 어떤 일에 연루되어 투옥되자 「鑊魚賦」를 지어 자신의 상황을 비유하였는데, 그 문장이 매우 뛰어났다. 사면된 지 얼마 후에 죽었다.

### 211. 거울

「詠鏡」

| | |
|---|---|
| 初上鳳皇墀,[317] | 처음 궁전의 계단에 올랐을 때 |
| 此鏡照蛾眉. | 이 거울은 미인의 눈썹을 비추었지 |
| 言照常相守,[318] | 애정 변함없는 사람들을 비추며 |
| 不照常相思.[319] | 이별한 사람들은 비추지 않으리라 했었지 |
| 虛心會不采,[320] | 사랑 잃은 이는 더 이상 거울을 잡지 않지만 |
| 貞明空自欺.[321] | 곧고 밝은 절개는 부질없이 혼자 지키고 있지 |

317) '鳳皇墀'(봉황지) : 궁전의 계단. 이 구절은 거울이 처음 궁중으로 들어왔을 때를 말한다.

318) '常相守'(상상수) : 서로의 애정을 영원히 지키는 것. 애정이 변함없는 사람.

319) '常相思'(상상사) : 이별하여 오래도록 임을 그리워하는 사람.

320) '虛心'(허심) : 사랑을 잃어 외모에 관심 없는 사람을 가리킨다. '會'(회) : 鈴木虎雄은 '曾'자의 잘못으로 보았는데, 여기에서도 이를 따랐다. '不采'(불채) : 잡지 않다. 이 구는 사랑하는 사람이 없기 때문에 외모에 관심 없는 사람들은 더 이상 거울을 보지 않는다란 뜻이다.

321) '貞明'(정명) : (거울의) 곧고 밝은 절개. '欺'(기) : 속이다. 내용과 맞지 않기 때문에 『考異』에서는 '持(견지하다)'자의 잘못이 아닌가 하였다. 여기에서도 이를 따랐다.

無言故此物,[322] 이것을 낡은 물건이라 말하지 마라
更復對新期.[323] 다시금 새로운 사람과 마주할지니

해설 이 작품은 궁중의 거울에 대해 묘사한 영물시다. 거울이야 항상 행복하고 사랑 충만한 사람만 비추고 싶지만 어디 마음대로 될 것인가? 때로는 떠난 임을 그리며 눈물 흘리는 얼굴도 비춰야 할 게고, 또 때로는 버림받고 늙어가는 여인의 흰 살쩍도 비춰야 할 것이다. 그러나 다행히도 사랑을 잃은 여인은 거울을 더 이상 꺼내지 않는구나. 먼지 자욱 쌓인 채 밀쳐져 있지만 곧고 밝은 품성만은 잃지 않는다. 나를 두고 누가 헌거울이라 말하는가? 새사람을 비추면 다시금 새거울이 되는데.

## 포자경(鮑子卿)

◇鮑子卿 : 생평에 대해 전해오는 기록이 없다.

### 212. 그림 부채

「詠畫扇」[324]

細絲本自輕, 가는 명주실은 본래 가벼웠고

322) '故此'(고차) : 『考異』 및 다른 책에는 '此故'로 되어 있다. 여기에서도 이를 따랐다.
323) '新期'(신기) : 새로이 총애를 받는 사람.
324) 어떤 책에는 高爽의 작품이라고 되어 있다.

弱彩何足眄. 　희미한 색채 어찌 눈길을 받을 만 했겠는가
直爲發紅顔,[325] 　단지 미인의 붉은 얼굴을 그리자
謬成握中扇. 　어쩌다 손 안의 부채가 되었네
乍奉長門泣,[326] 　문득 장문궁에서 눈물 흘리는 황후를 모시기도 하였고
時承柏梁宴.[327] 　때로는 백량대 잔치에 끼는 은총을 입기도 하였네
思妝開已掩, 　시름겨운 여인의 화장한 모습은 보였다가 또 가려지고
歌容隱而見.[328] 　노래하는 여인의 얼굴은 숨었다가 다시 나타나네
但畫雙黃鶴, 　단지 한 쌍의 황학을 그릴지언정
莫作孤飛燕. 　외롭게 나는 제비는 그리지 말기를

**해설** 이 작품은 부채에 대한 묘사를 통해 후비의 애환을 노래한 일종의 영물시다. 이 시의 주인공은 부채이자, 부채에 그려진 여인이기도 한데, 그 여인은 곧 후비이다. 班婕妤의 「怨詩」 이래로 부채는 버림받은 여인의 상징이 되었으며, 이 작품 역시 그러한 전통을 따랐다. 하지만 버림받은 여인을 어찌 부채에 비유할 수 있으랴. 부채 신세야 여름이 지나면 잘 간수되었다가 다음 여름에 다시 임의 수중에 들 수 있지만 한번 떠난 임의 사랑이야 어찌 다시 돌이킬 수 있으랴.

---

325) '直'(직) : 단지.

326) '長門泣'(장문읍) : 漢 武帝 陳皇后가 총애를 잃고 長門宮에 물러나 눈물로 지새던 일을 가리킨다.

327) '柏梁宴'(백량연) : 柏梁臺의 잔치. 『北堂書鈔』에 "漢 武帝 元封 3년에 백량대를 지었는데, 조서를 내려 군신들에게 칠언시를 잘 지으면 상좌에 앉을 수 있게 했다(漢武帝元封三年作柏梁臺, 詔群臣能爲七言詩者, 乃得上坐)"라고 했으며, 『漢武故事』에는 "백량대는 높이가 20길로 모두 잣나무를 사용해 그 향기가 수십 리에까지 퍼졌다(柏梁臺, 高二十丈, 悉以柏, 香聞數十里)"라고 했다. 이상 두 구는 부채를 궁녀로 의인화한 것이다.

328) 이상 두 구는 부채에 의해 후비의 모습이 보였다 숨었다 함을 나타낸다.

## 213. 옥돌 계단

「詠玉堦」[329]

| | |
|---|---|
| 玉堦已誇麗,[330] | 옥돌 계단은 아름답고 화려한데다 |
| 復得臨紫微.[331] | 다시금 자미궁에까지 이어져 있네 |
| 北戶接翠幄, | 북쪽 방문으로는 비취색 휘장과 접해 있고 |
| 南路低金扉.[332] | 남쪽 길로는 황금색 대문에 닿아 있네 |
| 重疊通日影,[333] | 층층마다 햇빛 비치고 |
| 參差藏月輝. | 들쑥날쑥 달빛을 품고 있네 |
| 輕苔染朱履,[334] | 가벼운 이끼 붉은 신발에 묻고 |
| 微澱拂羅衣.[335] | 약간의 진흙 비단옷에 스치네 |
| 獨笑崑山曲,[336] | 혼자 곤륜산 구비진 곳을 비웃는데 |
| 空見青鳧飛.[337] | 부질없이 파랑새 날아가는 것 보이네 |

**해설** 이 작품은 궁중의 옥돌 계단을 묘사한 일종의 영물시다. 그 계단은 이곳저곳으로 온갖 귀한 장소와 연결되어 있다. 계단 구석에 간신히 생명을 틔운 이끼가 계단을 오르내리는 귀인의 비단 신발

---

329) '玉堦'(옥계): '玉階'와 같다. 옥돌로 만든 계단, 또는 옥으로 꾸민 계단.

330) '誇麗'(과려): 아름답고 화려하다.

331) '紫微'(자미): 紫微宮. 궁전 이름.

332) '低'(저): 『考異』 및 다른 책에는 '抵(닿다)'자로 되어 있다. 여기에서도 이를 따랐다. '金扉'(금비): 호화로운 (대)문.

333) '日影'(일영): 해.

334) '輕苔'(경태): 많지 않은 이끼.

335) '微澱'(미전): 작은 진흙. '拂'(불): 닿다. 스치다.

336) '崑山'(곤산): 西王母가 사는 崑崙山. 『漢武故事』에 "7월 7일, 임금이 承華殿의 서재에 있었는데 문득 파랑새가 서쪽에서 날아왔다. 임금이 東方朔에게 묻자 '西王母가 곧 올 것입니다'라고 했는데, 얼마 후 西王母가 왔다(七月七日, 上于承華殿齋, 忽青鳥從西來, 上問東方朔, 朔曰, '西王母欲來.' 有頃, 王母至)"라고 했다. 이하 두 구는 漢 武帝 때 西王母의 심부름꾼 파랑새가 날아왔다는 고사를 말하고 있다.

337) '青鳧'(청부): 청둥오리. 여기에서는 西王母의 심부름을 했나는 '青鳥'로 본다.

에 밟히고, 비온 뒤의 진흙은 비단 옷자락에 묻기도 한다. 그 옛날 西王母의 소식을 전하러 이 계단으로 날아왔다던 파랑새 이야기가 공허하기만 하여 웃음이 나오는데, 그걸 아는지 모르는지 눈앞으로 파랑새 한 마리가 날고 있다.

## 하자랑(何子朗)

◇何子朗(대략 479~522년 재세) : 자가 世明이며, 東海 郯(지금의 山東省 郯城縣) 사람이다. 기록에 의하면 24세 때 재치 있는 생각과 淸談에 뛰어났는데, 周捨가 그와 함께 담론할 때마다 그의 정밀한 논리에 감복했다고 한다. 일찍이 「敗家賦」를 지어 莊子의 「馬棰」를 모방했는데, 그 문장이 매우 뛰어나 세상 사람들이 말하기를, "사람들 사이에서 출중한 何子朗(人中爽爽何子朗)"이라고 했다. 그는 종친인 何思澄·何遜 등과 함께 문명을 날렸으니, 당시 사람들이 또 말하기를, "동해의 세 何氏 중 子朗이 가장 훌륭하다(東海三何, 子朗最多)"라고 했다. 員外散騎侍郎을 역임했고, 외직으로 나가 固山令을 지냈다. 문집이 전해온다.

## 214. 사조체를 배우다

「學謝體」

桂臺淸露拂,[338]　　계수나무 누대엔 맑은 이슬이 날리고
銅陛落花沾.[339]　　구리 계단엔 떨어진 꽃잎 붙어 있네

---

338) '桂臺'(계대) : 漢나라 未央宮에 있던 누대 이름. 또는 계수나무로 지은 누대.
339) '銅陛'(동폐) : 구리를 덮어씌워 만든 계단.

美人紅粧罷, 미인은 붉은 화장 끝나니
攀鉤捲細簾. 갈고리 당기며 가는 발을 말아올리네
思君擊促柱,[340] 임 그리워 거문고 높은 음을 울리는데
玉指何纖纖. 옥 같은 손가락은 어찌 저리도 가녀린지
未應爲此別,[341] 이렇게 이별하는 건 얼토당토 않건만
無故坐相嫌.[342] 까닭 없이 미움을 산다네

해설 이 작품은 버림받은 여인의 원망을 노래한 시다. 여인은 자신이 왜 미움을 받으며, 왜 버림받았는지 그 이유조차 모른다. 그것은 어쩌면 당연한 일, 원인은 남자의 가변적인 애정 속성에 있기 때문이다.

## 215. 기실 우건의 '고시의 뜻'에 화답하여

「和虞記室騫古意」[343]

美人弄白日,[344] 미인은 밝은 해 아래에서 노는데
灼灼當春牖.[345] 화사한 햇빛이 봄 창문으로 비치네
淸鏡對蛾眉, 맑은 거울은 아름다운 눈썹을 비추고
新花映玉手. 새로 핀 꽃은 옥 같은 손에 아른거리네
燕下拾池泥, 제비는 내려와 연못의 진흙을 물고 가고

340) '擊'(격) : 치다. 두드리다. 울리다. '促柱'(촉주) : 기러기발을 높은 음으로 조절하다.
341) '未應'(미응) : 합당하지 않다. 맞지 않다.
342) '坐'(좌) : 죄를 입다. 연루되다.
343) '虞騫'(우건) : 會稽 사람으로 梁 武帝 天監 연간의 사람이다. 오언시를 잘 썼으며 何遜과 이름을 같이 했다. '記室'(기실) : 관직 이름. 東漢 때 설치되었으며 문서를 관장하였다.
344) '弄'(농) : 장난하다. 놀다.
345) '灼灼'(작작) : 빛나는 모양.

風來吹細柳. 바람은 가녀린 버들가지로 불어오는데
君子何時歸? 낭군님은 언제나 돌아와
與我酌尊酒. 나와 함께 술잔을 따르려나

**해설** 이 작품은 집을 떠나 돌아오지 않는 남편을 기다리는 아내의 심정을 노래한 시다. 긴 겨울이 지나고 만물이 소생하는 봄이 되었다. 햇살이 따사롭고 강남 갔던 제비도 돌아오고 버들가지도 산들바람에 일렁이는 봄, 가슴속의 임 생각은 더욱 부풀어 오르게 마련이다. 바람이란 어서 빨리 돌아와 함께 술 따르며 그간 쌓였던 회포를 푸는 것.

## 216. 무랑의 '달을 보면서'에 화답하여

「和繆郎視月」[346]

清夜未云疲,[347] 맑은 밤에 아직 피곤하다 하지 않고
細簾聊可發. 가는 발도 잠시나마 걷어둘 만한데
泠泠玉潭水,[348] 서늘하게 옥 같이 맑은 연못물에
映見蛾眉月.[349] 미인 눈썹 같은 초승달이 비치네
靡靡露方垂,[350] 흥건하게 이슬 바야흐로 내리자
輝輝光稍沒. 휘영청하던 달빛도 조금씩 잦아들고
佳人復千里,[351] 낭군님은 다시금 천 리 먼 곳에 계시며

---

346) '繆郎'(무랑) : 인명. 누군지는 확실하지 않다. 『藝文類聚』에는 이 작품이 虞騫의 「視月」이라고 되어 있다.
347) '淸夜'(청야) : 청정한 밤. 曹植의 「公宴詩」 서두에 "공자는 빈객들을 경애하여, 잔치가 끝날 때까지 피곤한 줄도 모른 채, 밝고 고요한 밤에 西園에서 노는데, 나는 듯한 수레가 꼬리를 잇네(公子敬愛客, 終宴不知疲. 淸夜游西園, 飛蓋相追隨)"라고 했다.
348) '泠泠'(령령) : 서늘한 모양.
349) '蛾眉月'(아미월) : 눈썹 모양의 달. 음력 초순이나 그믐 무렵의 달 모양.
350) '靡靡'(미미) : 이슬이 많이 내리는 모양.

餘影徒揮忽.[352]　　남은 달그림자도 끝내 사라지고 마네

해설 이 작품은 멀리 떠나서 돌아오지 않는 남편을 기다리는 여인의 심경을 묘사한 시다. 삶에 분주했던 낮 동안은 그리운 사람도 잠시 잊혀지게 마련이다. 그러나 다들 제집으로 돌아가고 자신도 잠자리에 들 무렵인 밤, 하늘엔 달이 걸려 있다. 저 달을 임도 보고 있을 거란 생각에 다시금 그 사람 생각이 난다. 달은 그래서 그리움을 이어주는 매개체다. 달을 보면서 임에 대해 온갖 즐거운 상상을 한다. 그러나 시간은 흘러 어느새 이슬이 흥건히 내리고 서녘 하늘에 걸려 있던 달도 지고 만다. 다시 현실로 돌아온다. 임은 여전히 천 리 만 리 먼 곳에 있다는 깨달음에 가슴은 더욱 아려 온다.

## 범정(范靖) 부(婦)

◇沈滿願(대략 540년 전후 재세) : 吳興 武康(지금의 浙江省 德淸縣) 사람으로, 沈約의 손녀이다. 武帝 大同 연간에 征西記室이었던 范靖에게 시집갔다. 그녀에겐 조부 沈約의 기풍이 있어 시를 잘 지었는데, 현존 11수의 시는 대부분 여성의 애원과 그리움을 묘사하고 있다.

---

351) '佳人'(가인) : 여기에서는 아내가 남편을 부르는 말로 쓰였다.
352) '徒'(도) . 끝내. 이에. '揮忽'(휘홀) : 순식간에 사라지다.

## 217. 꽃 떨잠

「詠步搖花」[353]

| | |
|---|---|
| 珠華縈翡翠,[354] | 진주 박은 수식에는 비취를 감았고 |
| 寶葉間金瓊.[355] | 옥 꽃잎 사이사이로는 금과 옥을 끼웠네 |
| 剪荷不似製,[356] | 잘라 만든 연꽃은 만든 것이 아닌 듯 |
| 爲花如自生. | 다양한 조화들도 자연산 꽃 같네 |
| 低枝拂繡領, | 낮게 저진 가지는 수놓인 목깃에 간늘거리고 |
| 微步動瑤瑛.[357] | 사뿐한 걸음에도 진귀한 옥 흔들리네 |
| 但令雲髻插,[358] | 단지 구름 같은 쪽에다 꽂기만 해도 |
| 蛾眉本易成.[359] | 아름다운 모습은 본시 쉽게 만들어지네 |

**해설** 이 작품은 여인의 머리 장식의 하나였던 떨잠의 아름다움에 대해 묘사한 영물시다. 머리카락을 쪽을 쪄 구름 같이 높게 올리고, 거기에 여러 개의 아름답고 귀한 비녀를 지르고, 다시금 머리 주위에 떨잠을 꽂았다. 갖가지 귀한 옥과 금으로 조각하고 재단하여 만든 꽃 떨잠은 걸을 때마다 간들거리며 주인공의 미모를 부각시킨다.

---

353) '步搖'(보요) : 떨잠. 보요. 여자의 쪽 찐 머리에 장식하던 일종의 首飾. 걸을 때 흔들린다.

354) '珠華'(주화) : 진주를 박은 수식. '縈'(영) : 두르다. 얽어매다. 감다. '翡翠'(비취) : 비취. 옥의 일종.

355) '寶葉'(보엽) : 옥으로 만든 꽃잎. '金瓊'(금경) : 황금과 美玉.

356) '剪荷'(전하) : 잘라서 만든 연꽃.

357) '瑤瑛'(요영) : 귀한 옥의 일종.

358) '雲髻'(운계) : 옛 여성의 높게 찐 쪽.

359) '蛾眉'(아미) : 본래 나방의 촉수 같이 굽은 미인의 눈썹을 가리키는 말이지만, 여기에서는 여인의 아름다운 모습을 뜻한다.

## 218. 소낭 아가씨를 놀리다

「戲蕭娘」[360]

| | |
|---|---|
| 明珠翠羽帳,[361] | 진주로 장식한 물총새 깃털 장막 |
| 金薄綠綃帷.[362] | 금박으로 꾸민 푸른 색 얇은 비단 휘장 |
| 因風時暫擧, | 바람에 이따금 잠깐씩 들리니 |
| 想像見芳姿. | 상상 속에서 꽃 같은 자태 보이네 |
| 淸晨插步瑤,[363] | 이른 아침이면 떨잠을 머리에 꽂고 |
| 向晩解羅衣.[364] | 저녁이면 얇은 비단옷을 벗으며 |
| 託意風流子,[365] | 풍류객에게 마음을 맡기는데 |
| 佳情詎肯私. | 아름다운 사랑을 어찌 혼자 차지하려 하는지 |

**해설** 이 작품은 남편의 애인인 기녀에 대한 질투의 마음을 서술한 시다. 기녀가 장미라면 아내는 콩나물인 것이다. 남자들은 그것을 정녕 모르는가. 딴 여인에게 마음을 빼앗긴 남편을 원망하는 대신에 기녀를 향해 투정을 부리듯 하소연밖에 할 수 없었던 옛날 여인들의 운명이 안타깝고도 슬플 뿐이다.

---

360) '蕭娘'(소낭) : 기녀의 이름. '唐娘' · '謝娘' 등 당시 기녀의 일반적인 이름이었다.
361) '明珠'(명주) : 진주. '翠羽帳'(취우장) : 물총새 깃털로 장식한 휘장.
362) '綃'(초) : 생사로 짠 얇은 비단.
363) '淸晨'(청신) : 이른 아침. 새벽.
364) '向晩'(향만) : 저녁 무렵. 저물녘. 황혼.
365) '風流子'(풍류자) : 풍류를 지닌 사람. 여기에서는 작가의 남편을 가리킨다.

## 219. 오색 향로바구니

「詠五彩竹火籠」[366)]

| | |
|---|---|
| 可憐潤霜質,[367)] | 사랑스럽네 서리를 맞은 그 재질 |
| 纖剖復毫分. | 가늘게 쪼개고 다시 미세하게 가르며 |
| 織作迴風萓,[368)] | 베처럼 짜서 회오리바람 같은 횃불 무늬 만들고 |
| 製爲縈綺文.[369)] | 마름질한 뒤 엉켜 있는 고운 무늬 만드네 |
| 含芳出珠被,[370)] | 머금었던 향기는 진주장식 이불에서 나오고 |
| 曜彩接緗裙.[371)] | 빛나는 색은 연황색 치맛자락과 닿아 있네 |
| 徒嗟今麗飾, | 부질없이 탄식하네 오늘의 화려한 이 수식을 |
| 豈念昔凌雲?[372)] | 어찌 생각하랴 옛날 구름 위로 솟을 듯한 그 절개를 |

해설 이 작품은 향로바구니에 대해 묘사한 영물시다. 온갖 풍상을 다 겪은 대나무를 잘라 가늘고 쪼개고 가른 뒤 여러 가지 아름다운 무늬로 짜서 향로바구니를 만든다. 그 속 향로의 향기는 귀한 이불에 입혀져 이불이 향기롭고, 휘황한 그 색은 여인의 비단 치맛자락에 비친다. 이렇듯 아름다운 모습 속에서 어찌 옛날 하늘을 찌를 듯하던 꼿꼿한 절개를 생각해낼 수가 있으랴.

---

366) '竹火籠'(죽화롱) : 안에 향을 태우는 난로가 들어 있는 대바구니.
367) '潤霜'(윤상) : 서리에 젖다.
368) '迴風萓'(회풍거) : 회오리바람 같은 횃불 무늬를 가리킨다. 합환 무늬의 일종.
369) '縈綺文'(영기문) : 얼기설기 엉켜 있는 무늬.
370) '珠被'(주피) : 진주로 꾸민 이불. 아름답고 귀한 이불. 이 구절은 향로바구니의 향기가 이불에 붙어남을 뜻한다.
371) '緗'(상) : 담황색. 옅은 황색. 이 구절은 향로바구니의 빛나는 색이 치맛자락에 비치는 것을 뜻한다.
372) 이상 두 구는 꼿꼿한 절개를 상징하던 대나무가 아름다운 향로바구니로 바뀌었음을 뜻한다.

## 220. 등잔

「詠燈」

綺筵日已暮,373) 화려한 돗자리에 해는 이미 저물고
羅幃月未歸. 얇은 비단휘장에 달님 아직 뜨지 않았을 때
開花散鶴彩,374) 불꽃을 일으키니 백조의 색이 흩어지고
含光出九微.375) 머금은 빛은 구미등에서 나오네
風軒動丹焰,376) 창문으로 부는 바람 빨간 불꽃을 흔들고
冰宇澹清暉.377) 얼음같이 깨끗한 방안엔 맑은 빛 가득하네
不吝輕蛾繞,378) 자그만 나방 불가를 맴도는 건 안타깝지 않지만
惟恐曉蠅飛.379) 다만 새벽 쉬파리 날아들까 겁나네

해설 이 작품은 등잔에 대해 노래한 영물시다. 해가 저물어 잔치가 끝나고 집에 돌아오니 아직 달조차 뜨지 않은 저녁. 방에 들어와 등잔에 불을 켠다. 가끔씩 창문으로 불어오는 바람에 불꽃은 일렁이고 방안엔 맑은 빛이 가득 퍼져 있다. 어디선가 작은 나방 한 마리가 날아들어와 불꽃 주위를 맴돌다가 끝내 타 죽는다. 그 모습을 보고 있는 여인은 그 나방이 마치 자신인 양 여겨진다. 임을 위해 헌신하는 자신의 모습처럼 보였기 때문일까. 그것은 곧 등불의 이미지이기도 하다. 자신의 욕심 없는 고결한 헌신은 전혀 아깝게 생각되지 않는다. 다만 냄새를 찾아 날아드는 쉬파리가 될까 두려울 뿐이다. 그렇다. 제 이익만을 좇아가는 삶은 살지 말아야 할 텐데.

---

373) '綺筵'(기연) : 아름다운 돗자리.
374) 이 구절은 부싯돌로 불을 일으킬 때의 불꽃을 묘사한 것이다.
375) '九微'(구미) : 등잔 이름.
376) '軒'(헌) : 창문.
377) '冰宇'(빙우) : 얼음같이 깨끗한 방. '澹'(섬) : 가득하다. '清暉'(청휘) : 맑은 빛.
378) '不吝'(불린) : 아깝게 여기지 않다.
379) '蠅'(승) : 파리의 총칭.

## 하손(何遜)

◇何遜(?~518) : 자가 仲信이며, 東海 郯(지금의 山東省 郯城縣) 사람이다. 여덟 살 때 이미 시를 지을 수 있었으며, 약관의 나이에 州에서 秀才로 천거되었다. 그의 문장 실력은 劉孝綽과 병칭되어 '何劉'라고 일컬어질 정도였다. 范雲은 그의 對策文을 보고 크게 칭송을 하며 忘年之交를 맺었다. 沈約 또한 그의 문장을 애호하여 일찍이 "내가 그대의 시를 읽을 때마다 하루에 세 번씩 반복했지만 그래도 느낌이 다하지 않았다네"라고 했다. 그가 揚州에 있을 때 관사에 매화가 만발하였고, 후에 매화가 떨어지는 것을 노래했다. 나중에 洛陽에 살 때 매화가 그리웠으나 얻지 못하자 다시 揚州로 나가길 간청했다. 揚州에 도착하니 마침 매화가 만발할 때라 관사를 개방하여 문인들을 초청해 종일토록 놀았다. 天監 연간에는 建安王의 參軍記室이 되었는데, 왕이 문학가를 좋아하여 매일 잔치하며 놀았다. 이어 安成王의 參軍이 되었으며, 尙書水部郎을 겸하였다. 후에 武帝에게 추천되어 吳均과 함께 총애를 받았는데 얼마 못가 武帝로부터 "吳均은 균일하지 않고, 何遜은 겸손하지 않다(吳均不均, 何遜不遜)"란 비판을 들으며 멀어졌다. 나중에 廬陵王의 記室이 되어 그를 따라 江州로 갔다가 얼마 후 죽었다. 王僧孺가 그의 글을 모아 만든 문집 8권이 전해온다.

현존하는 그의 시는 모두 110여 수인데, 내용은 대부분 길 떠난 이의 이별의 정을 묘사한 것이며, 특히 산수 경물과 감정을 잘 결합시키고 있다. 梁元帝 蕭繹이 일찍이 그의 시를 논하면서, "시가 많으면서도 뛰어난 사람은 沈約이고, 시가 적으면서 뛰어난 사람은 謝朓와 何遜이다"라고 했다.

### 221. 저물녘에 강을 바라보며 어사마에게 드리는 시

「日夕望江贈魚司馬」[380)]

溢城帶溢水,[381)]　　분성은 분강에 띠를 둘렀고

湓水縈如帶. 분강은 분성을 띠처럼 에워싸고 있네
日夕望高城, 저물녘에 높은 성을 바라보니
耿耿青雲外.[382] 까마득히 푸른 구름 밖에 있네
城中多宴賞, 성 안에는 잔치도 많아서
絲竹常繁會.[383] 현악기 관악기 항상 조화를 이루네
管聲已流悅,[384] 관악기 소리에 이미 즐거움 넘치는데
絃聲復凄切.[385] 현악기 소리에 다시금 처량해지네
歌黛慘如愁, 가기의 눈썹화장은 수심어린 듯 슬프고
舞腰凝欲絶. 무녀의 가는 허리는 끊어질 듯 팽팽하네
仲秋黃葉下, 중추에 낙엽은 떨어지고
長風正騷屑.[386] 멀리서 불어오는 바람은 한창 소슬하며
早雁出雲歸,[387] 때 이른 기러기는 구름에서 나와 돌아가고
故燕辭檐別. 옛 제비는 처마 끝에서 이별을 알리네
晝悲在異縣, 낮에는 다른 지방에 있다는 게 슬프며
夜夢還洛汭.[388] 밤에는 낙수로 돌아가는 꿈을 꾸는데
洛汭何悠悠,[389] 낙수는 어이 저리도 하염없이 멀고먼지

---

380) '魚司馬'(어사마) : 魚弘을 가리키며 襄陽 사람이다. 그는 何遜이 廬陵王의 記室로 있을 때 司馬(군무 담당 관직)란 벼슬을 하며 함께 있었는데, 그가 다른 곳으로 떠날 때 이 시를 지어 그리운 마음을 표현했다. 그는 특히 호사스런 인물로 시첩이 백여 명이나 되었고 의복이나 거마 등이 한 시대를 압도할 정도로 호화로웠다고 한다. '江'(강) : 潯陽江을 가리킨다.

381) '湓城'(분성) : 옛날의 성 이름으로 지금의 江西省 九江縣 서쪽에 있었다. '湓水'(분수) : 淸盆山에서 나와 湓城에서 長江으로 유입된다. 이하 두 구는 강이 성을 따라 구비져 있는 모습을 나타낸 것이다.

382) '耿耿'(경경) : 높고 먼 모양.

383) '繁會'(번회) : 여러 가지 음들이 서로 조화롭게 어울리는 것을 뜻한다.

384) '流悅'(류열) : 즐거움이 넘치다.

385) '凄切'(처절) : 매우 처량하다.

386) '長風'(장풍) : 멀리서 불어오는 바람. '騷屑'(소설) : 바람소리.

387) '早雁'(조안) : 일찌감치 남쪽으로 날아가는 기러기를 뜻한다.

388) '洛汭'(락예) : 河南省의 洛水가 黃河에 유입되는 곳. 洛水는 洛陽을 가리키기도 하는데, 南朝 시인들은 종종 洛陽을 建業을 대신하는 말로 썼었다.

| | |
|---|---|
| 起望登西樓. | 일어나 바라보며 서쪽 누각에 오른다네 |
| 的的帆向浦,[390] | 또렷또렷 돛배는 포구로 향하고 |
| 團團日隱州.[391] | 동글동글 해님은 모래섬 뒤로 숨는데 |
| 誰能一羽化, | 뉘라서 한 마리 새의 날개 되어 |
| 輕擧逐飛浮.[392] | 가볍게 하늘에 올라 흘러가는 구름을 쫓아갈 수 있으리 |

**해설** 이 작품은 친구와의 이별에 즈음해 그 석별의 정 및 고향에 대한 그리움을 서술한 시다. 자료에 따르면 대략 작가가 建安王 蕭偉를 따라 江州(지금의 江西省 九江市)에 있을 때 친구인 魚弘에게 준 시라고 한다. 즉 고향으로 돌아가는 친구에게 자신의 향수를 담아 송별시에 대신하였다. 친구와의 이별이 안타깝기야 하겠지만 그것을 오히려 자신의 짙은 향수로 위로하는 지혜가 돋보인다.

## 222. 경박한 사람

「輕薄篇」[393]

| | |
|---|---|
| 城東美少年, | 성 동쪽에 아름다운 소년 |
| 重身輕萬億.[394] | 자신을 아끼며 억만 금 재물은 하찮게 여기는데 |

---

389) '何悠悠'(하유유) : 매우 먼 모양.

390) '的的'(적적) : 분명한 모양.

391) '團團'(단단) : 둥근 모양. '日'자와 '州'자는 『考異』에는 각각 '月'자와 '洲'자로 되어 있다.

392) '飛浮'(비부) : 흘러가는 구름을 가리킨다.

393) 雜曲歌辭에 속한다. 『樂府解題』에, "「輕薄篇」은 살찐 말을 타고 가벼운 갖옷을 입고 사냥하며 서로 교제하는 것을 즐겁게 여기는 것을 노래한 작품으로 「少年行」과 같은 내용이다(輕薄篇, 言乘肥馬衣輕裘, 馳逐經過爲樂, 與少年行同意)"라고 했다. 『考異』 및 일부 다른 책에는 제목이 '擬輕薄篇'으로 되어 있다.

394) '重身'(중신) : 제 자신을 소중하게 여기다. 자신을 아끼고 사랑하다.

| | |
|---|---|
| 柘彈隨珠丸,[395] | 산뽕나무 탄궁과 수주 탄환에 |
| 白馬黃金勒. | 백마에는 황금 장식의 굴레를 매었네 |
| 長安九逵上,[396] | 장안의 한길가 |
| 青槐蔭道植.[397] | 푸른 회화나무는 길에 그늘을 드리우고 |
| 轂擊晨已喧,[398] | 부딪히는 수레바퀴들은 새벽부터 떠들썩하며 |
| 肩排暗不息.[399] | 이어진 사람들의 어깨는 밤이 되어도 끝이 없네 |
| 走狗通西望,[400] | 주구대는 서쪽으로 원망관과 통해 있고 |
| 牽牛亘南直.[401] | 견우교는 남쪽으로 직성문과 이어져 있네 |
| 相期百戲旁,[402] | 잡기 벌어지는 곳에서 만날 약속도 하고 |
| 去來三市側.[403] | 세 시장 주위를 오가기도 하네 |
| 象牀沓繡被,[404] | 상아 침상에 수놓인 겹이불 |
| 玉盤傳綺食.[405] | 옥쟁반엔 맛좋은 음식이 전달되네 |
| 倡女掩扇歌, | 기녀는 부채로 얼굴을 가리고 노래하며 |
| 小婦開簾織. | 젊은 부인은 발을 올린 채 베를 짜는데 |
| 相看獨隱笑, | 서로 쳐다볼 때는 단지 미소를 숨기다가 |
| 見人還斂色.[406] | 남의 눈에 띌 때는 오히려 안색을 가다듬네 |

395) ‘柘彈’(자탄) : 탄환용의 산뽕나무로 만든 활, 즉 彈弓. ‘隨珠’(수주) : 周나라 때 隨侯가 뱀을 고쳐 주고 얻었다는 구슬.

396) ‘九逵’(구규) : 사통팔달의 큰길.

397) ‘槐’(괴) : 회화나무. 콩과의 낙엽교목으로 높이 25m 정도.

398) ‘轂擊’(곡격) : 수레의 바퀴가 서로 부딪히다. 수레의 왕래가 많음을 뜻한다.

399) ‘肩排’(견배) : 어깨가 서로 붙어 있다. 사람들의 왕래가 많음을 뜻한다.

400) ‘走狗’(주구) : 漢나라 桂宮 안의 누대 이름으로 武帝 때 지어졌다. ‘望’(망) : 上林苑 안의 遠望觀을 가리킨다.

401) ‘牽牛’(견우) : 교량 이름. 秦始皇이 천하를 통일한 후 渭水에 놓았던 다리. ‘亘’(긍) : 뻗치다. ‘直’(직) : 漢나라 때의 長安 서쪽의 直城門을 가리킨다.

402) ‘百戲’(백희) : 옛날 음악과 가무 및 雜技의 총칭.

403) ‘三市’(삼시) : 『周禮』에 의하면, 해가 기울 무렵에 열리는 시장을 大市라고 하고, 아침나절에 열리는 시장을 朝市라고 하고, 저녁에 열리는 시장을 夕市라고 하는데, 이 세 시장을 三市라고 한다.

404) ‘象牀’(상상) : 상아로 꾸민 침상. ‘沓’(답) : 중첩되다. 겹치다.

405) ‘傳’(전) : 공급하다. ‘綺食’(기식) : 맛있고 풍성한 음식.

黃鶴悲故群,[407]　황학은 옛 친구들을 슬퍼하며
山枝詠初識.[408]　산 나뭇가지는 처음 알게 된 사람을 노래하네
烏飛過客盡,[409]　까마귀가 하늘을 날자 나그네 끊기고
雀聚行龍匿.[410]　참새가 둥지로 모여들자 태양은 숨는데
酌羽方厭厭,[411]　날개 모양 술잔에 술 따르며 바야흐로 유쾌하니
此時歡未極.　이때는 즐거움이 아직 끝나지 않은 때

**해설** 이 작품은 놀기 좋아하는 서울의 미소년들의 다양한 모습들을 노래한 시다. 아마도 그들 모두 귀족의 자제이리라. 몸에는 온

---

406) '斂色'(렴색) : 얼굴빛을 가다듬고 정색하다.

407) 『列女傳』에 "陶嬰이란 사람은 魯나라 陶門의 딸이다. 젊어서 과부가 되어 어린 자식을 키우며 살았는데, 억지로라도 형제로 여길 만한 사람조차 없이 실을 잣는 것으로 생계를 유지했다. 魯나라 사람 중에 그녀의 절의를 듣고 아내로 맞고자 하였는데, 그녀가 그 얘기를 듣고 혹시나 그렇게 될까 걱정하면서 노래를 지어 자신이 두 남자를 섬기지 않겠다는 뜻을 밝혔다. 그 노래에 이르기를, '노란 고니 일찍 홀로된 것 슬퍼라, 칠 년 동안 짝을 못 찾았네. 둥글게 목을 파묻고 홀로 잠자며 무리들과 섞이지 않네. 한밤중에 들리는 슬픈 울음소리, 옛 짝을 그리는 것. 천명에 따라 일찍 홀로 된 것이니 독수공방이 어찌 가슴 아프랴? 과부가 이것을 생각하고 눈물 몇 줄기 떨구네. 아아! 슬프도다, 죽은 사람을 잊을 수가 없네. 나는 새도 오히려 그러하거늘 하물며 정숙하고 착한 여인에게 있어서랴. 훌륭한 영웅이 있다고 한들 끝내 다시는 시집가지 않으리라'라고 하였다. 魯나라 사람이 이 소문을 듣고 '이 여인은 아내로 맞을 수가 없다'라고 하면서 마침내 다시는 일을 추진하지 않았다(陶嬰者, 魯陶門之女也. 少寡, 養幼孤, 無强昆弟, 紡績爲産. 魯人或聞其義, 將求焉. 嬰聞之, 恐不得免, 作歌, 明己之不更二也. 其歌曰, '悲黃鵠之早寡兮, 七年不雙. 宛頸獨宿兮, 不與衆同. 夜半悲鳴兮, 想其故雄. 天命早寡兮, 獨宿何傷. 寡婦念此兮, 泣下數行. 嗚呼悲兮, 死者不可忘. 飛鳥尙然兮, 況於貞良. 雖有賢雄兮, 終不重行.' 魯人聞之曰, '斯女不可得已.' 遂不敢復求)"라고 했다. '黃鶴'이란 바로 陶嬰이 노래한 노란 고니 또는 그 노래를 가리킨다.

408) 이 선집 제9권의 「越人歌」(426) 중에 "산에 나무가 있고 그 나무에 가지 있는데, 마음으로 그대를 좋아하나 그대는 내 마음을 모르시네(山有木兮木有枝, 心悅君兮君不知)"라는 부분이 있는데, 이 구의 '山枝'는 바로 이 노래를 가리킨다.

409) '烏'(조) : 『考異』 및 일부 다른 책에는 '烏'자로 되어 있는데 여기에서도 이를 따랐다.

410) '行龍'(행룡) : 해를 가리킨다. 전설에 의하면 태양신이 타는 수레는 여섯 마리의 용이 몬다고 한다.

411) '羽'(우) : '羽觴', 즉 날개 모양으로 만든 술잔을 가리킨다. '厭厭'(염염) : 기분이 좋은 모양.

갖 고급 장식을 하고 값비싼 말을 타고 하루 온종일 때를 지어 서울 번화가 이곳저곳을 기웃거리며 시간을 보낸다. 그들이 소중히 여기는 것은 결코 풍족한 재물이 아니라 재물을 소비할 자신들의 취미생활일 뿐이다. 그러한 삶의 방식은 다른 사람들에게 경박하다고 평가되는데, 이러한 비판과 풍자가 얼마나 절실했던 것인지는 알 수 없다. 즉 경박하다고 비판하면서도 내용상 한편으로는 동경하는 듯한 태도가 보이는데, 이는 아마도 경박한 젊은 시절의 삶이 미래에 그다지 부정적 영향을 끼치지 않았을 수도 있었기 때문이리라.

## 223. 거울을 보면서

「詠照鏡」

| | |
|---|---|
| 珠簾旦初捲,[412] | 주렴은 동이 트면 새로이 말아 올리건만 |
| 綺羅朝未織.[413] | 고운 비단은 아침이 되어도 아직 짜지 않네 |
| 玉匣開鑒形,[414] | 옥 장식 상자를 열어 거울에 몸 비춰 보고 |
| 寶臺臨淨飾.[415] | 보석 화장대 앞에서 옅은 화장을 하네 |
| 對影獨含笑, | 비친 모습 보면서 혼자 미소 머금고 |
| 看花空轉側.[416] | 꽃 떨잠을 보면서 실없이 몸을 돌려 보며 |
| 聊爲出繭眉,[417] | 잠시 아미 눈썹을 그리기도 하고 |
| 試染夭桃色.[418] | 고운 복사꽃 색깔의 분을 발라 보기도 하네 |
| 羽釵如可間,[419] | 깃털 장식 비녀도 꽂을 수 있을 것 같으며 |

412) '珠簾'(주렴) : 구슬을 꿰어 만든 발.
413) '綺羅'(기라) : 아름답고 값진 비단.
414) '玉匣'(옥갑) : 옥으로 꾸민 상자.
415) '寶臺'(보대) : 보석으로 꾸민 화장대. '淨飾'(정식) : 옅은 화장.
416) '花'(화) : 떨잠의 꽃 모양의 수식을 가리킨다. '轉側'(전측) : 몸을 옆으로 돌리다.
417) '聊'(료) : 잠시. '出繭眉'(출견미) : 나방의 촉수 같은 미인의 눈썹, 즉 蛾眉를 가리킨다.
418) '夭桃'(요도) : 아름다운 복숭아꽃.

金鈿畏相逼.[420]　　금으로 만든 수식은 서로 부딪힐까 겁나는데
蕩子行未歸,[421]　　임은 집을 떠난 뒤 아직 돌아오지 않으니
啼妝坐沾臆.　　눈물 젖은 화장은 공연히 가슴만 적시네

**해설** 이 작품은 거울을 보며 화장을 하는 여인의 그리움을 서술한 시다. 옛날 여인들에게 있어 거울은 화장하기 위한 가장 필수적인 도구였다. 그리고 그 화장은 남성들에게 사랑받기 위한 행동이었다. 이 작품에서 주인공의 임은 집을 떠나 돌아오지 않은 지가 오래되었다. 비록 곁에 없는 임이지만 돌아올 것을 기다리며 매일 같이 화장을 한다. 언젠가 돌아왔을 때 추해진 제 모습 대신 예쁜 모습을 보여주고 싶기 때문이리라. 얼마 전 어떤 대중가요 중에 '우연히 날 찾아와 사랑만 남기고 간 너, 하루가 지나 몇 해가 흘러도 아무 소식도 없는데, 세월에 변해 버린 날 보며 실망할까 봐, 오늘도 나는 설레는 맘으로 화장을 다시 고치곤 해……'라는 가사가 기억난다. 여자들이 화장을 하는 것은 정녕 남성들에게 사랑을 받기 위한 것일 뿐인가?

## 224. 규방의 원망

「閨怨」[422]

曉河沒高棟,[423]　　새벽 은하수는 높은 지붕 뒤로 사라지고
斜月半空庭.　　기운 달은 텅 빈 뜰의 반쪽을 비추며

419) '羽釵'(우채) : 새깃으로 장식한 비녀.
420) '金鈿'(금전) : 금으로 꽃을 아로새긴 首飾. '鈿' : 금 · 은 · 옥 등으로 만든 꽃 모양의 首飾.
421) '蕩子'(탕자) : 집을 떠나 돌아올 생각을 않는 남자.
422) 『樂府詩集』에는 「離閨怨」이라고 되어 있다. 雜曲歌辭에 속한다.
423) '高棟'(고동) : 높은 용마루. 높이 솟은 건물을 가리킨다.

窗中度落葉, 창문 틈으로는 나뭇잎 떨어져 내리고
簾外隔飛螢. 주렴 밖으로는 반딧불이가 날고 있네
含情下翠帳, 그리움 품은 채 비취 휘장 내리고
掩涕閉金屛.[424] 눈물 감추며 방문을 닫네
昔期今未反,[425] 기약한 날짜에도 임은 아직 돌아오지 않고
春草寒復靑. 봄풀만 추위 속에서 다시금 푸르러오네
思君無轉易,[426] 임 그리는 이내 마음 변함없음이
何異北辰星. 어찌 저 북극성과 다를까

해설 이 작품은 임을 향한 여인의 그리움과 원망을 그린 시다. 본래 蕭子閣이 보내온 「岑離閨怨」이란 시에 화답한 작품이라고 한다. 역시 그리움을 노래한 고시의 전형이다. 밤, 달, 가을 낙엽, 세월의 흐름, 돌아오지 않는 임……. 이러한 소재들은 그리움을 빚어내는 하나의 재료가 된다. 아울러 여인에겐 항상 눈물 속에 기다릴 수밖에 없는 운명이 지워져 있다. 이러한 구조를 지닌 작품들은 실상 우리에게 당시 여성들의 운명을 우뢰처럼 큰 소리로 알려 주고 있다. 다만 삶에 바쁜 무딘 현대인들이 감각하지 못할 뿐.

## 225. 칠석

「詠七夕」

仙車駐七襄,[427] 신선의 수레 일곱 차례나 자리를 옮겨가고

---

424) '掩涕'(엄체) : 흐르는 눈물을 감추다. '金屛'(금병) : 병풍의 미칭인데, 여기에선 문을 가리킨다.
425) '昔期'(석기) : 전에 오기로 약속한 날짜.
426) '轉易'(전역) : 바뀌다. 고치다. 변하다.
427) '七襄'(칠양) : 머무는 곳을 일곱 차례 바꾸다. 『詩經』 「小雅」 「大東」에 "저 세 갈래

鳳駕出天潢.[428]　봉황이 모는 수레 은하수에서 나오는데
月映九微火,[429]　달은 구미등 불빛에 비치고
風吹百和香.[430]　바람은 백화향을 실어보내네
來歡暫巧笑,[431]　와서 만나 즐거울 땐 잠시 예쁘게 웃었지만
還淚已啼妝.　돌아갈 때 흘리는 눈물은 벌써 화장을 적시네
依稀猶洛汭,[432]　흡사 낙수의 여신 복비인 것 같기도 하고
倏忽似高唐.[433]　덧없기는 마치 무산의 신녀 같아
別離未得語,　헤어질 때도 채 말을 하지 못하는데
河漢漸湯湯.[434]　은하수만 점점 더 넘실거리네

**해설** 이 작품은 칠석날 견우직녀의 만남과 이별을 노래한 일종의 영물시다. 그러나 이때의 영물은 의인화된 대상에 대한 영물이기에 영물시의 범주를 넘어선다. 신화와 전설은 고대인의 세계관과 의식이 형상적으로 반영된 일종의 문학이다. 견우직녀에 관한 이야기는 고대인

의 직녀성은, 하루 종일 일곱 번이나 자리를 옮기네(跂彼織女, 終日七襄)"라고 했는데, 鄭玄은 "'襄'은 '駕'이다. '駕'는 마굿간을 바꾸는 것을 말한다. 아침부터 저녁까지 일곱 시각이 있는데, 한 시각에 한 번 이동하기 때문에 '七襄'이라고 한다(襄, 駕也. 駕, 謂更其肆也. 從旦至暮七辰, 辰一移, 因謂之七襄)"라고 했다. 일설에는 무늬를 짠 숫자를 말한다고도 한다.

428) '天潢'(천황) : 은하수.

429) '九微'(구미) : 등잔 이름.

430) '百和'(백화) : 각종 향료를 혼합하여 만든 향료. 『漢武內傳』에 따르면, 7월 7일이 되면 궁궐을 깨끗이 하고 大殿을 설치한 뒤, 자주색 비단을 깔고 백화향을 태우며 아름다운 비단 휘장을 치고 구미등을 켜서 西王母를 기다렸다고 한다.

431) '來歡'(래환) : 견우에게 와서 즐거울 때.

432) '依稀'(의희) : 비슷하다. 닮다. '洛汭'(락예) : 洛水가 黃河에 유입되는 곳. 洛水를 가리키기도 한다. 여기에서는 洛水의 신인 宓妃를 가리킨다. 전설에 의하면 曹植이 이곳에서 우연히 그녀를 보았다고 한다.

433) '倏忽'(숙홀) : 순식간. 매우 짧은 시간. '高唐'(고당) : 楚 懷王이 꿈에 만났던 巫山의 신녀를 가리킨다. 이상 두 구는 견우와 직녀의 만남이 마치 曹植이 宓妃를 만난 듯, 楚 懷王이 巫山의 신녀를 만난 듯 순식간이란 뜻이다.

434) '湯湯'(상상) : 강물이 넘실거리는 모양.

의 사랑과 이별 고사의 전형이다. 서로 사랑하는 두 남녀가 부모에 의해 이별을 강요당하게 되는 이 전설의 구조는 후대 문학의 원형이 되어 지금까지도 변함없이 가장 유효한 것으로 자리잡고 있다. 제 자식을 위하지 않는 부모가 없을진대 어찌 이러한 비극은 변함없이 이어져 오는지.

## 226. 춤추는 기녀

「詠舞妓」[435]

管淸羅薦合,[436]　관악기 맑게 울리는 비단 자리에 손님들 모여
絃驚雪袖遲.[437]　현악기 빠른 소리에 눈처럼 흰 소매 나풀거리며
逐唱迴纖手,　노래 따라 섬섬옥수를 돌리기도 하고
聽曲動蛾眉.　곡조 들으면서 예쁜 눈썹 움직인다네
凝情眄墮珥,[438]　애정 어린 눈길로 떨어진 귀고리를 바라보고
微睇託含辭.[439]　보일 듯 말 듯한 곁눈질로 하고 싶은 말 대신하며
日暮留嘉客,　날이 저물어도 멋있는 손님을 못 가게 붙잡고
相看愛此時.　바라보면서 이 순간을 소중히 여긴다네

**해설** 이 작품은 춤추는 기녀를 노래한 일종의 영물시로 볼 수 있다. 사람을 영물의 대상으로 삼아 마치 사물을 관찰하듯 그 외모는 물론 내면까지 묘사하고 있다. 낮에 손님들이 찾아오고, 기녀는 그들을 위해 노래하고, 연주하고, 춤을 춘다. 그러는 사이 제 마음에 드는 손님에게 간간이 눈길을 보내기도 한다. 이윽고 날이 저물어 잔치는 끝나고

435) 어떤 책에는 '舞'자가 없다.
436) '合'(합) : 모이다.
437) '驚'(경) : 빠르다. 급하다. '雪袖'(설수) : 눈처럼 흰 소매. '遲'(지) : 느리다.
438) '凝情'(응정) : 애정을 품다.
439) '微睇'(미제) : 가늘게 곁눈질하다. '含辭'(함사) : 하고 싶은 말을 아직 하지 않은 것.

손님들은 돌아간다. 이때 그녀는 잔치 자리에서 눈길을 주고받았던 한 손님을 붙잡아 마음을 전한다. 둘만의 시간, 그녀가 기다리던 바로 그 시간인 것이다.

## 227. 신부를 구경하다

「看新婦」[440]

| | |
|---|---|
| 霧夕蓮出水, | 안개 자욱한 저녁 맑은 물에 피어난 연꽃 같고 |
| 霞朝日照梁.[441] | 붉은 구름 위로 솟아 대들보를 비추는 태양 같네 |
| 何如花燭夜, | 화촉 밝힌 첫날밤은 어떠한가 |
| 輕扇掩紅妝. | 얇은 부채로 붉게 화장한 얼굴을 가렸고 |
| 良人復灼灼,[442] | 낭군님 모습 또한 얼마나 환한지 |
| 席上自生光. | 자리에 광채가 절로 나네 |
| 所悲高駕動,[443] | 슬프도다 높다란 가마 움직이며 |
| 掩袖出長廊. | 소매로 얼굴 가리고 긴 회랑을 나서네 |

**해설** 이 작품은 신부의 미모와 신혼을 노래한 시다. 신랑이 신부의 집에 가서 親迎의 예를 치른 후 첫날밤을 맞는다. 세상 그 어디에 예쁘지 않은 신부가 있겠는가? 연못 위로 피어난 연꽃처럼, 눈부신 아침 햇살처럼 아름다운 신부가 첫날밤을 맞는다. 부끄러워 고개도 채

440) 어떤 책에는 「看新婚」이라고 되어 있다.

441) '霞朝'(하조) : '朝霞'와 같다. 해가 뜰 때의 동쪽 하늘의 붉은 빛. 이상 두 구는 曹植의 「洛神賦」 중의 "멀리서 바라보니 밝기가 태양이 붉은 구름 위로 떠오르는 것 같고, 가까이 가서 자세히 보니 선명하기가 맑은 물에서 피어난 연꽃 같네(遠而望之, 皎若太陽升朝霞. 迫而察之, 灼若芙蕖出淥波)"를 인용하여 신부의 아름다움을 표현한 것이다.

442) '良人'(량인) : 신랑을 가리킨다. '灼灼'(작작) : 환히 빛나는 모양.

443) '高駕'(고가) : 높고 큰 수레. 여기에서는 신부를 태운 가마.

못 드는 밤, 신랑의 광채가 가린 부채를 뚫고 흘러든다. 꿀같이 달콤했던 밤은 지나고 이제 영원히 내 사람이 된 신랑을 따라 집을 나선다. 아무리 사랑이 깊다 하더라도 친정을 떠나는 이 순간, 눈물 흘리지 않을 신부가 또 어디 있으랴.

## 228. 기녀

「詠倡家」[444]

| | |
|---|---|
| 皎皎高樓暮,[445] | 어둑어둑 높은 누각은 저물고 |
| 華燭帳前明. | 아름다운 촛불은 장막 앞에서 빛나네 |
| 羅幃雀釵影,[446] | 얇은 비단휘장에는 참새 모양의 수식이 비치고 |
| 寶瑟鳳雛聲.[447] | 고상한 비파는 봉추곡을 울리며 |
| 夜花枝上發, | 밤중의 꽃은 가지 위에서 피고 |
| 新月霧中生. | 초승달은 안개 속에서 나오는데 |
| 誰念當窗牖, | 창가에 기대어 그 누구를 생각하는지 |
| 相望獨盈盈.[448] | 달을 바라보는 여인 유난히도 아름답네 |

해설 이 작품은 기녀의 밤 모습을 노래한 일종의 영물시다. 낮 동안 손님들로 떠들썩하던 기루에 어둠이 찾아들고 기녀도 휴식을 취하는 밤이다. 그러나 피곤한 몸임에도 잠이 오지 않으니 비파를 가지고 음악을 연주해 보기도 하고 창가에서 바깥 경치와 달을 구경하기도

444) '倡家'(창가) : 본래 음악과 가무에 종사하는 사람을 가리켰으나, 나중에는 기녀를 가리키는 말로 쓰였다. 어떤 책에는 제목이 「詠倡婦」라고 되어 있다.

445) '皎皎'(교교) : 밝게 빛나는 모양. 『考異』는 『藝文類聚』에 따라 '曖曖(어둑어둑한 모양)'라고 고쳤는데, 여기에서도 이를 따랐다.

446) '雀釵'(작채) : 참새 모양으로 꾸민 여인의 首飾.

447) '寶瑟'(보슬) : 비파의 미칭. '鳳雛'(봉추) : 옛날의 곡조 '鳳將雛'를 가리킨다.

448) '盈盈'(영영) : 아름다운 자태를 형용하는 말.

한다. 연주하는 음악이 옛날 가곡인 「鳳將雛(어미가 새끼를 거느리다)」인 걸로 보아 가정을 이루고 싶은 그녀의 소망을 엿볼 수 있겠다. 아울러 달을 바라본다는 것은 마음에 둔 어떤 사람을 그리워하고 있음을 말하는 건 아닌지. 사랑하는 사람 만나서 자식 낳고 행복하게 살고 싶은 것은 신분을 막론하고 어쩌면 당시 여성들의 본능이었으리라.

## 229. 갈매기를 노래하며 떠나는 사람을 조롱하다 「詠白鷗嘲別者」[449]

| | |
|---|---|
| 可憐雙白鷗,[450] | 저 부러운 한 쌍의 갈매기 |
| 朝夕水上遊. | 아침저녁으로 물 위를 날며 함께 노닐다가 |
| 何言異棲息, | 헤어져 살게 될 줄 어찌 알았으랴 |
| 雌往雄不留.[451] | 암컷 사는 곳에 수컷은 더 이상 머물지 않으려네 |
| 孤飛出嶼浦,[452] | 수컷 혼자 날아서 여기 작은 섬들과 물가를 떠나면 |
| 獨宿下滄洲.[453] | 암컷 홀로 물가에서 잠이 들겠지 |
| 東西從此別, | 동쪽으로 서쪽으로 이렇게 헤어지면 |
| 影響絶無由.[454] | 모습도 음성도 찾을 길 없으리라 |

**해설** 이 작품은 한 쌍의 갈매기를 노래하면서 여인을 혼자 남겨두고 떠나는 사람을 조롱한 시다. 한 쌍의 갈매기야 어찌 헤어질 리가 있겠는가? 하물며 만물의 영장인 사람이 금수만도 못해서야 될 말인

449) '白鷗'(백구) : 갈매기. 『藝文類聚』에는 「詠白鷗」라고 되어 있다.
450) '可憐'(가련) : 부럽다. 사랑스럽다.
451) '往'(왕) : 『考異』 및 다른 책에는 '住(살다)'자로 되어 있는데, 여기에서도 이를 따랐다.
452) '嶼浦'(서포) : 작은 섬과 물가.
453) '滄洲'(창주) : 바닷가 등 물가에 임한 땅.
454) 이 구는 소식조차 완전히 끊어지게 된다는 뜻이다.

가. 작품에서 조롱의 대상인 남자는 도대체 무슨 이유로 떠날 수밖에 없었던 것인지.

## 230. '푸르디푸른 강가의 풀'을 본뜬 시

「學靑靑河邊草」[455]

| | |
|---|---|
| 春園日應好, | 봄 동산에 햇빛이 때맞춰 좋을 때 |
| 折花望遠道. | 꽃 꺾으며 멀리 뻗어 있는 길을 바라보고 |
| 秋夜苦復長, | 가을밤이 다시금 길어져 괴로울 때 |
| 抱枕向空牀. | 베개 껴안고 텅 빈 침상으로 향하네 |
| 吹樓下促節,[456] | 음악 울리는 누각 아래 리듬은 촉급한데 |
| 不言於此別. | 여기에서 이별할 줄 생각지도 못했네 |
| 歌筵掩團扇,[457] | 노래하는 잔치자리에서 둥근 부채로 얼굴 가린 채 |
| 何時一相見. | 언제 한 번 만날 수 있을지 |
| 弦絶猶依軫,[458] | 거문고 줄은 끊어져도 여전히 줄받침에 붙어 있고 |
| 葉落裁下枝. | 나뭇잎은 떨어져도 기껏 아래쪽 가지 곁에 있는데 |
| 即此雖云別, | 이런 걸 두고 이별이라 한다지만 |
| 方我未成離.[459] | 내게 비하면 아직 진정한 이별은 아니라네 |

**해설** 이 작품은 고시를 본떠 헤어진 임을 그리워하는 여인의 심정을 노래한 시다. 다만 이 작품의 주인공은 이 계통의 다른 작품들과의 차이를 보이고 있는데, 즉 집을 떠난 남편을 그리워하는 보통 여

455) 제1권 蔡邕의 「飮馬長城窟行」(35)을 본뜬 것이다. 相和歌辭 瑟調曲에 속한다.
456) '吹樓'(취루) : 악기를 연주하는 누각. '促節'(촉절) : 촉급한 리듬. 짧고 빠른 리듬.
457) '歌筵'(가연) : 노래를 하며 술을 권하는 잔치자리.
458) '軫'(진) : 거문고의 줄받침. 거문고의 아래쪽에 있으며 줄을 굴리는 데 쓰이는 장치.
459) '方'(방) : 견주다. 비교하다.

인이 아니라 애인이 떠나버린 기녀라는 점이다. 아울러 이 시는 끊어진 거문고줄과 떨어진 낙엽을 여인의 이별과 대비시킨 점이 독특하다.

## 231. 자의 유효작을 조롱하다

「學青青河邊草」[460]

| | |
|---|---|
| 房櫳滅夜火,[461] | 방안에는 밤 등불 꺼지고 |
| 窗戶映朝光. | 창문에는 아침 햇살이 비치는데 |
| 妖女搴帷出, | 요염한 여인이 휘장을 걷고 나오며 |
| 蹀躞初下牀.[462] | 사뿐히 막 침상을 내려서네 |
| 雀釵橫曉鬢,[463] | 참새 수식은 새벽 귀밑머리에 비스듬히 기울었고 |
| 蛾眉豔宿妝. | 아미 눈썹에 간밤의 화장이 아름다운데 |
| 稍聞玉釧遠,[464] | 옥팔찌 소리는 조금씩 멀어져가지만 |
| 猶憐翠被香.[465] | 향기 남은 물총새무늬 이불이 아직도 사랑스럽네 |
| 寧知早朝客,[466] | 어찌 알리오 아침에 등청하는 관리들이 |
| 差池已雁行.[467] | 듬성듬성 하다 이미 줄을 지어 가는 것을 |

460) 『考異』 및 다른 일부 책에는 「嘲劉孝綽」이라고 되어 있다. '諮議'(자의) : 관직 이름. 임금의 자문에 응하여 시비를 판단하는 역할을 했다. '劉孝綽'은 제8권에 나온다.

461) '房櫳'(방롱) : 격자 창살의 창문. 여기에서는 방을 가리킨다.

462) '蹀躞'(섭접) : 작은 걸음으로 걷는 모양.

463) '雀釵'(작채) : 참새 모양으로 꾸민 여인의 首飾.

464) '玉釧'(옥천) : 옥으로 만든 팔찌.

465) '翠被'(취피) : 물총새무늬를 넣어 짜거나 그 무늬를 수놓은 이불.

466) '早朝客'(소소객) : 아침에 조회에 참석하러 가는 벼슬아치를 가리킨다. 이하 두 구는 늦잠으로 출근이 늦음을 의미한다.

467) '差池'(치지) : 일정치 않은 모양. 가지런하지 않은 모양. '雁行'(안행) : 질서정연한 모양. 나란히 줄을 선 모양. 이 구는 관리들이 아침 일찍부터 조금씩 등청하기 시작하다가 조금 시간이 시나자 줄을 이루듯 능정한다는 뜻이다.

**해설** 이 작품은 간밤에 여인과의 단꿈에 빠져 등청에 늦은 관리를 조롱한 시다. 날이 밝자 침실을 빠져나가는 저 아리따운 여인은 도대체 누구이며, 봉건시대는 정녕 귀족 남성의 천국이었던가?

## 왕추(王樞)

◇王樞 : 생평에 관한 기록이 전해오지 않는다.

### 232. 신무장군 소창의 명에 따라 지은 고시의 뜻
「古意應蕭信武教」[468]

| | |
|---|---|
| 朝取飢蠶食, | 아침엔 배고픈 누에 위해 뽕잎을 따고 |
| 夜縫千里衣. | 밤에는 천 리 멀리 떠난 임을 위해 옷을 짓네 |
| 復聞南陌上,[469] | 다시금 남쪽 길가에 들리는 |
| 日暮採蓮歸. | 날 저물자 연밥 따러 갔다가 돌아오는 사람들 소리 |
| 青苔覆寒井, | 푸른 이끼는 차가운 우물 주위를 덮고 있고 |
| 紅藥間青薇.[470] | 빨간 작약꽃은 파란 들완두 사이에 피어 있네 |
| 人生樂自極, | 인생은 즐거움이 본래 지극하지만 |

468) '蕭信武'(소신무) : 梁 武帝 蕭衍의 종제인 蕭昌이다. 天監 9년(510)에 湘州를 나누어 衡州를 설치했는데 그가 信武將軍 衡州刺史가 되었다. '教'(교) : 제후의 명령.
469) '南陌'(남맥) : 남쪽으로 난 길.
470) '藥'(약) : 芍藥. 미나리아재비과에 속하는 여러해살이풀로 함박꽃이라고도 하며, 꽃의 색은 붉은 색, 흰색 등 여러 가지가 있다. '薇'(미) : 들완두. 콩과에 속하는 여러해살이풀로 주로 산기슭에 자란다.

良時徒見違. 좋은 시절은 부질없이 나와는 어긋나네
何由及新燕, 무슨 수로 새로 찾아온 제비와 같을 수 있을까
雙雙還共來. 쌍쌍이 돌아와 함께 날고 있는데

**해설** 이 작품은 집 떠나 돌아오지 않는 남편을 기다리는 여인의 그리움을 서술한 시다. 꽃 피고 따뜻한 봄이 왔건만 임이 돌아오지 않아 외롭게 지낼 수밖에 없다. 인생이란 즐거움이 넘친다고 하는데 유독 나에게만은 그렇지 않은 것 같아 괴롭다. 새로 찾아온 한낱 미물인 저 제비들도 쌍쌍이 날고 있는데, 그보다도 못한 내 처지가 나를 더욱 처량하게 한다.

## 233. 오림촌에 갔다가 뽕 따는 여인을 보고 잠시 시를 지어 그에게 주다

「至烏林村見采桑者聊以贈之」[471]

遙見提筐下,[472] 저 멀리 광주리 들고 내려오는 사람 보이는데
翩妍實端妙.[473] 나긋나긋 참으로 아름답기도 하네
將去復迴身, 막 가려다가 다시 몸을 돌리며
欲語先爲笑. 말을 꺼내려다 미소 먼저 짓네
閨中初別離,[474] 아내와 막 떨어져 있는 내가
不許覓新知. 새 여자 찾는 것은 안 될 일인데
空結茱萸帶,[475] 부질없이 수유비단 허리띠를 매어 주니

471) '烏林村'(오림촌) : 建康 근교의 마을 이름. '聊以'(료이) : '잠시 ……하여서'.
472) '下'(하) : 鈴木虎雄은 '女'자의 잘못으로 보았다.
473) '翩妍'(편연) : 나긋나긋 아름다운 모양. '端妙'(단묘) : 아름답다.
474) '閨中'(규중) : 규방. 여기에서는 출가한 여인을 뜻한다. '初'(초) : 막. 방금. 바로.
475) '茱萸'(수유) : 비단의 일종인 '茱萸錦'을 가리킨다.

敢報木蘭枝.[476]　　용기 내어 목란가지로 보답한다네

**해설** 이 작품은 뽕 따는 여인을 만나 그녀와 교류한 짧은 순간의 감정을 서술한 시다. 집을 떠나 아내와 헤어져 있는 처지의 작가는 시골을 지나다가 우연히 뽕 따는 여인을 만난다. 아름다운 그 여인은 지나쳐가다가 다시 돌아와 미소를 지으며 남자에게 접근한다. 그러나 남자는 이미 아내가 있는 몸, 안타깝고 부질없기만 하다. 그래서 다만 서로의 마음을 담은 선물을 주고받을 뿐이다. 애정 표현에 있어서 남조 여인들의 적극성은 지금도 놀랄 만하다.

## 234. 서 상서와의 자리에서 '사랑스럽네'라는 시를 짓다
「徐尙書座賦得可憐」[477]

紅蓮披早露,　　붉은 연꽃에 아침 이슬 맺힌 듯
玉貌映朝霞.　　옥 같은 모습이 붉은 아침하늘에 빛나네
飛燕啼妝罷,[478]　　조비연의 눈물화장 끝낸 뒤
顧揷步搖花.[479]　　돌아보며 떨잠을 꽂으니
溘帀金鈿滿,[480]　　황금 수식은 머리에 가득 붙어 있고
參差繡領斜.　　수놓인 목깃은 비스듬히 기울어져 있네

476) '木蘭'(목란): 목련. 가지의 껍질에 향기가 난다. 이상 두 구는 여인이 먼저 자신의 허리띠를 풀어 남자에게 주니 남자가 그 보답으로 목란가지를 준다는 내용이다.
477) '徐尙書'(서상서): 梁 天監 6년(507)에 吏部尙書를 지낸 徐勉을 가리킨다. '賦得'(부득): 본래 기존 시구 중의 일부를 따서 제목으로 삼는 것을 뜻하며, 또한 應制 및 詩會에서 제목을 나눠 짓는 시 등에도 쓰인다. '可憐'(가련): 사랑스럽다.
478) '啼妝'(제장): 화장법의 하나. 東漢 때 여인들이 눈 밑에 분을 엷게 발라 마치 눈물 자국처럼 보이게 한 화장법.
479) '步搖花'(보요화): 首飾의 하나인 떨잠.
480) '溘帀'(합잡): 가득 퍼져 있는 모양. '金鈿'(금전): 금으로 꽃을 아로새긴 首飾.

暮還垂瑤帳,[481]　　저녁이면 방에 돌아와 아름다운 휘장 드리우니
香燈照九華.[482]　　향기로운 등잔은 탐스런 꽃송이처럼 빛나네

**해설** 이 작품은 미인의 사랑스런 모습을 노래한 일종의 영물시다. 영물 대상의 정서 또는 작가의 감정은 숨긴 채 오로지 대상에 대한 찬미로 일관하였다.

## 유단(庾丹)

◇庾丹 : 생평에 대한 기록이 자세하지 않다. 젊어서 뛰어난 재주가 있었으며, 桂州刺史인 蕭朗(吳注엔 望자로 되어 있음)의 記室이 되었는데, 포악한 성격의 蕭朗에 대해 직간을 꺼리지 않다가 피해를 당했다고 한다.

## 235. 가을 규방의 기다림

「秋閨有望」

耿耿橫天漢,[483]　　반짝반짝 은하수 하늘에 걸쳐 있고
飄飄出岫雲.[484]　　하늘하늘 구름은 산봉우리 사이에서 나오네
月斜樹倒影,　　달이 서쪽으로 기울자 나무 그림자는 쓰러지고

---

481) '瑤帳'(요장) : 아름다운 휘장.
482) '九華'(구화) : 송이가 무성한 꽃. 일설에는 아홉 가지로 된 등잔인 '九枝華'를 가리킨다고도 한다.
483) '耿耿'(경경) : 빛나는 모양.
484) '飄飄'(표표) : 바람에 나부끼는 모양. '岫'(수) : 연이어진 산봉우리 사이.

| | |
|---|---|
| 風至水迴文. | 바람이 불자 연못에 파문이 이니 |
| 已泣機中婦, | 이미 베틀에 앉은 며느리를 울리고 |
| 復悲堂上君.[485] | 다시 안채에 있는 부모를 슬프게 하네 |
| 羅襦曉長襞,[486] | 짧은 비단저고리 새벽에도 오래도록 개어져 있고 |
| 翠被夜徒薰.[487] | 물총새무늬 이불 밤에도 부질없이 향기롭네 |
| 空汲銀牀井,[488] | 헛되이 은으로 꾸민 우물 난간에서 물을 긷지만 |
| 誰縫金縷裙.[489] | 누가 금실 치마를 꿰매랴 |
| 所思竟不至, | 그리운 사람은 끝내 오지 않는데 |
| 空持清夜分.[490] | 부질없이 맑은 밤 깊을 때까지 깨어 있네 |

**해설** 이 작품은 집을 떠나 돌아오지 않는 남편을 기다리는 여인의 그리움을 서술한 시다. 이 선집에 수록된 작품 중 가장 많은 비중을 차지하는 주제를 노래하고 있다. 내용은 식상한 면이 있지만 표현에 있어서는 약간의 참신함을 발견할 수 있다. 즉 제3~4구의 기운 달빛에 쓰러진 나무 그림자와 바람에 이는 파문 등은 이전 작품에서 보기 어려운 표현이다.

## 236. 집에 돌아가는 꿈

「夜夢還家」

| | |
|---|---|
| 歸飛夢所憶,[491] | 고향으로 날아가 그리운 당신을 꿈에 보았는데 |

485) '堂上君'(당상군) : 안채에 있는 부모. 즉 여인의 시부모.
486) '長襞'(장벽) : 오랫동안 개어져 있다. 즉 입지 않는다는 뜻이다.
487) '翠被'(취피) : 물총새무늬를 넣어 짜거나 그 무늬를 수놓은 이불.
488) '汲'(급) : 물을 긷다. '銀牀'(은상) : 은으로 꾸민 우물의 난간[목책].
489) '金縷裙'(금루군) : 금실로 짠 베로 만든 치마.
490) '持'(지) : 지키고 있다. 자지 않다. '夜分'(야분) : 한밤중.
491) '歸飛'(귀비) : '飛歸'와 같다. 날아서 고향에 가다. 나는 듯이 빠르게 돌아가다.

| | |
|---|---|
| 共子汲寒漿.[492] | 당신과 함께 차가운 우물물을 긷고 있었지 |
| 銅瓶素絲綆,[493] | 청동 두레박에 흰 명주실로 엮은 줄 |
| 綺井白銀牀.[494] | 아름다운 무늬 새겨진 우물에 은빛 난간 |
| 雀出丰茸樹,[495] | 참새는 가지 무성한 나무에서 나오고 |
| 蟲飛瑇瑁梁.[496] | 곤충은 대모 장식 대들보 주위를 날고 있었지 |
| 離人不相見,[497] | 헤어진 사람 만날 수 없으니 |
| 難忍對春光. | 차마 봄빛 대하기가 어렵네 |

**해설** 이 작품은 집을 떠나 멀리 변방에 출정하여 있는 남자의 고향 아내에 대한 그리움을, 꿈을 매개로 서술한 시다. 흔히 꿈은 현실과 반대라고 한다. 현실에서 이루고자 하는 간절한 소망이 꿈으로 나타난다는 정신분석학적인 설명을 굳이 빌리지 않더라도 이 작품은 바로 그 점을 여실히 증명해 주고 있다. 남자는 집을 떠나 삭막한 변방에 와 있다. 고향에 가고 싶고, 아내가 보고 싶지만 지금은 불가능하다. 그 불가능한 소망이 꿈으로 실현된다. 우물! 고향을 상징하는 이미지. 아내와 함께 다정하게 우물물을 긷는 모습은 이 남자의 얼마나 간절한 소망이었겠는가? 게다가 참새가 숲에서 날고 곤충들이 집안을 날아다니는 주변 풍경은 전쟁터의 살벌한 분위기에 어찌 비할 수 있겠는가? 그러나 꿈은 역시 꿈이다. 깨어나면 다시금 현실이다. 더욱 마음이 아리다.

---

492) '漿'(장): 주스. 음료. 물.

493) '銅瓶'(동병): 청동 두레박. '綆'(경): 두레박줄.

494) '綺井'(기정): 아름다운 무늬가 새겨진 우물. '白銀牀'(백은상): 흰색 은으로 꾸민 우물난간.

495) '丰茸樹'(봉용수): 가지와 잎이 무성한 나무.

496) '瑇瑁梁'(대모량): 바다거북의 껍질로 장식한 대들보.

497) 이하 두 구는 꿈에서 깬 후의 남자의 마음인데, 여자의 처지로 볼 수도 있다.

# 『옥대신영』 권6

卷6

## 오균(吳均)

◇吳均(469~520) : 吳筠이라고도 한다. 자가 叔庠이며, 吳興 故鄣(지금의 浙江省 安吉縣) 사람이다. 집안이 빈천하였으나 재주가 뛰어났으며 배우기를 좋아했다. 沈約이 그의 글을 칭찬했다. 天監 초에 吳興刺史 柳惲이 그를 불러 主簿에 임명하고, 매일 같이 함께 시를 지었다. 어떤 일로 잠시 사직하였다가 다시 복귀하였을 때, 柳惲이 그를 臨川靖惠王 蕭宏에게 추천하였다. 靖惠王이 다시 武帝 앞에서 그를 칭송하자, 武帝가 즉시 그를 불러 들여 시를 짓게 한 후 그 뛰어남을 칭찬하였다. 관직이 奉朝請에 이르렀다. 그의 문체는 淸拔하며 예스런 기운이 있었는데, 호사가들이 그 문체를 배우며 '吳均體'라고 불렀다. 그는 표를 올려 『齊春秋』를 지어서 임금에게 올렸다. 그러나 임금은 그 책이 진실하지 못하다고 보고 中書舍人 劉之遴에게 몇 부분을 힐문하게 하였는데, 끝내 흐지부지 대답을 하지 못했다. 이에 책을 태우게 하였고 그를 면직시

켰다. 얼마 후 다시 불려 들어가 通史를 편찬하라는 명을 받았는데, 三皇으로부터 齊나라에 이르기까지 本紀와 世家의 기초를 마친 후 列傳 집필을 남겨 둔 채 죽었다.

그는 당시의 저명한 저술가로서, 저서로는 『齊春秋』 30권, 『廟記』 10권, 『十二州記』 1권, 『錢塘先賢傳』 5권, 『續文釋』 5권, 『續齊諧記』 1권, 『後漢書注』 90권 등이 있었으나 대부분 망실되고 없으며, 단지 明나라 때의 輯本인 문집 『吳朝請集』과 『續齊諧記』만 전해온다. 현존하는 그의 시는 130여 수인데, 그 중 악부시가 30여 수나 된다. 아울러 시의 대부분은 친구와 주고받은 것으로, 서경과 서정을 막론하고 내용이 자못 충실하다.

## 「선마 소자현의 '고시의 뜻'에 화답하다(和蕭洗馬子顯古意)」 6수

### 237. 선마 소자현의 '고시의 뜻'에 화답하다 1
「和蕭洗馬子顯古意」 其一[1]

賤妾思不堪,[2] 소첩은 그리움 이기지 못해
採桑渭城南.[3] 위성 남쪽에서 뽕을 땁니다
帶減連枝繡,[4] 허리띠에 수놓인 연리지는 줄어들고
髮亂鳳凰篸.[5] 엉클어진 머리카락엔 봉황비녀가 꽂혀 있으며
花舞衣裳薄,[6] 꽃잎은 긴 수풀에 의지해 춤추고

1) '洗馬'(선마) : 관명. 본래 '先馬'라고 썼다. 秦漢 때 설치되었으며, 淸末에 폐지된 東宮에 속한 관직이다. 주로 太子가 출행하면 길을 선도하는 역할을 했다. '蕭子顯'(소자현) : 梁代 文臣. 제8권 처음에 나온다. '古意'(고의) : 古詩의 뜻을 살린 시.
2) '賤妾'(천첩) : 여인의 자신에 대한 겸칭.
3) '渭城'(위성) : 秦나라의 수도인 咸陽의 漢 이후 명칭. 지금의 陝西省 長安縣 서쪽에 해당한다.
4) '連枝'(련지) : 連理枝. 뿌리는 다르지만 가지가 붙은 나무로, 比翼鳥와 함께 부부의 사랑을 상징한다.
5) '篸'(잠) : '簪'과 같다. 비녀. '鳳凰篸'(봉황삼) : 양 끝에 봉황을 아로새긴 비녀.

蛾飛愛綠潭. 나방은 푸른 연못을 좋아해 그 주위를 납니다
無由報君此,[7] 당신에게 소식 전할 길 없어
流涕向春蠶. 눈물 흘리며 봄누에를 바라봅니다

해설 이 작품은 멀리 떠나 있는 남편을 그리워하는 여인의 심경을 묘사한 시다. 그리움은 사무치다 못해 날로 몸을 여위게 한다. 차라리 일이라도 하면 그리움이 잦아들까? 나비가 꽃을 찾는 봄날 풍경은 오히려 춘정을 도발시켜 그리움이 더해진다. 소식이라도 전할 수 있으면 좋으련만 어디 계신지도 모르니 눈물이 앞을 가린다.

## 238. 선마 소자현의 '고시의 뜻'에 화답하다 2

「和蕭洗馬子顯古意」 其二

妾本倡家女,[8] 소첩은 본래 기녀의 딸로
出入魏王宮. 위나라 왕궁을 드나들었지요
既得承琱輦,[9] 이미 옥가마 타는 은총도 입었고
亦在更衣中.[10] 또 옷 갈아입으시는 임금님 시중을 들기도 했지요
蓮花銜青雀,[11] 연꽃무늬 아로새긴 공새 모양의 수식

6) '衣裳薄'(의상박): 『考異』는 『藝文類聚』에 따라 '依長薄'으로 고쳤다. '長薄'은 길게 이어진 초목의 덤불이란 뜻이다. 여기에서도 이를 따랐다.
7) '此'(차): 다른 책에는 '信'자 또는 '德'자로도 되어 있다. 여기에서는 전자의 의미로 보았다.
8) '倡家'(창가): 가무 등의 음악에 종사하던 사람. 또는 기녀.
9) '琱輦'(조련): 옥으로 꾸민 수레.
10) '更衣'(경의): 옷을 갈아입고 쉬는 곳. 이 구는 왕이 옷을 갈아입고 쉬는 곳에서 왕의 시중을 들었다는 뜻이다. 漢 武帝의 寵妃 衛子夫가 이곳에서 총애를 받았다.
11) '銜'(함): 아로새기다. '青雀'(청작): 콩새. 桑扈. 멧새과의 새. 날개길이 10~11cm, 꼬리길이 5~6cm. 뭉툭한 부리, 굵은 목, 끝이 흰색인 짧은 꼬리 등이 특징이다. 여기에서는 콩새 모양의 首飾을 가리킨다.

寶粟鈿金蟲.[12]　　알알이 보석 수놓은 황금벌레 수식
猶言不得意,　　그래도 뜻을 얻지 못했다 하며
流涕憶遼東.[13]　　눈물 흘리며 요동 땅을 떠올리지요

**해설** 이 작품은 임금의 총애를 받는 후궁의 고향에 대한 그리움을 묘사한 시다. 본래 기생의 딸이었지만 궁중에 들어와 임금에게 총애를 받고 화려하게 생활하면서 후궁으로서의 영화를 누리고 있다. 그러나 비록 봉건왕조시대의 여자라고 하더라도 삶의 의미는 꼭 그것에만 국한되어 있지는 않았던 모양이다. 멀리 고향에 있는 부모형제도 그리울 것이고, 어쩌면 고향에 두고 왔을지도 모를 옛 애인 생각도 날지 모르겠다. 생기를 잃은 감옥 같은 후궁에서의 이런 삶보다는 비록 가난하더라도 사랑하는 그 사람과 아들딸 낳고 알콩달콩 살고 싶다는 생각인들 왜 아니 들겠는가.

## 239. 선마 소자현의 '고시의 뜻'에 화답하다 3
「和蕭洗馬子顯古意」 其三

春草攏可結,　　봄풀은 합치면 묶을 수가 있지만
妾心正斷絶.　　소첩의 마음은 정작 끊어져 있답니다
綠鬢愁中改,[14]　　윤기 흐르던 검은 살쩍도 근심 속에 새어가고
紅顔啼裏滅.　　붉은 얼굴빛도 눈물 속에 사라지는데
非獨淚成珠,　　눈물이 구슬같이 흐를 뿐만 아니라

---

12) '寶粟'(보속) : 보석을 곡식알갱이처럼 박아 넣어 꾸미다. '鈿金蟲'(전금충) : 벌레모양으로 꾸민 首飾의 일종.
13) '遼東'(료동) : 지금의 遼寧省 遼河 동부. 주인공의 고향을 가리킨다.
14) '綠鬢'(록빈) : 검고 윤기나는 살쩍.

亦見珠成血. 그 구슬이 피눈물이 되는 것을 본답니다
願爲飛鵲鏡,[15] 소망은 하늘 나는 까치거울이 되어
翩翩照离別. 펄럭거리며 떨어져 있는 그 사람 비추는 것

해설 이 작품은 여인의 남편에 대한 그리움을 서술한 시다. 내용으로 보아 주인공은 아마도 남편에게 버림받은 상황인 것 같다. 젊었을 때 떠난 임은 이제 머리카락이 새고 얼굴에 붉은 색이 가실 정도의 세월이 흘렀건만 돌아오지 않는다. 기다림에 흘리던 눈물은 마침내 피눈물이 되었으니, 저 날아가는 거울이라도 되어 임에게 가 봤으면.

## 240. 선마 소자현의 '고시의 뜻'에 화답하다 4

「和蕭洗馬子顯古意」其四

何處報君書, 어디로 당신께 편지를 보내야 하나요
隴右五岐路.[16] 농산 서쪽은 다섯 갈래 길인데
淚研兔枝墨,[17] 눈물로 토끼 먹을 갈고
筆染鵝毛素.[18] 붓으로 거위털 비단에 글씨를 씁니다
碧浮孟渚水,[19] 푸른 물결은 동정호에 출렁이고

15) '飛鵲鏡'(비작경) : 까치가 새겨진 거울. 『神異記』에 "옛날에 한 부부가 헤어질 때 거울을 깨어 그 반쪽을 한 사람씩 가지고 신표로 삼았었다. 아내가 어느 날 다른 사람과 정을 통하자 거울이 까치로 변해 남편 앞으로 날아가니 남편이 그 사실을 알게 되었다. 후인들은 이로 인해 거울을 만들 때 뒤쪽에 까치를 새겼다(昔有夫婦將別, 破鏡, 人執其半, 以爲信. 其妻忽與人通, 鏡化鵲, 飛至夫前, 其夫乃知之. 後人因鑄鏡爲鵲安背上也)"라고 했다.
16) '隴右'(농우) : 지역 이름. 隴山 서쪽 지역을 가리킨다.
17) '兔枝墨'(토지묵) : 먹의 일종.
18) '鵝毛素'(아모소) : 거위털같이 희고 깨끗한 비단.
19) '孟渚'(맹저) : 『考異』에서는 '夢渚'의 잘못이 아닌가 하였다. 여기에서도 이를 따랐다. '夢渚'는 洞庭湖 일대를 가리킨다.

香下洞庭路.[20] 향기로운 이슬이 동정호에 내리는데
應歸遂不歸, 돌아와야 할 사람 끝내 돌아오지 않으니
芳草空擲度.[21] 향기로운 풀 부질없이 버려진 채 시들어 갑니다

**해설** 이 작품은 서북 변경 지역으로 출정가서 돌아오지 않는 남편을 그리워하는 여인의 심정을 서술한 시다. 여인은 강남땅에 살고 남편은 북방 변경에 가 있다. 편지를 보낼래야 도무지 어디로 보내야 될지도 모른다. 그러는 사이에도 세월은 흘러 어느새 다시금 봄이 지나간다. 시드는 것이 어디 봄풀뿐이랴. 사람도 예외가 없다. 그래서 더욱 조바심이 나고 가슴이 아픈 것이다.

## 241. 선마 소자현의 '고시의 뜻'에 화답하다 5

「和蕭洗馬子顯古意」 其五

妾家橫塘北,[22] 소첩의 집은 횡당의 북쪽으로
發豔小長干.[23] 작은 장간 골목에서 아리따움을 뽐내었지요
花釵玉腕轉,[24] 꽃 같은 비녀에다 옥 같은 손목에 두른 팔찌
珠繩金絡丸.[25] 구슬 꿴 실로 만든 아름다운 목걸이
冪䍥懸青鳳,[26] 머리 위에 가득 덮인 푸른 봉황새 수식에

---

20) '路'(로) : '露(이슬)'자와 통한다.
21) '擲度'(척도) : 내버리진 채 지나다.
22) '橫塘'(횡당) : 옛날의 제방 이름. 삼국시대 吳나라 때 建業(지금의 南京)의 淮水 남쪽 연안에 쌓았던 제방으로, 그 일대에 백성들이 모여 살았다.
23) '長干'(장간) : 建業(지금의 南京)의 골목 이름. 지금의 南京市 남쪽 長江 가까이에 있었다.
24) '花釵'(화채) : 비녀의 일종.
25) '珠繩'(주승) : 구슬을 꿴 실. '金絡丸'(금락환) : 목걸이의 일종.
26) '冪䍥'(멱력) : 뒤덮인 모양. '青鳳'(청봉) : 푸른 색 봉황 모양의 머리 장식.

| | |
|---|---|
| 逶迤搖白團.[27] | 느긋하게 흰 부채를 흔들지만 |
| 誰堪久見此,[28] | 뉘라서 이런 장식을 오래 보고 있을까요 |
| 含恨不相看. | 한스런 마음 때문에 차마 볼 수가 없지요 |

**해설** 이 작품은 建業에 사는 기녀의 임에 대한 그리움을 서술한 시다. 타고난 아리따운 용모에다 온갖 화려한 장신구를 하였으니 그 얼마나 아름답겠는가마는 정작 본인은 그렇지 않은가 보다. 아무리 화려한 장신구가 있다고 한들 보고 기뻐해 줄 임이 없다면 무슨 소용이란 말인가.

## 242. 선마 소자현의 '고시의 뜻'에 화답하다 6

「和蕭洗馬子顯古意」其六

| | |
|---|---|
| 匈奴數欲盡,[29] | 흉노의 운수는 끝나가려 하는데 |
| 僕在玉門關.[30] | 우리 임은 아직 옥문관에 있지요 |
| 蓮花穿劍鍔,[31] | 연꽃 모양처럼 구멍 뚫린 대검의 칼날 |
| 秋月掩刀環.[32] | 가을달 모양같이 칼을 감싸고 있는 칼코등이 |
| 春機鳴窈窕,[33] | 봄날의 베틀 소리 한가로이 울리고 |
| 夏鳥思綿蠻.[34] | 여름날 새들은 시름겨워 지지배배 |

---

27) '逶迤'(위이) : 느긋한 모양. '白團'(백단) : 흰 둥근 부채.

28) '此'(차) : 작품 속에 언급된 여주인공의 장신구인 비녀・팔찌・목걸이 등을 말한다. 이 구는 아름다운 장신구도 사랑하는 임이 없다면 의미가 없다는 뜻이다.

29) '數'(수) : 운수. 운명.

30) '僕'(복) : 여주인공의 남편을 가리킨다. '玉門關'(옥문관) : 지금의 甘肅省 敦煌縣 서북쪽에 있었던 관문 이름. 서역으로 통하는 요충지였다.

31) '劍鍔'(검악) : 칼날. 이 구는 칼날의 모양이 연꽃처럼 뾰족하다는 뜻이다.

32) '刀環'(도환) : 칼코등이. 칼자루의 슴베를 박은 쪽의 목에 감은 쇠테. 이 구는 칼코등이의 모양이 가을달과 비슷하다는 뜻이다.

33) '窈窕'(요조) : 한가로운 모양.

中人坐相望,[35] 방안 여인은 부질없이 기다리지만
狂夫終未還. 미친 사람은 끝내 돌아오지 않네요

**해설** 이 작품은 서북 玉門關 지역에 출정한 남편을 기다리는 아내의 그리움을 서술한 시다. 흉노와의 전쟁에 징집되어 갔는데, 들리는 소문에 전쟁은 아군의 승리가 눈앞에 있다고 하지만 남편의 귀향 소식은 여전히 감감 무소식이다. 이렇게 저렇게 남편을 상상해보건만 남편은 돌아오지 않고 세월만 흘러간다. 야속한 생각이 가슴 가득 북받치니 하늘 같은 남편도 돌아오지 않으면 '미친 놈'이 되고 만다.

## 「유운과의 증답시(與柳惲相贈答)」[36] 6수

### 243. 유운과의 증답시 1

「與柳惲相贈答」 其一

黃鸝飛上苑,[37] 노란 꾀꼬리는 황실 정원을 날아다니고
綠芷出汀洲.[38] 푸른 구릿대는 작은 모래섬에서 자라네

---

34) '綿蠻'(면만) : 새가 지저귀는 소리.
35) '中人'(중인) : 규방 안의 사람. 아내를 가리킨다. '坐'(좌) : 부질없이.
36) '柳惲'(류운) : 제5권에 그의 작품이 수록되어 있다.
37) '黃鸝'(황려) : 꾀꼬리. 몸길이 25cm, 날개길이 13~16cm. 온몸이 노란 색이며, 눈에서 머리까지 검은 색의 띠가 있는데, 암컷이 수컷보다 폭이 좁다. 암수 또는 단독으로 주로 나무 위에서 생활한다. 번식기에는 매우 변화가 많은 아름다운 소리를 낸다. '上苑'(상원) : 왕실의 정원.
38) '芷'(지) : 구릿대. 미나리과의 두해 또는 여러해살이풀. 줄기는 곧게 서며 높이 1.5m 가량이다. 우산 모양의 흰색 꽃이 6~8월에 피며, 열매는 타원형이다. 뿌리는 白芷라 하여 진통 작용이 있는 한약재로 쓰이며, 잎은 식용 또는 향료로 쓰인다. '汀洲'(정주) : 강 또는 호수 안의 작은 섬.

日映昆明水,[39] 해는 곤명지 물에 비치고
春生鳷鵲樓.[40] 봄은 지작루에서 생기며
飄颺白花舞,[41] 하늘하늘 하얀 꽃은 춤을 추고
瀾漫紫萍流.[42] 어지러이 보랏빛 부평초가 물 위에 떠다니네
書織迴文錦,[43] 편지로 회문시를 수놓은 비단을 짰으나
無因寄隴頭.[44] 농산으로 부칠 방법이 없네
思君甚瓊樹,[45] 당신에 대한 그리움 선계의 나무처럼 사무치건만
不見方離憂.[46] 볼 수 없으니 바야흐로 근심만 쌓여가네

**해설** 이 작품은 변경으로 종군한 남편을 그리워하는 여인의 심경을 노래한 시다. 작품 속에 등장하는 여러 고유명사는 實景이 아니라 借景에 불과하다. 다만 여인의 남편이 서북 변경 지역으로 출정하여 돌아오지 않는다는 것과 남편에 대한 아내의 지독한 그리움만은 사실이다. 만날 수 없을 뿐만 아니라 소식조차 주고받을 수 없는 상황이니 그 답답한 마음을 어찌 형언할 수 있겠는가.

---

39) '昆明'(곤명) : 長安 서남쪽의 큰 연못.

40) '鳷鵲樓'(지작루) : 長安의 甘泉宮 밖에 있던 樓觀 이름. 漢 武帝 建元 연간에 건립되었다. 이상 두 구의 '昆明'과 '鳷鵲樓'는 실경이 아니라 차용된 이미지다.

41) '飄颺'(표양) : 하늘하늘 바람에 날리는 모양.

42) '瀾漫'(란만) : 어지럽게 흩어져 있는 모양. '萍'(평) : 개구리밥. 부평초.

43) '迴文錦'(회문금) : 迴文詩를 수놓은 비단. 『晉書』「列女傳」「竇滔妻蘇氏」에 "竇滔의 아내 蘇씨는 始平 사람으로 이름이 蕙이고 자가 若蘭이며 글을 잘 지었다. 竇滔는 符堅의 前秦에서 당시 秦州刺史로 있다가 서역으로 귀양갔는데, 蘇씨가 그를 그리워하여 비단으로 「迴文旋圖詩」를 짜서 그에게 주었다. 종횡으로 순환하여 읽을 수 있는데 글이 매우 슬프며 모두 840글자로 문장이 길어 수록하지는 않았다(竇滔妻蘇氏, 始平人也, 名蕙, 字若蘭. 善屬文. 滔, 苻堅時爲秦州刺史, 被徙流沙, 蘇氏思之, 織錦爲迴文旋圖詩以贈滔. 宛轉循環以讀之, 詞甚凄惋, 凡八百四十字, 文多不錄)"라고 했나. 迴文詩란 내리읽으나 치읽으나 뜻이 통하고 격이 맞도록 지어진 한시체를 말한다.

44) '隴頭'(롱두) : 隴山. 甘肅省과 陝西省에 걸쳐있는 산. 여기에서는 변경을 의미한다.

45) '瓊樹'(경수) : 仙境에서 자라는 나무. 인간 세상에서는 볼 수 없다. 남편이 仙界의 나무만큼이나 보기 어려움을 뜻한다.

46) '離'(리) : '罹(걸리다 · 만나나)'자와 같은 뜻으로 쓰였다.

## 244. 유운과의 증답시 2

「與柳惲相贈答」 其二

鳴鞭適大阿,[47] 채찍 소리 울리며 대아산을 지나가고
聯翩渡漳河.[48] 나는 듯이 장하강도 건너가네
燕姬及趙女, 연나라 아가씨 조나라 여인
挾瑟夜經過. 비파 옆에 끼고 노래하는 곳을 밤에 지나는데
纖腰曳廣袖, 가는 허리에 넓은 소매를 끌고
半額畫長蛾.[49] 이마의 반이나 되는 긴 나방눈썹을 그렸네
客本倦遊者,[50] 나그네는 본래 떠돌이 생활에 신물이 난 몸
箕帚在江沱.[51] 아내는 장강과 타강 유역에 있네
故人不可棄, 옛사람 버릴 수 없거늘
新知空復何? 새로 사귄 사람은 괜히 또 어찌 하랴

해설 이 작품은 북방 魏나라 지역을 떠도는 나그네가 남방 長江 유역의 고향에 있는 아내를 그리워하는 심경을 노래한 시다. 고향을 떠난 이유가 무엇인지는 밝혀져 있지 않다. 그러나 오랜 객지 생활로 인한 향수가 병처럼 짙어진 상태로 보인다. 어느 날 밤 기루에서의 술잔치. 그 자리에서 춤추고 노래하는 미인들. 고향 아내가 생각나지 않을 수 없다. 비록 멀리 있지만 아내를 버릴 수는 없으니 잔치자리의 미인들에게 정을 준들 장차 어찌하겠는가? 다 부질없는 짓일 뿐이리라.

---

47) '大阿'(대아) : 전설상의 산 이름. '큰 산'이란 뜻으로 볼 수도 있으나, 다음 구와 대구를 이룬다는 점에서 고유명사로 보았다.

48) '聯翩'(련편) : 새가 나는 모양. '漳河'(장하) : 濁漳水와 淸漳水가 합류해 동남쪽으로 河北省과 河南省의 경계 부근을 흐르는 강 이름.

49) '半額'(반액) : 넓이가 이마의 반이나 되다. '長蛾'(장아) : 여성들의 긴 눈썹을 가리킨다.

50) '倦遊'(권유) : 떠돌이 생활에 싫증이 나다.

51) '箕帚'(기추) : 청소 도구인 키와 빗자루. 여기에서는 아내를 의미한다. '江沱'(강타) : 長江과 沱江. 이 구는 두 강 유역에 아내가 살고 있음을 뜻한다.

## 245. 유운과의 증답시 3

### 「與柳惲相贈答」 其三

| | |
|---|---|
| 離君苦無樂, | 당신과 떨어지니 괴로움뿐 즐거운 일 없고 |
| 向暮心悽悽. | 날이 저물자 마음은 하염없이 슬퍼져요 |
| 要途訪趙使,[52] | 길에서 조나라 사신을 만나 알아보니 |
| 聞君仕執珪.[53] | 당신이 집규 벼슬 하신단 말 들었어요 |
| 杜蘅色已發,[54] | 두약은 색깔이 이미 뚜렷해졌으나 |
| 菖蒲葉未齊.[55] | 창포의 잎 아직은 가지런하지 않지요 |
| 冪歷蠶餌繭,[56] | 뽕나무 가득히 누에는 고치를 짓고 |
| 差池燕吐泥.[57] | 제멋대로 나는 제비 진흙을 물어와 토하지요 |
| 願逐春風去, | 바라옵건대 봄바람 따라가 |
| 飄蕩至遼西.[58] | 한들한들 요서 땅에 가고 싶어요 |

**해설** 이 작품은 북방의 趙나라에서 벼슬하고 있는 남편에 대한 남방 아내의 그리움을 노래한 시다. 출세를 위해 집을 떠난 남편은 소식도 없었는데, 우연히 북방에서 온 사신을 통해 趙나라에서 높은 벼슬

---

52) '要途'(요도) : 길에서 맞(이하)다. '訪'(방) : 묻다. 알아보다. '趙使'(조사) : 趙나라에서 온 사신.

53) '執珪'(집규) : 春秋戰國시대의 작위의 하나. '執圭'라고도 쓴다.

54) '杜蘅'(두형) : '杜衡'·'杜若'이라고도 하는데, 여러해살이풀로 향초이다. 키는 한두 자 정도이며 여름에 흰 꽃이 핀다.

55) '菖蒲'(창포) : 창포. 천남성과의 여러해살이풀. 못가나 습한 땅에서 자라며, 특이한 향기가 있고 긴 칼 모양의 잎은 뿌리줄기에서 무더기로 나며, 잎맥은 길게 평행을 이루고, 초여름에 황록색의 꽃이 핀다. 이상 두 구는 계절이 아직 여름이 되지 않았음을 의미한다.

56) '冪歷'(멱력) : '冪歷'이라고도 쓴다. 뒤덮다. 휩싸다. '餌繭'(이견) : 고치를 짓다.

57) '差池'(치지) : 일정치 않은 모양. 가지런하지 않은 모양.

58) '飄蕩'(표탕) : 허공에서 바람에 따라 흔들리다. 여기에서는 날아가는 모양을 나타낸다. '遼西'(료서) : 遼河 서쪽 지역으로 지금의 遼寧省 서부에 해당한다. 여기에서는 남편이 벼슬하고 있는 趙나라를 의미하는데, 실재로는 약간의 차이가 있다.

을 하고 있다는 소문을 들었다. 반갑고 기쁜 마음 한편에는 우려도 생긴다. 어쩌면 그렇게 높은 벼슬을 하고 있으면서도 소식 하나 주지 않았단 말인가. 그것은 혹시 신분에 걸맞는 귀하고 아름다운 새 여자가 생겼기 때문은 아닌지. 이런저런 생각에 심란함을 금할 수 없으니 차라리 바람이라도 타는 재주가 있다면 한달음에 날아가 남편을 만나고 싶은 것이다.

## 246. 유운과의 증답시 4

「與柳惲相贈答」 其四

| | |
|---|---|
| 白日隱城樓,[59] | 하얀 해는 성루 뒤에 숨었고 |
| 勁風掃寒木, | 세찬 바람은 차가운 나무를 쓸고 있는데 |
| 離析隔東西, | 서로 헤어져 동서로 떨어져 있으며 |
| 執手異涼燠.[60] | 손 부여잡고 헤어진 후 추위와 더위도 달리 느끼네 |
| 相思咽不言, | 그리움에 흐느끼며 말을 하지 못하는데 |
| 洞房淸且肅.[61] | 깊은 규방은 맑고도 고요하네 |
| 歲去甚流煙, | 가는 세월 흐르는 안개보다 더 빠르고 |
| 年來如轉軸. | 오는 해는 구르는 수레바퀴마냥 빠르네 |
| 別鶴千里飛, | 이별한 학이 천 리를 나니 |
| 孤雌夜未宿. | 외로운 암컷은 밤중에도 잠 못 이루네 |

**해설** 이 작품은 남편과 헤어져 살고 있는 아내의 그리움을 노래한 시다. 두 사람의 이별에는 아마도 피치 못할 사정이 있는 듯하

59) '城樓'(성루) : 성문 위의 망루.
60) '涼燠'(량욱) : 추위와 더위. 이 구는 부부가 각각 남북으로 멀리 떨어져 살기 때문에 기후가 다름을 의미한다.
61) '洞房'(동방) : 집안 깊숙한 데 있는 안방. 규방을 가리킨다.

다. 어쩔 수 없는 이별이건만 다시 만날 기약도 없이 세월은 흐르고 몸은 늙어간다. 그 안타까운 마음과 슬픔을 어찌 학에다 비할 수 있을까.

## 247. 유운과의 증답시 5

「與柳惲相贈答」 其五

| | |
|---|---|
| 閨房宿已靜,[62] | 규방은 고요하고 맑으며 |
| 落淚有餘輝.[63] | 떨어지는 달 남은 빛이 희미한데 |
| 寒蟲隱壁思,[64] | 귀뚜라미는 담벽 사이에 숨어서 시름겨워하고 |
| 秋蛾遶燭飛.[65] | 가을 나방은 촛불 주위로 날아다니네 |
| 絶雲斷更合, | 떨어진 구름 끊어졌다 다시 합해지고 |
| 離禽去復歸. | 헤어진 새는 떠났다가 다시 돌아오는데 |
| 佳人今何在? | 훌륭하신 그 분은 지금 어디에 계시는가 |
| 迢遞江之沂.[66] | 아득히 멀기가 장강과 기수 사이 같네 |
| 一爲別鶴弄,[67] | 한 차례 별학조 곡을 연주하며 |
| 千里淚霑衣. | 천 리 먼 곳에서 눈물로 옷을 적시네 |

62) 『考異』에는 '宿'자를 '肅'자가 아닌가 하였고, '靜'자는 '淸'자로 되어 있다. 여기에서도 이를 따랐다.

63) '淚'(루) : 『考異』 및 다른 책에는 '月'자로 되어 있는데, 여기에서도 이를 따랐다.

64) '寒蟲'(한충) : 귀뚜라미를 가리킨다.

65) '遶'(요) : 돌다. 두르다. '繞'자와 같다.

66) '迢遞'(초체) : 아득히 먼 모양. '沂'(기) : 강 이름. 山東省 沂山에서 발원하여 남쪽으로 흐른다. 이 구는 두 사람의 사이가 마치 長江과 沂水 사이처럼 멀다는 뜻이다.

67) '別鶴弄'(별학농) : 거문고 곡조인 「別鶴操」를 가리킨다. '弄'은 악기를 연주하다는 뜻이다. 吳注에 따르면 蔡邕의 「琴操」에 "商陵의 양치기가 결혼하여 5년이 되었지만 아들이 없어 부형들이 새로 장가들게 하려고 하자 그가 거문고를 가져와 타면서 이별한 학을 탄식하며 자신의 답답한 심정을 드러내었다(商陵牧子娶妻五年, 無子, 父兄欲爲改娶, 牧子援琴鼓之, 歎別鶴以舒其憤懣)"라고 했다.

**해설** 이 작품은 남방에 있는 아내의 북방에 떨어져 있는 남편에 대한 그리움을 노래한 시다. 대기의 움직임에 따라 변하는 구름의 모양과 이리저리 제멋대로 날아다니는 새들이 주인공의 눈에는 헤어졌다가 다시 만나는 듯 보이는 모양이다. '去者必反'이라고 하지 않았던가? 세상 모든 존재들이 이 이치를 벗어나지 못하는데 유독 그 사람만 예외라니. 그래서 눈물이 흐르는 것이다.

## 248. 유운과의 증답시 6

「與柳惲相贈答」 其六

| | |
|---|---|
| 秋雲靜晚天, | 가을 구름은 저문 하늘에 고요하고 |
| 寒夜方綿綿. | 추운 밤은 바야흐로 길기만 한데 |
| 聞君吹急管,[68] | 그때 들었던 당신의 빠른 곡조 퉁소 소리는 |
| 相思雜採蓮. | 상사곡에 채련곡이 섞여 있었지요 |
| 別離未幾日, | 떠나온 지 아직 며칠 되지 않은 것 같건만 |
| 高月三成弦.[69] | 높이 걸린 달이 세 번이나 반달이 되었지요 |
| 蝶疊黃河浪,[70] | 출렁이는 황하의 물결 |
| 嘶喝隴頭蟬.[71] | 목이 쉰 듯 우는 농산의 매미 |
| 寄君蘼蕪葉, | 그대에게 궁궁이 잎을 부치니 |
| 插著叢臺邊.[72] | 총대 주위에 심어 두시길 |

68) '急管'(급관) : 리듬이 빠른 관악.

69) '弦'(현) : 반달을 가리킨다.

70) '蝶疊'(접첩) : 출렁이는 모양. 중첩된 모양으로 보기도 한다. 『考異』에는 '蹀躞(말이 가는 모양)'자로 되어 있다.

71) '嘶喝'(시애) : 목이 쉬다. 목소리가 잠기다. '隴頭'(롱두) : 隴山. 甘肅省과 陝西省에 걸쳐있는 산.

72) '叢臺'(총대) : 누대 이름. 이 이름의 누대는 戰國시대 楚나라가 축조한 지금의 河南省 商水縣에 있었던 것과 趙나라가 축조한 지금의 河北省 邯鄲縣에 있었던 것 등 두

**해설** 이 작품은 서북 변경으로 출정해 있는 남편의 내지 아내에 대한 그리움을 노래한 시다. 삼 년을 기한으로 떠난 몸, 이럭저럭 군대 생활에 적응하다 보니 떠난 지가 바로 엊그제 같건만 벌써 세 달이 지났다. 이런 속도로 남은 기간도 빠르게 흘러가면 오죽 좋겠는가? 벌써 아내 생각이 간절해지니 남은 세월을 어떻게 버틸지. 우연히 숙소 주변에 궁궁이 향초가 눈에 들어 잎을 따 보내니 규방 창가에 꽂아 두고 내 체취인 양 그 향기 음미하시길.

## 「고시를 본뜬 시(擬古)」 4수

### 249. 길가의 뽕나무

「陌上桑」[73]

| | |
|---|---|
| 嫋嫋陌上桑,[74] | 하늘하늘 길가의 뽕나무 |
| 蔭陌復垂塘. | 길에 그늘을 만들고 가지를 연못에 늘어뜨리네 |
| 長條映白日, | 긴 가지는 하얀 해에 빛나고 |
| 細葉隱鸝黃.[75] | 가는 잎은 꾀꼬리를 숨겨 주네 |
| 蠶飢妾復思, | 누에는 배고프고 여인도 그리움에 젖으니 |
| 拭淚且提筐. | 눈물 훔치며 억지로라도 바구니를 드네 |
| 故人寧知此,[76] | 그 사람 어찌 이 마음을 아실까 |

곳이 있는데, 어느 것을 가리키는지는 명확하지 않다. 다만 중원 지역의 아내가 살고 있는 곳을 가리키는 말로 쓰였다.

73) 제1권 古樂府詩 6수 중의 첫째 작품인 「日出東南隅行」(9)의 모방인데, 내용이 완전히 일치하지는 않는다. 相和歌辭 相和曲에 속한다.

74) '嫋嫋'(뇨뇨) : 가볍고 부드러운 모양.

75) '鸝黃'(리황) : 꾀꼬리. '黃鸝'와 같다.

76) '故人'(고인) : 이별한 남편을 가리킨다.

離恨煎人腸.　　　이별의 한이 애간장을 태우네

**해설** 이 작품은 이별한 남편을 그리워하는 여인의 심경을 노래한 시다. 이유가 무엇인지는 밝혀져 있지 않지만, 서로 합의되었거나 또는 적어도 여인이 원했던 이별은 아니다. 대개 그리움은 밤을 타고 오게 마련이다. 그러나 이 여인은 눈코 뜰 새 없이 바쁜 농번기의 한낮에도 가끔씩 그리움에 젖어 멍하게 있기 일쑤다. 누에는 배가 고프고 여인은 그리움으로 마음이 고픈 것이다.

## 250. 진나라 왕이 옷을 선사하다

「秦王卷衣」[77]

咸陽春草芳,　　　함양에 봄풀 향기로울 제
秦帝卷衣裳.　　　진나라 황제가 옷을 포장하네
玉檢茱萸匣,[78]　　　옥으로 만든 덮개에 수유비단으로 꾸민 상자
金泥蘇合香.[79]　　　수은에 금가루 섞은 아교에다 소합향을 더했으니
初芳薰複帳,　　　처음 향기는 이중 장막 안에 퍼지고
餘輝曜玉牀.　　　남은 광채는 옥 침상을 비추네
當須晏朝罷,[80]　　　반드시 늦은 조회 끝난 뒤

77) '卷衣'(권의) : 옷을 말다. 옷을 싸다. 임금이 총애하는 여인에게 옷을 주는 것을 뜻한다. 『樂府解題』에 "「秦王卷衣」는 咸陽의 봄 경치와 궁궐의 아름다움을 노래한 것이다. 秦나라 왕이 옷을 싸서 좋아하는 여인에게 주었다. 唐 李白에게도 「秦女卷衣」가 있다(「秦王卷衣」, 言咸陽春景及宮闕之美. 秦王卷衣, 以贈所歡也. 唐李白有「秦女卷衣」)."

78) '玉檢'(옥검) : 옥으로 만든 책상자 덮개. '茱萸匣'(수유갑) : 비단의 일종인 '茱萸錦'으로 장식한 상자.

79) '金泥'(금니) : 수은과 금가루를 섞어 만든 봉인용 물질. '蘇合香'(소합향) : 소합향나무의 껍질에서 얻은 수지로 만든 향료로, 방충작용도 한다.

80) '晏朝'(안조) : 임금의 늦은 조회.

持此贈華陽.[81]　　이 옷을 화양부인에게 선사하려고 하시네

**해설** 이 작품은 왕이 총애하는 후비에게 옷을 선물한다는 내용을 서술한 시다. 마지막 두 구의 의미가 심장하다. 왜 늦은 조회인가? 이는 왕이 잠자리에서 늦게 일어났음을 뜻한다. 그러면 왜 늦게 일어났는가? 바로 다음 구에 등장하는 華陽 부인과의 잠자리 때문이리라. 얼마나 사랑스러웠으면 조회에조차 늦었으며, 직접 선물까지 하려고 했겠는가?

## 251. 연꽃을 따다

「採蓮」[82]

錦帶雜花鈿,[83]　　비단 허리띠엔 꽃무늬 섞여 있고
羅衣垂綠川.　　능라 옷자락은 푸른 냇물에 드리워져 있는데
問子今何去,　　그대 지금 어디로 가나요
出採江南蓮.　　강남의 연꽃 따러 나가지요
遼西三千里,[84]　　삼천 리나 떨어진 요서 땅
欲寄无因緣.　　편지를 보내려 하지만 방법이 없어요
願君早旋反,　　원하옵건대 당신이여 어서 빨리 돌아오세요
及此荷花鮮.　　이 고운 연꽃 볼 수 있도록

81) '華陽'(화양): 秦나라 安國公이 총애하던 후비. 『樂府詩集』에는 '龍陽'이라고 되어 있는데, 이는 楚나라 왕이 총애하던 남자이다.

82) 淸商曲辭 江南弄에 속한다.

83) '花鈿'(화전): 본래는 금·은·옥·패각 등을 상감한 무늬란 뜻인데, 여기에서는 여인의 허리띠에 새긴 무늬를 가리킨다.

84) '遼西'(료서): 郡 이름. 遼河 서쪽 지역으로, 지금의 遼寧省 서부에 해당한다.

**해설** 이 작품은 연꽃 따는 강남 여인이 북방에 떠나 있는 임을 그리워하는 심경을 노래한 시다. 예쁜 옷으로 치장하고 친구들과 어울려 한창 자태를 뽐내며 피어 있는 연꽃을 따러 나섰다. 연꽃의 붉은 색, 강물의 푸른 색, 연잎의 초록색, 그리고 여인들이 입은 옷의 울긋불긋한 색들이 시야를 황홀케 한다. 문득 가슴 가득 차오르는 생각은 변경으로 종군한 임에 대한 기억. 임이시여! 어서 집으로 돌아와 이 아름다운 연꽃 함께 감상하소서. 아울러 때 지나면 시들고 말 저 연꽃 같은 신세인 나를 사랑해 주소서.

## 252. 손잡고

「携手」[85]

| | |
|---|---|
| 艷裔陽之春,[86] | 꽃 곱고 새싹 부드러운 따뜻한 봄날에 |
| 携手淸洛濱. | 손잡고 맑은 낙수 강가에서 놀 제 |
| 鷄鳴上林苑,[87] | 닭은 상림원에서 울고 |
| 薄暮小平津.[88] | 소평 나루에 날은 저문다 |
| 長裾藻白日,[89] | 긴 치맛자락에 밝은 해가 비치고 |
| 廣袖帶芳塵.[90] | 넓은 소매엔 떨어지는 꽃잎이 붙어 있는데 |
| 故交一如此, | 옛날 사귀던 그 사람도 이와 같았건만 |

85) 雜曲歌辭에 속한다. 제5권 중 沈約의 雜曲 3수 중의 제1수인 「攜手曲」(177)을 모방한 것이다.

86) '艷裔'(염예) : 고운 꽃과 어린 싹.

87) '上林苑'(상림원) : 본래 漢나라 때의 임금의 수렵 등을 위한 정원 이름이었으나, 일반적인 명칭으로 쓰였다.

88) '小平津'(소평진) : 지금의 河南省 孟津縣 동북쪽 黃河 가에 있던 나루터 이름. 東漢 靈帝 때 여기에 관문을 세웠는데 '河南八關'의 하나가 되었다.

89) '藻'(조) : 문채. 빛나다. 아름답다.

90) '芳塵'(방진) : 떨어지는 꽃을 가리킨다.

| | |
|---|---|
| 新知詎憶人?[91] | 새로 사귄 사람 때문에 어찌 나를 생각이나 하겠는가 |

**해설** 이 작품은 봄날에 남녀가 손잡고 노는 광경을 보고, 멀리 떠난 임을 그리워하는 여인의 심경을 노래한 시다. 날이 따뜻해지자 겨우내 움츠리고 지내던 청춘남녀들이 집 밖으로 몰려나와 봄을 만끽하며 사랑을 구가한다. 주인공 역시 한때는 저들이 부럽지 않았건만 그때 손잡고 놀던 임은 지금 나를 떠나 돌아오지 않으니 필시 새 여자가 생긴 게 분명하다. 그렇지 않고서야 어찌 이 좋은 계절에 소식 하나 주지 않으리오.

## 253. 두용성에게 주다

「贈杜容成」[92]

| | |
|---|---|
| 一燕海上來, | 제비 한 마리가 바다 위에서 날아오고 |
| 一燕高堂息. | 다른 한 마리는 높은 집에서 쉬고 있네 |
| 一朝所逢遇, | 어느 날 아침에 우연히 만났는데 |
| 依然舊所識. | 옛날 그 모습 그대로네 |
| 問我來何遲, | 나에게 묻네 어찌 그렇게도 더디 왔으며 |
| 關山幾迂直? | 관문과 산악은 얼마나 구비지고 곧은지를 |
| 答言海路長, | 대답하네 바닷길이 멀었으며 |
| 風多飛無力. | 바람이 많아 날기에 힘이 부쳤다고 |

91) 이상 두 구의 의미는 한때 서로 손잡고 다니던 사랑하던 그 사람은 지금 새로 여자가 생겼기 때문에 더 이상 자기를 생각하지 않을 것이란 뜻이다.

92) '杜容成'(두용성) : 인명. 전해오는 기록이 없다. 어떤 책에는 제목이 「詠雙燕」이라고 되어 있다.

昔別縫羅衣, 옛날 작별할 때 비단저고리 꿰맬 때는
春風初入帷. 봄바람이 새로이 휘장 안으로 불었었는데
今來夏欲晚, 지금 올 때는 여름 끝날 무렵
桑蛾薄樹飛.[93] 누에나방이 뽕나무 주위를 날고 있네

**해설** 이 작품은 다른 판본의 제목까지 감안할 때 한 쌍의 제비의 만남을 통해 친구와의 재회의 기쁨을 노래한 시다. 보는 관점에 따라서는 헤어졌던 임을 다시 만난 기쁨을 노래한 시라고 볼 수도 있다. 당시의 시가들이 대부분 집을 떠나 돌아오지 않는 임에 대한 그리움 또는 원망을 노래하였음에 반해 이 작품은 재회의 기쁨을 노래하였다는 점에서 주목할 만하다. 이별과 해체의 시대에 보기 드문 만남이자 시 속으로 들어온 재회이기 때문에.

## 254. 봄노래

「春詠」[94]

春從何處來? 봄은 어디로부터 오는가
拂衣復驚梅.[95] 옷자락 흔들었다 다시 매화꽃을 놀라게 하네
雲障青瑣闥,[96] 구름은 푸른 색 궁문에 막혀 있고
風吹承露臺.[97] 바람은 승로대에 불어오는데

---

93) '薄'(박) : 가깝다. 가까이.
94) 다른 책에는 제목이 「春怨」 또는 「春日」이라고도 되어 있다.
95) '衣'(의) : 『考異』에는 『藝文類聚』에 따라 '水'자로 되어 있다. 이 구의 주체는 봄바람이다.
96) '青瑣'(청쇄) : 궁궐의 대문 또는 창문에 장식된 푸른 색 사슬 무늬. '青瑣闥'(청쇄달) : 궁궐의 대문 또는 부귀한 집의 문을 가리킨다.
97) '承露臺'(승로대) : 漢 武帝 때 建章宮에 神明臺를 지어 구리기둥 위에 신선이 손바닥으로 감로를 받는 형상을 만들었는데, 바로 이것을 가리킨다.

美人隔千里, 미인은 천 리에 떨어져 있으며
羅幃閉不開. 비단 휘장은 닫힌 채 열리지 않네
無由得共語, 함께 이야기 나눌 길이 없으니
空對相思杯. 공연히 그리움의 술잔만 든다네

**해설** 이 작품은 객지에 떠나 있는 남편의 고향 아내에 대한 그리움을 노래한 시다. 임에 대한 그리움은 만물이 때를 만나 활기를 찾는 봄에 더욱 깊어지는 모양이다. 아무리 염원해도 만날 방법은 도무지 없으니 애꿎은 술잔만 비울 수밖에.

## 255. 쫓겨난 아내가 전 남편에게 주는 시

「去妾贈前夫」

棄妾在河橋, 버림받은 아내는 황하의 다리에 있고
相思復相遼. 그리운 사람은 또한 아득히 멀리 있네
鳳凰簪落鬢, 봉황비녀는 귀밑머리 아래로 처지고
蓮華帶緩腰. 연꽃무늬 옷끈은 허리에 헐렁하네
腸從別處斷, 창자는 헤어지던 그날부터 끊어졌고
貌在淚中銷.[98] 모습은 눈물 속에서 늙어가네
願君憶疇昔, 바라옵건대 그대여 옛날 생각하시길
片言時見饒.[99] 한마디 말씀이라도 때로는 충분하다네

**해설** 이 작품은 버림받은 아내가 전 남편을 그리워하는 마음을 노래한 시다. 아들을 낳지 못해서였든지 아니면 시부모에게 밉게

98) '銷'(소) : 시들다. 쇠하다. 늙다.
99) '見饒'(견요) : 충분하다고 여겨지다.

보였든지 어쨌든 여인은 시집에서 내쫓긴 신세이다. 때로는 신세에 대한 한탄 때문에 또 때로는 남편에 대한 그리움 때문에 눈물 속에 초췌하게 늙어간다. 다만 원하는 건 전 남편이 함께 살던 때를 생각하고서 보고 싶다는 말 한 마디라도 편지에 담아 보내준다면 이렇게 슬프진 않을 텐데.

## 256. 젊은 남자

「詠少年」[100]

董生惟巧笑,[101]　동언은 오직 애교를 띤 미소를 짓고
子都信美目.[102]　자도는 참으로 아름다운 눈을 가졌다네
百萬市一言,　한 마디 말을 백만 냥에 사고
千金買相逐.　천금으로 사서 함께 하고자 하네
不道參差荼,[103]　들쑥날쑥 노랑어리연꽃을 말하지 않고
誰論窈窕淑?　누가 아리따운 숙녀를 이야기하랴
願君奉繡被,[104]　그대여 수놓인 이불 가지고

---

100) '少年'(소년): 젊은이. 젊은 남자. 미소년. 『樂府詩集』에는 제목이 「少年子」라고 되어 있다.

101) '董生'(동생): 漢 武帝 때의 寵臣인 董偃을 가리킨다. 처음에는 어머니와 함께 구슬 장사를 하였는데, 13세 때 어머니를 따라 武帝의 고모인 館陶公主의 집에 들어가 미모로 50여 세 되는 그녀의 총애를 받았으며, 그로 인해 武帝에게 알려져 역시 총애를 받았다. 후에 東方朔의 간언에 의해 총애가 식어 30세에 죽었다. 일설에는 漢 哀帝 때의 寵臣인 董賢을 가리킨다고도 한다. 雲陽 사람으로 자가 聖卿이며 아름다운데다 아첨을 잘 하여 임금의 총애를 받아 항상 곁에 있었다. 高安侯에 봉해졌으며, 22세에 관직이 大司馬·衛將軍에까지 이르렀는데, 哀帝가 죽자 王莽에게 탄핵되어 파직되었으며, 귀향한 후 자살하였다.

102) '子都'(자도): 옛날의 미남 이름. 『詩經』「鄭風」「山有扶蘇」에 "子都는 보지 못하고, 오히려 미치광이만 만났네(不見子都, 乃見狂且)"라고 했다.

103) 이하 두 구는 『詩經』「周南」「關雎」 중의 '參差荇菜'와 '窈窕淑女'구를 가리킨다.

104) '君'(군): 작품의 주인공인 미소년을 가리킨다. 이하 두 구는 楚나라 왕자인 鄂君과

來就越人宿.　　　월나라 사람에게 와서 자기를

**해설** 이 작품은 미소년에 대한 총애를 노래한 작품이다. 이는 현대적 의미의 남성 동성애와도 관련이 있다. 중국에 있어서 이러한 남성 동성애적 풍속은 유래가 오래 되었는데, 春秋戰國시대의 彌子瑕·安陵君·龍陽君 및 이 작품에 언급된 董偃과 董賢 등이 있다. 이러한 풍속은 남조의 탐미적 사회사조와 결합되어 상당히 일상화되었던 것으로 보이며, 그러한 예를 보여주는 작품들이 적잖게 이 선집에 수록되어 전한다.

## 왕승유(王僧孺)

◇王僧孺(465~522) : 자가 僧孺이며, 東海 郯(지금의 山東省 郯城縣) 사람이다. 다섯 살 때 『孝經』을 읽었으며, 여섯 살 때 글을 지을 수 있었다. 배우기를 좋아하였으나 집이 가난하여 항상 필경으로 어머니를 봉양했으며, 글씨 쓰기가 끝나면 그 글을 다 외웠다. 齊나라 때는 太學博士가 되었으며, 司徒 竟陵王 蕭子良의 '西邸學士'로 초빙되어 문인들과 교유하였다. 建武 초에 始安王 蕭遙光에게 추천되어 儀曹郎이 되었으며, 治書侍御史로 옮겼다가 외직인 錢塘令으로 나갔다. 梁 天監 초에는 陵川王 後軍記室로서 待詔文德省을 겸했으며, 외직으로 南海太守가 되었다가 다시 中書侍郎으로 복귀하였다. 후에 少府卿과 尙書吏部郎을 역임했고, 외직으로 人威南康王 長史 및 蘭陵太守를 역임했다. 그는 옛 전적을 애호하여 장서가 만여 권에 달했으며, 沈約·任昉 등과 그 규모가 비슷했다. 저작으로 『十八州譜』 710권, 『百家譜集』 15권, 『東南譜集抄』 10권, 『兩臺彈事』 5권, 『東宮新記』 및 문집 30권이 있었다고 한다.

---

越나라 뱃사공의 사랑을 노래한 제9권의 「越人歌」(426)의 내용을 의미한다.

## 257. 봄날의 원망

「春怨」

四時如湍水,[105) 사계는 마치 소용돌이처럼
飛奔競回復. 나는 듯이 달려갔다가 다투듯 돌아오네
夜鳥響嚶嚶,[106) 밤새는 짹짹거리며 울고
朝光照煜煜.[107) 아침빛은 환하게 세상을 비추네
厭見花成子, 꽃이 씨가 되는 것도 물리도록 보았고
多看筍爲竹. 죽순이 대나무가 되는 것도 실컷 보았다네
萬里斷音書, 만 리 먼 곳 그 사람은 소식조차 끊은 채
十載異棲宿. 십 년 동안이나 다른 곳에서 살고 있네
積愁落芳鬢, 쌓인 근심은 향기로운 살쩍을 빠지게 하고
長啼壞美目. 오랜 울음은 아름다운 눈을 상하게 하네
君去在楡關,[108) 당신은 집을 떠나 유관에 계시고
妾留住函谷.[109) 소첩은 함곡관에 남아 있다네
帷對昔邪房,[110) 장막 속에서 벽에 이끼 자라는 방 마주하니
如見蜘蛛屋. 마치 거미줄 친 집을 보는 것 같네
獨與響相酬, 오직 새들의 소리에만 대답하며
還將影自逐. 또한 그림자만 절로 나를 따라다니네
象牀易氈簟, 상아 장식 침상에는 담요와 대자리가 바뀌었고
羅衣變單複.[111) 비단 저고리는 홑옷과 겹옷이 바뀌었네

---

105) '湍水'(단수): 소용돌이.
106) '嚶嚶'(앵앵): 새가 지저귀는 소리.
107) '煜煜'(욱욱): 환하게 빛나는 모양.
108) '楡關'(유관): 지금의 河北省 秦皇島市에 있는 山海關을 가리킨다.
109) '函谷'(함곡): 관문 이름. 戰國시대 秦나라 때 설치되었으며, 지금의 河南省 靈寶縣 내에 있었다.
110) '昔邪'(석야): 담이나 벽 등에 자라는 이끼의 일종으로, '烏韭'라고도 한다.
111) 이상 두 구는 여름과 겨울의 계질이 바뀌었음을 뜻한다.

| | |
|---|---|
| 幾過度風霜,112) | 바람 서리 그 얼마나 지났는데 |
| 猶能保煢獨?113) | 여전히 외롭게 살아갈 수 있을지 |

**해설** 이 작품은 멀리 떨어져 있는 남편을 그리워하는 여인의 심경을 노래한 시다. 서로 떨어져 살기를 몇 해던가? 소용돌이처럼 빠르게 계절은 순환하고, 그에 따라 꽃이 피었다 지는 것은 몇 번이며, 죽순은 또 얼마나 많이 대나무로 자랐던가? 그토록 오랜 세월이 흘렀건만 임은 여전히 오시지 않으니 나는 텅 빈 집에서 새들과 내 그림자만 친구 삼을 뿐이다. 아! 언제까지 이런 고독한 생활을 견뎌낼 수 있을거나.

## 258. 달밤에 남강의 진씨가 새로 첩을 맞는 것을 보며 「月夜詠陳南康新有所納」114)

| | |
|---|---|
| 二八人如花, | 이팔 방년의 미인은 꽃과 같고 |
| 三五月如鏡. | 십오야 보름달은 거울과 같네 |
| 開簾一種色, | 발을 걷으니 미인과 달이 같은 색 |
| 當戶兩相映.115) | 문에 서 있으니 둘이 서로를 비추네 |
| 重價出秦韓, | 막대한 값의 미인 진나라 한나라에서 나오기도 하고 |
| 高名入燕鄭.116) | 높은 명성의 미인 연나라 정나라로 들어가기도 하네 |

112) '風霜'(풍상): 바람과 서리. 계절을 나타낸다.
113) '保'(보): 지키다. 유지하다. 지탱하다.
114) '南康'(남강): 江西省에 속하는 군 이름. 陳모라는 사람이 당시 이 군의 어떤 벼슬을 하고 있었다고 볼 수 있다.
115) '兩'(량): 미녀와 달.
116) 이상 두 구에서 언급된 秦·韓·燕·鄭 등의 나라는 모두 미인으로 유명한 곳이다.

十城屢請易, 열 개의 성과 바꾸고자 누차 청했으며
千金幾爭聘?[117] 천금 돈으로 그 얼마나 다투어 맞으려 했던가
君意自能專, 그대 마음 응당 한결같을 수만 있다면
妾心本無競. 소첩 마음엔 본래 아름다움을 값으로 다툴 생각은 없다네

**해설** 이 작품은 새로 맞아들이는 어떤 관리의 첩의 아름다움을 노래한 시다. 달밤에 맞이하는 미인은 마치 함박꽃 같고 보름달 같다. 경성경국지색인들 이보다 더 아름답겠는가? 천금을 주고라도 살 수 있으랴? 그러나 이러한 미인의 가치는 남자들의 관점에서 나온 것일 뿐, 정작 당사자인 미인은 변함없는 사랑에만 관심이 있다.

## 259. 귀인이 새로 미인을 맞는 것을 보고 잠시 그것을 노래하다

「見貴者初迎盛姬聊爲之詠」[118]

久想專房麗,[119] 사랑 독차지할 미인을 오래도록 그려 왔건만
未見傾城者. 성을 기울게 할 미인은 아직 보지 못했네
千金訪繁華,[120] 천금 돈을 쓰며 화류계를 찾아다니다가

---

117) 吳注에 의하면 『龍輔女紅餘志』에 "秦나라와 韓나라에는 기이한 미인이 나는데, 아리땁고 유순함은 넋을 잃게 하고 눈길을 빼앗는다. 이웃 나라에서 천금을 가지고 만나고자 했지만 허락하지 않았다(秦韓出異姝, 嬌姸委靡, 消魂奪目. 隣國覯之千金, 不許)"라고 했다. 또 『戰國策』「韓策」에는 "秦나라는 대국이며, 韓나라는 소국이다. 韓나라는 秦나라와 매우 사이가 좋지 않아 秦나라와 친하려는 계책을 세웠으나 돈이 아니면 방법이 없었다. 그래서 미인을 팔기로 했는데, 미인의 값이 너무 높아 제후들이 살 수가 없었다. 그리하여 秦나라가 삼천 금을 주고 샀으며, 韓나라는 그 돈으로 秦나라를 섬겼다(秦大國也, 韓小國也. 韓甚疏秦, 然而見親秦. 計之, 非金無以也. 故賣美人, 美人之賈貴, 諸侯不能買, 故秦買之三千金. 韓因以其金事秦)"라고 했다.

118) '盛姬'(성희) : 미인.

119) '專房麗'(전방려) : 총애를 독점하는 미인.

一朝遇容冶. 어느 날 아침 우연히 아리따운 미인을 만났네
家本薊門外,[121] 집은 본래 계문 밖인데
來戲叢臺下.[122] 총대 아래로 놀러왔다 하네
長卿幸未匹, 사마상여 마침 짝이 없었고
文君復新寡. 탁문군 또한 새로이 과부였던 것 같네

**해설** 이 작품은 귀족 남자가 유흥가를 전전하다가 우연히 미인을 만나 첩으로 맞아들이는 것을 노래한 시다. 천금의 돈을 뿌려가며 유흥가를 전전하는 당시의 한 귀족 남성, 미모를 가지고 그의 눈에 든 작품 속의 여인, 비록 잠깐 사랑을 독차지할지는 모르지만 얼마 후 흘릴 눈물이 예견된다. 그러나 작가의 눈에는 이 만남이 역사적인 로맨스인 司馬相如와 卓文君의 사랑으로 보이는 모양이다.

## 260. 치서관 사마씨와 함께 이웃집 여인이 밤중에 베 짜는 소리를 들으며

「與司馬治書同聞鄰婦夜織」[123]

洞房風已激,[124] 깊은 규방에 바람 이미 세차고
長廊月復淸. 긴 회랑에 달빛 또한 맑은데
藹藹夜庭廣,[125] 어둑어둑 밤중의 뜰은 넓으며

120) '繁華'(번화) : 번화가. 유흥가.
121) '薊門'(계문) : 지명. 燕나라에 속했던 薊丘를 가리키는데, 北京城 서쪽의 德勝門 밖 서북쪽에 위치했었다.
122) '叢臺'(총대) : 누대 이름. 지금의 河南省 商水縣에 있었다. 여기에서는 귀인들이 노는 곳이란 뜻으로 차용되었다.
123) '治書'(치서) : 문서와 장부 등을 관장하던 관직 이름.
124) '洞房'(동방) : 집안 깊숙한 곳에 위치한 규방.
125) '藹藹'(애애) : 어둑어둑한 모양.

飄飄曉帳輕. 하늘하늘 새벽의 장막 가볍네
雜聞百蟲思, 온갖 곤충들 시름겨운 소리 섞여 들리는데
偏傷一息聲. 한 줄기 한숨소리에 마음 유독 아프고
鳥聲長不息, 새 소리 오래도록 끊임없는데
妾心復何極?[126] 소첩의 마음 또한 어찌 끝이 있으리
猶恐君無衣, 그래도 당신께서 입을 옷 없을까 걱정되어
夜夜當窗織. 밤마다 창가에서 베를 짠다네

**해설** 이 작품은 집을 떠나 있는 남편을 그리워하며 남편의 옷을 짓기 위해 베를 짜는 여인의 심경을 서술한 시다. 이 작품은 내용보다 작품 전체에 걸쳐 대구를 잘 운용한 형식적 기교가 돋보인다. 특히 온갖 곤충들의 울음소리와 새 지저귀는 소리를 임에 대한 여인의 탄식과 끝없는 그리움에 비유한 부분이 참신하다고 하겠다.

## 261. 밤의 근심

「夜愁」[127]

檐露滴爲珠,[128] 처마 끝의 이슬은 떨어져 구슬이 되고
池冰合成璧.[129] 연못의 물 얼어서 고리 옥이 된다네
萬行朝淚瀉, 만 줄기 아침 눈물 흘러내리고
千里夜愁極. 천 리 먼 곳의 밤 근심 끝이 없다네
孤帳閉不開, 외로운 장막은 닫힌 채 열리지 않는데

126) '何極'(하극): 반문 용법으로 '끝이 없음'을 나타낸다.
127) 어떤 책에는 「夜愁示諸賓」이라고 되어 있다.
128) '檐'(염): 처마. '簷'자와 같다.
129) '冰'(빙): 『考異』 및 일부 책에는 '水'자로 되어 있는데, 여기에서도 이를 따랐다. '璧'(벽): 고리 모양의 옥.

寒膏盡復益.130)　　차가운 등잔 기름 떨어지니 다시 보태네
誰知心眼亂,131)　　누가 알까 혼란한 이내 심사를
看朱忽成碧.　　빨간 것이 문득 파란색으로 보이네

**해설** 이 작품은 멀리 떠난 임을 그리워하는 여인의 심경을 노래한 시다. 그리움은 밤에 유독 지극하다. 지극한 그리움은 근심이 되고 그로 인해 잠을 이루지 못한다. 찾아오는 사람 없으니 장막이 열리지 않고, 등잔불 기름 다해도 잠자리에 들지 못하고 다시 불을 밝히는 심정을 임은 아실까? 그리움과 희망과 추측과 상상과 낙망 등이 뒤섞여 마음은 갈수록 혼란해져 눈앞의 사물조차 제대로 보이지 않는다.

## 262. 봄 규방의 원망

「春閨有怨」132)

愁來不理鬢,　　근심이 밀려오니 귀밑머리 빗지도 않고
春至更攢眉.133)　　봄이 오니 눈살을 더욱 찌푸리네
悲看蛺蝶粉,134)　　슬픈 눈으로 나비 날개에 붙은 분가루를 보고
泣望蜘蛛絲.　　흐느끼며 거미줄을 쳐다보기도 하네
月映寒蛩褥,135)　　달은 귀뚜라미 수놓인 요를 비추고

130) '膏'(고) : 등잔의 기름.
131) '心眼'(심안) : 心思. 내심. 이하 두 구는 그리움 때문에 심사가 혼란하여 눈에 보이는 것조차 오락가락함을 뜻한다.
132) 『樂府詩集』에는 「春閨怨」이라고 되어 있다. 雜曲歌辭에 속한다.
133) '攢'(찬) : 모우다. 찌푸리다.
134) '蛺蝶'(협접) : '蝴蝶'과 같다. 나비. '蛺蝶粉'(협접분) : 나비의 날개와 몸체에 붙어 있는 분가루 같은 비늘.
135) 吳注에 의하면 『龍輔女紅餘志』에 "翃風이 李倫에게 버림을 받은 후 귀뚜라미가 슬프게 우는 소리를 듣고 귀뚜라미 무늬가 있는 요를 짜서 그에게 바쳤다(翃風因李倫見棄, 聽寒蛩心悲, 因織寒蛩之褥以獻之)"라고 했다.

風吹翡翠帷.[136]　바람은 물총새 깃 휘장으로 불어오네
飛鱗難託意,[137]　하늘 나는 물고기에게 마음을 부탁하기도 어렵고
駛翼不銜辭.[138]　쏜살같이 나는 새도 편지를 전하지 못하네

**해설** 이 작품은 멀리 떨어져 있는 임을 그리워하는 여인의 심경을 노래한 작품이다. 여인의 계절인 봄이 왔건만 임이 없으니 시름에 빠져 있다. 보고 싶은 마음을 편지로 썼지만 부칠 방법이 없으니 어이 하랴? 너무 멀리 있기 때문인가, 아니면 어디 있는지 모르기 때문인가.

## 263. 다듬이질

「擣衣」

足傷金管處,[139]　마음 아파하네 황금퉁소 소리 급한 곳에
多愴緹光促.[140]　슬픔도 많네 붉은 휘장에 비친 달빛 빠르게 지나니
露團池上紫,　이슬은 연못 위 자줏빛 부평초에 방울지고
風飄庭裏綠.　바람은 뜰 안의 푸른 나무에 살랑살랑 부네
下機鶩西眺,[141]　베틀에서 내려와 서쪽 하늘 멀리 바라보고
鳴砧遽東旭.　다듬잇돌 울리는데 어느덧 동녘이 환하네

136) '翡翠帷'(비취유) : 물총새 깃으로 장식한 휘장.
137) '飛鱗'(비린) : 하늘을 나는 전설상의 물고기. 즉 '文鰩'를 가리킨다.
138) '駛翼'(사익) : 빨리 나는 새. '銜辭'(함사) : 편지를 지니다라는 뜻이다. 이상 두 구는 자신의 그리운 마음을 임에게 보낼 방법이 없음을 뜻한다.
139) '金管'(금관) : 금으로 장식한 관악기. '處'(처) : 『考異』 등의 책에는 '遽(급하다)'자로 되어 있는데, 여기에서도 이를 따랐다.
140) '緹'(제) : 붉은 색 또는 붉은 색의 명주. '緹光'(제광) : 붉은 색 장막에 비치는 달빛을 가리킨다.
141) '鶩西'(무서) : 서쪽으로 눈길을 보내다. 이 구는 서쪽으로 지는 달을 바라본다는 뜻이다.

芳汗似蘭湯,[142)]　향기로운 땀은 난초탕에서 목욕한 것 같고
彫金辟龍燭.[143)]　아로새긴 황금촛대는 태양을 피해 물러나네
散度廣陵音,[144)]　광릉산곡을 짓기도 하고
摻寫漁陽曲.　어양참곡을 쓰기도 하는데
別鶴悲不已,[145)]　별학조는 슬픔이 끝이 없고
離鸞斷更續.[146)]　이란곡은 끊어졌다 다시금 이어지네
尺素在魚腸,[147)]　비단에 쓴 편지는 물고기 뱃속에 있고
寸心憑鴈足.[148)]　이내 작은 마음은 기러기발에 의지하네

**해설** 이 작품은 다듬이질하는 여인이 멀리 떨어져 있는 임을 그리워하는 심경을 노래한 시다. 다듬이질은 의복을 준비하는 일에 속한다. 임을 위해 베를 짜고 다듬이질하고 옷을 짓지만 임은 돌아올 줄 모른다. 만날 희망은 말할 수 없더라도 임이 어디에서 어떻게 지내는지 소식이라도 들었으면. 그리고 보고 싶어 죽을 듯한 이 마음을 전할 수만 있다면 그것으로 족하리라. 그러나…….

---

142) '蘭湯'(란탕) : 난초를 삶아 향기가 나게 한 목욕물.

143) '彫金'(조금) : 아로새긴 황금. 화려한 촛대를 가리킨다. '辟'(벽) : 물러나다. 피하다. '龍燭'(룡촉) : 고대신화 속의 신인 '燭龍'이 물고 있던 촛불. 여기에서는 해를 가리킨다. 이 구는 시간이 흘러 해가 뜨는 아침이 되었음을 뜻한다.

144) 이하 두 구는 '度廣陵散音, 寫漁陽摻曲'의 도치이다. '度'(도) : 곡을 짓다. 악보에 따라 노래하다. '廣陵散'(광릉산) : 거문고 곡조 이름. '漁陽摻'(어양참) : 북[鼓]의 곡조 이름.

145) '別鶴'(별학) : 거문고 곡조인 「別鶴操」를 가리킨다.

146) '離鸞'(리란) : 거문고 곡조인 「雙鳳離鸞曲」을 가리킨다.

147) '尺素'(척소) : (한 자 비단에 쓴) 편지. 제1권 蔡邕의 「飮馬長城窟行」(35) 중에 '呼兒烹鯉魚, 中有尺素書'란 구가 있다.

148) 이 구는 임에 대한 그리움을 적은 편지를 기러기발에 묶어서 부친다는 뜻이다.

## 264. 어떤 사람을 대신해 꿈을 말하다

「爲人述夢」

| | |
|---|---|
| 工知想成夢, | 상상이 꿈이 됨을 잘 알고 있었지만 |
| 未信夢如此. | 꿈이 이럴 줄 아직도 못 믿겠네 |
| 皎皎無片非, | 명명백백 거짓은 하나도 없고 |
| 的的一皆是. | 또렷또렷 한결같이 모두가 사실 같네 |
| 以親芙蓉褥, | 연꽃무늬 수놓인 요를 깔고서 |
| 方開合歡被. | 막 합환 무늬 수놓인 이불을 펼치는데 |
| 雅步極嫣妍,149) | 우아한 걸음걸이 너무도 아름답고 |
| 含辭恣委靡.150) | 말씨도 그지없이 사근사근하네 |
| 如言非倏忽,151) | 말의 내용이 순간적인 것 같지도 않으며 |
| 不意成俄爾.152) | 모든 게 순식간의 일인 줄은 생각도 못했는데 |
| 及寤盡空無, | 잠을 깨니 공허하게 아무 것도 없어 |
| 方知悉虛詭. | 그제야 모든 게 헛된 것인 줄 알겠네 |

해설 이 작품은 꿈을 통해 그리운 사람을 만난 어떤 남자의 꿈을 이야기한 시다. 현실에서 이루기 어려운 것이지만 지극히 염원하면 꿈으로 나타난다고 하지 않았던가. 고향을 떠나 객지를 떠도는 남자에게 사랑하는 아내는 얼마나 보고 싶은 존재일까? 그 그리움이 마침내 꿈으로 나타났다. 그러나 꿈은 허망한 것. 현실이라도 그렇게 생생하랴 싶던 그 짧은 만남도 꿈과 함께 허공으로 날아가 버렸다. 그리고 또 어제와 같은 가슴 아린 현실.

---

149) '嫣妍'(언연) : 아름다운 모양.

150) '含辭'(함사) : 본래 입 안에서 채 밖으로 내지 못한 말을 뜻하나 여기에서는 말이란 뜻으로 쓰였다. '恣'(자) : 한껏. '委靡'(위미) : 유순한 모양. 사근사근한 모양.

151) '倏忽'(숙홀) : 매우 짧은 시간.

152) '俄爾'(아이) : 잠깐 사이.

## 265. 어떤 사람을 대신해 가까이 있지만 만날 수 없음을 슬퍼하다 「爲人傷近而不見」

| | |
|---|---|
| 嬴女鳳凰樓,[153] | 영씨의 딸은 봉황루에 있고 |
| 漢姬栢梁殿.[154] | 한나라 후비는 백량전에 있네 |
| 詎勝仙將死, | 어찌 견디랴 신선은 장차 죽어서도 |
| 音容猶可見.[155] | 목소리와 모습 오히려 볼 수가 있다네 |
| 我有一心人, | 나에게 일심동체 같은 사람 하나 있는데 |
| 同鄉不異縣. | 동향 사람으로 사는 곳이 같다네 |
| 異縣不成隔, | 사는 곳이 달라도 떨어질 수 없거늘 |
| 同鄉更脉脉.[156] | 동향이면서도 더욱 간절히 바라보기만 할 뿐 |
| 脉脉如牛女, | 간절한 눈길은 견우와 직녀 같으니 |
| 無妨年一語. | 일 년에 한 번이라도 얘기를 나눴으면 좋으련만 |

**해설** 이 작품은 같은 마을에 사는 여인에 대한 짝사랑하는 안타까운 마음을 그 사람을 대신해 노래한 시다. 가까이 있지만 만날 수 없는 사이, 도대체 어떤 사연이 있는 것일까. 드러내지 못하는 사랑, 당시의 윤리상 떳떳하지 못했을 사랑, 혹시 후일 唐代의 李商隱이 「無題」란 시에서 "서로 만났을 때도 견디기 힘들고 떨어져 있을 때도 어렵네(相見時難別亦難)"라고 노래한 사랑은 아니었을지. 당시의 대부분의 작품이 멀리 떨어져 있는 임에 대한 그리움을 노래한 것이라는 점에서 볼 때

153) '嬴'(영) : 秦나라 왕의 성. 이 구는 秦 穆公의 딸 弄玉과 簫史의 고사를 말하고 있다.

154) '栢梁殿'(백량전) : 長安의 성 안에 있었던 漢나라 누대 이름. 이 구는 漢 武帝의 후비인 李夫人과 관련된 고사인데, 실재로 栢梁殿과는 무관하다. 이상 두 구는 상대 여인이 귀한 신분이란 것을 암시한다.

155) 이상 두 구는 '신선은 죽었지만 모습을 볼 수 있지만, 사랑하는 그 여인은 살아 있지만 볼 수가 없다'란 의미이다.

156) '脉脉'(맥맥) : 마음속에 품은 생각이나 감정을 말로 드러내지 못하고 눈빛에 담아 바라보는 모양.

이 작품은 충분히 독창성을 띠고 있다.

## 266. 고부관 하씨의 옛 첩을 위해 '궁궁이' 시구를 본떠 지은 시 「爲何庫部舊姬擬蘼蕪之句」[157]

| | |
|---|---|
| 出戶望蘭薰,[158] | 문을 나서서 난초와 훈초 바라보고 |
| 褰簾正逢君. | 발을 걷다가 마침 당신을 만났지요 |
| 斂容纔一訪, | 용모 가다듬고 겨우 한 번 찾아뵈니 |
| 新知詎可聞? | 새로 알게 된 사람에 대해 어찌 여쭤볼 수 있겠어요 |
| 新人含笑近, | 새사람은 미소 머금은 채 가까워지고 |
| 故人含淚隱. | 옛사람은 눈물 머금은 채 숨어들지요 |
| 妾意在寒松, | 제 마음은 추운 겨울의 소나무에 있는데 |
| 君心逐朝槿.[159] | 당신의 마음은 아침에 피고지는 무궁화를 따르지요 |

해설 이 작품은 총애를 잃고 버림받은 처지의 슬픈 심정을 다른 어떤 사람의 첩의 입장에서 노래한 시다. 방을 나서서 향기를 발하는 꽃들을 바라보며 자신의 신세를 비춰보기도 하는데, 마침 방문을 열고 발을 걷어 올리는 중에 그 앞을 지나는 남편을 보았다. 경박하게 새로 맞은 첩에 대해 물어볼 수도 없는 노릇. 다만 그 여인의 처지와 자기가 너무 대조적이란 느낌이 들 뿐이다. 사시사철 푸른 소나무와는 달리 조석으로 쉽게 변하는 남편의 마음이 다시금 원망스러운 것이다.

---

157) '何庫部'(하고부): 何炯을 가리킨다. 자가 圭光이며 廬江 灊 땅 사람으로, 王府의 行參軍과 尙書兵庫部의 工曹郎을 역임했었다. '舊姬'(구희): 옛날에 총애를 받았으나 지금은 버림받은 첩. '蘼蕪之句'(미무지구): 제1권 첫 작품인 「上山採蘼蕪」(1)를 가리킨다.

158) '薰'(훈): 콩과에 속하는 향초의 일종인 薰草.

159) '朝槿'(조근): 아침에 피었다 저녁에 지는 무궁화. 쉽게 변함을 뜻한다.

## 267. 진안내사 왕씨의 술자리에서 지은 몇 개의 운 「在王晉安酒席數韻」[160]

窈窕宋容華,[161] 아리따운 송용화
但歌有淸曲.[162] 그녀가 부르는 무반주 노래 중에 맑은 곡조 있네
轉眄非無以, 고개 돌려 곁눈질하는 것도 까닭 없지 않으며
斜扇還相矚. 부채 비스듬히 가린 채 다시금 눈길을 보내네
詎減許飛瓊,[163] 어찌 허비경보다 못하랴
多勝劉碧玉.[164] 유벽옥보다도 훨씬 낫다네
何因送款款?[165] 무엇으로 은근한 정을 보내나
伴飮杯中醁.[166] 반쯤 마시고 주는 잔 속의 미주라네

해설 이 작품은 술자리에서 노래를 부르는 기녀의 모습과 그녀와의 감정 교류를 노래한 시다. 반주 없이 오로지 아름다운 목소리로 부르는 노래, 노래를 부르는 사이에도 마음에 드는 손님에게 은근한 눈길을 보낸다. 노래를 마친 후 진정 자기의 마음은 어떻게 전하는가? 반쯤 마신 후 남은 술을 마음속 그 사람에게 드린다. 술자리의 풍류가 자못 흥미롭게 느껴지는 부분이다.

---

160) '王晉安'(왕진안): 王份을 가리킨다. 자가 季文이며 瑯邪 사람으로, 太子中舍人·晉安內史를 역임했다. '數韻'(수운): 몇 개의 운을 밟다. 즉 몇 개의 운을 따라 시를 짓다라는 뜻이다.

161) '宋容華'(송용화): 魏 武帝 때의 歌妓 이름.

162) '但歌'(단가): 악기의 반주 없이 부르는 노래. '徒歌'와 같다.

163) '許飛瓊'(허비경): 선녀의 이름. 西王母의 시녀.

164) '劉碧玉'(류벽옥): 晉나라 汝南王의 첩 이름.

165) '款款'(관관): 간절한 모양. 은근한 모양.

166) '伴'(반): 함께. 『考異』는 이에 대해 '酒席'이란 제목에 이미 함께 마신다는 의미가 있기 때문에 굳이 다시 말하지 않아도 된다고 하면서 『藝文類聚』에 따라 '半'자로 보았다. 여기에서도 이를 따랐다. 즉 술을 반쯤 마신 후 상대에게 주면서 자기의 마음을 전한다는 뜻이다. '醁'(록): 맛좋은 술.

## 268. 어떤 사람을 대신해 주는 시

「爲人有贈」

碧玉與綠珠,[167] 벽옥과 녹주
張盧復雙女.[168] 장 아가씨 노 아가씨 다시금 한 쌍의 여인
曼聲古難匹,[169] 길게 뽑아내는 노랫가락 옛부터 필적할 사람 없고
長袂世無侶. 긴 소매는 세상에 둘도 없네
似出鳳凰樓,[170] 노래는 흡사 봉황루에서 나오는 듯
言發瀟湘渚.[171] 소상강 모래톱에서 나오는 듯
幸有褰裳便,[172] 다행히 '건상' 노래 이용할 편리함이 있으니
含情寄一語. 품은 정을 한 마디 말로써 전한다네

**해설** 이 작품은 기녀에게 반한 어떤 남자를 대신해서 그녀를 사랑하는 마음을 담아 기녀에게 주는 시다. 옛날부터 유명했던 가기들이 많다고 하지만 어찌 눈앞의 저 여인과 비교하랴. 그녀에게 빠진 마음은 마침 옛날의 시경시에 잘 묘사되어 있으니, 그 시를 언급하면 이 마음을 알아주려나. 자못 운치가 넘친다.

167) '碧玉'(벽옥) : 앞 작품에 나오는 劉璧玉. '綠珠'(록주) : 晉나라 石崇의 歌妓 이름.
168) '張'(장) : 張氏 성의 미녀. 宋나라 湯惠休의 「怨歌行」에 "원하건대 「張女引」이란 곡조가 되어, 내 흐르는 슬픔이 그대 집을 맴돌았으면(願作張女引, 流悲繞君堂)"이라고 했다. '盧'(로) : 漢나라 궁인, 또는 魏나라 궁인을 가리킨다.
169) '曼聲'(만성) : 길게 뽑는 느린 노랫소리.
170) 이 구절은 弄玉을 가리킨다.
171) '言'(언) : 어조사로 쓰였다. '瀟湘'(소상) : 湖南省 洞庭湖 남쪽을 흐르는 두 강. 이 구는 湘水의 여신인 娥皇과 女英을 가리킨다.
172) '褰裳'(건상) : 『詩經』 「鄭風」 중의 편명으로 "당신이 만약 나를 사랑해 그리워하신다면, 치마 걷고서 진수라도 건너리. 그대 나를 그리워 않는다면 어찌 다른 사람이 없으리(子惠思我, 褰裳涉溱. 子不我思, 豈無他人)"라고 했는데, 여기에서는 자신을 사랑해준다면 받아들이겠다란 뜻을 빌렸다. '便'(편) : 편리. 용이.

## 269. 하생의 첩의 원망

「何生姬人有怨」[173)]

寒樹棲羈雌, 차가운 나무에 짝 잃은 새 암놈이 깃들었는데
月映風復吹. 달빛 비치고 바람 또한 불어오네
逐臣與棄妾, 쫓겨난 신하와 버림받은 첩
零落心可知.[174)] 그 쓸쓸함을 마음으로 알 수 있네
寶琴徒七弦,[175)] 보석 장식된 거문고는 부실없이 일곱 줄이며
蘭燈空百枝.[176)] 난초 등잔은 쓸데없이 백 개나 되는 가지 달려 있네
顰容不足效,[177)] 찡그린 얼굴은 본받을 만도 못하고
啼妝拭復垂.[178)] 눈물 젖은 화장은 닦지만 다시 눈물 떨어지네
同衾成楚越, 한이불 덮던 사이가 초나라 월나라 사람처럼 멀어졌는데
異國非此離. 다른 나라 사람이라도 이런 이별은 아니리라

**해설** 이 작품은 버림받은 첩의 원망을 그 첩을 대신해서 노래한 시다. 첫 두 구는 버림받은 첩의 불쌍하고 외로운 처지를 나타내고 있다. 이런 상황에서 아무리 귀한 장식의 거문고라고 한들, 아무리

---

173) '何生'(하생): 하씨 성을 가진 남자. 266번 작품의 '何庫部'인 何炯이 아닌가 한다. '姬人'(희인): 귀족 남성의 侍妾.
174) '零落'(령락): 실의함. 쇠락함. 쓸쓸함.
175) 『廣雅』에 의하면 神農氏의 거문고는 宮商角徵羽의 5현이었는데, 文王이 少宮과 少商이란 2현을 보태어 7현이 되었다라고 했으며, 釋智匠의 『樂錄』에는 文王과 武王이 각각 1현씩 보태어 각각 文弦과 武弦이라 한다고 했다.
176) '蘭燈'(란등): 가지가 여러 개로 난 등잔. '九枝華'와 같은 것.
177) 趙나라 미인 西施가 아파서 얼굴을 찡그렸는데, 다른 여자들이 그것을 아름답게 여기고 경쟁하듯 따라했다고 한다.
178) '啼妝'(제장): 화장법의 하나. 東漢 때 여인들이 눈 밑에 분을 얇게 발라 마치 눈물 자국처럼 보이게 한 화장법.

밝은 등잔이라고 한들 무슨 소용이 있으랴. 늘 찡그린 얼굴, 시도때도 없이 흐르는 눈물. 엊그제 같이 한이불 덮던 사람이 마치 초나라 사람과 월나라 사람처럼 멀게만 느껴진다. 아니다. 그들이야 서로 사랑한다면 불원천리하고 찾아가 만날 수 있으련만 한번 버림받은 여인이 어찌 다시 사랑을 회복하랴.

## 270. 고슬곡 '그리운 사람'

「鼓瑟曲 有所思」[179]

| | |
|---|---|
| 夜風吹熠燿,[180] | 밤바람은 반딧불이에게로 불고 |
| 朝光照昔邪,[181] | 아침 햇빛은 담장의 이끼에 비치네 |
| 幾銷蘼蕪葉, | 그 얼마나 궁궁이잎을 시들게 했으며 |
| 空落蒲萄花. | 부질없이 포도꽃을 떨어지게 했던가 |
| 不堪長織素, | 오래도록 하얀 비단 짜는 것을 감당하지 못하며 |
| 誰能獨浣紗. | 그 누가 혼자서 비단옷 빨 수 있을까 |
| 光陰復何極, | 시간은 또 얼마나 빠른지 |
| 望促反成賒. | 빨리 돌아오시길 기다리건만 오히려 더디기만 하네 |
| 知君自蕩子, | 그대 자신 떠돌이인 줄 알지만 |
| 奈妾亦倡家. | 어쩌랴 소첩 또한 기생인 것을 |

**해설** 이 작품은 기녀가 떠돌이 애인을 그리워하는 심경을 노래한 시다. 우연히 사랑에 빠졌던 그 사람은 다시 온다는 말 한 마디 남긴 채 떠난 후 돌아올 줄을 모른다. 시간이 흐르고 그 사이 궁궁이잎

179) 鼓吹曲辭 漢鐃歌에 속한다.
180) '熠燿'(습요) : 반딧불이.
181) '昔邪'(석야) : 담 · 벽 · 기와 등지에 지라는 이끼의 일종으로, '烏韭'라고도 한다.

은 몇 번이나 시들었으며 포도꽃 또한 부질없이 몇 차례나 졌던가. 베짜기와 빨래인들 무슨 희망으로 계속하랴. 시간은 쏜살같이 빨리 지나가건만 임을 기다리는 시간은 또 왜 이리 더디기만 한지. 그대 떠돌이라지만 나 또한 기녀이니 기다릴 수밖에.

## 271. 어떤 사람의 총애하는 첩의 원망을 보고 「爲人寵妾有怨」

| | |
|---|---|
| 可憐獨立樹, | 불쌍하다 홀로 서 있는 저 나무 |
| 枝輕根易搖. | 가지는 가볍고 뿌리는 흔들리기 쉽답니다 |
| 已爲露所浥,[182] | 이미 이슬에 젖었는데 |
| 復爲風所飄. | 다시 바람에 흔들립니다 |
| 錦衾襞不臥, | 비단 이부자리는 접어둔 채 눕지도 않고 |
| 端坐夜及朝. | 밤부터 아침까지 단정히 앉아 있답니다 |
| 是妾愁成瘦, | 여기 소첩은 근심으로 야윈 것이지 |
| 非君重細腰.[183] | 당신이 가는 허리 좋아해서가 아니랍니다 |

**해설** 이 작품은 총애를 잃고 버림받은 첩의 원망을 노래한 시다. 밤에도 근심으로 잠을 이루지 못하니 이부자리는 아예 펼 생각도 없다. 잠을 이루지 못하니 무슨 입맛으로 식사인들 제대로 할 수 있겠는가. 그리하여 하루하루 수척해져 가니, 이런 야윈 몸은 당신이 가는 허리를 좋아하기 때문에 일부러 살을 뺀 건 절대로 아니랍니다. 그러나 이유야 어쨌든 평소 날씬한 허리를 좋아하시던 당신이여 한 번쯤 나를 돌봐 주심은 어떨지.

182) '浥'(읍) : 젖다.
183) 楚나라 靈王이 가는 허리를 좋아하자 후궁에서는 굶어죽는 여인들이 많았다고 한다.

## 272. 첩이 스스로 슬퍼하는 것을 대신해 지은 시
「爲姬人自傷」

| | |
|---|---|
| 自知心裏恨, | 마음속의 이 한스러움을 스스로 잘 알지만 |
| 還向影中羞. | 오히려 그림자를 보고도 부끄러워하네 |
| 迴持昔慊慊,184) | 예전엔 남편에 대한 내 정성이 부족하다고 늘 생각했었건만 |
| 變作今悠悠. | 지금은 하염없는 근심으로 변했다네 |
| 還君與妾珥, | 당신이 저에게 준 귀고리도 돌려드리고 |
| 歸妾奉君裘. | 제가 당신에게 바쳤던 가죽옷도 돌려받았네 |
| 弦斷猶可續, | 거문고 줄은 끊어져도 이을 수가 있지만 |
| 心去最難留. | 마음이 떠나면 잡기가 가장 어렵다네 |

**해설** 이 작품은 총애를 잃고 버림받은 첩의 원망을 노래한 시다. 자신을 버린 남편에 대한 원망과 버림받은 자신의 신세에 대한 슬픔을 누구에게 하소연하랴. 동무할 것은 단지 제 그림자뿐인데. 돌이켜보아 옛날에 남편에게 총애를 받을 때는 남편에 대한 정성이 부족할까 늘 마음을 졸이고 있었건만 이제 버림을 받고 나니 그 마음은 원망과 근심으로 변했네. 식은 애정을 다시 회복하기는 그렇게도 어려운가. 주고받았던 정표까지 모두 되돌려주어야 할 정도란 말인가. 대중가요의 한 구절이 언뜻 생각난다. '그럴 수 있어. 이해할 수도 있어. 오죽하면 나에게 그런 말했겠니? 내가 준 선물 모두 가져와. 새로 생긴 내 애인 다 줄 꺼다. 가지가지 많은 나무처럼, 바람 잘 날 없는 나인데, 굳이굳이 니가 아니라도 나뭇가진 아직 많은데……. 생각해보니 별로 준 것도 없어. 반지 하나 빽 하나 달랑 구두 두 개. 내가 받은 건 그냥 내가 가질

184) '迴持'(회지) : 오래도록 지니다. '慊慊'(겸겸) : 부족한 듯 만족스럽지 못한 모양. 남편에 대한 정성이 늘 모사란다고 생각하는 것을 가리킨다.

게. 니가 준 게 어떤 건지 헷갈리니까. 지지배배 우는 저 새들도 내 마음을 알고 우는데……. 우지 마라 그깟 사랑 땜에. 쓰러져 버릴 내가 아냐. 가라가라 다신 남자한테 사랑 갖고 장난치지마.'

## 273. 가을 규방의 원망

「秋閨怨」

| | |
|---|---|
| 斜光隱西壁, | 기우는 햇빛은 서쪽 담벽 뒤로 숨고 |
| 暮雀上南枝. | 저녁 참새는 남쪽 나뭇가지로 날아오르네 |
| 風來秋扇屛,[185] | 바람이 불어오니 가을 부채는 내버리고 |
| 月出夜燈吹. | 달이 뜨니 밤 등불은 불어서 꺼버리네 |
| 深心起百際,[186] | 깊은 마음에는 오만 생각 일어나고 |
| 遙淚非一垂. | 끝없이 흐르는 눈물은 한 줄기가 아니라네 |
| 徒勞妾辛苦,[187] | 괜한 마음씀에 소첩은 마음이 쓰라리건만 |
| 終言君不知. | 끝내 당신은 이 마음 모르겠지요 |

**해설** 이 작품은 총애를 잃은 여인의 남편에 대한 원망을 노래한 시다. 만물이 쇠락하는 가을, 스산한 날씨에 남편에게 버림받은 첩은 더욱 외롭고 괴롭다. 자기 신세가 마치 가을에 쓸모없어진 부채와 달밤에 필요 없는 등불 같이 여겨진다는 말은 바로 남편에게 새로운 첩이 생겼다는 뜻이 아닐까. 속에는 온갖 추측과 상상과 희망과 낙망이 교대로 일어나고, 그에 따라 눈물은 저도 몰래 흐른다. 이렇게 괴로워하는 줄 당신은 다시금 세상이 상전벽해로 변한다고 해도 결코 모르리라.

185) '屛'(병) : 물러나다. 버리다.
186) '百際'(백제) : 생각이 많이 일어남을 뜻한다.
187) '徒勞'(도로) : 헛수고. 공연히 마음을 쓰는 것.

## 장솔(張率)

◇張率(475~527) : 자가 士簡이며, 吳郡 吳(지금의 江蘇省 吳縣) 사람이다. 열두 살 때 글을 잘 지을 수 있었으며, 매일 시 한 편씩 지었는데, 나중에는 실력이 늘어 賦와 頌까지 짓게 되었다. 일찍이 武帝에게 賦를 지어 올리자 武帝가 그에 대해 "司馬相如는 문장은 교묘했지만 민첩하지 못했고, 枚皐는 문장은 빨리 지었지만 교묘하지 못했는데, 그대는 한림원 내에서 그 두 선생의 장점을 다 갖추었도다"라고 평했다. 齊나라 때는 著作佐郎·太子舍人·尙書殿中郞·太子洗馬 등을 역임했고, 梁나라 초에는 鄱陽王의 師友가 되어 司徒인 謝朏의 속관이 되었다. 후에 秘書丞에 올랐다가 建安王中記室參軍과 晉安王中記室을 역임하였다. 中書侍郞이 되었다가 다시 晉安王宣惠諮議가 되어 江陵令을 관할하였다. 외직으로 豫章郡과 臨川郡을 감독하기도 하였다. 太子僕과 司徒右長史, 揚州別馬를 역임했으며, 또 太子家令과 黃門郞에 올랐으며, 외직으로 新安太守가 되기도 했다. 저작으로는 『文衡』 15권 및 문집 30권이 전해온다. 아울러 『七略』과 『藝文志』에 수록된 詩賦 중 당시 망실된 부분을 보완하여 짓기도 했다.

### 274. 상봉

「相逢行」[188]

相逢夕陰街,[189]　　석음 거리에서 사람들을 만났으나
獨趨尙冠里.[190]　　혼자 상관 마을로 달려가네
高門旣如一,　　솟을대문들 모두 한결같은데다

---

188) 相和歌辭 淸調曲에 속한다. 제1권의 古樂府詩 6수 중 제2수인 「相逢狹路間」(10)을 모방하였다.
189) '夕陰街'(석음가) : 長安의 거리 이름.
190) '趨'(추) : 달리다. '尙冠里'(상관리) : 長安의 마을 이름.

甲第復相似.[191]　　대저택들 또한 서로 비슷한데
憑軾日欲昏,[192]　　수레 모는데 날은 저물려 하니
何處訪公子?　　어느 곳에서 귀공자를 찾을까
公子之所在,　　귀공자가 계신 곳
所在良易知.　　그곳은 정말로 찾기 쉽네
靑樓出上路,[193]　　푸른 누각이 큰길로 삐쭉 나와 있고
漸臺臨曲池.[194]　　점대는 구비진 연못가에 있는데
堂上撫流徽,[195]　　대청 위에서는 거문고 줄 어루만지며
雷樽朝夕施.[196]　　구름무늬의 술통은 아침저녁으로 사용되네
橘柚芬華食,[197]　　귤과 유자 화려한 열매는 향기롭고
朱火燎金枝.[198]　　붉은 불꽃은 황금 가지에 타고 있네
兄弟兩三人,　　형제 두세 사람
裾珮紛陸離.[199]　　옷자락에 찬 패옥이 들쭉날쭉 어지럽네
朝從禁中出,　　아침이면 궁중에서 나오는데
車騎並驅馳.　　수레 타고 함께 달려가네
金鞍瑪瑙勒,[200]　　황금 안장에 마노 수식의 굴레
聚觀路傍兒.　　모여서 구경하는 길가의 아이들
入門一顧望,　　대문에 들어가 한 번 휘 돌아보면

---

191) '甲第'(갑제): 고문세족들의 대저택.
192) '憑軾'(빙식): 본래는 수레의 앞쪽에 가로댄 나무에 기대다란 뜻이나, 여기에서는 수레를 몰다란 뜻으로 쓰였다.
193) '上路'(상로): 큰길. 한길.
194) '漸臺'(점대): 누대 이름. 漢 武帝 때 지은 것으로 長安의 太液池 가운데 있었다.
195) '流徽'(류휘): 흐르는 아름다운 소리. 거문고의 별칭.
196) '雷樽'(뢰준): '雲雷紋(곡선의 구름무늬와 직선의 천둥무늬)'이 그려져 있는 술통의 하나.
197) '華食'(화식): 『考異』에는 '華實'로 되어 있는데, 여기에서도 이를 따랐다.
198) 이 구는 여러 가지로 된 등잔에 불이 켜져 있음을 뜻한다.
199) '裾珮'(거패): 옷자락에 매단 노리개. '陸離'(륙리): 들쭉날쭉한 모양.
200) '瑪瑙'(마노): 석영의 일종으로 흰빛 또는 붉은빛이 나며, 상식품을 만드는 데 쓰인다.

鳧鵠有雄雌.[201] 물오리와 고니의 암수
雄雌各數千, 암수 각기 수천 마리
相鳴戲羽儀.[202] 서로 노래하며 즐겁게 날개짓하네
並在東西立, 모두 동서로 서 있는데
群次何離離.[203] 무리지은 행렬이 어찌나 늘어져 있는지
大婦刺方領, 큰며느리는 반듯한 옷깃에 수를 놓고
中婦抱嬰兒. 둘째며느리는 어린아이를 껴안고 있네
小婦尙嬌稚, 막내며느리는 아직 아리땁고 나이가 어린데
端坐吹參差.[204] 단정히 앉아서 퉁소를 불고 있네
丈人無遽起,[205] 시어른은 급히 일어나는 일 없으며
神鳳且來儀.[206] 신령스런 봉황이 장차 날아든다네

**해설** 이 작품은 귀족들의 호화로운 생활모습을 노래한 시다. 수도 長安 중에서도 귀족들이 사는 마을에는 대저택들이 즐비한데, 그 중에 작품 속 주인공인 귀공자의 집도 있다. 대청에는 늘 거문고 소리 울리고 맛좋은 술의 향기가 조석으로 집안에 퍼진다. 화려한 등잔에는 휘황하게 불이 밝고 형제들은 모두 높은 벼슬아치라 치장도 화려하다. 며칠 야간 근무를 마치고 집에 돌아오는 행렬 또한 화려하기 그지없으니 구경꾼들이 길가에 늘어선다. 집에 들어서니 새들이 암수 함께 짝을 지어 늘어서서 노래를 하고, 세 며느리들은 각기 자기 맡은 일을 하고 있다. 그 중에 막내며느리는 아직 어린데다 아름다운데 일을 하는

201) '鳧鵠'(부곡): 물오리와 고니.
202) '戲羽儀'(희우의): 날개를 펄럭이며 놀다.
203) '次'(차): 행렬. 대열. '離離'(리리): 길게 늘어선 모양.
204) '參差'(참치): 악기인 퉁소.
205) '丈人'(장인): 시부모.
206) '來儀'(래의): 날아오다. 이상 두 구는 막내며느리가 음악을 연주하는데, 시부모는 조용히 앉아서 듣고 있으며, 봉황새조차 그 음악에 감동해 날아든다는 것을 의미한다.

대신에 퉁소를 불고, 그 곁에서 시어른은 조용히 감상하고 있다. 弄玉과 簫史가 퉁소를 불며 불러들였다는 봉황새가 막 날아올 것 같다.

## 275. 술잔을 마주하고

「對酒」[207]

| | |
|---|---|
| 對酒誠可樂, | 술잔을 마주하니 정말 즐거운네 |
| 此酒復能醇,[208] | 이 술 또한 충분히 맑고도 진하다네 |
| 如華良可貴, | 꽃처럼 고운 색은 정말로 귀하며 |
| 如乳更非珍. | 젖같이 단 맛은 더욱 보배에 비할 바가 아니라네 |
| 何以留上客? | 무엇으로 훌륭한 손님 붙잡으랴 |
| 爲寄掌中人.[209] | 마음속 그 사람에게 술잔을 보내노라 |
| 金尊清復滿, | 황금 술통엔 술이 맑고도 가득하며 |
| 玉椀亟來親.[210] | 옥 술잔은 자주 내게로 와서 친구가 되었다네 |
| 誰能共遲暮?[211] | 누가 능히 이내 황혼과 함께 하랴 |
| 對酒及芳辰.[212] | 술잔 마주하고 꽃다운 시절 함께 하리라 |
| 君歌當來罷,[213] | 그대 노래 아직 끝나지 않았는데 |
| 卻坐避梁塵.[214] | 자리에서 물러나 대들보에서 떨어지는 먼지를 피한다네 |

207) 相和歌辭 相和曲에 속한다.

208) '醇'(순): 술맛이 깊고도 깨끗함을 뜻한다.

209) '掌中人'(장중인): 마음속의 사람. 본래 漢 成帝의 후비 趙飛燕의 고사에서 나왔다. 그녀는 몸이 가벼워 손바닥 위에서 춤을 출 수 있을 정도였다고 한다.

210) '玉椀'(옥완): 옥으로 만든 사발. 옥 술잔. '亟'(극): 자주.

211) '遲暮'(지모): 황혼. 노년.

212) '芳辰'(방신): 꽃다운 시간. 봄철 · 청춘 등을 가리킨다.

213) '來'(래): 『考異』 등 다른 책에는 '未'자로 되어 있는데, 여기에서도 이를 따랐다.

214) '避梁塵'(피량진): 노래가 방안에 맑게 퍼져 대들보에 앉은 먼지를 떨어지게 하는데, 그것을 피한다는 뜻이다.

**해설** 이 작품은 술을 마시는 즐거움을 노래한 시다. 시점을 남성으로 볼 수 있을 것이다. 맛좋은 술을 마시는데, 술의 색이 꽃처럼 고운데다 맛은 젖같이 달아 그 무슨 보배에 비할 바가 아니다. 좋은 사람을 오래 붙잡는 데도, 미인에게 마음을 전하는 데도 술보다 더 좋은 방법이 있으랴. 술통엔 언제나 맑은 술이 가득하고 옥 술잔은 자주 사용하다 보니 친구가 되었다. 한창 때를 지난 내 삶에 그 누가 함께 하겠는가? 술잔 기울이며 좋은 계절을 함께 누리면 그뿐 아니겠는가. 그대 노래 너무 훌륭하여 대들보의 먼지가 떨어질 정도이니 나는 잠시 자리에서 물러나 피하고자 한다.

## 276. 아득히 오랜 시간

「遠期」[215]

| | |
|---|---|
| 遠期終不歸, | 아득히 오랜 시간이 지났건만 끝내 돌아오지 않고 |
| 節物坐將變.[216] | 사철의 경물은 부질없이 변해가네 |
| 白露愴單棲, | 흰 이슬은 독수공방을 슬퍼하는 듯하고 |
| 秋風息團扇. | 가을바람은 둥근 부채를 쉬게 하네 |
| 誰能久離別? | 어느 누가 오래도록 이별할 수 있겠는가 |
| 他鄉且異縣.[217] | 타향이라 사는 지역도 다른데 |
| 浮雲蔽重山,[218] | 뜬구름은 겹겹 산들을 가리고 있으니 |
| 相望何時見? | 바라보건만 언제 만날 수 있을지 |
| 寄言遠行者, | 멀리 떠나는 사람에게 편지를 부치는데 |

215) 鼓吹曲辭 漢鐃歌에 속한다.
216) '節物'(절물) : 절기에 따라 변해가는 경물. '坐'(좌) : 부질없이.
217) 제1권 蔡邕의 「飮馬長城窟行」(35) 중에 '他鄉各異縣, 展轉不相見'이란 구가 있다.
218) 제1권 枚乘의 「雜詩」 9수 중 제3수인 「行行重行行」(17)에 '浮雲蔽白日, 遊子不顧反'이란 구가 있다.

空閨淚如霰.　　　텅 빈 규방에 눈물은 싸락눈처럼 떨어지네

**해설** 이 작품은 집을 떠난 지 오래되었지만 돌아오지 않는 임에 대한 그리움을 노래한 시다. 제목과 첫째 구에서 이 작품의 주제는 이미 드러나 있다. 임이 곁에 없으니 사철이 변하는 것도 다 의미가 없다. 마침 절기는 백로가 되어 흰 이슬이 풀잎에 맺히니 흡사 독수공방하는 내 신세를 슬퍼해서 흘려주는 눈물처럼 보이는구나. 가을바람이 불어오자 뒷선으로 밀려나는 저 둥근 부채가 마치 내 신세 같아 너욱 슬퍼진다. 서로 다른 고장에 떨어져 오랫동안 이별한다는 것은 차마 못할 일. 임 계신 쪽으로 보고자 해도 구름이 하늘을 가려 볼 수조차 없다. 마침 길 떠나는 나그네가 있어 행여나 하면서 남편에게 편지를 부치는데, 다 쓸모없다는 생각이 자꾸만 들어 눈물이 쏟아지듯 흐른다.

## 서비(徐悱)

◇ 徐悱(?~524) : 자가 敬業이며, 東海 郯(지금의 山東省 郯城縣) 사람이다. 徐勉의 차남으로 어려서부터 총민하였으며 글을 잘 지었다. 著作佐郎으로 조정에 들어갔다가 太子舍人으로 옮겨 서기의 직책을 관장하였다. 그 공으로 洗馬中舍人에 올랐는데, 여전히 서기의 직책도 관장하였다. 여러 해 동안 궁중을 출입하다 발병이 나, 외직으로 나가 湘東王의 師友가 되었으며, 다시 晋安王內史로 옮겼다. 일찍 죽었는데 아버지 徐勉은 슬픔이 지극하여 아들을 위해 「答客喩」를 지었으며, 아내 劉令嫻 역시 글을 써서 애도하였는데, 글이 매우 슬프다. 특히 이들 부부가 주고받은 시가 여기에 수록되어 있으니 고대 부부 문학가의 일단을 살펴볼 수 있다.

## 277. 아내에게

「贈內」

日暮想靑陽,[219] 날이 저물자 맑고 고운 눈의 그 사람 생각나
躡履出椒房.[220] 신발 신고서 안방을 나서네
網蟲生錦薦, 거미줄은 비단 자리에서 생기고
遊塵掩玉牀.[221] 떠다니는 먼지는 옥 침상을 덮고 있네
不見可憐影,[222] 사랑스런 그림자는 볼 수 없는데
空餘黼帳香.[223] 부질없이 화려한 휘장에는 향기가 넘치네
彼美情多樂, 저 미인 마음에 즐거움 많은 듯
挾瑟坐高堂. 비파 끼고 높은 대청에 앉지만
豈忘離憂者?[224] 어찌 근심에 잠긴 사람 잊을 수 있으랴
向隅心獨傷. 방구석 향하며 마음 유난히 아파하네
聊因一書札,[225] 한 통의 편지로써
以代九迴腸. 구곡간장 이내 심정을 대신하네

해설 이 작품은 고향에 있는 아내를 그리워하는 심경을 노래한 시다. 작가는 당시 建康에서 벼슬을 하다가 晉安(지금의 福建省 福州)內

219) '靑陽'(청양) : 눈이 맑고 분명하여 아름다운 모양. 『考異』 등의 책에는 '淸揚'이라고 되어 있는데, 같은 뜻이다. 『詩經』「鄭風」「野有蔓草」에 "들판에는 길게 뻗은 풀, 떨어진 이슬이 홍건하네. 아름다운 저 아가씨, 맑고 고운 눈 아름답네(野有蔓草, 零露溥兮. 有美一人, 淸揚婉兮)"라고 했다.

220) '躡履'(섭리) : 신발을 신다. '椒房'(초방) : 황후 또는 후비들의 거처. 산초씨를 진흙에 섞어 벽에 발랐다. 나쁜 기운을 없애고 향기를 나게 하며 산초열매처럼 자손이 번성하길 바라는 마음을 담았다. 이 선집의 서문에도 보인다. 여기에서는 아내가 사는 곳을 가리킨다.

221) '玉牀'(옥상) : 옥으로 만든 침상, 또는 옥으로 꾸민 침상.

222) '可憐影'(가련영) : 사랑스런 모습. 남편을 가리킨다.

223) '黼帳'(보장) : (黼黻 무늬의) 화려한 휘장.

224) '離憂者'(리우자) : 근심에 빠진 사람. 남편인 작가 자신을 가리킨다.

225) '聊因'(료인) : 의지하다.

史로 옮겼는데, 그의 아내는 여전히 서울에 남아 있었다. 이 작품은 바로 이때 지어진 것으로, 작품 전체는 첫째 구를 통해 멀리 떨어져 있는 아내에 대한 상상으로 이루어져 있다. 화려한 침실도 남편이 없어 무용지물 같으며, 본래 다정다감하고 상냥하던 아내는 비파를 연주하다가도 문득 남편 생각 때문에 마음이 슬퍼진다. 그리움을 편지로 써서 남편 보고 싶은 자신의 구구절절한 심정을 나타낸다. 자신의 그리움을 표현하지 않고 오히려 아내가 자신을 그리워할 것이라고 쓴 이유는 무엇일까? 당시 사대부들의 일반적인 의식에 반하기 때문이었을까.

## 278. 방 앞의 복숭아나무를 보고 만날 날을 노래하며 아내에게 주는 시

「對房前桃樹詠佳期贈內」

| | |
|---|---|
| 相思上北閣, | 그리워서 북쪽 누각에 올라 |
| 徙倚望東家.226) | 서성거리며 동쪽 집을 바라보는데 |
| 忽有當軒樹,227) | 문득 보이는 창가의 나무 |
| 兼含映日花. | 더욱이 햇빛 화사한 꽃을 머금고 있다 |
| 方鮮類紅粉,228) | 고운 데 비하자면 붉은 연지 비슷하고 |
| 比素若鉛華.229) | 하얀 데 견주자면 흰 분과 같아 |
| 更使增心意, | 더욱 생각 많게 만들며 |
| 彌令想狹邪.230) | 좁은 골목의 집 한층 생각나게 한다 |
| 無如一路阻,231) | 험난한 한 갈래 길 어쩔 수 없는데 |

226) '徙倚'(사의): 배회하는 모양.
227) '軒'(헌): 장문 또는 처마.
228) '紅粉'(홍분): 본래 연지와 분이란 뜻이지만 여기에서는 연지만을 가리킨다.
229) '鉛華'(연화): 얼굴에 바르는 화장품인 흰색 분. 이상 두 구는 복숭아꽃의 붉고 흰 색이 아내를 연상하게 한다는 뜻이다.
230) '狹邪'(협사): 좁고 굽은 골목. 아내가 살고 있는 곳을 가리킨다.

| | |
|---|---|
| 脉脉似雲霞. | 끊임없는 이내 그리움은 구름과 노을 같다 |
| 嚴城不可越, | 삼엄한 성벽을 넘을 수 없으니 |
| 言折代踈麻.232) | 복숭아꽃을 꺾어서 소마를 대신한다 |

**해설** 이 작품은 고향에 있는 아내를 그리워하는 심경을 노래한 시다. 작가가 아내와 떨어져 임지에 있는데, 어느 날 문득 창 밖에 심어진 복숭아나무의 꽃이 눈에 들어온다. 희고 붉은 그 꽃을 보고 있노라니 그리운 아내의 얼굴이 떠오른다. 일단 일깨워진 기억들은 아내와 고향집에 대한 온갖 생각으로 이어진다. 그러나 길은 멀고 그 사이 가로놓인 수많은 산과 강을 어이하랴. 그리움만 뭉게구름처럼 하염없이 피어오른다. 옛날 시인은 이별한 사람에게 소마꽃을 주었다는데, 앞에 보이는 복숭아꽃이라도 대신 보낼까나.

## 비창(費昶)

◇費昶(대략 510년 전후 재세) : 자는 밝혀져 있지 않으며, 江夏(지금의 湖北省 武昌市) 사람이다. 梁나라 때 新田令을 역임했으며, 樂府를 잘 지었다. 「鼓吹曲」을 지어 武帝의 찬탄을 받았다. 문집 3권이 전해온다.

---

231) '無如'(무여) : 어쩔 수 없다.

232) '踈麻'(소마) : '疏麻'와 같다. 전설상의 神麻. 『楚辭』 「九歌」 「大司命」에 "옥 같은 고운 소마꽃을 꺾어서, 떨어져 사는 사람에게 주려하네(折疏馬兮瑤華, 將以遺兮離居)"라고 했다. 이별한 사람에게 주는 물건으로 인식되었다.

## 279. 화관전에서 한밤중에 성 밖의 다듬이질 소리를 듣고 「華觀省中夜聞城外擣衣」[233)]

| | |
|---|---|
| 閶闔下重關,[234)] | 천문은 굳게 닫힌 채 드리워져 있고 |
| 丹墀吐明月.[235)] | 붉은 계단은 밝은 달을 토해내네 |
| 秋氣城中冷, | 가을 공기는 성 안에서 차갑고 |
| 秋砧城外發. | 가을 다듬잇돌 소리 성 밖에서 울리네 |
| 浮聲遶雀臺,[236)] | 바람에 묻어오는 그 소리 동작대를 맴돌고 |
| 飄響度龍闕.[237)] | 바람에 나부끼는 저 소리 창용문을 넘어오네 |
| 婉轉何藏摧,[238)] | 높았다 낮았다 하는 소리 처량하기 그지없는데 |
| 當從上路來.[239)] | 당연히 큰길을 타고 오는 것이리라 |
| 藏摧意未已, | 처량한 느낌이 마음에 끊이지 않는데 |
| 定自乘軒裏.[240)] | 필시 귀족 집안에서부터 나는 것이리라 |
| 乘軒盡世家, | 귀족 집안은 모두 고문세족들이며 |
| 佳麗似朝霞.[241)] | 아름다운 미인들은 아침놀 같으리라 |
| 圓璫耳上照, | 둥근 귀고리는 귓가에서 빛나고 |

---

233) '華觀'(화관) : 궁전 이름으로 洛陽에 있었다. '省'(성) : 궁전. 대궐. '觀' : 『考異』에는 『藝文類聚』와 같이 '光'자로 되어 있다. 吳注에 의하면 『洛陽宮殿簿』와 謝朓의 작품 중에 '華光殿'이 나오는 걸로 볼 때 六朝시대에 이 궁전이 있었다고 했다.

234) '閶闔'(창합) : 하늘의 문. 이 구는 성문이 굳게 닫혀 있음을 뜻한다.

235) '丹墀'(단지) : 궁전 내의 붉은 색 계단. 이 구는 달이 계단 뒤편으로 떠오른다는 뜻이다.

236) '浮聲'(부성) : 바람을 타고 들려오는 소리. '遶'(요) : (맴)돌다. '繞'자와 같다. '雀臺'(작대) : 漢나라 建安 연간에 曹操가 지금의 西安에 세웠던 누대 이름.

237) '龍闕'(룡궐) : 洛陽城의 궁문 이름인 蒼龍闕門. 이상 두 구의 건물은 모두 차용한 것에 불과하다.

238) '婉轉'(완전) : 소리가 높았다 낮았다 하며 기복이 있는 모양. '藏摧'(장최) : 슬프다. 처량하다.

239) '上路'(상로) : 큰길. 대로.

240) '乘軒'(승헌) : 大夫가 타는 수레. 여기에서는 귀한 수레를 타는 벼슬아치의 집을 가리킨다.

241) '朝霞'(소하) : 아침 햇살을 받은 아름다운 구름.

方繡領間斜.[242]　수놓인 네모난 옷깃은 목 곁에서 비스듬하리라
衣薰百和屑,[243]　옷에는 백화향이 묻어 있고
鬢搖九枝花.[244]　귀밑머리는 구지등불에 흔들리리라
昨暮庭槐落,[245]　어제 저녁에 마당의 회화나무 잎 떨어졌으며
今朝羅綺薄.　오늘 아침엔 아름다운 비단옷 얇게 느껴지리라
拂席捲鴛鴦,[246]　자리의 먼지를 떨며 원앙무늬를 말고
開縵舒龜鶴.[247]　장막을 열며 거북과 학의 무늬를 펼치리라
金波正容與,[248]　황금 물결의 달빛은 한창 출렁이는데
玉步依砧杵.[249]　미인은 다듬이질 소리에 맞춰 우아하게 걸어가며
紅袖往還縈,　붉은 소매는 왔다갔다 하며 서로 얽히고
素腕參差擧.[250]　흰 손목은 수시로 위로 뻗치리라
徒聞不得見,　다만 들을 수 있을 뿐 보이지는 않으니
獨夜空愁佇.(其一)[251]　홀로 지새는 밤 헛되이 수심에 젖은 채 우두커니 있다네
獨夜何窮極,　홀로 지새는 밤은 어찌 이렇게도 끝이 없는지
懷之在心側.[252]　미인을 그려보지만 공연히 마음만 슬퍼지네

---

242) '方繡'(방수) : 수놓인 사각형 모양의 옷깃.
243) '百和屑'(백화설) : 여러 가지 향료를 혼합하여 만든 향료.
244) '九枝花'(구지화) : 가지가 여러 개인 등잔.
245) '槐'(괴) : 회나무. 회화나무. 낙엽활엽교목에 속한다. 이하 두 구는 계절의 변화를 말하고 있다.
246) 이 구는 원앙 무늬가 수놓인 이부자리를 갠다는 뜻이다.
247) '開'(개) : 펼치다. '縵'(만) : 『考異』에는 '幔(장막)'자로 되어 있다. 여기에서도 이를 따랐다. 이 구는 거북과 학의 무늬가 수놓인 장막을 펼친다는 뜻이다.
248) '金波'(금파) : 달빛을 가리킨다. '容與'(용여) : 출렁이는 모양. 일설에는 한가롭고 편한 모양이라고도 한다.
249) '玉步'(옥보) : 여인의 우아한 걸음걸이.
250) 이상 두 구는 춤추는 동작을 묘사한 것이다.
251) '愁佇'(수저) : 수심에 젖어 우두커니 서 있다. 『考異』에는 '其一'과 마지막 구의 '其二'를 내용상 나눌 수 없는 것이라고 보고 없앴다.
252) '在心側'(재심측) : 『考異』는 '枉心惻'의 잘못이리고 보았다. 여기에서도 이를 따랐다.

階垂玉衡露,[253] 계단에는 북두칠성 걸린 하늘에서 이슬이 떨어지고
庭舞相風翼.[254] 마당에는 풍향계 날개가 춤을 추네
瀝滴流星輝,[255] 휘이휘이 유성이 빛을 내며 떨어지고
燦爛長河色. 긴 은하수는 찬란하게 빛을 내네
三冬誠足用,[256] 삼 년 동안의 공부는 실로 등용되기에 충분한데도
五日無糧食. 오 일 동안 먹을 양식조차도 없다네
楊雲已寂寥,[257] 한나라 문호 양웅도 이미 쓸쓸하게 죽어갔는데
今君復弦直.(其二)[258] 지금 그대는 다시금 현처럼 올곧네

**해설** 이 작품은 밤중에 다듬이질 소리를 듣고 마음속에서 일어나는 여러 가지 생각들을 노래한 것이다. 전체 내용으로 보아 작가는 성안의 관청에서 근무 중인 하급 관리인 것 같다. 밤에 숙직을 하는 중에 우연히 성 밖에서 바람을 타고 들려오는 다듬이질 소리를 듣고 사념에 젖어든다. 전반부는 다듬이질 소리의 진원지에 대한 작자의 상상이다. 그곳은 바로 화려하기 그지없는 귀족 집안일 것이라는 생각이 든다. 그곳에는 아름다운 미인들이 있을 것이고 그 미인들은 우아하게 걸어가기도 하고 현란하게 춤을 추기도 할 것이다. 그러나 그런 장면 모두는 다듬이질 소리가 만들어낸 환상일 뿐 실제 경물이 아니다. 환상에서 깨어나니 밤에도 집에 돌아가지 못하고 숙직하는 미관말직의 초라한 신세라는 현실이 슬퍼진다. 비록 위대 문학가들도 끝내 쓸쓸하게 죽어갔지만 자신만은 그래도 현실에 영합하지 않는 꼿꼿한 자세를 견지

253) '玉衡'(옥형): 북두칠성 중의 다섯째 별.
254) '相風翼'(상풍익): 풍향을 관찰하기 위한 구리로 만든 까마귀.
255) '瀝滴'(력적): 물이 떨어지는 모양. 여기에서는 유성이 떨어지는 것을 가리킨다.
256) '三冬'(삼동): 세 번의 겨울. 삼 년. 『漢書』「東方朔傳」에 "나이 열세 살에 공부를 시작해 삼 년 동안 공부한 문장과 역사는 등용되기에 충분하다(年十三學書, 三冬文史足用)"라고 했는데, '三冬'에 대해 淸 王先謙이 '삼 년'이라고 풀이하였다.
257) '楊雲'(양운): 前漢 말의 문인 揚雄을 가리키는데, 자가 子雲이었다.
258) '君'(군): 실재로는 작가 자신을 가리키는 말로 쓰였다.

하며 살겠다고 다짐해 본다.

## 280. 소 기실의 '봄날 아침의 그리움' 시에 화답하여 「和蕭記室春旦有所思」[259]

| | |
|---|---|
| 芳樹發春暉.[260] | 향기로운 나무가 봄빛을 발하는데 |
| 蔡子望青衣.[261] | 채 선생은 푸른 옷의 여인을 바라보네 |
| 水逐桃花去, | 시냇물은 복사꽃 따라 흘러가며 |
| 春隨楊柳歸. | 봄은 수양버들 따라 돌아가네 |
| 楊柳何時歸? | 수양버들은 언제 시들까 |
| 裊裊復依依.[262] | 간들간들 무성하기 그지없네 |
| 已映章臺陌,[263] | 푸른빛은 이미 장대 거리를 비추었고 |
| 復埽長門扉.[264] | 늘어진 가지는 다시금 장문궁 사립문 앞을 쓸고 있네 |
| 獨知離心者, | 고독하게 이별의 마음을 아는 이 |
| 坐惜春光違.[265] | 부질없이 봄빛 떠나는 걸 안타까워하네 |

259) '蕭記室'(소기실) : 梁나라 때 記室을 역임한 사람들로 蕭子範 · 蕭特 · 蕭子暉 등이 있는데 누구를 가리키는지는 명확하지 않다. '記室' : 東漢 때 설치된 관직으로 조정의 문서 업무를 관장하였다.

260) '芳樹'(방수) : 꽃나무.

261) '蔡子'(채자) : 東漢 말의 문인 蔡翁을 가리킨다. '青衣'(청의) : 시녀. 하녀. 蔡翁의 賦 중에 아름다운 시녀를 노래한 「青衣賦」가 있다.

262) '裊裊'(뇨뇨) : 가늘고 길게 흔들리는 모양. '依依'(의의) : 무성한 모양.

263) '章臺陌'(장대맥) : 漢나라 때 長安의 거리인 章臺街를 가리킨다. 『漢書』「張敞傳」에 "張敞은 위엄이 없었으니, 조회를 마치면 말을 달려 장대가를 지나는데, 어사에게 말을 몰게 하고 자신은 부채 같은 것으로 말을 때렸다(敞無威儀, 時罷朝會, 過走馬章臺街, 使御史驅, 自以便面拊馬)"라고 했다.

264) '長門'(장문) : 漢 武帝의 陳皇后가 총애를 잃고 물러나 살던 長門宮. 이상 네 구는 버드나무를 노래하면서 이별이 끝없음을 암시하고 있다.

265) '違'(위) : 떠나다.

洛陽遠如日, 낙양은 저 해만큼이나 멀리 있으니
何由見宓妃?[266] 무슨 수로 복비를 만날 수 있을까

**해설** 이 작품은 헤어져 있는 미인을 그리워하는 심경을 노래한 시다. 봄이 한창 무르익어가는 날씨건만 사랑하는 사람은 저 멀리 떨어져 있다. 임을 애타게 그리워하는 사이에 봄꽃은 떨어져 물을 따라 흘러가고, 그것을 따라 봄도 끝나간다. 그렇지만 이별을 슬퍼하는 저 버드나무는 어이 저리도 하늘거리는지. 일 년 내내 푸른 버들은 임을 그리워하는 이내 슬픔 때문에 시들지 않는가 보다.

## 281. 봄날 교외에서 미인을 바라보다

「春郊望美人」

芳郊拾翠人,[267] 꽃이 만발한 교외에서 나들이하는 여인
回袖掩芳春.[268] 소매를 날리며 향기로운 봄을 찾네
金輝起步搖,[269] 황금색은 떨잠에서 빛나고
紅彩發吹綸,[270] 붉은 색은 얇은 봄옷에서 나오네
湯湯蓋頂日,[271] 반짝반짝 수레 지붕 위로 해가 비치고

---

266) '宓妃'(복비) : 전설상의 洛水의 여신. 여기에서는 작가가 그리워하는 여인이란 뜻으로 쓰였다.

267) '芳郊'(방교) : 화초가 많이 자라는 교외. '拾翠人'(습취인) : 본래는 물총새 깃털을 주워 머리를 수식하는 사람이란 뜻인데, 봄나들이하는 여인을 가리키는 말로 쓰인다.

268) '掩'(엄) : 『考異』는 『藝文類聚』를 따라 '探(찾다)'자로 보았는데, 여기에서도 이를 따랐다.

269) '步搖'(보요) : 떨잠. 이 구는 떨잠에서 금빛이 난다는 뜻이다.

270) '吹綸'(취륜) : '吹綸絮'와 같은데, 매우 얇은 방직물의 일종이다. 이 구는 여인이 붉은 색 옷을 입고 있다는 뜻이다.

271) '湯湯'(탕탕) : 『藝文類聚』에는 '陽陽(색채가 선명한 모양)'으로 되어 있는데, 여기에서도 이를 따랐다. '蓋頂日'(개정일) : 수레 지붕 위로 비치는 햇빛.

飄飄馬足塵. 하늘하늘 말발굽엔 먼지가 이네
薄暮高樓下, 어스름 저녁 높은 누각 아래이건만
當知妾姓秦.[272] 여인의 성이 진씨라는 건 응당 알겠네

해설 이 작품은 봄나들이 나온 여인의 모습에 대해 노래한 시다. 백화가 만발한 봄날에 한껏 치장을 한 여인이 교외에서 봄을 감상하고 있다. 다른 한편에서는 작가이기도 한 한 남자가 저만치 먼발치에서 봄꽃 같은 여자를 또한 감상하고 있다. 봄꽃보다야 당연히 해어화가 더 나으리라.

## 282. 밝은 거울

「詠照鏡」[273]

晨暉照杏梁,[274] 이른 아침 햇살이 은행목 대들보를 비출 때
飛燕起朝妝.[275] 조비연이 자리에서 일어나 아침 화장을 한다네
留心散廣黛, 조심조심 눈썹먹 넓게 칠하고
輕手約花黃.[276] 손놀림도 가볍게 연지 곤지를 찍네
正釵時念影, 비녀를 고쳐 지를 땐 잠시 거울에 비친 모습에 신경을 쓰고
拂絮且憐香.[277] 분솜을 털 땐 잠깐 그 향기를 사랑하네

---

272) 제1권의 古樂府詩 6수 중 제1수인 「日出東南隅行」(9)의 여주인공 이름이 '秦羅敷'인데, 이는 일반적인 미인의 이름으로 쓰인 것이며, 여기에서도 이를 차용한 것이다.
273) '照鏡'(조경) : 밝은 거울. 또는 거울을 보다.
274) '晨暉'(신휘) : 이른 아침의 햇빛. '杏梁'(행량) : 은행나무로 만든 대들보.
275) '飛燕'(비연) : 漢 成帝의 후비인 趙飛燕.
276) '約'(약) : 붙이다. 바르다. '花黃'(화황) : 여인들의 얼굴 화장법의 하나로, 노란 색 종이를 오려 별·달·꽃 등의 모양을 만들어 이마에 붙이거나, 또는 이마에 노란 색 분을 바르는 것을 가리킨다.

方嫌翠色故,[278]　　바야흐로 비취옥 비녀의 색이 바랜 걸 싫어하고
乍道玉無光.[279]　　문득 옥에 광택이 없다고 말하네
城中皆半額,[280]　　성 안 여인들 모두 이마의 반만큼 눈썹을 그리지만
非妾畵眉長.　　소첩이 그린 눈썹만큼 길지는 않다네

**해설** 이 작품은 거울을 보고 화장하는 여인의 모습을 노래한 일종의 영물시다. 화장할 때의 여러 가지 동작에 대한 세밀한 관찰 및 드러나지 않는 감정의 포착이 두드러진다.

### 「선마 소씨의 「그림 병풍의 시」에 창화한 시(和蕭洗馬畵屛風詩)」 2수[281]

## 283. 따뜻한 봄은 온기를 발하고

「陽春發和氣」

日淨班姬門,[282]　　해는 반첩여의 대문에 맑게 비치고
風輕董賢館.[283]　　바람은 동현의 저택에 가볍게 부는데

---

277) '絮'(서) : 분을 바를 때 사용하는 솜.

278) '方'(방) : 막. 이제서. '翠色'(취색) : 비취옥의 색. 청록색. 여기에서는 비녀 등의 장신구로 쓰인 비취옥의 색을 가리킨다.

279) '乍'(사) : 갑자기. 언뜻. 문득.

280) '半額'(반액) : 그린 눈썹의 넓이가 이마의 반을 차지할 정도로 넓다는 뜻이다. 제1권 「漢時童謠歌」(29) 중에 "궁성 안 여인들 큰 눈썹을 좋아하니, 온 세상 여인들 눈썹이 이마의 반(城中好大眉, 四方眉半額)"이라고 했다.

281) '和'(화) : 다른 사람의 시의 제재・체제・압운 등에 따라 지은 시를 가리킨다. '蕭洗馬'(소선마) : 齊 高帝 蕭道成의 손자이며, 太子洗馬를 역임했던 蕭子顯을 가리킨다. 제8권 서두에 나온다. '畵屛風詩'(화병풍시) : 그림 병풍 속의 시.

282) '班姬'(반희) : 漢나라 成帝의 후비인 班婕妤.

283) '董賢'(동현) : 漢나라 哀帝가 총애하던 신하. 자가 聖卿이며, 雲陽 사람이다. 『漢書』 「佞幸傳」에 의하면, 哀帝가 그의 품행과 용모를 좋아하여 잘 때나 깨어 있을 때나 항

卷耳緣階出,[284) 도꼬마리는 계단을 따라서 돋아나고
反舌登墻喚.[285) 개똥지빠귀는 담장 위에 올라가 지저귀네
蠶女桂枝鉤,[286) 누에치는 아가씨에겐 계수나무 가지로 된 바구니 손잡이
遊童蘇合彈.[287) 놀러다니는 총각들에겐 소합향나무 열매 탄알
拂袖當留客, 소매 흔들며 당연히 손님을 붙잡는데
相逢莫相難. 서로 만나도 어려워함이 없다네

**해설** 이 작품은 따뜻한 봄날의 풍경과 그 속에서 남녀가 서로 어울리는 모습을 노래한 시다. 전체적으로 대비법을 써서 남녀의 만남을 노래하고 있다. 즉 여자는 班婕妤, 누에치는 아가씨, 기녀 등으로, 남자는 董賢, 놀러다니는 총각, 손님 등으로 각기 다르게 묘사되고 있지만 실재로는 모두 서로 만나 사랑을 나누는 처녀 총각을 가리킨다.

---

상 함께 있었다고 한다. 한번은 낮잠을 자는데 그가 임금의 소매 한 쪽을 깔고 자고 있어서, 임금이 일어날 때 그를 깨우지 않기 위해 소매를 자르고 일어날 정도였다고 한다.

284) '卷耳'(권이) : 도꼬마리. 국화과의 한해살이풀. 높이 1m, 어린 잎은 식용할 수 있고, 씨도 쪄서 식용한다.

285) '反舌'(반설) : 딱새과에 속하는 개똥지빠귀. 百舌鳥 또는 티티새라고도 한다. 몸길이 24cm, 날개길이 12~14cm이다. 孔穎達에 의하면 이 새는 봄에 울기 시작하여 5월이 되면 조금씩 울음을 그치는데 그 소리가 여러 차례 변한다고 한다.

286) '桂枝鉤'(계지구) : 계수나무 가지를 휘어서 만든 뽕바구니의 손잡이. 제1권의 古樂府詩 6수 중 제1수인 「日出東南隅行」(9)에 "푸른 실로는 바구니의 끈을 만들었고, 계수나무 가지로는 손잡이를 만들었네(青絲爲籠繩, 桂枝爲籠鉤)"라고 했다.

287) '蘇合彈'(소합탄) : 소합향나무의 열매를 던져서 새를 잡는다는 뜻으로 쓰였다.

## 284. 가을밤에 서늘한 바람이 일고

「秋夜凉風起」

佳人在河內,[288]　미인은 하내군에 있고<br>
征夫鎭馬邑.[289]　출정한 사내는 마읍성을 지키고 있네<br>
零露一朝團,　떨어지는 이슬 하나 아침에 방울지고<br>
中夜兩垂泣.　한밤중에 두 곳에서 눈물 흘리네<br>
氣爽牀帳冷,　공기 산뜻하니 침대 휘장 차갑고<br>
天寒針縷澀.[290]　날씨 추워지니 바느질도 어렵네<br>
紅顔本暫時,　붉은 얼굴이야 본래 잠시뿐이니<br>
君還詎相及?[291]　당신 돌아와도 어떻게 결혼할까

**해설** 이 작품은 가을날의 풍경 묘사를 통해 한 쌍의 연인, 즉 변경에 출정해 있는 남자와 내지 여자의 사랑과 그리움을 노래한 시다. 비록 멀리 떨어져 있다고 하지만 가을이 되니 똑같이 아침 이슬은 내리고, 밤중에는 두 사람 모두 서로 그리워하며 눈물을 흘린다. 젊은 시절은 잠깐인데 이렇게 오래 헤어져 있으면 혹 제대로 돌아온다 하더라도 결혼이나 제대로 할 수 있을지.

288) '河內'(하내) : 郡 이름. 漢나라 때 설치되었으며, 지금의 河南省 黃河 양쪽 지역에 해당한다.

289) '馬邑'(마읍) : 縣 이름. 지금의 山西省 朔州縣 부근이다.

290) '針縷'(침루) : 바늘과 실. 바느질. '澀'(삽) : 어렵다.

291) '相及'(상급) : 시집가고 장가들다. 결혼하다.

## 285. 마름을 따며

「采菱」[292]

妾家五湖口,[293]　소첩의 집은 오호 입구
采菱五湖側.　오호 가에서 마름을 땁니다
玉面不關妝,　옥 같은 얼굴은 화장과는 무관하고
雙眉本翠色.　두 눈썹은 본래 비취색이랍니다
日斜天欲暮,　해가 비스듬하니 날은 저물려 하는데
風生浪未息.　바람이 이니 물결은 아직 쉬지 않습니다
宛在水中央,[294]　마치 강물 가운데 있는 듯하여
空作兩相憶.　공연히 서로 그리움만 쌓입니다

해설 이 작품은 마름 따는 아가씨의 애인에 대한 그리움을 노래한 시다. 화장을 하지 않아도 본래 예쁜 얼굴, 그리고 진한 눈썹. 날은 저물어 가는데 아직도 집으로 돌아가지 않는 것은 무슨 이유에서일까. 혹시 사랑하는 그 사람과 무언의 약속이라도 하지 않았던지. 바람에 일렁이는 물결은 아가씨의 마음인가. 그 사람 끝내 나타나지 않으니 공연히 애만 태우네.

---

292) '菱'(릉) : 마름. 마름과의 한해살이풀. 연못이나 소택지에서 자란다. 뿌리는 진흙 속에 박혀 있고 줄기는 길게 자라서 물 위에 뜬다. 7~8월에 흰빛 또는 다소 붉은빛이 도는 꽃이 잎겨드랑이에 피는데, 지름 1cm 정도이며 꽃잎은 4개이다. 씨는 1개씩 들어 있는데 식용하며, 민간에서는 해독제와 위암 치료에 사용한다. 이 작품은 淸商曲辭 江南弄에 속한다.

293) '五湖'(오호) : 옛날 吳越 지역의 호수. 대개 太湖 또는 그 인근 호수를 가리킨다고 하는데 설이 분분하다.

294) 『詩經』「秦風」「蒹葭」 중에 "강물을 따라가며 그녀를 찾아가는데, 마치 강 가운데 있는 듯하네(遡游從之, 宛在水中央)"라고 했다.

## 286. 장문궁의 원망

「長門后怨」[295]

| | |
|---|---|
| 向夕千愁起, | 어두워져가니 천 갈래 수심이 일어나고 |
| 自悔何嗟及.[296] | 내 자신 후회스러워 얼마나 한숨이 나는지 |
| 愁思且歸牀, | 수심과 그리움에 다시금 침상으로 돌아와 |
| 羅襦方掩泣. | 비단 저고리로 바야흐로 흐르는 눈물을 가리네 |
| 絳樹搖風軟,[297] | 붉은 나무는 부드러운 바람에 흔들리고 |
| 黃鳥弄聲急.[298] | 노란 꾀꼬리는 빠른 소리로 지저귀네 |
| 金屋貯嬌時,[299] | 황금으로 된 집에 아교를 데리고 있을 때는 |
| 不言君不入. | 상감께선 그 집에 들지 않겠다고는 않으셨네 |

**해설** 이 작품은 총애를 잃은 陳 황후의 수심을 노래한 시다. 날이 저물어 사방이 어두워지고 내왕하던 사람들도 모두 잠자리로 들 시간. 잠시 가슴 한켠에 밀쳐두었던 수심이 다시 일어나는 시간이다. 생

---

295) 『考異』는 『樂府詩集』 등을 따라 제목을 「長門怨」이라고 고쳤다. 총애를 잃고 長門宮에 물러나 있었던 漢 武帝의 후비인 陳皇后에 대한 고사이다. 이 작품은 相和歌辭 楚調曲에 속한다.

296) 唐나라 岑參의 「長門怨」 중에 "임금님은 소첩의 투기를 싫어하시어, 長門宮에 소첩을 가두었다네(君王嫌妾妬, 閉妾在長門)"라고 했다.

297) '絳樹'(강수) : 신화전설 중의 신령스런 나무. 일설에는 무희의 이름이라고도 한다. 즉 魏의 曹丕의 「答繁欽書」 중에 "지금 절묘한 춤으로 絳樹보다 더 잘 추는 사람은 없다(今之妙舞, 莫巧於絳樹)"라고 했다.

298) '黃鳥'(황조) : 꾀꼬리. 까마귓과의 새. 날개 길이 15cm 가량. 참새와 비슷한데, 몸빛은 노란 색이고 눈에서 뒷머리까지 검은 띠가 있으며, 겁이 많아 숲 속에 숨어 산다고 한다. 만약 앞 구의 나무를 사람으로 본다면 이 새 역시 노래 잘 하는 사람으로 볼 수 있을 것이다. 즉 이상 두 구는 쌍관어 수법을 쓴 것이라고 볼 수도 있다.

299) 『漢武故事』에 의하면, 漢 武帝가 어려서 膠東王으로 있을 때, 고모 館陶 長公主가 그를 무릎에 안고서 부인을 맞고 싶은지를 묻고, 또 맞고 싶다면 阿嬌가 어떤지를 물었는데, 武帝가 대답하기를 "阿嬌를 맞을 수만 있다면 당연히 금으로 된 집을 지어 데리고 있을 것입니다(若得阿嬌, 當作金屋貯之)"라고 했다 하는데, 후일 제위에 오르자 阿嬌를 황후로 삼았으니, 그가 바로 陳皇后라고 한다. 서문의 서두에도 나온다.

각해보면 당시 내가 왜 임금님께 미움을 받을 짓을 했는지 후회가 막심하다. 그런 생각이 들 때마다 한숨은 절로 나오고, 이를 잊기 위해서라도 침상을 찾지만 흐르는 눈물은 어쩔 수 없나 보다. 그러나 행여 다른 사람이 볼까 봐 소매로 얼굴을 가린다. 궁전에는 아름다운 나무가 부드럽게 일렁이고, 그 사이로 꾀꼬리의 노랫소리가 명랑하게 들린다. 아! 옛날 임금님께서 나를 맞아 황금으로 된 집에 살도록 했을 때는 찾지 않겠다는 말은 입에 담지도 않으셨는데, 어찌 이다지도 매정하게 발걸음을 끊고 마는지.

## 「고취곡(鼓吹曲)」[300] 2수

### 287. 무산은 높고

「巫山高」[301]

巫山光欲晩, 무산에는 햇빛이 저물어가고
陽臺色依依. 양대에는 저녁빛이 가물가물거리는데
彼美巖之曲,[302] 저 아름다운 구비진 높은 산봉우리가
寧知心是非. 어찌 이 여인의 마음이 옳고 그른지를 알리오
朝雲觸石起,[303] 아침 구름은 바위에 부딪혀서 일고

300) '鼓吹曲'(고취곡) : 북・퉁소 등으로 연주하던 기악합주곡의 일종. 일명 '短簫鐃歌'라고도 하는 군악으로 차츰 조정에까지 쓰였다. 漢나라 때 '黃門鼓吹'가 있었는데, 임금이 여러 신하들과 잔치를 하는 데 사용했다. 제5권에 柳惲의 작품 두 수(199, 200)도 수록되어 있다.

301) '巫山'(무산) : 四川省과 湖北省의 변경에 위치한 산 이름으로, 산세가 높고 험준한데 長江이 그 가운데를 뚫고 지나면서 유명한 巫峽을 형성하였다. 제4권 王融의 작품 중 같은 제목(153)이 있는데, 그 주석을 참조하기 바란다.

302) '巖之曲'(암지곡) : 구불구불 높이 솟은 산봉우리. 이하 두 구는 임금을 사랑하는 자기의 마음을 아무도 모른다는 뜻이다.

暮雨潤羅衣. 저녁 비는 비단옷을 적시는데
願解千金珮, 천금 귀한 패옥 풀어 주소서
請逐大王歸.[304] 대왕님을 따라 함께 가고 싶어요

**해설** 이 작품은 巫山 神女의 楚王에 대한 사랑의 마음을 노래한 시다. 당신에 대한 저의 사랑은 이미 준비되어 있는 것, 필요한 것은 저에 대한 당신의 사랑을 정표로써 보여주는 것.

## 288. 그리운 사람이여

「有所思」[305]

上林烏欲棲,[306] 상림원의 까마귀는 둥지로 들려 하고
長安日行暮. 장안의 해는 저물어가는데
所思鬱不見, 그리운 사람 보이지 않아 우울하여
空想丹墀步. 공연히 빨간 섬돌 위를 걷는 모습 상상해보네
簾動憶君來, 발이 일렁이니 당신 오는가 생각되고
雷聲似車度. 천둥소리도 수레 지나가는 소리처럼 들리네
北方佳麗子, 북방의 어여쁜 여자
窈窕能回顧. 아리땁게 돌아볼 줄 아는데
夫君自迷惑, 부군께서 스스로 빠지셨지
非爲妾妬娼.[307] 소첩의 질투 때문은 아니라네

---

303) 옛날에는 공기가 바위에 부딪혀서 구름이 인다고 생각했다.
304) 이상 두 구는 임금이 사랑의 정표로 차고 있던 귀한 패옥을 풀어서 자기에게 준다면 자신도 임금을 따르겠다는 뜻이다.
305) 鼓吹曲辭 漢鐃歌十八首에 속한다. 제5권 沈約의 작품 중에도 같은 제목(178)이 있다.
306) '上林'(상림) : 漢나라 때의 임금의 수렵 등을 위한 정원.
307) '妬娼'(투모) : 질투. 투기. 시샘. 어떤 책에는 '心妬'로 되어 있다.

**해설** 이 작품은 총애를 잃은 여인의 남편에 대한 그리움과 원망을 노래한 시다. 남편은 궁중에서 근무하는 높은 벼슬아치다. 날이 저물어 퇴청 시간이 가까워지면 행여나 남편이 자기를 찾아줄까 기다려진다. 지금쯤 궁전의 붉은 색 계단을 내려오시겠지. 발이 일렁거리기만 해도 당신이 오는 것 같고, 하늘의 천둥소리조차 당신이 타고 오는 수레의 소리처럼 들린다. 기다림은 늘 그랬듯이 부질없는 짓. 당신은 내가 질투심이 많기 때문에 싫어한다고 하셨지만 실은 그건 새 여자 얻은 당신의 핑계에 불과할 뿐이랍니다.

## 요번(姚翻)

◇姚翻 : 생평에 대한 기록이 전해오지 않는다.

### 289. 곽 시랑의 '채상' 시에 창화한 시

「同郭侍郎采桑」[308]

| | |
|---|---|
| 雁還高柳北,[309] | 기러기는 고류 북쪽으로 돌아가고 |
| 春歸洛水南. | 봄은 낙수 남쪽으로 돌아오네 |
| 日照茱萸領,[310] | 해는 수유꽃 무늬의 옷깃에 비치고 |
| 風搖翡翠簪.[311] | 바람은 물총새 깃 달린 비녀를 흔드네 |

308) '同'(동) : '和'와 같이, 다른 사람의 작품의 제재 · 체제 · 압운 등에 맞추어 시를 짓는 것을 가리킨다. '侍郎'(시랑) : 관직 이름. 이 작품은 相和歌辭 相和曲에 속한다.
309) '高柳'(고류) : 지명. 지금의 山西省 陽高縣 서북쪽에 해당한다.
310) '茱萸領'(수유령) : 수유꽃 무늬의 비단으로 된 옷깃.

| | |
|---|---|
| 桑間視欲暮, | 뽕나무 사이로 날 저물어가는 것 볼 때 |
| 閨裏遽飢蠶. | 규방 안에서는 배고픈 누에 다급하네 |
| 相思君助取,[312] | 그리운 그대여 어서 나를 데려가 주세요 |
| 相望妾那堪. | 기다리는 소첩 견디기 어려워요 |

**해설** 이 작품은 뽕을 따는 여인의 사랑의 마음을 노래한 시다. 추운 겨울이 지나고 봄이 왔다. 봄은 또한 누에치는 계절이기도 하다. 뽕을 따는 일이 봄처녀에겐 반드시 힘든 노동이지만은 않다. 사랑하는 사람을 보거나 만날 수도 있는 바깥 세상과의 접촉의 기회이기에 한껏 치장을 하고 나선다. 그러나 기다리는 그 사람은 끝내 나타나지 않고 날이 저문다. 그리운 당신이여 왜 저를 빨리 데려가지 않나요? 그날까지 기다리기가 너무 힘들어요.

## 공옹귀(孔翁歸)

◇孔翁歸(대략 539년 전후 재세) : 자는 밝혀져 있지 않으며, 會稽(지금의 浙江省 紹興) 사람이다. 시를 잘 썼으며, 南平王大司馬府의 記室을 역임했다.

---

311) '翡翠篸'(비취잠) : 물총새 깃으로 꾸민 비녀.

312) '助'(조) : 위하다. 여기에서는 '나를 위해'란 뜻으로 쓰였다. '取'(취) : '娶'자와 같다. 아내를 맞다. 장가들다.

## 290. 상동왕의 명을 받들어 창화한 '반첩여'

「奉和湘東王教班婕妤」[313]

長門與長信,[314)] 장문궁과 장신궁
日暮九重空. 해 저무니 구중궁궐 텅 빈 듯
雷聲聽隱隱,[315)] 천둥 같은 소리 우르렁우르렁 들리다가
車響絶瓏瓏.[316)] 영롱한 수레 소리 끊어져버리네
恩光隨妙舞, 은총의 영광은 절묘한 춤을 따르고
團扇逐秋風.[317)] 둥근 부채는 가을바람에 내쫓기네
鉛華誰不慕,[318)] 분바른 고운 얼굴 뉘라서 사랑하지 않으랴만
人意自難終. 사람 마음이란 원래 끝까지 가기 어렵다네

**해설** 이 작품은 漢 成帝의 후비로, 총애를 잃고 長信宮에 물러나 살았던 班婕妤의 원망의 마음을 노래한 시다. 임금이 찾지 않는 후궁은 적막하기만 하고, 그 안에 살고 있는 여인은 오늘밤에는 행여나 하면서 바깥에서 나는 소리에 귀를 세운다. 점점 가까워지며 크게 들리는 저 수레 소리는 분명 임금님이 탄 수레이리라. 그 수레 소리가 여인에겐 천둥소리처럼 크게 들리며, 여인의 가슴도 천둥처럼 쿵쾅거린다. 그러나 희망도 잠시뿐, 어느새 수레는 가느다란 소리를 남기며 멀어져 가고 사방은 끝내 적막 속으로 빠져든다. 아! 잠시 잊고 있었지. 총애가

313) '湘東王'(상동왕) : 梁 武帝의 아들인 蕭繹. '教'(교) : 명령. 뒤에 수록된 何思澄의 작품 중에도 같은 제목(293)이 있다.

314) '長門'(장문) : 長門宮. 武帝의 陳皇后가 물러나 살던 곳. '長信'(장신) : 長信宮. 成帝의 후비 班婕妤가 물러나 살던 곳.

315) '隱隱'(은은) : 소리가 큰 모양. 이 구는 수레 소리가 크게 들리는 것을 통해 임금이 자기를 찾아오고 있다고 생각한다는 뜻이다.

316) '瓏瓏'(롱롱) : 영롱한 소리. 여기에서는 수레 소리가 차츰 멀어져감을 뜻한다.

317) 이상 두 구는 成帝가 춤을 잘 추는 趙飛燕을 총애하여 班婕妤가 총애를 잃고 長信宮에 물러나 있으면서 자기의 신세를 '둥근 부채'에 비유한 사실을 가리킨다.

318) '鉛華'(연화) : 얼굴에 바르는 화장품인 분. 여기에서는 젊은 여인의 아름다움을 뜻한다.

영원할 수 없다는 진리를.

## 서비(徐悱) 처(妻) 유령한(劉令嫻)

◇劉令嫻(대략 525년 전후 재세) : 자는 밝혀져 있지 않으며, 彭城(지금의 江蘇省 徐州市) 사람이다. 劉孝綽의 셋째 누이이자 徐悱의 처로서, '劉三娘'으로도 불린다. 재주가 뛰어났고 글을 잘 썼다. 남편 徐悱는 晉安王 內史로 있을 당시 겨우 30세의 나이로 죽었을 때, 서울로 돌아와 상을 치루면서 그녀가 제문을 썼는데 처량하기 그지없어 시아버지 徐勉이 제문 쓰기를 포기했다고 한다. 문집 6권이 전해온다.

### 「남편에게 회답하다(答外詩)」 2수[319]

### 291. 남편에게 회답하다 1

「答外詩」 其一

花庭麗景斜, 꽃 핀 마당에 고운 햇살 비스듬히 비치고
蘭牖輕風度.[320] 아름다운 창문으로 가벼운 바람 스치네
落日更新妝, 떨어지는 해 보며 새로이 화장 고치고
開簾對春樹. 발 걷고 봄 나무를 바라보는데

319) 이 시는 제6권 작가의 남편인 徐悱의 「贈內」(277) · 「對房前桃樹詠佳期贈內」(278) 등의 시에 대한 答詩이다.

320) '蘭牖'(란유) : 아름다운 창문.

| | |
|---|---|
| 鳴鸝葉中響, | 지저귀는 꾀꼬리 나뭇잎 속에서 울고 |
| 戱蝶花間鶩.[321] | 놀고 있는 나비 꽃 사이로 분주하네 |
| 調瑟本要懽, | 비파 줄 고르는 건 본래 즐겁고자 하는 것 |
| 心愁不成趣. | 마음 근심스러우니 재미를 못 느끼네 |
| 良會誠非遠, | 좋았던 만남 정말이지 멀지 않건만 |
| 佳期今不遇.[322] | 행복했던 시절 지금은 오지 않네 |
| 欲知幽怨多, | 깊은 원망 얼마나 많은지는 |
| 春閨深且暮.[323] | 봄날의 규방 깊고도 어두운 걸 보면 된다네 |

**해설** 이 작품은 벼슬 때문에 떨어져 살고 있는 남편에 대한 그리움을 노래한 시다. 여성의 그리움은 이 선집 전체를 통해 가장 많은 작품의 주제이기도 하다. 그러나 대부분 남성 작가의 손에서 나온 '작품을 위한 작품'인데 반해, 이 작품은 여성의 시점에서 실재 자신의 경험을 시화하였다는 데서 의의를 찾을 수 있다. 행복했던 시절이 바로 엊그제 같건만 이제 그런 날은 다시 오지 않을 수도 있다는 생각에 수심은 깊어만 간다. 이 수심이 얼마나 깊은지를 알려면 다른 설명이 필요 없으리라. 저렇듯 육중한 적막 속에 쌓여있는 깊은 규방 안의 여인이 어떠하겠는가.

321) '鶩'(목) : 빠르게 날다.

322) '佳期'(가기) : 남녀 간의 즐거운 만남. 또는 행복한 때.

323) 이상 두 구는 주인공 여자의 원망과 수심이 얼마나 깊은지를 알고자 하면 여러 다른 설명이 필요 없이 집안 깊숙한 데 위치한 규방이 어둠에 묻혀 적막 속에 빠져 있는 것을 보면 된다는 뜻이다.

## 292. 남편에게 회답하다 2

「答外詩」 其二

東家挺奇麗,324) 동쪽 이웃집 여인 신기한 아름다움 빼어나고
南國擅容輝.325) 남쪽 나라 여인 빛나는 용모 둘도 없네
夜月方神女,326) 밤달은 신녀 같고
朝霞喩洛妃.327) 아침놀은 낙수의 여인 같네
還看鏡中色, 돌아와 거울 속 내 모습 보노라면
比豔自知非.328) 미인에 비교될 용모 아닌 줄 스스로 아는데
摛辭徒妙好,329) 그대 늘어놓은 말씀들 부질없이 정교하게 아름답고
連類頓乖違. 연이은 비유도 문득 사실과 어긋나기만 하다네
智夫雖已麗, 지혜로운 당신께서 이미 아름답다 하셨어도
傾城未敢希. 성을 기울게 할 미모는 아직 감히 바랄 순 없다네

해설 이 작품은 남편이 보내온 시에 대한 답시다. 남편이 자기를 아름다운 미인이라 칭송하였지만 자신은 그럴 만한 미인이 못된다고 했다. 세상엔 빼어난 미모를 지닌 미인들이 많으며, 그에 대해 시인들이 노래한 작품을 통해 잘 알고 있다. 거울을 보면 자신은 그들과 비교될 만한 미인이 결코 아님을 알게 된다. 그래서 남편의 시에서 자기의 모습에 대해 절묘하게 표현한 문장들이 다 부질없어 보이고, 여러

---

324) '奇麗'(기려): 신기하고 아름다움. 이 구는 宋玉의 「登徒子好色賦」 중에 언급된 동쪽 이웃집의 미인을 가리킨다.
325) 이 구는 曹植의 「雜詩」 5수 중 제5수(55)의 '南國有佳人'의 미인을 가리킨다.
326) '方'(방): 비교하다. 이 구는 宋玉의 「神女賦」 중에 언급된 神女를 가리킨다.
327) 이 구는 曹植의 「洛神賦」 중에 언급된 洛水의 여신인 宓妃를 가리킨다. 이상 네 구는 모두 고대 시문에 등장하는 미인을 이야기하였다.
328) '豔'(염): 아름다움, 또는 미인.
329) '摛辭'(리사): 글을 지어 표현하다. 즉 남편이 보내온 시 중의 자기를 칭송해주는 말을 가리킨다.

가지 아름다운 비유들이 모두 사실과는 다르다는 것을 알게 된다. 훌륭하신 당신의 말씀이 모두 지당하겠지만 그렇다고 내가 경국지색 미인이 될 수야 있겠습니까?

## 하사징(何思澄)

◇何思澄(481?~534?) : 자가 元靜이며, 東海 郯(지금의 山東省 郯城縣) 사람이다. 젊어서부터 열심히 공부하였으며 글이 교묘하였다. 南康王 侍郞이 되었으며, 이후 安成王 行參軍으로 옮겨 記室까지 겸임했다. 官府를 따라 江州에 있을 때 「遊廬山詩」를 지었는데, 沈約이 보고 크게 칭찬하면서 새로 집을 지으면서 그 시를 벽에 써 붙이게 하였다. 傅昭는 늘 그에게 釋典詩 짓는 것을 부탁했는데 시가 법식에 맞으면서도 화려했다. 天監 15년(516)에 太子詹事 徐勉의 추천으로 華林園에 들어가 여러 학사들과 『遍略』을 편찬하였다. 후에 湘東王 錄事參軍 및 東宮通事舍人을 역임했으며, 中大通 4년(532)에는 宣惠武陵王 中錄事參軍이 되었다. 문집 15권이 전해온다.

### 293. 상동왕의 명을 받들어 창화한 '반첩여'

「奉和湘東王教班婕妤」[330]

寂寂長信晚, 쓸쓸한 장신궁의 저녁
雀聲哦洞房.[331] 참새 소리 깊숙한 규방 곁에서 지저귀며

330) 바로 앞에 수록된 孔翁歸의 작품(290)도 제목이 같다.

331) '哦'(아) : 노래하다. 읊조리다. 지저귀다. 『樂府詩集』에는 '喧(시끄럽다)'자로, 『藝文類聚』에는 '愁(근심하다)'자로 되어 있는데, 모두 뜻이 통한다.

蜘蛛網高閣, 거미는 높은 누각에 그물을 치고
駮蘚被長廊.[332] 얼룩덜룩 이끼는 긴 복도를 덮고 있네
虛殿簾帷靜, 허전한 전각에는 발과 휘장 고요하고
閑階花蕊香.[333] 한가로운 섬돌 주위엔 꽃봉오리 향기롭네
悠悠視日暮, 아련히 해 저무는 것 바라보다
還復拂空牀. 돌아와 다시금 텅 빈 침상의 먼지를 터네

**해설** 이 작품은 임금의 총애를 잃고 長信宮에 물러나 살고 있는 班婕妤의 원망을 노래한 시다. 낮 동안의 분주함은 저녁 어둠과 함께 잦아들고, 長信宮은 다시금 적막에 휩싸인다. 긴 복도 바닥으로는 여기저기 이끼가 자라고 있고, 처마와 벽 이곳저곳엔 거미줄이 생긴다. 사람이 찾아오지 않는 죽은 듯한 처소엔 주인의 심정을 모르는 참새가 지저귀고 제철 만난 꽃봉오리가 한창 향기를 뿜어댄다. 아련히 해가 서산으로 넘어갈 때까지 목을 빼고 임 찾아오길 기다렸지만 어제처럼 또 허사이다.

## 294. 고시를 본뜬 시

「擬古」

故交不可忘, 옛날 교분 잊을 수 없음은
猶如蘭桂芳. 흡사 난초와 계수나무 향기 같고
新知雖可悅, 새로 알게 된 사람이야 좋아할 만 하지만
不異茱萸香.[334] 수유향과 다르지 않다네

332) '駮蘚'(박선) : 얼룩덜룩한 이끼. '長廊'(장랑) : 긴 복도. 이 구는 길게 이어진 복도에 사람이 다니지 않아 여기저기 이끼가 자라 있는 상태를 나타낸다.
333) '花蕊'(화예) : 꽃술, 또는 꽃봉오리.

妾有鳳雛曲,[335]　　저에겐 '봉추곡'이 있을 뿐
非爲陌上桑.[336]　　'맥상상' 지은 것은 아니라네
薦君君不御,　　그대 받들고자 하지만 그대 받아들이지 않으니
抱瑟自悲凉.　　비파 껴안고 홀로 슬피 처량해 한다네

**해설** 이 작품은 버림받은 여인의 원망과 슬픔을 노래한 시다. 남편은 지금 비록 수유꽃 같은 향기를 풍기는 새 여자에게 빠져 있지만 조만간 싫증을 낼 게 분명하다. 난초처럼 은은한 향기를 품고 있는 나를 몰라보는 게 너무도 답답하다. 오직 당신 위하며 한평생 살아갈 각오가 되어 있건만 당신은 눈에 헛것이 씌어 나에겐 관심도 없다. 당신이 야속하고 내 신세가 처량하다.

## 295. 남원에서 미인을 만나다

「南苑逢美人」[337]

洛浦疑迴雪,[338]　　낙수의 여신처럼 나풀거리며 날리는 눈발 같고
巫山似旦雲.[339]　　무산의 신녀처럼 아침 때 구름 같네

---

334) 이상 네 구는 '전처와의 옛정을 잊을 수 없음은 전처가 마치 난초와 계수나무의 그윽하고 고귀한 향기 같기 때문이고, 새로 사귄 여자가 비록 사랑스럽다고 하지만 그 여자는 향기만 진한 수유꽃과 같이 그윽한 정이 없다'라는 뜻이다.

335) '鳳雛曲'(봉추곡) : 옛날 음악인 「鳳將雛」를 가리킨다. 결혼하여 자식을 낳아 기르며 행복하게 살고자 함을 노래한 것이다. 제1권의 古樂府詩 6수 중 제3수인 「隴西行」(11) 중에 "봉황은 꾸꾸거리며 우는데, 한 어미가 아홉 마리 새끼를 데리고 있지요(鳳凰鳴啾啾, 一母將九雛)"라고 했다.

336) '陌上桑'(맥상상) : 제1권의 古樂府詩 6수 중 제1수인 「日出東南隅行」(9)을 가리킨다. 태수의 유혹을 물리치는 여인의 미덕을 노래한 작품이다.

337) '南苑'(남원) : 지명. 劉宋 이후 도시인들의 유람지가 되었다.

338) '洛浦'(락포) : 洛水의 여신 宓妃를 가리킨다. '迴雪'(회설) : 빙빙 돌며 날리는 눈발. 가볍고 아름답게 춤추는 모습을 나타내기도 한다. 曹植의 「洛神賦」에 "나풀거리기는 마치 흐르는 바람에 날리는 눈발인가 하네(飄颻兮若流風之迴雪)"리고 했다.

| | |
|---|---|
| 傾城今始見, | 성을 기울게 할 미인을 이제사 볼 줄이야 |
| 傾國昔曾聞. | 경국지색이란 말 예전에 일찍이 들었는데 |
| 媚眼隨嬌合,[340] | 아리따운 눈은 애교스럽게 감기고 |
| 丹唇逐笑分. | 붉은 입술은 미소 따라서 열리네 |
| 風捲葡萄帶,[341] | 바람은 포도 무늬 옷고름을 말고 |
| 日照石榴裙.[342] | 해는 석류색 치마에 비치네 |
| 自有狂夫在,[343] | 응당 바깥양반 있을 것이니 |
| 空持勞使君.[344] | 이 때문에 부질없이 태수의 애를 태우네 |

**해설** 이 작품은 우연히 만나게 된 한 미인의 아름다움에 대해 노래한 시다. 교외로 나들이 나왔다가 마치 선녀 같은 한 여인을 발견하게 된다. 경국지색이란 말은 예전부터 들었지만 실재로 그런 미인은 보지 못했었는데, 이 여인이 바로 그런 여인이 아닐까. 돌아보며 매혹적인 윙크를 하기도 하고, 가지런한 앞니를 살짝 보이며 미소를 짓기도 한다. 마침 불어오는 바람은 옷고름과 치맛자락을 날리고 햇살은 빨

339) '巫山'(무산) : 巫山의 神女를 가리킨다. 宋玉의 「高唐賦」에 "옛날 선왕께서 高唐에 놀러 간 적이 있었는데, 싫증을 느껴 낮잠을 자다가 꿈에 한 여인을 보았다. 그 여인은 '저는 巫山의 여자인데, 高唐에 왔다가 임금님이 高唐에 노신다기에 잠자리를 깔아 드리고자 합니다'라고 말하여, 왕은 그녀를 받아들였다. 떠나면서 작별하며 '저는 巫山 남쪽 높은 언덕의 돌산에 사는데, 아침에는 구름이 되었다가 저녁이면 내리는 비가 되어, 아침 저녁으로 陽臺 아래에 있습니다'라고 말했다고 한다(昔者先王, 嘗遊高唐, 怠而晝寢, 夢見一婦人. 曰 '妾, 巫山之女也, 爲高唐之客, 聞君遊高唐, 願薦枕席' 王因幸之. 去而辭曰, '妾在巫山之陽, 高丘之阻, 旦爲朝雲, 暮爲行雨, 朝朝暮暮, 陽臺之下')"라고 했다.

340) '媚眼'(미안) : 매혹적인 아름다운 눈.

341) '葡萄帶'(포도대) : 포도 무늬의 비단으로 만든 띠.

342) '石榴裙'(석류군) : 석류색 같은 진홍색의 치마.

343) '狂夫'(광부) : 여인이 자기 남편을 일컫던 말.

344) '持'(지) : '以'자와 같다. 때문에. '使君'(사군) : 太守 또는 刺史를 일컫는 말. 이 구는 제1권의 古樂府詩 6수 중 제1수인 「日出東南隅行」(9)의 여주인공이 태수의 유혹을 남편이 있다는 핑계로 물리친 것을 가리킨다.

간 색 치마에 부서진다. 그러나 저 여인에겐 그에 맞지 않은 불한당 같은 남편이 있을지니 어떻게 해볼 수가 없는 나는 애만 탈 뿐이다.

## 서비(徐悱) 처(妻) 유씨(劉氏)[345]

### 296. 당양이 칠석날 바느질해서 보내온 수에 대한 답시 「答唐孃七夕所穿針」[346]

| | |
|---|---|
| 倡人助漢女,[347] | 기녀들이 한수의 여인을 도와 |
| 靚妝臨月華.[348] | 곱게 화장하고 달빛 아래 나선다네 |
| 連針學並蒂,[349] | 한 바늘 한 바늘씩 나란히 붙은 꽃받침을 수놓고 |
| 縈縷作開花.[350] | 얼기설기 실을 엮어 활짝 핀 꽃을 만들었네 |
| 孀閨絶綺羅,[351] | 과부의 규방엔 고운 비단옷 사라진 지 오래이니 |

345) 작가에 대해 원서에는 다음과 같은 주석이 있다. "어떤 책에는 '劉氏'가 없고, 어떤 책에는 '徐悱'라고 되어 있다. 생각건대 徐悱와 그의 처 劉令嫺의 시는 모두 앞에 보인다. 이 작품은 아마 후인들이 잘못 수록한 것 같거나, 아니면 '悱'자가 잘못되었을 것이다. 제8권에는 또 徐悱의 처의 「和婕妤怨」 1수(422)가 수록되어 있는데, 그 아래 王叔英의 처 「昭君怨」(423)이 이어져 있다. 『樂府詩集』을 보면 모두 王叔英의 처가 지었다고 했는데, 어쩌면 모두 그녀의 시일지도 모르며, 『藝文類聚』가 그것을 고쳤을 뿐일 것이다. 『考異』는 劉令嫺의 작품을 후인이 잘못 수록한 것으로 보았다.

346) '唐孃'(당양): 徐悱가 총애하던 기녀의 이름. 칠석날 밤이면 부녀자들이 織女에게 바느질 솜씨를 좋게 해달라고 소원을 빌었던 풍속이 있었다.

347) '倡人'(창인): 기녀. '漢女'(한녀): 漢水 가의 여인. 『詩經』 「周南」 「漢廣」 중에 "漢水 가에 놀고 있는 아가씨, 배필 되기를 바랄 수 없네(漢有游女, 不可求思)"라고 했는데, 여기에서는 唐孃을 가리킨다.

348) '靚妝'(정장): 예쁘게 화장하다.

349) '連針'(련침): 한 바늘씩 이어가며 수를 놓는 것. '學'(학): 본뜨다. 모방하다. '並蒂'(병체): 나란히 붙어 있는 꽃.

350) '縈縷'(영루): 실을 동여매다.

攬贈自傷嗟. 보내온 선물 부여잡고 혼자 슬프게 탄식하네
雖言未相識, 비록 아직 모르는 사람이긴 하지만
聞道出良家. 양반집 출신이라는 말은 들었으며
曾停霍君騎,[352] 일찍이 곽공이 탄 말도 멈추게 하였고
經過柳惠車.[353] 유하혜의 수레까지 왕래하게 했다네
無由一共語, 한 마디 얘기 나눌 방법조차 없는데
暫看日升霞. 어느새 해가 놀 위로 떠오르는 걸 본다네

**해설** 이 작품은 남편이 생전에 총애하던 기녀로부터 보내온 선물에 대해 그녀에게 감사를 표한 시다. 평소 한 번도 본 적이 없지만 그녀가 한 땀 한 땀 정성을 다해 수놓은 천에 그녀의 미모와 착한 마음씨가 스며 있음을 알 수 있다. 선물을 보면서 어쩌면 남편 살아생전 질투의 대상이었을지도 모를 그 여인에게 찬미의 말을 아끼지 않고 있다. 선물은 정말 많은 감회를 일으킨다. 과부라는 자신의 신세를 새삼 깨닫게 하기도 하고, 남편에 대해, 그리고 한 번도 만난 적이 없는 그 여인에 대해 이런저런 생각을 하게 한다. 그러는 사이 어느덧 새로운 아침은 밝았고.

351) '孀閨'(상규) : 과부가 살고 있는 규방. 이 구는 남편이 죽은 후 혼자 살고 있는 자신은 더 이상 아름다운 비단옷 따위를 입지 않는다는 뜻이다.
352) '霍君'(곽군) : 漢나라 宣帝 때의 외척 세도가였던 霍光을 가리킨다. 품성이 단아하기로 유명하였다.
353) '經過'(경과) : 왕래[내왕]하다. '柳惠'(류혜) : 春秋시대 魯나라의 현인 展禽을 가리킨다. 그의 집에 버드나무가 있었으며 성품이 은혜로웠기 때문에 '柳下惠'로 불렸다. 품행이 매우 단정한 사람이란 의미로 쓰였다.

# 『옥대신영』 권7

卷7

## 양(梁) 무제(武帝)

◇蕭衍(464~549) : 자가 叔達, 小字는 練兒이며, 南蘭陵 中都里(지금의 江蘇省 常州市 서북) 사람이다. 글을 잘 썼고 박학다식한데다 책략에도 능하였으며, 문무의 재간을 겸비하여 당시 사람들의 추앙을 받았다. 처음 齊나라에서 벼슬을 하였는데 衛軍 王儉의 東閣祭酒가 되었으며, 竟陵王 蕭子良의 '西邸學士'로서 沈約·謝朓·王融·蕭琛·范雲·任昉·陸倕 등 이른바 '竟陵八友'의 일원으로 활동하였다. 齊 明帝가 즉위하자 建陽縣 남작에 봉해졌으며, 얼마 후 司州刺史가 되었다가 다시 石頭 지방을 鎭撫하였다. 明帝의 시기를 면하기 위해 휘하 부대를 해산시키고 한상 뿔 자른 송아지가 모는 수레를 타고 다녔는데, 明帝는 그를 검소하다고 칭찬하였으며, 죽을 때 조서를 남겨 그를 都督 및 雍州刺史로 임명하였다. 東昏侯 永元 2년(500) 겨울, 그의 형인 長沙王 蕭懿가 총신 茹法眞 등에 의해 죽자, 마침내 속관들을 사저에 소집, 거병하였다.

永元 3년(501) 2월, 南康王이 相國이 되어 그를 征東將軍으로 임명하였으며, 3월에는 南康王 蕭寶融이 江陵에서 즉위하여(和帝) 東昏侯를 폐위하여 涪陵王으로 강등시켰다. 그리고 蕭衍은 尙書左僕射에 임명하고 征東大將軍・都督征討諸軍을 추가로 임명하여 黃鉞(천자가 정벌할 때 쓴 금 장식 도끼)을 빌려 주었다. 이어 그는 涪陵王을 죽이고 和帝마저 폐위시켜 巴陵王으로 강등시켰다가 얼마 못 가 죽인 후, 宣德皇后에 의해 太史馬에 임명되고 梁公에 봉해졌다가, 마침내 나라를 선양 받게 된다.

재위 기간은 48년이며, 연호는 天監・普通・大通・中大通・大同・中大同・太淸 등이었다. 그는 '百家譜'를 개정하여 士族들을 중용하였는데, 특히 중하층에 속하는 인재들을 선발하면서 '관직은 인간됨이 우선이며 청렴해야 함'을 강조하여 동란의 南朝 역사 속에서 비교적 안정된 정치를 구현하였다. 中大同 2년(547)에 東魏大將 侯景의 투항을 받아들였는데, 얼마 후 侯景이 병사를 이끌고 長江을 건너 도성을 공격하니, 그는 臺城 안에 포위되어 굶어 죽었다.

그는 학술과 문학 방면에 있어 南朝의 여러 제왕 중 가장 걸출한 사람이다. 여러 서적을 두루 읽었으며 저술에도 부지런하였는데, 특히 불경에 관심이 깊어 수백 권 불경에 직접 주석을 달았다. 또한 문사를 초빙하여 유가와 불가의 깊은 뜻을 의논하였고, 五禮를 의논하여 결정하기도 하였다. 그는 만년에 불교를 지나치게 신봉하여 절을 많이 짓고 자주 절에서 생활하기도 했다. 그는 음악에도 밝았으며, 詩賦에 모두 능하였는데, 현존하는 시는 백여 편으로 대부분 樂府를 모방한 작품이다.

그의 저작으로는 『孝經義』・『周禮講疏』・『樂社義』・『毛詩問答』・『尙書大義』・『中庸講疏』・『孔子正言』・『老子講疏』 등 2백여 권 및 『五禮』 천여 권과 『通史』 6백여 권이 있으며, 이밖에도 수백 권의 불경 주석서들을 편찬하였다. 아울러 문집 32권이 있었다고 하는데, 지금은 明나라 때의 輯本인 『梁武帝御製集』만이 전해온다.

## 297. 다듬이질

「擣衣」[1]

| | |
|---|---|
| 駕言易水北,[2] | 수레 몰고 역수 북쪽으로 떠나실 제 |
| 送別河之陽.[3] | 황하 북쪽에서 임을 송별한다네 |
| 沉思慘行鑣,[4] | 시름에 빠져 떠나는 말의 재갈 소리에도 슬퍼지는데 |
| 結夢在空牀. | 뒤얽힌 꿈은 허진한 침상에 있다네 |
| 旣寤丹綠謬,[5] | 이윽고 잠에서 깨니 붉고 푸른 이부자리 엉켜 있어 |
| 始知紈素傷.[6] | 비로소 희고 고운 비단의 슬픔을 알겠네 |
| 中州木葉下,[7] | 중원 지방에 나뭇잎 떨어지니 |
| 邊城應早霜. | 변경 성곽엔 이른 서리 내리겠네 |
| 陰蟲日慘烈,[8] | 가을 곤충은 날로 비통해 하고 |
| 庭草復云黃.[9] | 뜨락의 풀은 다시금 누렇게 변하네 |

1) '擣衣'(도의) : 다듬이질. 제3권 曹毗의 「夜聽擣衣」(110)의 주석을 참조할 것.

2) '駕'(가) : 수레를 몰다. '言'(언) : 어조사. '易水'(역수) : 河北省 서부의 강. 戰國시대 荊軻가 燕나라의 태자 丹의 전송을 받으며 秦王을 죽이러 떠나기 앞서 高漸離의 筑 연주에 맞춰 「易水歌」를 부르던 곳이기도 하다.

3) '河之陽'(하지양) : 黃河의 북쪽. 산의 남쪽과 강의 북쪽을 '陽'이라고 하고, 그 반대쪽은 '陰'이라고 한다. 易水는 黃河의 북쪽에 있다.

4) '沉思'(침사) : 깊은 시름에 빠지다. '慘'(참) : 비통하다. 매우 슬프다. '鑣'(표) : 말의 재갈.

5) '丹綠'(단록) : 붉고 푸른 색의 이부자리를 가리킨다. '謬'(류) : '繆'자와 같은 뜻으로 쓰였다. 엉키다.

6) '紈素'(환소) : 희고 고운 비단. 이 구는 『墨子』「所染」 중, 명주실에 푸른 색으로 염색하면 푸른 색으로 변하고, 노란 색으로 염색하면 노란 색으로 변하는 것을 墨子가 보고 탄식했다는 고사에서 왔다. 즉 희고 고운 비단이 어떻게 염색하느냐에 따라 색이 변하듯, 남편도 변심할 수 있다는 우려를 나타내고 있다.

7) '中州'(중주) : 중국의 중심인 중원 지방.

8) '陰蟲'(음충) : 귀뚜라미 따위의 가을 곤충. '慘烈'(참렬) : 매우 슬프다. 비통하다.

9) '云'(운) : 무성하다. 짙다. 鈴木虎雄은 '芸(무성하다)'자로 보면서, 『詩經』「小雅」「裳裳者華」의 "활짝 핀 꽃떨기, 저토록 샛노랗네(裳裳者華, 芸其黃矣)"란 구를 들었는데, 여기에서도 이를 따랐다.

金風但淸夜,[10] 가을바람은 맑은 밤에 불어오고
明月懸洞房.[11] 밝은 달은 깊은 규방에 걸려 있네
嫋嫋同宮女,[12] 한집에 사는 날씬한 아가씨
助我理衣裳. 나를 도와 임의 옷을 매만지네
參差夕杵引,[13] 들쭉날쭉 저녁 다듬이방망이 소리 길게 울리고
哀怨秋砧揚.[14] 슬픈 원망 담은 가을 다듬잇돌 소리 높이 날리네
輕羅飛玉腕, 가벼운 비단 저고리는 옥 같은 팔목에 날리고
弱翠低紅妝.[15] 연약한 비취깃 수식은 붉게 화장한 얼굴로 처지네
朱顔色已興,[16] 빠알간 얼굴엔 붉은 빛이 온통 번져 있고
眄睇目增光.[17] 돌아보는 그 눈은 더욱 반짝거리네
擣以一匪石,[18] 일편단심으로 다듬이질하고
文成雙鴛鴦. 무늬를 수놓아 한 쌍의 원앙새를 만드네
制握斷金刀,[19] 쇠도 끊을 칼을 잡고 마름질하고
薰用如蘭芳. 난초 향 같은 향기를 넣네

---

10) '金風'(금풍) : 가을바람. 오행에 따른 것. '但'자는 『考異』 및 다른 책에는 '徂(가다)' 자로 되어 있다. 여기에서도 이를 따랐다.

11) '洞房'(동방) : 집안 깊숙한 곳에 위치한 내실[규방].

12) '嫋嫋'(뇨뇨) : 유약한 모양. '同宮女'(동궁녀) : 같은 집에 사는 여자. 여기에서는 侍女를 가리킨다.

13) '杵'(저) : 다듬이방망이. '引'(인) : 소리를 길게 빼다.

14) '砧'(침) : 다듬잇돌.

15) '翠'(취) : 비취새의 깃으로 꾸민 머리 장식. 이 구는 다듬이질 동작 때문에 여인들의 머리 장식이 흘러내리는 것을 나타내고 있다.

16) '興'(흥) : 왕성하다.

17) '眄睇'(면제) : 돌아보다. 곁눈질하다.

18) '匪石'(비석) : (구르는) 돌이 아니다. 돌처럼 굴러 변하는 마음이 아니라는 뜻. 이 구는 『詩經』 「邶風」 「柏舟」의 "내 마음 돌멩이가 아니니 굴릴 수가 없고, 내 마음 자리가 아니니 말 수가 없다네(我心匪石, 不可轉也. 我心匪席, 不可卷也)"에서 왔다.

19) '制'(제) : '製'자와 같이 쓰였다. 마름질하다. '斷金刀'(단금도) : 쇠라도 끊는 칼. 이하 두 구는 『周易』 「繫辭上」의 "두 사람이 한마음이면 그 날카로움은 쇠를 끊고, 한마음으로 하는 말은 그 향기가 난초 향과 같다(二人同心, 其利斷金, 同心之言, 其臭如蘭)"에서 왔다. 남편과 자신이 일심동체로 애정이 변함없었으면 하는 염원을 담고 있다.

| | |
|---|---|
| 佳期久不歸, | 아름다운 언약 지난 지 오래건만 돌아오시지 않으니 |
| 持此寄寒鄕. | 이 옷을 당신 계신 추운 지방으로 부친다네 |
| 妾身誰爲容? | 제 몸은 누굴 위해 꾸미나 |
| 思君苦人腸. | 당신 생각에 애간장이 쓰리네 |

**해설** 이 작품은 북방 변경으로 출정한 남편을 위해 겨울옷을 지어 보내는 여인의 그리움을 묘사한 시다. 정유회사에 다니는 남편은 자원하여 시베리아 유전개발을 위해 떠났다. 1년만 있다가 오겠다는 약속과 함께. 그러나 남편은 일을 핑계로 약속한 날짜가 되어도 돌아오지 않는다. 한국의 아내는 조바심이 난다. 혹시 남편의 마음이 변한 게 아닌지 하고. 가을이 저물어가자 남편 생각이 다시 간절해진다. 시베리아의 겨울은 유난히 추울 것이니까. 그래, 맞다. 털실을 사서 서툰 솜씨지만 스웨터를 짜서 보내자. 색실로 하트 무늬도 넣어서.

## 298. '장안에 좁은 길 있는데'를 모방한 11운 「擬長安有狹邪行十韻」[20]

| | |
|---|---|
| 洛陽有曲陌, | 낙양에 굽은 길 있는데 |
| 陌曲不通驛.[21] | 굽은 길은 역말이 지날 수가 없다네 |
| 忽逢二少童, | 갑자기 두 소년이 만나 |

20) '狹邪'(협사): 작고 굽은 골목. 이 작품은 제1권 古樂府詩 6수 중의 제2수인 「相逢狹路間」(10)을 모방하였다. '十韻'(십운): 어떤 책에는 이 글자가 없다. 또 『考異』는 본래 '十一韻'이었는데 宋刻本에서 '一'자를 잘못하여 뺀 것이라고 했다. 여기에서도 이를 따랐다.

21) '陌'(맥): 논밭 사이의 길. 『廣雅』에 의하면, 남북으로 난 길을 '阡'이라고 하며, 동서로 난 길을 '陌'이라고 한다 했다. '驛'(역): 역말. 역참에 비치된 말. 『後漢書』「輿服志」에 의하면, 역말이 30리마다 한 마리씩 마련되어 있었다고 했다.

扶轡問君宅. 고삐 잡은 채 주인 저택을 묻는다네
君宅邯鄲右,[22] 주인 저택은 한단의 서쪽이라는데
易憶復可知. 기억하기 쉬어 잘 알 수 있다네
大息組絪縕,[23] 큰아들은 이미 가정을 이루었고
中息珮陸離.[24] 둘째아들 패옥은 눈부시게 빛난다네
小息尙青綺, 막내아들 푸른 비단 좋아하며
總丱遊南皮.[25] 총각머리 묶고서 남피현에서 논다네
三息俱入門, 세 아들 모두 대문에 들어서니
家臣拜門垂.[26] 가신들이 대문 곁에서 절을 하며
三息俱升堂, 세 아들 모두 대청에 오르니
旨酒盈千巵. 맛있는 술 천 잔에 가득하고
三息俱入戶, 세 아들 모두 문 안으로 드니
戶內有光儀.[27] 방안에는 광채가 찬란하네
大婦理金翠,[28] 큰며느리는 금비녀와 비취깃 수식 치장하고
中婦事么觿.[29] 둘째며느리 작은 뿔송곳으로 일하는데
小婦獨閑暇, 막내며느리 유독 한가롭게

---

22) '邯鄲'(한단) : 戰國시대 趙나라의 수도. '右'(우) : 서쪽을 가리킨다.

23) '大息'(대식) : 큰아들. '組絪縕'(조인온) : 이미 결혼하여 가정을 이루었음을 가리킨다. 이 구는 『周易』 「系辭下」의 '天地絪縕'에서 나온 말로, 천지의 음과 양의 두 기운이 상호 작용하는 상태를 가리킨다.

24) '陸離'(륙리) : 눈부시게 아름다운 모양.

25) '總丱'(총관) : 아동들의 두 개의 뿔처럼 묶은 머리 모양. '南皮'(남피) : 渤海郡에 속했던 南皮縣. 曹丕의 「與吳質書」에 "옛날 南皮에서 놀던 것을 생각할 때마다 정말이지 잊을 수가 없다오"라고 하였다. 『漢書』에 의하면 渤海郡에 南皮縣이 있었다고 했다.

26) '垂'(수) : 곁. 가. '陲'자와 통한다.

27) '光儀'(광의) : 빛나는 거동과 용모.

28) '金翠'(금취) : 금비녀와 비취새 깃 首飾.

29) '么觿'(요휴) : 작고 가는 송곳. '觿' : 고대에 뼈 같은 것으로 만든, 매듭을 푸는데 사용하던 송곳. 『禮記』에 "왼쪽에 작은 뿔송곳 차는데(左佩小觿)"라고 했는데, 鄭玄은 "작은 뿔송곳은 작은 매듭을 푼다. 모양은 송곳 같으며 코끼리의 뼈로 만든다(小觿解小結也. 觿狀如錐, 以象骨爲之)"라고 주석을 달았다.

調笙遊曲池.30)　　생황 곡조 고르며 구비진 연못에서 놀고 있다네
丈人少徘徊,31)　　어르신이 잠시 서성거리는데
鳳吹方參差.32)　　생황과 퉁소 소리 높았다 낮았다 한다네

**해설** 이 작품은 귀족 집안의 세 아들과 그 부인들의 행동과 모습 등을 묘사한 시다. 마을 아이들조차 어디에 있는 집인지 잘 알 정도로 유명한 집에, 그 아들들이 착용한 패물과 비단 등으로 보아 귀족 집안임을 알게 한다. 세 아들들에게 家臣들이 절하고 술잔치를 하는 모습은 그들의 위용을 말해준다. 그런데 재미있는 것은 큰며느리는 아름다운 패물로 치장하고 작은며느리도 한가로이 노니는데, 유독 둘째며느리만이 일하는 모습이다. 이는 3형제 가운데 첫째는 첫째만의 권위가 있어 그렇고, 막내는 막내다운 귀염성이 있어, 둘째가 첫째와 막내의 일을 도맡아 하는 요즘 세태와 비슷한 것 같아 재미있다.

## 299. '밝은 달은 높은 누각을 비추고'를 본뜬 시

「擬明月照高樓」33)

圓魄當虛闥,34)　　둥근 달은 쓸쓸한 대문 안을 비추며
清光流思筵.35)　　맑은 빛은 그리움에 젖은 자리 위로 흐른다

---

30) '曲池'(곡지) : 구불구불 감도는 저수지.
31) '人'(인) : '夫(사나이, 장부)'의 뜻으로 쓰였다.
32) '鳳吹'(봉취) : 생황・퉁소 등의 관현악기로 내는 경쾌하고 맑은 소리 음악의 총칭. '參差'(참치) : 가지런하지 않은 모양.
33) 相和歌辭 楚調曲에 속한다. 이 시는 제2권 曹植의 잡시 5수 중 제1수(51)의 모방이다. 원작은 『文選』과 『曹子建集』에는 「七哀詩」란 제목으로, 『樂府詩集』에는 「怨詩行」이란 제목으로 되어 있다.
34) '圓魄'(원백) : 둥근 달. '闥'(달) : 작은 대문.
35) '筵'(연) : 좌석. 자리.

| | |
|---|---|
| 筵思照孤影,[36] | 자리 깔고 시름에 젖어 고독한 제 그림자를 대하자니 |
| 悽怨還自憐. | 슬픈 원망으로 다시금 절로 안타깝다 |
| 臺鏡早生塵,[37] | 경대엔 일찍이 먼지 앉았고 |
| 匣琴又無弦. | 상자 속 거문고도 현이 없다 |
| 悲慕屢傷節,[38] | 서글픈 사랑은 계절 변화에도 자주 상심하고 |
| 離憂亟華年.[39] | 이별의 슬픔이 꽃다운 나이를 재촉한다 |
| 君如東榑景, | 당신은 동쪽의 부상에서 떠오르는 햇볕 같고 |
| 妾似西柳煙.[40] | 저는 서쪽 함지의 버드나무를 감싼 안개 같이 |
| 相去旣路迥, | 서로 멀어져 이미 길은 아득하기만 하여 |
| 明晦亦殊懸. | 밝은 해와 그믐의 별처럼 또한 달리 걸려 있다 |
| 願爲銅鐵轡,[41] | 바라건대 청동의 쇠 고삐 되어서 |
| 以感長樂前.[42] | 장락궁 앞에서 쩔렁이고 싶다 |

**해설** 이 작품은 임과 이별한 한 여인의 근심과 슬픔을 묘사한 시다. 임이 곁에 없으니 비치는 달빛에도 그리움이 쌓이고, 혼자인

36) '照'(조): 어떤 책에는 '對'자로 되어 있는데, 여기에서도 이를 따랐다.
37) '臺鏡'(대경): 魏 武帝의 『上雜物疏』의 "경대는 본래 魏나라 궁중에서 나온 것으로 순은색 띠를 두른 경대 하나가 있었다(鏡臺本出魏宮中, 有純銀參帶鏡臺一)"고 하였다.
38) '傷節'(상절): 절기의 변화를 슬퍼하다. 謝靈運의 『武帝誄』에 "절기의 빠른 흐름에 가슴이 아프다(節速心傷)"라고 하였다.
39) '離憂'(리우): 이별에의 근심. '亟'(극): 다급하다. 절박하다. '華年'(화년): 꽃다운 시기.
40) '東榑景'(동부경)·'西柳煙'(서류연): '榑'자는 '扶(扶桑)'자와 같으며, 이 글자로 되어 있는 책도 있다. 『論衡』에서 나온 말로 "儒者들은 해는 아침에 扶桑에서 나왔다가 저녁에 細柳로 들어간다고 한다(儒者論日旦出扶桑, 暮入細柳)"라고 하였는데, 여기에서 扶桑은 동방의 땅, 細柳는 서방의 땅을 가리킨다. 『山堂肆考』에 "東扶景은 해가 처음 나오는 곳으로 인간의 꽃다운 나이에 비유되며, 西柳煙은 저녁 경치로 인간의 노년에 비유된다(東扶景, 日初出也, 喩人之芳年. 西柳煙, 暮景也, 喩人之老年)"고 하였다.
41) '轡'(비): 말고삐. 陸佃은 "마부는 둔한 말은 채찍으로 다스리고, 사나운 말은 고삐로 다스린다(御者駑馬以鞭爲主, 悍者以轡爲主)"라고 하였다.
42) '長樂'(장락): 長樂宮. 西漢 高帝 때 세워진 宮의 명칭이다. 長樂廐라고도 하였다.

모습이 감상자마저 안타깝게 만든다. 보여줄 이 없으니 치장하지 않아 경대는 안 본 지 오래요. 거문고도 타지 않는다. 임과의 이별에 꽃다운 나이가 무슨 소용이랴. 임 곁에 있을 수만 있다면 고삐가 된들 어떠하리. 그녀의 애틋한 마음이 절절이 느껴지는 듯하다.

## 300. '푸르디푸른 강가의 풀'을 본뜬 시

「擬靑靑河邊草」[43]

| | |
|---|---|
| 幕幕繡戶絲,[44] | 수놓인 비단 창에 자욱히 덮인 거미줄 |
| 悠悠懷昔期. | 예전에 하신 약속 하염없이 생각나게 하네 |
| 昔期久不歸, | 예전의 약속 오래되었건만 돌아오시지 않고 |
| 鄕國曠音徽.[45] | 고향과는 소식을 끊어버렸네 |
| 音徽空結遲, | 소식은 부질없이 연결이 더딘데 |
| 半寢覺如至. | 반쯤 잠이 드니 그대 오신 것 같았다가 |
| 旣寤了無形,[46] | 잠에서 깨니 모습은 온데간데없고 |
| 與君隔平生. | 당신과 평생을 떨어져 지낸다네 |
| 月以雲掩光, | 달은 구름 때문에 빛이 가려지고 |
| 葉似霜催老.[47] | 잎은 서리 때문에 서둘러 시든다네 |
| 當途競自容,[48] | 벼슬자리에 있는 사람은 제 몸 영위하기에도 바 |

43) 이 작품은 제1권 枚乘의 「雜詩」 9수 중 제5수(19)와 蔡邕의 「飮馬長城窟行」(35)을 모방한 시다.

44) '幕幕'(막막) : 몇 겹으로 뒤덮인 모습. '繡戶'(수호) : 화려한 문호. 대개 여자의 거처를 가리킨다. '絲'(사) : 비단 창에 휘감겨 있는 실. 거미줄.

45) '鄕國'(향국) : 고향. '曠'(광) : 멀다. 비다. 비우다. '音徽'(음휘) : 소식.

46) '寤'(오) : 잠이 깨다. '了'(료) : 전혀. 완전히.

47) '似'(사) : 『考異』에는 '以'자의 잘못으로 보았다. 여기에서도 이를 따랐다.

48) '當途'(당도) : 벼슬길에 나가다. '自容'(자용) : 자신의 몸을 의탁하다. 이하 두 구는 제1권 蔡邕의 「飮馬長城窟行」(35) 중의 "대문에 들어서면 각자 제 가족 사랑할 뿐, 누가 남을 위해 말해주려 하셨는가(入門各自媚, 誰肯相爲言)"의 모방이다.

| | |
|---|---|
| | 쁘니 |
| 莫肯爲妾道. | 소첩 위해 말해주려는 사람 아무도 없다네 |

**해설** 이 작품은 벼슬길 떠난 남편이 돌아오기를 기다리는 시다. 비단 창에 거미줄이 쌓일 만큼 오래 전의 언약이지만, 꿈에 보일 정도로 애타게 기다리는 여인의 모습을 그리고 있다. 소식조차 끊어버린 남편이 얼마나 미운가. 그러나 한편으로는 벼슬아치 사회의 냉혹한 경쟁현실을 어느 정도 알기에 차마 드러내놓고 하소연하지 못한다. 그렇기에 더욱 슬픈 것이다.

## 301. 전속국 소무의 아내를 대신해서

「代蘇屬國婦」[49]

| | |
|---|---|
| 良人與我期,[50] | 당신이 나와 기약했을 땐 |
| 不謂當過時. | 약속 시일 넘길 줄은 당연히 생각도 못했는데 |
| 秋風忽送節, | 어느덧 가을바람이 절기를 보내오니 |
| 白露凝前基.[51] | 흰 이슬이 방문 앞 토대에 엉기네 |
| 愴愴獨涼枕,[52] | 서글프다 홀로 잠자는 차가운 침석 |
| 搔搔孤月帷.[53] | 혼란스럽구나 외로운 달빛 비치는 휘장 |

49) '蘇屬國'(소속국) : 典屬國 蘇武. 『漢書』「蘇武傳」에 "蘇武가 서울에 도착해 典屬國이 되었는데, 녹봉은 2천 석에 해당했다. 蘇武가 흉노에 머문 것이 19년이었는데, 처음 건장할 때 떠나서 귀국했을 때는 백발이 되었다(武至京師, 拜爲典屬國, 秩中二千石. 武留匈奴凡十九歲, 始以彊壯出, 及還, 鬚髮盡白)"라고 하였다. 蘇武는 武帝 天漢 원년(B.C.100)에 흉노로 사신 갔다가 사로잡혔다. 흉노가 여러 차례 투항하기를 유혹하였으나 따르지 않자, 北海 부근에서 양치기로 살게 했다. 始元 6년(B.C.81)에 흉노와 漢이 화의하자, 비로소 漢朝로 돌아올 수 있었으며, 典屬國에 봉해졌다.

50) '良人'(량인) : 부부 사이의 호칭. '期'(기) : 약속하다.

51) '基'(기) : 건축물의 토대[기초].

52) '愴愴'(창창) : 근심하고 슬퍼하는 모양.

| | |
|---|---|
| 或聽西北雁,[54] | 문득 들리는 서북쪽의 기러기 소리 |
| 似從寒海湄.[55] | 흡사 차가운 바닷가에서 날아온 듯 |
| 果銜萬里書, | 정말 만 리 먼 곳의 편지 품고 왔는데 |
| 中有生離辭.[56] | 그 속에는 생이별의 말씀이 들어 있네 |
| 惟言長別矣, | 오로지 긴 이별만 말씀하셨을 뿐 |
| 不復道相思. | 다시는 그립단 말 안 하셨네 |
| 胡羊久剽奪,[57] | 흉노의 양은 오래 전에 약탈당하였으나 |
| 漢節故支持. | 한나라 사신의 부절은 오래도록 지니고 계시네 |
| 帛上看未終, | 비단 위의 편지글 아직 끝까지 읽지 않았건만 |
| 臉下淚如絲. | 얼굴에는 실 같은 눈물이 떨어지네 |
| 空懷之死誓,[58] | 죽어도 변치 말자는 맹세 부질없이 떠올리며 |
| 遠勞同穴詩.[59] | 멀리서 죽어선 무덤 함께 하리란 시로써 나를 위로해 주네 |

**해설** 이 작품은 蘇武의 편지에 답하는 蘇武의 처의 입을 빌어 남편에게 그리운 심정을 전하는 편지 형식의 시다. 남편은 기약을

53) '搔搔'(소소) : 혼란스럽고 불안한 모습. '帷'(유) : 장막.

54) '或'(혹) : 『考異』에는 '忽'자의 잘못으로 보았다. 여기에서도 이를 따랐다.

55) '寒'(한) : 어떤 책에는 '北'자 또는 '東'자로 되어 있다. '寒海'(한해) : 蘇武가 추방되어 양치기로 있던 北海를 가리킨다. '湄'(미) : 강기슭. 물가.

56) 제1권 蘇武의 「留別妻」(25) 중의 "눈물이 이별 때문에 홍건하게 흐르네(淚爲別生滋)"란 구절을 가리킨다.

57) '剽奪'(표탈) : 협박하여 빼앗다. 『漢書』 「蘇武傳」에 의하면, 蘇武는 漢나라에서 가져간 사신의 깃발을 지팡이 삼으면서 양을 쳤는데, 누울 때나 일어날 때나 항상 잡고 있어서 기 끝에 달려 있는 쇠꼬리가 다 떨어졌다. 單于의 동생 於軒王이 마소 등의 가축과 술그릇 · 천막 등을 하사했는데, 왕이 죽은 뒤에 사람들이 가져가 버렸으며, 그 해 겨울 丁令이 蘇武의 소와 양을 훔쳐 가버려 蘇武는 다시금 곤궁에 처했다고 한다.

58) '之死'(지사) : 죽음에 이르다. '之' : ……에 이르다. 『詩經』 「鄘風」 「柏舟」에 "죽음에 이른다 해도 맹세코 다른 마음 품지 않으리(至死矢靡他)"라고 했다.

59) '同穴'(동혈) : 부부를 한무덤에 같이 장사지내는 것. 『詩經』 「王風」 「大車」에 "살아서 당신과 함께 살지 못한다면, 죽어서는 한무덤에 묻히리(穀則異室, 死則同穴)"라고 했다.

저버리지 않겠다는 말을 남기고 떠났지만, 오랜 기다림 끝에 받은 편지에는 희망의 낌새는 어디에도 없고 오로지 하늘이 무너질 것 같은 이별의 말만……. 죽어도 변치 않겠다는 그 맹세가 이제는 억장이 무너지는 듯한 절망이 되어 버렸다. 죽은 후 한무덤에 묻히자는 게 어찌 나를 위로하는 말씀인지 답답하기만 하다. 살아생전에는 정녕 당신 다시 볼 수 없단 말인가.

## 「고시의 뜻(古意)」 2수

### 302. 고시의 뜻 1

「古意」 其一

飛鳥起離離,60)　　나는 새들 솟구쳐 나란히 나는데
驚散忽差池.61)　　놀라서 흩어지니 문득 어지럽다오
嗷嘈繞樹上,62)　　지지배배 나무 위를 맴돌다
翩翾集寒枝.63)　　사뿐히 차가운 나뭇가지에 모여든다오
旣悲征役久,　　진작부터 오랜 출정 기간을 슬퍼했고
偏傷隴上兒.64)　　오로지 농산 위의 사내 신세를 상심한다오
寄言閨中愛,65)　　규방의 사랑하는 당신에게 말을 전하는데

60) '離離'(리리) : 질서정연한 모양.
61) '差池'(치지) : 가지런하지 않은 모양.
62) '嗷嘈'(오조) : 새가 지저귀는 소리.
63) '翩翾'(편현) : 가볍게 나는 모습.
64) '偏'(편) : 오로지. 매우. 제일. '隴'(롱) : 높은 언덕. 또는 '隴'자와 통하는 글자로 보아 甘肅省과 陝西省에 걸쳐있는 산 이름. 또는 그 일대를 가리킨다고 본다. 여기에서는 시의 주인공 남자가 출정해 있는 변경 지역을 가리키는 말로 쓰였다.
65) '愛'(애) : 어떤 책에는 '妾'자로 되어 있다.

此心詎能知?[66]　　이 마음을 그대 어찌 알 수 있겠소
不見松上蘿,[67]　　소나무에 붙은 송라를 보지 못했소
葉落根不移.　　잎은 지지만 뿌리는 옮겨가지 않는다오

**해설** 이 작품은 오래도록 변경에 출정해 있는 남편이 고향의 아내를 그리워하며 마음이 변치 않음을 전하는 시다. 전쟁이 길어지자 복무 기간도 자연히 늘어난다. 그만큼 고향으로 돌아가는 것도 늦어진다. 고향 아내를 생각해 보면 혹시나 기다리다 지쳐 다른 남자에게로 가지나 않았을까 하는 걱정이 앞선다. 그래서 아내에게 편지를 보낸다. 비록 몸은 떨어져 있지만 마음만은 항상 그대 곁에 붙어 있다고. 그대 마음 또한 송라처럼 소나무 같은 내 곁을 떠나지 말기를.

## 303. 고시의 뜻 2

「古意」 其二

當春有一草,　　봄을 맞아 풀 한 포기
綠花復重枝.　　초록 꽃에다 겹겹의 줄기
云是忘憂物,[68]　　망우초란 이름으로 불리며
生在北堂陲.　　북쪽 안채 모퉁이에서 자라지요
飛飛雙蛺蝶,[69]　　하늘하늘 한 쌍의 호랑나비

66) '詎'(거) : 어찌.
67) '松上蘿'(송상라) : 松蘿. 소나무겨우살이. 제1권 古詩 8수 중의 제3수인 「冉冉孤生竹」(3)의 주석을 참조할 것.
68) '忘憂物'(망우물) : 忘憂草로도 불리는 원추리를 가리킨다. 毛萇의 『詩傳』에 의하면 萱草는 사람의 근심을 잊게 한다고 한다. 魏 王朗의 「與魏太子書」에 "원추리는 근심을 잊게 하고, 차조기는 피로를 푸는 데, 더할 나위가 없습니다(萱草忘憂, 皐蘇釋勞, 無以加也)"라고 했다. 이 선집 서문 중의 '庶得代彼皐蘇, 微蠲愁疾'구 참조할 것.
69) '飛飛'(비비) : 나부끼는 모양. 날아가는 모양. '蛺蝶'(협접) : 나비.

低低兩差池.[70]　여유롭게 이리저리 나는 저 두 마리
差池低復起,　이리저리 낮게 다시 또 높이 날지만
此芳性不移.　이 풀 향기는 본성이 바뀌지 않지요
飛蝶雙復隻,　날던 나비 한 쌍 다시금 한 마리뿐
此心人莫知.　이 마음 저와 같을 줄 아실 이 없겠지요

**해설** 이 작품은 여인이 헤어져 있는 남자를 그리워하며 그 마음 변치 않기를 바라는 시다. 작품에서 여인은 두 가지 사물로 비유되고 있다. 하나는 향기 가득한 봄꽃이며, 또 하나는 짝을 잃은 한 마리 나비이다. 향기를 가득 품은 아름다운 꽃에 나비들이 날아들어도 결국에는 향기를 잃지 않는다는 말은 아무리 다른 남자들이 나를 유혹해도 당신을 향한 일편단심은 변함없다는 뜻이다. 그리고 함께 지내던 한 쌍의 나비가 한 마리가 되었다는 말은 임에게 버림받고 혼자 살고 있다는 뜻이 된다.

## 304. 향기로운 나무

「芳樹」[71]

綠樹始搖芳,　푸른 나무 비로소 향기 날리는데
芳生非一葉.　향기 나는 곳 한 잎뿐이 아니라네
一葉度春風,[72]　한 잎에 봄바람 불어오니
芳芳自相接.[73]　향기와 향기가 저절로 서로 이어지네
色雜亂參差,　색은 뒤섞여 혼란스럽고

---

70) '低低'(저저) : 가볍고 느린 모양.
71) 鼓吹曲辭 漢鐃歌에 속한다.
72) '度'(도) : '過'와 같은 뜻으로 쓰였다. 여기에는 경험과 체험의 의미가 있다.
73) '芳芳'(방방) : 어떤 책에는 '芳華(향기로운 꽃)'로 되어 있다.

衆花紛重疊.[74] 숱한 꽃들이 어지러이 겹쳐 있네
重疊不可思, 겹쳐 있는 꽃은 생각할 수도 없는 일
思此誰能愜.[75] 이것을 생각하면서도 그 누가 즐거울 수 있을까?

**해설** 이 작품은 시름에 빠진 여인이 번화한 꽃을 보고 멀리 떨어져 있는 남편을 생각하는 마음을 노래한 시다. 그 사람이 혹 다른 여인에게 마음 뺏길까 걱정하는 내용을 담고 있다. 여기에서 여러 개의 꽃을 남편 주위의 많은 여인으로 본다면 아름다운 꽃인들 어찌 아름답게만 보이겠는가.

## 305. 높은 누대에서

「臨高臺」[76]

高臺半行雲, 높은 누대는 흘러가는 구름 사이에 반쯤 걸려 있는데
望望高不極.[77] 아득히 쳐다보니 끝없이 높네
草樹無參差, 초목들은 들쑥날쑥하지 않고
山河同一色. 산과 강도 한 가지 색이네
髣髴洛陽道, 낙양으로 가는 길 희미하게 보이는데
道遠難別識. 길이 멀어서 분간키가 어렵네
玉階故情人, 옥섬돌엔 옛 애인이 있을 터
情來共相憶. 사랑의 마음 생기면 나처럼 서로를 떠올리겠지

---

74) 이 구는 남편 주위에 있는 많은 미녀를 꽃에 비유하였다.
75) '愜'(협) : 만족하다. 즐겁다. 이 시의 의미에 대해 鈴木虎雄은 꽃처럼 예쁜 후궁들을 선택하기 어려움을 노래한 것이라고 보았다.
76) 鼓吹曲辭 漢鐃歌에 속한다. 어떤 책에는 蕭綱의 작품이라고 되어 있다.
77) '望望'(망망) : 바라보고 또 바라보다. '不極'(불극) : 끝이 없다.

**해설** 이 작품은 높은 누대에서 사방을 바라보며 생각나는 옛 애인을 떠올리는 내용을 담고 있다. 洛陽을 떠나 지방의 임지에서 높은 누각에 올라가 洛陽 쪽을 향해 하염없이 바라본다. 문득 시야엔 洛陽에서 지낼 때 한때나마 마음을 주었던 여인이 옥섬돌 위를 사뿐히 걷고 있는 모습이 어린다. 그 여인도 마음에 사랑이 일어날 때면 멀리 있는 이 남자가 그녀를 떠올리듯 나를 생각할 것이 분명하리라.

## 306. 그리운 사람

「有所思」

| | |
|---|---|
| 誰言生離久? | 그 누가 생이별 오래되었다고 말하나요 |
| 適意與君別.78) | 당신과 이별할 때가 어제처럼 생생하지요 |
| 衣上芳猶在, | 옷가에 묻은 당신의 향기 아직 남아 있으며 |
| 握裏書未滅.79) | 손에 쥔 당신 편지엔 글자 아직 다 닳지 않았지요 |
| 腰中雙綺帶, | 허리춤의 한 쌍의 비단 허리띠는 |
| 夢爲同心結.80) | 꿈에 동심결 매듭을 만들었지요 |
| 常恐所思露, | 항상 걱정스러운 것은 그리운 이내 마음이 남에게 드러나는 것 |
| 瑤華未忍折.81) | 백옥 같은 저 꽃도 차마 꺾지 못하지요 |

78) '適意'(적의) : 『考異』는 '適憶(어제처럼 생생하다)'이라고 봐야 한다고 했는데, 여기에서도 이를 따랐다.

79) '握裏'(악리) : 손 안. 古詩에 "책을 소매 속에 품고 사는데, 삼 년 동안 글자 하나 안 닳았네(置書懷袖中, 三歲字不滅)"라는 구가 있다.

80) '同心結'(동심결) : 비단 띠로 만든 마름모형의 고리처럼 연결된 무늬.

81) '瑤華'(요화) : 옥처럼 맑고 깨끗한 꽃, 또는 疎麻의 꽃. 전설상의 仙花를 가리키기도 한다. 『楚辭』「九歌」「大司命」 중에 "옥같이 아름다운 소마의 꽃을 꺾어, 떨어져 있는 임에게 보낸다네(折疎麻兮瑤華, 將以遺兮離居)"라고 했다.

**해설** 이 작품은 여자가 남자를 그리워하는 심정을 나타내고 있다. 비록 헤어진 지는 오래되었지만 떠난 임에 대한 여인의 사랑은 변함이 없다. 그러나 그리워하는 마음이 행여나 다른 사람의 눈에 띄어 흉이 될까 걱정하기 때문에 함부로 그립다는 표현도 못한다. 그래서 임에게 보낼 꽃도 남들 앞에선 함부로 꺾지 못하는가 보다.

## 307. 보라색 난초 비로소 싹이 트네

「紫蘭始萌」[82)]

種蘭玉臺下,[83)] 옥 같은 누대 아래 난초 씨를 뿌렸더니
氣暖蘭始萌. 날씨 따뜻해지자 싹이 돋기 시작하네
芬芳與時發, 향기로운 꽃은 시절 따라 피어나고
婉轉迎節生.[84)] 우아한 자태는 절기를 맞아 생기네
獨使金翠嬌, 특별히 금비녀 비취 수식의 여인 아름답게 만들고
偏動紅綺情. 오로지 붉은 비단옷 여인의 마음 움직이네
二遊何足壞?[85)] 어찌 한수 가에서 놀던 두 신녀를 생각할 만 하랴
一顧非傾城. 한 번 돌아보는 것도 성을 기울일 정도는 아니라네

82) '紫蘭'(자란) : 자주색 난초.

83) '玉臺'(옥대) : (여인의 거처인) 아름다운 누대. 「西京賦」에 "서쪽에 玉臺가 있는데, 昆德과 이어져 있다(西有玉臺, 連以昆德)"라고 했다.

84) '婉轉'(완전) : 雅趣가 있다. 우아하다.

85) '二遊'(이유) : 漢水 가에서 노닐던 두 神女. '二妃'(이비) : 신화전설 중의 長江의 두 여신을 가리킨다. 『列仙傳』에 따르면, 江妃 두 여신이 長江과 漢水의 물가로 나와 노는데 鄭交甫가 발견하고 신인 줄 모르고 좋아하게 되었다. 交甫는 그녀들의 佩玉을 정표로 달라고 청하니 풀어서 交甫에게 주었다. 交甫는 받아서 그것을 품고 수십 보 걸어간 뒤 패옥을 보니 패옥이 보이지 않았으며, 뒤돌아보니 두 여신도 보이지 않았다고 한다. 『詩經』「周南」「漢廣」 중에 "漢水 가에 놀고 있는 아가씨, 배필을 바랄 수 없네(漢有游女, 不可求思)"라고 했다. '壞'(괴) : 『考異』는 '懷'자의 잘못이라고 했는데, 여기에서도 이를 따랐다.

羞將苓芝侶,[86]　연꽃과 영지의 짝이 되는 게 부끄럽지만
豈畏鶗鴂鳴?[87]　어찌 두견새 울음이 겁나리오

**해설** 이 작품은 난초를 보고 연상되는 아름다운 여인의 심정과 자태를 묘사하고 있다. 난초는 은은한 향기를 발하며 우아한 자태를 자랑한다. 그러나 실재로 꽃 중에는 연꽃과 영지에 비유될 정도로 아름답지는 않다고 부끄러워한다. 미인에 비유한다 해도 신녀나 경국지색의 미인에게 비유될 정도는 아니다. 그렇지만 그 향기만큼은 비록 두견새가 운다고 한들 어찌 사라지겠는가?

## 308. 베 짜는 여인

「織婦」

送別出南軒,[88]　송별하러 남쪽 대문 밖까지 나가니
離思沈幽室.[89]　이별의 근심은 깊은 방에 잠겨 있다
調梭輟寒夜,　베틀의 북 조정하며 겨울밤 다 보내고
鳴機罷秋日.　베틀 소리 울리며 가을낮을 마친다
良人在萬里,　훌륭한 그분 만 리 밖에 계시니
誰與共成匹?　누구와 함께 짝을 이룰까
願得一迴光,　원하노니 한 줄기 되돌아오는 빛이 되시어
照此憂與疾.　근심으로 병든 이 몸 비춰 주소서
君情尙未忘,　당신의 마음 저를 아직 잊지 않았다면

86) '苓'(령) : '蓮'자의 古字. '芝'(지) : 영지.
87) '鶗鴂'(제결) : 古書에 나오는 두견새. 「離騷」에 "겁난다네. 두견새 지저귀는 소리에, 온갖 풀들이 향기를 잃을까 봐(恐鶗鴂之先鳴兮, 使百草爲之不芳)"라고 했다.
88) '軒'(헌) : 문.
89) '幽室'(유실) : 깊은 곳에 위치한 어두컴컴한 방.

妾心長自畢.[90]　　소첩의 마음 길이길이 변치 않으리다

해설 이 작품은 베 짜는 여인이 먼 길 떠나 있는 남편을 그리워하는 심정을 그리고 있다. 어떤 사연 때문인지 남편은 먼 길을 떠났다. 그리고 오래도록 돌아올 줄 모른다. 몸이 멀리 있기에 혹 마음조차 멀어진 것인지 알 수가 없다. 한 줄기 빛이 되어 당신 생각으로 시름을 앓는 나를 비춰 봐 주시길. 당신이 아직 나를 잊지 않고 있다면 나 또한 영원토록 당신만을 생각하리다. 그대 나를 저버리면 내 마음 장차 어찌해야 하나.

## 309. 칠석

「七夕」[91]

白露月下圓,[92]　　흰 이슬 달빛 아래 동글동글
秋風枝上鮮.　　가을바람 나뭇가지 위에 산뜻한데
瑤臺生碧霧,[93]　　옥 누대에선 푸른 안개 일고
瓊幕含紫煙.[94]　　옥 천막은 보랏빛 연기 품고 있네
妙會非綺節,[95]　　아름다운 만남은 꽃 피는 계절이 아니지만
佳期乃良年.　　아름다운 약속이라 그들에겐 좋은 때
玉壺承夜急,[96]　　옥항아리 물시계는 밤이 되자 물방울 소리 빨라

90) '長自畢'(장자필) : 죽을 때까지 변하지 않는다는 의미이다.
91) '七夕'(칠석) : 명절의 명칭. 음력 7월 7일 밤. 민간에 전해 내려오는 바에 따르면 이때 견우와 직녀가 은하수에서 서로 만난다고 한다.
92) '圓'(원) : 어떤 책에는 '團(둥글다)'자로 되어 있다.
93) '瑤臺'(요대) : 옥으로 꾸며진 누대. 화려한 누대.
94) '瓊幕'(경막) : 옥으로 수식된 장막.
95) '會'(회) : 만나다. '綺節'(기절) : 아름다운 날. 꽃이 피는 계절. 봄을 의미한다.
96) '玉壺'(옥호) : 옥으로 만든 물시계. '漏刻'·'刻漏'라고도 했다. 시간을 재던 도구로,

지고

| | |
|---|---|
| 蘭膏依曉煎.[97] | 난초향 등잔 기름은 새벽에도 지글지글 |
| 昔時悲難越, | 옛날엔 슬픔이 은하수를 넘기 어려웠고 |
| 今傷何易旋. | 지금은 가슴 아파 어찌 쉽게 헤어져 돌아가랴 |
| 怨咽雙斷念, | 원망으로 오열하는데 두 마음은 끊어지고 |
| 悽草兩情懸. | 처량한 풀 사이로 두 사람 사랑은 떨어져 있네 |

**해설** 이 작품은 칠석 때의 견우직녀의 만남과 이별에 대해 노래한 시다. 이제 가을이 되어 1년 동안 헤어져 살던 두 사람이 해후한다. 비록 꽃 피는 봄철은 아니라고 하더라도 그들에겐 이보다 더 좋은 때가 없으리라. 그러나 하룻밤은 너무도 짧다. 물시계의 물방울 소리가 천둥소리처럼 크게 들리고 시간은 쏜살같이 지나간다. 1년 내내 은하수를 사이에 두고 슬퍼했건만 이제 잠시 만났다가 또 다시 그런 긴 이별 속으로 돌아가야만 하다니. 원망의 마음에 오열을 금할 수가 없다.

## 310. 장난삼아 짓다

「戱作」

| | |
|---|---|
| 宓妃生洛浦,[98] | 복비가 낙수 물가에서 탄생한 것처럼 |
| 遊女出漢陽.[99] | 두 여신이 한수 북쪽에서 나온 것같이 |

병을 위에서부터 여러 개 포개어 만들었다. 가장 위의 병에 물을 가득 채운 후, 아래 부분의 작은 구멍으로 물방울이 떨어져 아래의 병으로 떨어지게 했는데, 가장 아래에 있는 병 안에 부표가 세워져 있으며, 그 눈금에 따라 시간을 나타냈다고 한다. '急'(급) : 시간이 빨리 흘러감을 의미한다.

97) '蘭膏'(란고) : 난향이 나는 기름. 등골나물의 씨를 불에 구워 만든 기름으로, 등잔에 불을 붙이는데 사용했다.

98) '宓妃'(복비) : 洛水의 여신. 고대의 임금 宓羲氏의 딸이라 전해지며, 洛水에 빠져 죽어 신이 되었다고 한다. '洛浦'(락포) : 洛水 물가.

妖閑逾下蔡,[100] 아리땁고 우아함은 하채의 미녀를 능가하며
神妙絶高唐.[101] 신묘함은 고당의 신녀보다 뛰어나네
緜駒且變俗,[102] 노래 잘한 면구가 또한 풍속을 바꾸었고
王豹復移鄉.[103] 소리 잘한 왕표가 역시 고향 풍속 바꾸었는데
況玆集靈異, 하물며 여기 영묘하고 기이한 신선들 모았으니
豈得無方將.[104] 어찌 그 무엇이 없을 수 있겠는가
長袂必留客, 긴 옷소매로는 꼭히 손님을 머물게 하고
淸哇咸繞梁.[105] 아름다운 노랫소리는 모두 대들보를 휘도네
燕趙羞容止, 연나라 조나라의 미인도 용모와 거동이 부끄러울 정도이며
西妲慚芬芳.[106] 서시조차 향기를 부끄러워할 정도라네
徒聞殊可弄,[107] 다만 소문에 구슬로 남자를 유혹했다고 들었는데

---

99) '遊女'(유녀) : 漢水의 여신. 제7권에 수록된 「織婦」(308) 중의 '二遊' 주석 참조. '漢陽'(한양) : 漢水의 북쪽 기슭.

100) '妖閑'(요한) : 아름답고 우아하다. '下蔡'(하채) : 지명. 宋玉의 「登徒子好色賦」는 이웃 여자의 아름다움에 대해 쓴 글로, "한 번 생긋 웃으면 陽城 사람들을 혹하게 하고, 下蔡 사람들을 정신없게 한다(嫣然一笑, 惑陽城, 迷下蔡)"라는 구절이 있다.

101) '高唐'(고당) : 지명. 宋玉의 작품 중에 「高唐賦」라는 작품이 있는데, 楚나라 왕이 꿈에 巫山 신녀와 高唐에서 해후한 일을 서술하고 있다.

102) '緜駒'(면구) : 春秋시대 齊나라 사람으로 노래를 잘 불렀다고 하며, 그의 영향으로 그 일대 사람들이 모두 노래를 잘 했다고 한다.

103) '王豹'(왕표) : 春秋시대 衛나라 사람으로 민요를 잘 불렀다고 하며, 그의 영향으로 西河 지역 사람들이 모두 민요를 잘 불렀다고 한다. 『孟子』「告子下」에 "王豹가 淇水 부근에 살아서 河西 지역 사람들이 소리를 잘 했고, 綿駒가 高唐에 살아서 齊나라 서부 지역 사람들이 노래를 잘 했다(王豹處於淇而河西善謳, 綿駒處於高唐而齊右善歌)"라고 했다.

104) '方將'(방장) : 바로 ……하려고 하다. 『詩經』「邶風」「簡兮」에 "신체가 크고 크구나, 큰 춤을 추려고 하네(簡兮簡兮, 方將萬舞)"라고 했다.

105) '淸哇'(청와) : 아름다운 노랫소리. '繞梁'(요량) : 노랫소리가 높고 낭랑하게 오래도록 울려퍼지는 것을 가리킨다.

106) '西妲'(서달) : 越나라 미인 西施를 가리킨다. 어떤 사람은 西施와 殷나라 紂王의 왕비인 妲己를 가리킨다고 했다.

107) '殊'(수) : 吳注에는 '珠'의 잘못이라고 했다. 『文選』에서 李善은 『韓詩外傳』을 인용하여 주석하기를, "鄭交甫가 남쪽 楚나라로 가서, 물결을 따라 漢皐臺 밑을 가다가 두

定自乏明璫.[108]　　정작 자신에겐 진주 귀고리가 없네

**해설** 이 작품은 노래하고 춤을 추는 기녀의 모습을 찬미한 시다. 아름답고 우아하기는 유명한 여신들보다 더 뛰어난데다 노래와 춤도 뛰어나다. 아울러 그 기녀들의 화려한 의복과 치장도 아름답기 이를 데 없다. 그러나 여신이 남자를 유혹할 때 주었다던 진주가 막상 자신에게는 없다. 아니, 있더라도 유혹할 용기가 없다.

## 황태자(皇太子)

◇蕭綱(503~551) : 자가 世纘, 小字는 六通이며, 南蘭陵(지금의 江蘇省 常州市 서북) 사람이다. 梁 武帝 蕭衍의 삼남이자 昭明太子 昭統의 同母 동생이다. 여섯 살 때부터 글을 잘 지었으며, 남달리 총명하여 武帝가 그를 일컬어 '우리 집의 曹植(吾家之東阿)'이라고 했다. 스스로도 "일곱 살 때부터 시를 너무 좋아했는데, 커서도 싫증이 나지 않았다(七歲詩癖, 長而不倦)"라고 했다. 天監 6년(507)에 晋安王에 봉해졌다. 이후로도 태자였던 형과는 달리 藩王으로서 南兗州·荊州·江州·南徐州·揚州 등지의 刺史를 역임하였다. 中大通 3년(531)에 昭明太子가 죽자 태자로 즉위하였으며, 太淸 3년(549)에 侯景의 공격에 武帝가 죽게 되자 侯景의 통제를 받으며 제위에 올랐다. 侯景은 자칭 宇宙大將軍이라고 하면서 大寶 2년(551) 그를 폐위하여 유폐시켰다. 그러나 王偉가 侯景에게 그를 죽여 후환을 없애도록 권하자 술 취하게 한 후 흙 담은 자루로 압사시켰다. 시호는 簡文이다.

---

여인을 만났는데, 차고 있는 두 개의 구슬이 荊州 지방의 계란처럼 컸다(鄭交甫將南適楚, 遵波漢皐臺下, 乃遇二女, 佩兩珠, 大如荊鷄之卵)"라고 했다.

108) '明璫'(명당) : 진주와 옥을 엮어 만든 귀걸이.

그가 태자로 동궁에 있을 때 속관 徐摛·庾肩吾 등과 풍격이 輕艶한 시 창작의 기풍을 열었다. 이러한 풍격의 詩體를 '宮體'라 하는데, 梁陳 문단 및 唐初까지 풍미하였다. 특히 그는 蕭統의 문학관에 반대하며 재위 당시 徐陵에게 명하여 『文選』과는 또 다른 서정시가집인 『玉臺新詠』을 편찬케 하였다.

그의 저작으로는 『昭明太子傳』 5권, 『諸王傳』 30권, 『禮大義』 20권, 『老子義』 20권, 『莊子義』 20권, 『長春義記』 100권, 『法寶連璧』 300권, 『謝客文涇渭』 3권, 『玉簡』 50권, 『光明符』 12권, 『易林』 17권, 『竈經』 2권, 『沐浴經』 3권, 『馬槊譜』 1권, 『棋品』 5권, 『彈棋譜』 1권, 『新增白澤圖』 5권, 『如意方』 10권 및 문집 100권 등이 있다.

## 「황제의 악부(聖製樂府)」 3수

### 311. 사랑 노래 18운

「豔歌篇十八韻」[109]

凌晨光景麗,[110]　　새벽녘 빛나는 경치 아름다운데
倡女鳳樓中.[111]　　기녀가 봉황 누각 안에 있다네
前瞻削成小,[112]　　앞에서 보면 깎아서 만든 듯한 작은 허리
傍望卷旌空.[113]　　옆에서 쳐다보면 둘둘 만 깃발 같이 속이 빈 듯

---

109) 相和歌辭 瑟調曲에 속한다. 어떤 책에는 「艶歌行」 또는 「有女篇」이라고도 되어 있다. 그에게는 이 제목의 작품이 모두 두 수가 있는데, 이 작품은 제1수이고, 나머지 한 수는 뒤에 나온다.

110) '凌晨'(릉신) : 날 밝을 무렵.

111) '鳳樓'(봉루) : 궁궐 안에 있는 누각을 가리킨다.

112) '削成'(삭성) : 미녀의 몸을 가리킨다. 張衡의 「七辨」에 "몸은 깎아서 만든 것 같고, 허리는 묶은 비단 같다(形似削成, 腰如束素)"라고 했다. 또 曹植의 「洛神賦」에는 "어깨는 깎아서 만든 것 같고, 허리는 묶은 비단 같다(肩若削成, 腰如約素)"라고 했다.

113) '旌'(정) : 깃발. 쇠꼬리와 아름다운 색의 깃털로 끝을 장식한 깃대. 이 구절은 기녀의 옆모습을 묘사한 것으로 보이는데, 구체적인 의미는 알기 어렵다.

分妝間淺靨,[114]　　옅은 보조개를 사이에 두고 나누어 화장하며
繞臉傅斜紅.[115]　　볼 주위로 비스듬히 붉은 분을 발랐는데
張琴未調軫,[116]　　거문고줄 고르는데 아직 줄받침은 조절하지 않았고
歌吹不全終.[117]　　노래하고 피리 부는 것도 제대로 끝내지 못하네
自知心所愛,　　자기만 아는 마음속 사랑하는 사람은
出入仕秦宮.[118]　　진나라 왕궁을 드나드는 벼슬아치
誰言連尹屈,[119]　　그 누가 말했던가 연윤도 허리 굽히며
更是莫敖通?[120]　　더욱이 막오와도 통하는 사람이라고
輕軺綴皀蓋,[121]　　날렵하고 작은 수레엔 검은 지붕 덮여 있고
飛轡轢雲驄.[122]　　나는 듯한 고삐 잡고 운총마를 모는데
金鞍隨繫尾,　　황금 안장엔 밀치끈을 연결했고
銜璅映纒騣.[123]　　옥돌 재갈엔 엉긴 말갈기가 비친다네
戈鏤荊山玉,[124]　　창은 형산의 옥으로 아로새겼고
劍飾丹陽銅.　　칼은 단양의 구리로 수식했으며
左把蘇合彈,[125]　　왼손에는 소합나무로 만든 탄환 쥐었고

---

114) ‘靨’(엽) : 보조개.

115) 唐 張泌의『粧樓記』에 “붉은 분을 볼 주위로 비스듬히 바르는 것은 대개 옛날의 화장법이다(斜紅遶臉, 蓋古粧也)”라고 했다.

116) ‘張琴’(장금) : 거문고줄을 음에 맞게 조정하다. ‘軫’(진) : 현악기의 줄받침. 밑면에 있으며 줄을 감는 장치.

117) ‘歌吹’(가취) : 노랫소리와 악기소리. 이상 두 구는 임 생각 때문에 노래와 연주가 제대로 되지 않는다는 뜻이다.

118) ‘秦宮’(진궁) : 秦나라 왕궁. 여기에서는 단순히 왕궁을 뜻한다.

119) ‘連尹’(련윤) : 戰國시대 楚나라의 관직 이름으로 射官이었다.

120) ‘莫敖’(막오) : 戰國시대 楚나라의 관직 이름.

121) ‘軺’(요) : 고대 작고 가벼운 마차의 일종. ‘綴’(철) : 장식. ‘皀蓋’(조개) : 검은 색의 차양. 수레 지붕.

122) ‘飛轡’(비비) : 수레를 빨리 몰다. ‘轡’ : 고삐. ‘轢’(력) : 수레바퀴가 굴러가다. ‘雲驄’(운총) : 준마. ‘驄’ : 청백색의 털이 뒤섞인 말.

123) ‘銜璅’(함소) : 옥으로 된 말재갈. ‘纒騣’(전종) : 뒤얽혀 있는 말갈기.

124) ‘鏤’(루) : 조각하다.

125) ‘蘇合彈’(소합탄) : 소합향나무의 열매로 만든 탄환. 제6권 費昶의 「和蕭洗馬畵屛風

| | |
|---|---|
| 傍持大屈弓.[126] | 옆에는 대굴 활을 잡고 있다네 |
| 控弦因鵲血,[127] | 시위 당길 때는 작혈 명궁을 쓰고 |
| 挽强用牛螉.[128] | 강노를 당길 때는 우옹을 쓴다네 |
| 弋獵多登隴,[129] | 주살로 사냥하며 자주 농산에 오르고 |
| 酣歌每入豐.[130] | 술 마시고 노래할 땐 장안 신풍으로 들어간다네 |
| 暉暉隱落日,[131] | 환하던 빛이 떨어지는 해 따라 숨자 |
| 冉冉還房隴.[132] | 천천히 방안으로 돌아와 |
| 鐙生陽燧火,[133] | 능불을 양수화로 밝히니 |
| 塵散鯉魚風.[134] | 먼지는 9월 바람에 흩어지네 |
| 流蘇時下帳,[135] | 오색 깃털 달린 휘장이 때가 되자 내려지고 |
| 象簟復韜筒.[136] | 상아 돗자리는 다시 통에 보관되는데 |
| 霧暗窗前柳, | 안개 때문에 창문 앞 버드나무 어둡고 |
| 寒踈井上桐. | 추위에 우물가 오동나무 듬성하네 |
| 女蘿託松際, | 여라는 소나무 곁에 붙어 있고 |
| 甘瓜蔓井東. | 참외는 우물 동쪽으로 덩굴을 뻗네 |
| 拳拳特君寵,[137] | 정성스레 그대 은총 믿으며 |

詩」(283)에도 나온다.

126) '大屈'(대굴) : 활의 명칭. '大曲'이라고도 한다.

127) '控弦'(공현) : 활시위를 당기다. '因'(인) : 답습하다. '鵲血'(작혈) : 활의 명칭.

128) '牛螉'(우옹) : 飛箭과 같은 병기로, 표창 같은 것.

129) '隴'(롱) : 甘肅省 내의 산 이름.

130) '豐'(풍) : 新豐縣. 長安 동쪽에 있었던 縣 이름.

131) '暉暉'(휘휘) : 밝은 모양.

132) '冉冉'(염염) : 느린 모양. '房隴'(방롱) : 방을 의미한다. '房櫳'과 같다.

133) '陽燧火'(양수화) : 태양열을 취해 불을 일으키던 기구. 옛날에 구리잔 모양의 오목한 면으로 빛을 모아 그곳에 지푸라기 등을 두어 불을 붙였다고 한다. 오목렌즈의 원리를 이용한 것 같다.

134) '鯉魚風'(리어풍) : 9월의 바람을 가리킨다.

135) '流蘇'(류소) : 장막이나 깃발 등에 다는 오색 깃털로 만든 술.

136) '韜筒'(도통) : 통에 넣다. 통에 넣어 간수하다.

137) '拳拳'(권권) : 진지한 모양, 또는 보살펴 주는 모양. '特'(특) : 馮氏의 교정본에는 '恃(믿다)'자로 고쳤는데, 여기에서도 이를 따랐다. 『考異』는 다음 구와 의미가 통하지 않

歲暮望無窮.　　끝없는 소망 속에 한 해가 저무네

**해설** 이 작품은 기녀와 기녀의 애인에 대해 노래한 시다. 모두 세 단락으로 나눌 수가 있는데, 첫 단락에서는 높은 누각에 있는 기녀의 아름다운 모습을 노래했고, 둘째 단락에서는 그 기녀의 애인에 대해 과장적으로 묘사하였다. 마지막 셋째 단락에서는 애인과 헤어져 있는 주인공 기녀의 슬픔과 소망에 대해 노래하였다.

## 312. 촉나라 현악 노래 10운

「蜀國弦歌篇十韻」[138]

銅梁指斜谷,[139]　　동량산에서 사곡 골짜기를 가리키며
劍道望中區.[140]　　검각의 길에서 중원을 바라보네
通星上分野,[141]　　별자리와 통하여 하늘에서 들판을 나누고
作固爲下都.[142]　　견고하게 지어서 아래에다 도시를 만들었네
雅歌因良守,[143]　　우아한 노래는 어진 태수로 말미암고
妙舞自巴渝.[144]　　절묘한 춤은 파투무에서 나왔네

---

는다고 보고, 글자는 그대로 두며 "혼자"의 의미로 보아야 한다고 했다.

138) 相和歌辭 四弦曲에 속한다. '弦歌'(현가) : 거문고 등의 현악기의 반주에 따라 부르는 노래.

139) '銅梁'(동량) : 四川省 合川縣 남쪽의 산 이름. 일설에는 견고한 산등성을 뜻한다고도 한다. '斜谷'(사곡) : 褒中縣에 있는 계곡 이름. 길이가 470리에 달한다.

140) '劍道'(검도) : 長安에서 蜀으로 가는 길 중 가장 험준한 곳인 劍閣의 길. '中區'(중구) : 中原 지방.

141) '分野'(분야) : 하늘의 별자리에 따라 지역을 나누는 것.

142) '爲下'(위하) : 『考異』는 '下爲'의 잘못이라고 했다.

143) '守'(수) : 太守 · 刺史 등을 일컫는 말이지만 여기에서는 관리라는 뜻으로 쓰였다. 『後漢書』 「蔡遵傳」에 "蔡遵이 장군이 되자 관리를 뽑아 모두 유가제도에 따라 술잔을 마주하고 음악을 연주하게 했는데, 반드시 우아한 노래와 투호놀이가 있었다(遵爲將軍, 取士皆用儒術, 對酒設樂, 必雅歌投壺)"라고 했다.

陽城嬉樂所,[145] 양성 땅은 음악을 즐기는 곳
劍騎鬱相趨.[146] 칼 차고 말 탄 무사들 빽빽하게 따라오네
五婦行難至,[147] 다섯 여인 행차는 도착하기 어려운데
百兩好遊娛.[148] 수백 대의 수레 놀며 즐기기를 좋아하네
牲祈望帝祀,[149] 희생을 망제의 제사에 바쳐 빌고
酒酹蜀侯誅,[150] 술을 땅에 부어 촉후가 죽은 것에 제사를 지내네

---

144) '巴渝'(파투) : 漢代 舞曲의 이름. 『通典』에 의하면, 漢 高祖가 蜀漢으로부터 장차 三秦 땅을 평정하려 할 때, 閬中 지역의 范且가 賨人(관할 아래에 있던 사람)들을 이끌고 高祖에게 와서 선봉에 섰는데, 그들은 '板楯蠻'이라고 불리었으며, 용감하고 싸움을 잘 했다. 이윽고 三秦 땅을 평정한 뒤에 范且를 閬中侯에 봉했고, 그 賨人들에게는 일곱 개의 姓을 하사하였다. 그들은 춤을 좋아했는데, 高祖는 그들의 용맹함을 좋아해 그들의 춤을 다 구경한 뒤에 악공들에게 익히게 하였다. 閬中 지역에 渝水가 있었기 때문에 그 춤을 '巴渝舞'라고 했다고 한다.

145) '陽城'(양성) : 지명. 지금의 河南省 汝陽縣 부근. 宋玉의 「登徒子好色賦」에, "한 번 생긋 웃으면 陽城 사람들을 혹하게 하고, 下蔡 사람들을 정신없게 한다(嫣然一笑, 惑陽城, 迷下蔡)"라는 구절이 있다.

146) 巴蜀 지역의 병사들이 매우 많다는 의미이다.

147) 『蜀王本紀』에 의하면, 秦 惠王은 蜀王이 여색을 좋아하는 것을 알고 다섯 명의 미녀를 바쳤다. 蜀王은 다섯 명의 장정을 보내어 그 여자들을 맞이해 왔는데, 梓童 땅에 이르자 한 마리 큰 뱀이 산의 굴속으로 들어가는 것이 보였다. 이에 한 장정이 그 꼬리를 끌어당겼으나 꺼낼 수가 없어서 다섯 명이 모두 힘을 합해 잡아당기니 산이 무너졌으며, 다섯 명의 여자들은 모두 산 위의 돌로 변했다. 蜀王이 다섯 명의 여자들을 기다리던 누대는 '候五女臺'라고 한다고 했다. 지금도 梓童 땅에는 '五婦山'이 있다고 한다.

148) '兩'(량) : 수레를 세는 양사인 '輛'자와 같다. 이 구는 수레가 매우 많다는 의미이다.

149) '望帝'(망제) : 옛날의 蜀나라 王. 『蜀記』에 의하면, 옛날에 杜宇라는 사람이 蜀나라 왕이 되었는데, 그를 望帝라고 한다. 속설에는 그가 죽자 두견새가 되었다고 하는데, 두견새가 울면 그것을 모두 望帝라고 여겼다고 한다.

150) '酒酹'(주뢰) : 술을 땅에 부어 신에게 제사 지내는 것. '蜀侯誅'(촉후주) : 蜀나라 제후의 죽음. 『華陽國志』에 의하면, 秦나라가 開明氏를 멸하고 子惲을 蜀侯에 봉했는데, 孝文王이 子惲의 계모가 참언하였다는 소문을 듣고 蜀侯에게 칼을 내려 자결하도록 했다. 나중에 蜀侯가 억울하게 죽었다는 걸 알고 사신을 보내어 장례를 치러주게 했는데, 상여가 성의 북문에 이르렀을 때 갑자기 땅 속으로 꺼져 버렸다. 그리하여 蜀 사람들은 북문을 咸陽門이라는 이름을 붙였고, 子惲을 위해 사당을 지어 제사를 지냈다. 그 귀신은 신령하여 특히 구름을 일게 하고 비를 내리게 할 수 있었으니 가뭄이 들면 제사를 지냈다고 한다.

江妃納重聘,[151] 한수의 두 여신은 귀중한 청혼 예물을 받아들였고
卓女受將雛.[152] 탁씨의 딸은 아이 가지기를 바랐다네
停弦時繫爪,[153] 거문고 현 멈추고 때때로 두겁을 고쳐 끼고
息吹更治朱. 퉁소 부는 것 쉬면서 다시금 붉은 루즈 칠하네
春衫湔錦浪.[154] 봄날의 적삼은 금강에서 빨고
迴扇避陽烏.[155] 부채 돌리면서 햇빛을 피하네
聞君握節反, 그대 깃발 잡고 돌아오는 소리 들리니
賤妾下城隅. 소첩은 성 모퉁이를 내려선다네

**해설** 이 작품은 蜀 지방과 관련된 여러 전고들을 나열하는 가운데, 한 미인이 개선하는 남편을 맞이하러 나가는 것을 노래한 시다.

## 313. 박명한 첩 10운

「妾薄命篇十韻」[156]

名都多麗質, 이름난 도읍에는 어여쁜 여인 많은데
本自恃容姿. 저마다 자신의 용모와 자태를 뽐낸다네
蕩子行未至, 나그네는 길 떠난 후 아직 돌아오지 않으며
秋胡無定期.[157] 추호처럼 정해진 기약도 없으니

---

151) '重聘'(중빙): 후한 예물로 청혼하는 것. 이 구는 漢水의 두 神女와 鄭交甫 사이의 고사를 가리킨다. 제7권의 「織婦」(308) 중의 '二遊' 주석 참조.
152) '卓女'(탁녀): 蜀 지방의 부호 卓王孫의 딸 卓文君을 가리킨다. '受'(수): 『考異』는 '愛'자의 잘못으로 보았는데, 여기에서도 이를 따랐다. '將雛'(장추): 아이를 키우다. 음악인 「鳳將雛」를 가리킨다. 결혼하여 자식을 낳아 기르며 행복하게 살고자 함을 노래한 곡이다. 제6권 何思澄의 「擬古」(294) 중에 '鳳雛曲' 주석 참조.
153) '繫爪'(계조): 假爪角. 거문고 등을 탈 때 손톱을 보호하기 위해 끼던 두겁.
154) '湔'(전): 씻다. 빨다. '錦'(금): 成都의 錦江을 가리킨다.
155) '陽烏'(양오): 태양. 해. 전설에 의하면 해 안에는 세 발 달린 까마귀가 산다고 한다.
156) 魏 雜曲歌辭에 속한다.

| | |
|---|---|
| 玉貌歇紅臉, | 옥 같던 얼굴에 붉은 뺨도 색이 바랬으며 |
| 長顰串翠眉.[158] | 오랜 찡그림에 비취빛 두 눈썹 붙은 것 같네 |
| 籢鏡迷朝色,[159] | 거울에 비친 안색은 아침에도 희미하며 |
| 縫針脆故絲. | 바늘에 실 꿰는 것도 오래된 실이라서 잘 끊어지네 |
| 本異搖舟咎,[160] | 본래 배를 흔들던 허물과도 다르며 |
| 何關竊席疑.[161] | 왕자를 훔쳤다는 의심과도 무슨 관계가 있으랴만 |
| 生離誰拊背, | 생이별에 그 누가 등 토닥거리며 위로해 줄 것이며 |
| 溘死詎成遲.[162] | 갑자기 죽더라도 어찌 오는 혼령 더디다고 말해 주겠는가 |
| 王嬙貌本絶,[163] | 왕소군의 용모 본래 절색인데 |
| 踉蹌入氈帷.[164] | 비틀거리며 양털 휘장 속으로 들어갔고 |

157) '秋胡'(추호) : 魯나라의 大夫로, 결혼한 지 몇 일 만에 임지로 떠났다가 몇 년 후 휴가를 받아 고향에 돌아오는 길에 뽕 따는 여인이 자기 부인인 줄도 모르고 희롱하다가 부인을 자결케 한 사람. 제4권 顔延之의 「秋胡詩」(126)를 참조할 것.

158) '長顰'(장빈) : 오랫동안 찡그리다. '串'(관) : 이어지다. '翠眉'(취미) : 비취빛 눈썹. 미인의 눈썹을 가리킨다. 이 구는 찡그리면 미간이 좁아져 마치 양쪽 눈썹이 서로 연결된 것처럼 보인다는 뜻이다.

159) '籢'(렴) : 빗이나 화장품 등을 담아두던 작은 상자. '朝色'(조색) : 아침의 안색. 이하 두 구는 임이 곁에 없으니 거울도 자주 보지 않고 바느질도 하지 않는다는 뜻이다.

160) '搖舟咎'(요주구) : 배를 흔든 잘못. 『左傳』에 "齊 桓公과 蔡姬가 정원의 연못에서 뱃놀이를 하였는데, 蔡姬가 桓公이 탄 배를 흔들자, 桓公은 겁이 나서 안색이 변했으며, 못하게 해도 말릴 수가 없었다. 桓公은 화를 내며 그를 친정으로 돌려보냈으나 완전히 내쫓은 것은 아니었다(齊侯與蔡姬乘舟于囿, 蕩公. 公懼, 變色, 禁之, 不可. 公怒, 歸之, 未之絶也)"라고 했다.

161) '竊席疑'(절석의) : 자리를 훔쳤다는 혐의. 『古文周書』에 의하면, 周 穆王의 姜 왕후가 낮잠을 자다가 임신을 하였는데, 당시 越姬가 총애를 받고 있었기에 아이를 훔쳐다가 키웠다. 그리고 제비 세끼 14마리를 죽여 돼지 피를 발라 姜 왕후의 처소에 두고 급히 왕에게 알렸다. 왕은 겁이 나 조서를 내려 점을 치게 하고, 尙書令에게 冊書를 주어 궤에 보관하게 하였는데, 두 달 뒤 越姬가 죽었다고 한다. 이상 두 구는 자신이 임과 떨어져 있는 것은 전고상의 여인처럼 잘못을 했기 때문이 절대 아니란 뜻이다.

162) '溘死'(합사) : 갑작스럽게 죽다. 이 구는 漢 武帝의 李夫人이 갑자기 죽자, 武帝가 방사를 불러 혼령이라도 보고자 했는데, 그 혼령이 늦게 나타남을 말했다는 고사에서 왔다. 이상 두 구는 자신의 외로운 처지를 위로해 줄 사람이 아무도 없다는 뜻이다.

163) '王嬙'(왕장) : 漢 元帝 때의 후궁으로, 匈奴의 單于에게 시집간 王昭君을 가리킨다.

| | |
|---|---|
| 盧姬嫁日晩,[165] | 노희가 시집가는 것처럼 혼기가 늦으니 |
| 非復好年時. | 다시금 좋은 시절이 없을 것이라네 |
| 傳山猶可逐,[166] | 산을 옮기는 것이야 할 수 있다지만 |
| 烏白望難期.[167] | 까마귀 털 하얗게 될 때 같은 임 오실 날 기다리기는 어렵네 |
| 妾心徒自苦, | 첩의 마음 부질없이 절로 괴롭거늘 |
| 傍人會見嗤.[168] | 주위 사람들은 나를 보고 비웃기까지 한다네 |

**해설** 이 작품은 여인의 박명함을 여러 가지 전고를 통해 묘사한 시다. 남성 위주의 종법사회에서 여성은 남성에 종속된 제2의 성이었다. 특히 사랑에 있어서 여성은 항상 피동적인 위치에 머물렀었다. 심지어 남성들은 합법적으로 여러 여성들을 아내로 삼을 수 있었으니, 그 여성들의 운명이 어찌 기구하지 않았겠는가.

---

164) '踉蹌'(량창) : 비틀거리는 모양. 발걸음을 억지로 뗌을 뜻한다. '氈帷'(전유) : 담요로 된 휘장.

165) '盧姬'(로희) : 冠軍將軍 陰升의 딸로, 나중에 魏 武帝의 궁녀가 되었다가 明帝 때는 尹更生에게 시집갔다. '嫁日晩'(가일만) : 늦게 결혼하다.

166) '傳山'(전산) : 산을 옮기다. '逐'(축) : 『考異』는 앞의 '傳'자는 '轉(이전하다)'자, 이 글자는 '遂'자의 잘못이라고 보았는데, 여기에서도 이를 따랐다.

167) '烏白'(오백) : 까마귀의 색이 하얗게 변하다. 『藝文類聚』「燕丹子」에 "秦나라가 燕나라 태자 丹을 인질로 잡아두고 말하기를 '까마귀 대가리가 하얗게 되면 돌아갈 수 있을 것이다'라고 했다(秦止燕太子丹爲質, 曰, '烏頭白, 乃可歸.')" 하였다.

168) '嗤'(치) : 웃다. 비웃다.

## 「악부를 따라 지은 시(代樂府)」[169] 3수

### 314. 새로 지은 안락궁

「新成安樂宮」[170]

| | |
|---|---|
| 遙看雲霧中, | 저 멀리 보이는 운무 속에 |
| 刻桷映丹紅.[171] | 아로새긴 서까래에 붉은 햇빛 어려 있네 |
| 珠簾通曉日,[172] | 주렴 사이로 아침 햇살 비쳐오고 |
| 金華拂夜風.[173] | 황금 장식의 꽃 모양이 밤바람에 흔들리네 |
| 欲知聲管處,[174] | 노래랑 피리 소리 나는 곳 알려거든 |
| 來過安樂宮. | 안락궁을 지나가게나 |

해설 이 작품은 새로 지은 궁전인 安樂宮의 화려한 모습을 묘사한 일종의 영물시다. 안개 속에 보이는 건물, 화려한 기둥과 서까래에 아침 햇살이 어려 있으며, 드리워진 아름다운 발 틈새로 빗살 같은 햇살이 방으로 스며든다. 밤이면 九枝華 등잔의 불꽃이 바람에 일렁이며, 그 속에서 금슬의 악기와 노래소리가 새어 나온다.

---

169) '代'(대): 계승하다. 따라서 짓다.

170) 相和歌辭 瑟調曲에 속한다. 『樂府解題』에 의하면, 이 작품은 조각과 수식의 아름다움을 열거한 것이라고 했다. 陰鏗의 1수와 唐 李賀의 「安樂宮」은 모두 이 작품에서 유래한 것이다.

171) '刻桷'(각각): 조각된 네모 서까래. '紅'(홍): 『文苑英華』에는 '虹(무지개)'이라고 되어 있다.

172) '珠簾'(주렴): 진주로 꿰거나 장식한 발.

173) '金華'(금화): '金花'와 같다. 황금색 꽃 또는 가을의 꽃으로 볼 수도 있고, 귀중한 꽃으로도 볼 수 있다.

174) '聲管'(성관): 노래하고 음악을 연주하는 것을 가리킨다. '聲'자는 『樂府詩集』에는 '歌'자로 되어 있다.

## 315. 한 쌍의 오동나무가 사람 없는 우물가에서 자라네 「雙桐生空井」[175]

| | |
|---|---|
| 季月對桐井,[176] | 늦봄 우물가에 한 쌍의 오동나무 |
| 新枝雜舊株. | 새로 돋은 가지 옛 그루에 섞여 있네 |
| 晩葉藏棲鳳, | 저녁 잎들은 둥지 튼 봉황을 감춰 주고 |
| 朝花拂曙烏. | 아침 꽃은 새벽 까마귀를 흔들어 깨우네 |
| 還看西子照,[177] | 다시금 보이는 것은 햇빛 받은 서시가 |
| 銀牀牽轆轤.[178] | 두레박 올리는 은빛 시렁에서 도르래 당기는 모습 |

**해설** 이 작품은 주위에 오동나무가 자라는 우물을 묘사한 일종의 영물시다. 늦봄 외로운 우물가에 넓은 잎을 자랑하는 오동나무 두 그루가 서 있다. 옛 그루터기에 새로운 가지가 자란 것도 있는데, 저녁이 되면 봉황새 같은 새가 잠자도록 넓은 잎이 둥지가 되어 주고, 아침이면 바람에 흔들리는 꽃이 게으른 잠을 자는 까마귀를 흔들어 깨워 준다. 해가 막 동녘 하늘에 떠오를 즈음에 두레박을 올리는 西施 같은 화사한 미인도 보이는데, 그 미인은 어쩌면 환상 속의 미인일지도 모르겠다.

---

175) 相和歌辭 平調曲에 속한다. 『樂府解題』에 의하면, 晉나라 陸機가 "목이 말라도 샘물을 훔쳐 마시진 않는다(渴不飮盜泉水)"라고 했는데, 이 말은 먼 곳의 부역에 종사하더라도 꼿꼿한 품성을 잃지 않으며, 힘들어도 절개를 굽히지 않는다는 말이라고 했다.

176) '季月'(계월) : 각 계절 중의 마지막 달. 여기에서는 늦봄인 음력 3월을 가리킨다.

177) '還看'(환간) : 다시 보다.

178) '銀牀'(은상) : 두레박을 쉽게 올리기 위해 설치한 시렁 모양의 틀. '轆轤'(록로) : 도르래.

## 316. 초나라 후비의 탄식

「楚妃歎」[179]

| | |
|---|---|
| 閨閑漏永永,[180] | 한가로운 규방에 물시계 물방울 소리 끝없고 |
| 漏長宵寂寂. | 물방울 소리 길게 이어지는 밤 한없이 고요하네 |
| 草螢飛夜戶, | 풀숲의 반딧불이 밤 창가로 날고 |
| 絲蟲遶秋壁,[181] | 거미줄은 가을 담벽을 에워싸네 |
| 薄笑未爲欣,[182] | 엷은 미소 짓지만 아직 마음은 즐겁지 않고 |
| 微歎還成戚.[183] | 가늘게 탄식하니 다시금 슬퍼져 |
| 金簪鬢下垂, | 금비녀는 귀밑머리 밑으로 처지고 |
| 玉筯衣前滴.[184] | 옥젓가락 같은 눈물은 저고리 앞으로 뚝뚝 떨어지네 |

**해설** 이 작품은 임금이 찾지 않는 외로운 후비의 슬픔을 노래한 시다. 임이 발길을 끊으니 규방은 고요하기만 하다. 똑 똑 떨어지는 물시계의 물방울 소리만이 규칙적으로 규방의 적막을 깨는데 고독한 밤은 길기만 하다. 인적이 끊기니 반딧불이와 거미들이 제 세상을 만난 듯 활개를 친다. 약하게나마 미소를 지어보지만 그 미소는 이내 탄식으로 바뀐다. 화장에도 신경을 쓰지 않으니 비녀조차 제멋대로 밑으로 처지며, 닭똥 같은 눈물만 뚝 뚝 떨어진다.

---

179) '楚妃'(초비): 楚나라 莊王의 부인인 樊姬. 樂府의 제목으로 「楚妃吟」·「楚妃曲」·「楚妃怨」 등이 있다.

180) '漏永永'(루영영): 밤이 매우 길다는 것을 가리킨다. 당시 사람들은 구리로 만든 물시계로 시간을 알았다.

181) '絲'(사): 거미줄.

182) '薄笑'(박소): 가벼운 미소, 잔잔한 미소. '欣'(흔): 희열. 기쁨.

183) '戚'(척): 우울하다. 몹시 슬퍼하다.

184) '玉筯'(옥저): 옥으로 만든 젓가락. 눈물을 가리킨다.

## 「상동왕의 「횡취곡」에 화답하여 지은 시(和湘東王橫吹曲)」 3수[185)]

### 317. 낙양의 길

「洛陽道」[186)]

| | |
|---|---|
| 洛陽佳麗所, | 낙양은 아름다운 곳 |
| 大道滿春光. | 큰길에 봄빛이 완연한데 |
| 遊童初挾彈, | 노는 아이들 활을 끼고 다니기 시작하고 |
| 蠶妾始提筐. | 누에치는 여인네 비로소 광주리를 든다네 |
| 金鞍照龍馬,[187)] | 황금 안장은 용 같은 준마를 비추고 |
| 羅袂拂春桑. | 비단 소매는 봄 뽕나무를 흔든다네 |
| 玉車爭晚入, | 옥 수레는 저녁이 되자 다투어 들어오는데 |
| 潘果溢高箱.[188)] | 반악의 높은 수레에 과일이 넘치듯 하네 |

**해설** 이 작품은 洛陽 거리의 활기찬 모습을 노래한 시다. 洛陽은 서울을 의미한다. 서울 거리는 봄이 되자 겨우내 움츠리고 있던 젊은이들이 활을 끼고 말을 타고 돌아다니는 모습이 눈에 띄기 시작한다. 아울러 이때는 봄누에를 치는 여인들이 화려하게 꾸미고 뽕을 따러

---

185) '湘東王'(상동왕): 梁 武帝의 일곱째 아들이자 蕭綱의 동생인 蕭繹. '橫吹'(횡취): 胡樂. 崔豹의 『古今注』에 의하면, 張騫이 西域에 갔다 와 이 음악을 전했으며, 당시엔 단지 「摩訶兜勒」 한 곡뿐이었는데, 李延年이 그것을 가지고 새로 28장을 지었다. 魏晉 이후로는 본래 곡은 더 이상 보이지 않게 되었으며, 그것을 바탕으로 하여 지은 「黃鵠」·「隴頭」·「折楊柳」·「出關」·「入關」·「出塞」·「入塞」·「黃覃子」·「赤之揚」·「望行人」 등 10곡이 보인다라고 했다.

186) 唐나라 李白의 「洛陽陌」도 이 작품에서 나왔다.

187) '龍馬'(룡마): 준마. 『周官』에 의하면 여덟 자 이상 되는 말은 용이라고 한다고 했다.

188) '潘果'(반과): 潘岳의 수레에 실린 과일. 『晉書』「潘岳傳」에 의하면, 潘岳의 자는 安仁이며, 미모가 준수하였다. 젊었을 때는 항상 활을 끼고 洛陽의 거리를 다녔으며, 여인들이 그를 만나면 과일을 수레에 던졌기 때문에 집에 돌아오면 수레에 과일이 가득했다고 한다.

나오는 모습도 보이기 시작할 때이기도 하다. 날이 저물자 교외로 사냥 나갔던 젊은이들의 수레가 성 안으로 몰려드는데 이를 보고 반한 길가의 여인들은 다투어 과일을 그들에게 던진다.

## 318. 버들가지 꺾어서

「折楊柳」[189]

| | |
|---|---|
| 楊柳亂成絲, | 실처럼 어지러이 날리는 수양버들 |
| 攀折上春時. | 잡아당겨 꺾는 초봄의 시절 |
| 葉密鳥飛礙, | 잎이 빽빽하니 새 나는 데 방해되고 |
| 風輕花落遲. | 바람 가벼우니 꽃은 천천히 떨어지네 |
| 城高短簫發, | 높다란 성에서 단소 소리 나고 |
| 林空畫角悲. | 공허한 수풀 속에서 들리는 뿔피리 소리 슬프네 |
| 曲中無別意, | 곡조엔 다른 뜻은 없고 |
| 幷爲久相思. | 둘 다 오랜 그리움을 노래하고 있네 |

**해설** 이 작품은 변경으로 출정한 병사의 고향 아내에 대한 그리움을 노래한 시다. 계절이 바뀌어 변경에도 어김없이 봄은 찾아온다. 바람에 날리는 수양버들을 보니 헤어질 때 아내 손에 쥐어져 있던 버들가지가 생각나고, 그래서 아내가 불현듯 그리워진다. 앞쪽의 높은 성에서 들리는 단소 소리, 뒤편 수풀에서 들리는 뿔피리 소리, 모두가 다 슬프게만 들린다. 하기사 부는 저 사람들도 나와 같이 고향에 대한 그리

189) 『晉書』「五行志」에, "晉나라 太康 말엽에 서울 洛陽에 「折楊柳」란 노래가 불려졌는데, 그 곡조에는 군대의 고통을 노래한 가사가 있었다(晉太康末, 京洛爲折楊柳之歌, 其曲有兵革苦辛之辭)"라고 했다. 옛 樂府 중의 「小折楊柳」와 相和大曲 중의 「折楊柳行」과 淸商四曲 중의 「月節折楊柳歌」 13곡은 이 노래와 다르다. 『樂府詩集』에는 이 작품을 柳惲의 작품이라고 하였다.

움이 사무칠 테니까. 이 작품은 頷聯과 頸聯의 정교한 대구, 平聲韻 "支"운의 一韻到底, 불완전하지만 어느 정도 갖춰진 二四不同과 反法·粘法 등의 형식은 거의 후대의 율시와 가깝다.

### 319. 자류마

「紫騮馬」[190]

| | |
|---|---|
| 賤妾朝下機, | 천첩은 아침이 되어서야 베틀에서 내려오는데 |
| 正值良人歸.[191] | 때마침 돌아오시는 낭군님을 만났네 |
| 青絲懸玉蹬,[192] | 푸른 실은 옥 등자에 달려 있고 |
| 朱汗染香衣.[193] | 붉은 땀은 향기로운 옷을 적시네 |
| 驟急珍珂響,[194] | 급히 말을 모니 진귀한 굴레 소리 울리고 |
| 蹰多塵亂飛.[195] | 말발굽 지나간 자리엔 수북한 먼지 흩날리네 |
| 雕胡幸可薦,[196] | 줄풀이나마 다행히 드릴 수 있으니 |
| 故心君莫違. | 사랑하던 마음을 당신이여 어기지 마소서 |

**해설** 이 작품은 변경으로 종군한 남편에 대한 그리움을 묘사한 시다. 비록 남편이 멀리 떠났지만 아내는 조금도 나태하지 않고 오히려 더욱 부지런히 가사에 힘쓴다. 밤새 베를 짜다가 아침이 되어 비로

190) '紫騮馬'(자류마) : 털빛이 밤색인 준마.
191) '值'(치) : 만나다. '良人'(량인) : 남편을 가리킨다.
192) '青絲'(청사) : 청색의 실. '懸'(현) : 끌다. '玉蹬'(옥등) : 옥 등자. 옥으로 만든 발걸이[페달].
193) '朱汗'(주한) : 붉은 색의 땀. 땀에 대한 미칭.
194) '珍珂'(진가) : 진귀한 장식의 말굴레.
195) '蹰'(포) : 말발굽이 밟은 자리.
196) '雕胡'(조호) : 줄(풀). 벼과의 여러해살이풀. 높이 1~2m. 굵은 뿌리줄기는 옆으로 뻗으며, 줄기는 뭉쳐나기도 한다. 열매는 菰米라고 하며 구황식물로 이용하고, 잎은 비를 막거나 햇빛을 가리는 데 이용한다.

소 베틀에서 내려서는데, 마침 공을 세우고 집으로 돌아오는 남편을 만난다. 화려하게 꾸며진 말을 타고 집에 들어오니 혹시 신분이 높아졌다고 옛 아내를 저버릴지도 모를 일이다. 임이시여, 흉년이지만 피밥이라도 지어 드릴 수 있으니 제발 저를 버리진 마세요. 당시 시대 상황으로 보아 이 작품은 실재가 아닌 아내의 간절한 소망과 염려가 투영된 환상일 가능성이 더 높다.

## 「「옹주 10곡」에서 뽑은 작품(雍州十曲抄)」 3수[197]

### 320. 남쪽 호수

「南湖」

| | |
|---|---|
| 南湖荇葉浮, | 남쪽 호수에 부평초 잎 떠 있는데 |
| 復有佳期遊. | 다시금 놀 수 있는 좋은 때가 왔네 |
| 銀綸翡翠鉤, | 은빛 낚싯줄에 비취새 깃 꽂은 바늘 |
| 玉軸芙蓉舟. | 옥으로 장식한 배꼬리에 연꽃무늬의 조각배 |
| 荷香亂衣麝,[198] | 연꽃 향기는 옷에서 나는 사향 향기와 어지럽게 뒤섞였고 |
| 橈聲隨急流. | 노 젓는 소리는 빠른 물결 따라 흘러가네 |

**해설** 이 작품은 강남 지방의 호수의 풍경을 노래한 시다. 봄이 되어 부평초가 자라나 수면 위에 이리저리 떠다니고, 호숫가에는 태

---

197) '雍州'(옹주) : 關中과 陝西 일대를 가리킨다. 南朝 宋나라 때는 湖北의 襄陽 지방을 (南)雍州라고 불렀으며, 南朝의 주요 도시이자, 대군이 주둔하던 지역이었다. 淸商曲辭 西曲歌에 속한다.

198) '衣麝'(의사) : 옷에 넣은 사향 향기.

공이 반짝이는 낚싯줄에 비취새의 깃으로 찌를 단 낚싯대를 드리우고 있다. 호수 가운데에는 옥으로 꾸민 작은 배가 뱃놀이 나온 귀인들을 태우고 한가로이 떠가는데, 노 젓는 소리는 흐르는 물결 따라 멀리까지 전해온다. 이하 몇 작품은 드물게 6구체 형식을 띠고 있다. 이 형식은 蕭綱을 중심으로 그의 속관들의 작품 중에 많이 보인다. 그만큼 그들은 다양한 형식 모색에 힘을 쏟았으며, 시의 형식 발전에 많은 공헌을 했다고 볼 수 있다.

## 321. 북쪽 강가

「北渚」[199]

| | |
|---|---|
| 岸陰垂柳葉, | 물가를 따라 어둑하게 버들잎이 드리워져 있고 |
| 平江含粉堞.[200] | 잔잔한 수면에는 하얀 회를 바른 성벽이 비치네 |
| 好値城旁人,[201] | 곧잘 성 가까이 사는 이웃 사람과 마주치고 |
| 多逢蕩舟妾. | 자주 노 젓는 여인을 만난다네 |
| 綠水濺長袖, | 푸른 물은 긴 옷소매에 튀고 |
| 浮苔染輕檝.[202] | 떠 있는 이끼는 가벼운 노에 묻는다네 |

해설 이 작품은 강 북쪽 물가의 한 풍경을 노래한 시다. 물가를 따라 수양버들이 그늘을 드리우고 있는데, 바람 없는 날에는 멀리 회를 바른 하얀 성벽이 비치기도 한다. 가끔씩 성 가까이에 사는 사람들이 찾아올 때도 있고, 노를 젓는 여인과도 자주 만나게 되는데, 노를

199) '渚'(저) : 강가. 모래톱.

200) '粉堞'(분첩) : 흰 횟가루 같은 것을 바른 올록볼록한 성벽. '堞' : 『樂府詩集』에는 '蝶(나비)'자로 되어 있다.

201) '値'(치) : 만나다.

202) '檝'(즙) : 짧고 삭은 노.

저을 때 튀는 물은 여인의 긴 옷소매에 묻고, 물에 떠 있는 가벼운 물이끼는 젓고 있는 노에 파랗게 묻곤 한다.

## 322. 큰 제방

「大堤」[203]

宜城斷中道,[204] 의성으로 난 길은 중간에 끊기어
行旅亟流連.[205] 나그네는 자주 머물게 된다네
出妻工織素,[206] 쫓겨난 아내는 흰 비단을 잘 짰고
妖姬慣數錢.[207] 요염한 아가씨는 돈 세는 데 익숙하네
炊雕留上客,[208] 줄풀 열매로 밥 지어 귀한 손님 붙잡으니
貰酒逐神仙.[209] 외상 술을 사서라도 신선을 따르려나

해설 이 작품은 제방 주위의 유흥가의 모습을 노래한 시다. 고향으로 가는 길은 홍수로 인해 곧잘 끊어지니 볼일 보러 왔던 나그네는 어쩔 수 없이 유흥가에 머물게 된다. 고향의 아내는 먹고 살기 위해 일을 해야 한다. 늘 일하는 아내를 보다가 요염한 술집 여인들을 대

203) 『古今樂錄』에 의하면, 이 노래는 「襄陽樂」에서 나왔으며, 「襄陽樂」은 宋나라 隨王인 劉誕이 지은 것이라고 했다. 劉誕은 처음에는 襄陽郡을 다스렸으며, 元嘉 26년에 雍州刺史가 되었는데, 밤에 들려오는 여러 여인들의 노래소리로 말미암아 이 작품을 지었다. 노래 가사 중에 "襄陽來夜樂"이란 말이 있었다. 옛날에는 16명이 춤을 추었는데 梁나라 때는 8명이 춤을 추었다. 또한 「大堤曲」이 있는데 여기에서 나왔다.

204) '宜城'(의성) : 지명. 曹植의 「酒賦」에, "술은 의성의 탁주가 있다(酒有宜城濃醪)"라고 했다. '斷'(단) : 단절하다. 끊어지다.

205) '亟'(기) : 자주. 거듭. '流連'(류연) : 떠나기 아쉽다

206) '出妻'(출처) : 버림받은 아내.

207) '妖姬'(요희) : 미녀.

208) '炊'(취) : 불을 피워 밥을 짓다. '雕'(조) : 줄풀. '雕胡'와 같다. 앞의 「紫騮馬」(319)의 주석을 참조할 것.

209) '貰酒'(세주) : 외상으로 술을 사다. '逐'(축) : 추구하다.

하니 장삿속인 줄 알면서도 빠지지 않고 어이하랴. 흰 쌀밥 지어 대접하며 하루만 더 하루만 더라고 아양을 떠니, 외상으로라도 신선놀음에 빠져볼까.

## 「유견오의 작품을 따라 지은 네 수(同庾肩吾四詠)」 중 2수[210)]

### 323. 연밥 따는 배가 연밥을 사서 지나가다

「蓮舟買荷度」[211)]

| | |
|---|---|
| 採蓮前岸隈,[212)] | 연밥 따러 강가 구비진 곳으로 나아가니 |
| 舟子屢徘徊.[213)] | 사공들이 자주 서성거리네 |
| 披衣可識風,[214)] | 옷깃 헤쳐지는 걸 보니 바람 부는 줄 알 수 있지만 |
| 風踈香不來. | 바람이 성기니 그 향기는 전해오지 않네 |
| 欲知船度處, | 배 지나는 곳 알려거든 |
| 當看荷葉開. | 연잎 열리는 걸 보면 된다네 |

**해설** 이 작품은 강에 연밥을 따러 나온 아가씨들을 구경하는 모습을 노래한 시다. 삼삼오오 짝을 지은 아가씨들이 연잎을 헤치면서 연밥을 따고 있다. 간혹 지나가던 배의 사공들은 아가씨를 보기 위해

210) '庾肩吾'(유견오) : 蕭綱의 신하로서, 徐摛 등과 함께 '宮體詩' 창도자 중의 한 사람. 庾信의 아버지이다. 제8권에 나온다. 이 작품은 어떤 책에는 蕭統의 작품이라고도 되어 있는데, 『昭明太子集』에는 수록되어 있지 않다.

211) 의미가 난해하다. 추측컨대 아가씨들이 연밥 따러 왔다가 전문적으로 연밥을 따는 남자들의 배에서 연밥을 사서 지나간다는 뜻이 아닌가 한다.

212) '隈'(외) : 산 또는 물이 굽은 곳.

213) '舟子'(주자) : 사공.

214) 이 구는『考異』 등의 책에는 "연잎이 헤쳐지니 여인의 옷을 알 수 있는데(荷披衣可識)"라고 되어 있다.

공연히 나아가지 못하고 무슨 볼일이나 있는 것처럼 머뭇머뭇거린다. 멀리 아가씨들의 치맛자락이 일렁거리는 걸 보니 바람이 부는 모양인데, 바람이 약해서인지 아가씨들의 향기는 배에까지 전해오지 않는다. 잠시 공상에 빠진 사이에 연밥 따는 아가씨들의 배는 연잎 사이로 사라지고 없는데, 혹 그녀들이 어디쯤에 있는지를 알려거든 연잎이 움직이는 걸 보면 되리라.

## 324. 강물에 모습 비추다가 떨어지는 비녀를 보네

「照流看落釵」[215]

| | |
|---|---|
| 相隨照綠水,[216] | 강물을 따라 맑은 그 물에 얼굴 비추는데 |
| 意欲重涼風.[217] | 마음은 시원한 바람을 갈망하는 것 같네 |
| 流搖妝影壞, | 물 흔들리니 화장한 그림자 허물어지고 |
| 釵落鬢華空.[218] | 비녀가 떨어지니 살짝 아름다운 것도 부질없네 |
| 佳期在何許?[219] | 아름다운 시절 어디에 있는가 |
| 徒傷心不同. | 헛되이 슬퍼하네 함께 하지 못하는 것을 |

**해설** 이 작품은 맑은 강물에 얼굴을 비춰보는 외로운 여인의 슬픔을 노래한 시다. 여름날 강에 나와 배를 타고 놀다가 강물에 얼굴을 비춰보는 여인, 문득 강물이 출렁거리니 강물에 비치던 화장한 모습이 깨지고 만다. 그리고 고개를 숙이고 강물을 내려보다가 머리의 비녀조차 강물로 떨어진다. 불길한 징조이련가. 임이 없는데 화장은 다 무슨

215) '流'(류) : 흐르는 물.
216) '綠'(록) : '淥(맑다)'자와 같은 뜻으로 쓰였다.
217) '重'(중) : 정도가 심함을 나타낸다. '極' · '甚' 등과 같다.
218) '鬢華'(빈화) : 양쪽 살쩍의 장식물.
219) 이하 두 구는 사랑하는 임이 없음을 마음 아파한다는 뜻이다.

소용이며, 아름답게 꾸미는 머리도 무슨 소용이란 말인지. 다만 마음을 함께 할 임이 없는 게 가슴 아플 뿐이다.

## 「상동왕과 화답한 3운(和湘東王三韻)」 2수

### 325. 봄밤

「春宵」

| | |
|---|---|
| 花樹含春叢, | 꽃나무는 봄 꽃떨기를 머금었고 |
| 羅帳夜長空. | 비단 휘장은 밤이 깊어 공허한데 |
| 風聲隨篠韻,[220] | 바람소리는 조릿대로 만든 퉁소를 따라 울리고 |
| 月色與池同. | 달빛은 연못과 같은 색이라네 |
| 彩牋徒自襞,[221] | 채색 편지지 부질없이 벌써 접혀져 있지만 |
| 無信往雲中.[222] | 정말이지 운중군으로 보낼 방법이 없다네 |

**해설** 이 작품은 봄밤의 풍경과 임에 대한 그리움을 노래한 시다. 꽃송이를 가득 머금은 꽃나무, 규방은 밤이 깊어지자 적막하기 그지없다. 임 그리움에 잠 못 이루고 일어나 퉁소를 부니, 그 소리는 가끔씩 불어오는 바람에 실려 멀리까지 퍼져나간다. 달빛이 연못에 비치니 연못조차도 하얗다. 꽃무늬 편지지에 그리움을 적어 접어놓은 지도 이미 오래지만 임 계신 곳으로 부칠 방법은 도무지 없다.

---

220) '篠'(소) : 조릿대. 작은 대나무. 여기에서는 조릿대로 만든 악기를 가리킨다.

221) '彩牋'(채전) : 六朝 시기에 사용되던 채색 편지지.

222) '雲中'(운중) : 지명. 秦나라 때 雲中郡이 있었다. 여기에서는 그리워하는 사람이 살고 있는 곳을 가리킨다.

## 326. 겨울 새벽

「冬曉」

| | |
|---|---|
| 冬朝日照梁, | 겨울 아침에 해가 대들보를 비출 때 |
| 含怨下前牀. | 원망 품은 채 침상 앞으로 내려선다 |
| 帳褰竹葉帶,223) | 휘장은 댓잎 모양의 띠로 걷어 올리고 |
| 鏡轉菱花光. | 거울에는 마름꽃 색 같은 흰 빛이 구른다 |
| 會是無人見, | 확실히 이처럼 나를 봐 줄 사람 하나 없는데 |
| 何用早紅妝. | 무엇 때문에 아침의 붉은 화장을 하겠는가 |

해설 이 작품은 겨울 아침에 거울을 보는 외로운 여인의 근심을 노래한 시다. 비록 아침이 되어 발을 걷고 거울 앞에서 화장을 하려고 해보지만 임이 곁에 없으니 화장할 마음이 내키지 않는다. 떠난 임만 야속하고 원망스럽다.

## 327. 장난삼아 지은 사혜련체 13운

「戲作謝惠連體十三韻」224)

| | |
|---|---|
| 雜蕊映南庭, | 울긋불긋 뒤섞인 꽃술이 남쪽 뜰을 비추니 |
| 庭中光影媚.225) | 뜰 안 풍경이 아름답기도 하네 |
| 可憐枝上花,226) | 사랑스럽구나 가지에 달린 꽃 |
| 早得春風意. | 일찍이 봄바람의 사랑을 받았네 |
| 春風復有情, | 봄바람 또한 사랑을 품었으니 |

223) '褰'(건) : 벗기다. 걷어올리다. '竹葉帶'(죽엽대) : 대나무 잎 모양의 무늬가 있는 띠.
224) '謝惠連'(사혜련) : 齊나라 때의 시인. 제3권에 나온다.
225) '影'(영) : 『考異』 및 다른 책에는 '景'자로 되어 있는데, 여기에서도 이를 따랐다.
226) '可憐'(가련) : 사랑스럽다. 귀엽다.

| | |
|---|---|
| 拂幔且開楹.[227] | 장막 흔들며 잠시 기둥 주위의 모습 드러내네 |
| 開楹開碧烟,[228] | 기둥 주위의 모습 드러내니 향로의 푸른 연기 보이는데 |
| 拂幔拂垂蓮.[229] | 장막 흔들며 천정에 매달린 연꽃을 흔드네 |
| 偏使紅花散, | 오로지 붉은 꽃잎 흩어서 |
| 飄颻落眼前. | 하늘거리며 눈앞에 떨어지게 하네 |
| 眼亦多無況,[230] | 눈앞엔 다양한 경물이 없지만 |
| 參差郁可望.[231] | 변화무쌍하여 바라볼 만 하다네 |
| 珠繩翡翠帷, | 구슬 장식 끈과 비취빛 휘장 |
| 綺幕芙蓉帳. | 비단 장막과 부용 휘장 |
| 香烟出窗裏,[232] | 향기로운 연기는 창문 안에서 나오고 |
| 落日斜階上. | 떨어지는 해는 계단 위로 기우네 |
| 日影去遲遲,[233] | 해 그림자 지나가는 것 느릿느릿 |
| 節華咸在玆.[234] | 이 계절의 꽃들이 모두 이곳에 있네 |
| 桃花紅若点, | 복사꽃은 점을 찍은 듯 붉고 |
| 柳葉亂如絲. | 버들잎은 실처럼 어지러운데 |
| 絲條轉暮光,[235] | 실가지에 저녁 햇빛 구르고 |
| 影落暮陰長. | 해 떨어지니 저녁 어둠이 짙어지네 |
| 春燕雙雙舞, | 봄 제비 쌍쌍이 춤추고 |

227) '楹'(영) : 대청의 앞 기둥.
228) '碧烟'(벽연) : 청록색의 연기. 여기서는 향이 탈 때 나는 연기를 가리킨다.
229) '垂蓮'(수련) : 아래로 늘어뜨린 연꽃, 혹은 연밥이 들어 있는 벌집 모양의 송이.
230) '亦'(역) : 『考異』는 '前'자의 잘못으로 보았는데, 여기에서도 이를 따랐다. '無況'(무황) : 다른 경물이 없다. '多無況'(다무황) : 鈴木虎雄은 '無多況(다른 많은 경물이 없다)'의 뜻으로 보았다.
231) '郁'(욱) : 우거지다. 무성하다.
232) '香烟'(향연) : 향을 태울 때 생기는 연기.
233) '遲遲'(지지) : 느리다. 완만하다.
234) '節華'(절화) : 계절의 아름다움. '咸在玆'(함재자) : 모두 이곳에 있다.
235) '轉'(전) : 움직이다. '暮光'(모광) : 해질 무렵의 태양빛.

春心處處場.[236]　　춘정을 품은 마음 곳곳에서 아파하네
酒滿心聊足,[237]　　술이 통에 가득하면 마음은 잠시나마 만족스럽지만
萱枝愁不忘.[238]　　원추리 가지로도 근심만은 떨칠 수 없네

**해설** 이 작품은 봄날 귀인의 저택의 아름다운 경물을 묘사한 일종의 영물시다. 생기가 약동하며 춘정이 가득한 봄날의 정경이건만 끝내 임과 함께 하지 못한 근심은 그 무엇으로도 보상할 수 없다고 했다.

## 328. 기녀의 원망 12운

「倡婦怨情十二韻」[239]

綺窓臨畵閣,　　비단 창은 그림으로 장식된 누각에 달려 있고
飛閣長繞廊.　　나는 듯 높은 누각엔 길게 회랑이 둘러져 있다
風散同心草,　　바람은 동심초를 흩어지게 하고
月送可憐光.　　달은 사랑스런 빛을 보내온다
髣髴簾中出,　　주렴 안에서 나온 것처럼
妖麗特非常.　　아리따운 자태 특별히 뛰어나다
恥學秦羅髻,[240]　　진나부의 말갈기 같은 쪽을 배우기도 부끄럽고
羞爲樓上粧.[241]　　누각 위의 여인처럼 화장하기도 부끄럽다

---

236) '場'(장): 『考異』는 문맥상 '傷'자로 봐야 한다고 했는데, 여기에서도 이를 따랐다.
237) '聊'(료): 위탁하다. 맡기다.
238) '萱'(훤): 원추리. 백합과의 다년생 초본식물. 여름과 가을 사이에 귤홍색 혹은 귤황색의 깔때기 모양의 꽃을 피운다. 근심을 잊게 한다고 하여 忘憂草라고도 한다.
239) '倡婦'(창부): 옛날에 歌舞를 직업으로 하던 여성.
240) '秦羅髻'(진라계): 고대 여인들의 쪽의 일종. '倭墮髻'라고도 한다. 제1권의 古樂府 6수 중 제1수인 「日出東南隅行」(9)에 보인다.
241) 이 구는 제1권 枚乘의 雜詩 9수 중 제5수인「靑靑河畔草」(19) 중의 여인의 화장을

散誕披紅帔,[242]　　아무렇게나 붉은 숄 걸치고
生情新約黃.[243]　　사랑을 품고 새로 황색 연지를 찍는다
斜燈入錦帳,　　비스듬히 비치는 등잔불 비단 장막으로 스며들고
微煙出玉牀.[244]　　희미한 연기는 옥 침상 곁에서 흘러나온다
六安雙玳瑁,[245]　　한 쌍의 대모로 꾸민 직육면체 베개
八幅兩鴛鴦.[246]　　두 마리 원앙이 수놓인 팔 폭 휘장
猶是別時許,[247]　　이것은 마치 이별할 때 준 선물처럼
留致解心傷.　　간직하며 아픈 마음 달래본다
含涕坐度日,[248]　　눈물 머금고 헛되이 날 보내니
俄頃變炎涼.[249]　　잠깐 사이에 더위와 추위가 바뀐다
玉關驅夜雪,[250]　　옥문관에는 바람에 밤 눈이 휘날리고
金氣落嚴霜.[251]　　가을 기운은 매서운 서리를 내린다
飛狐驛使斷,[252]　　변방 요새 비호엔 역말과 사신이 끊겼고

---

이야기하는 것으로 보인다.

242) '散誕'(산탄) : 제멋대로. 아무렇게나. 자유롭게. '帔'(피) : 부녀자의 어깨에 걸치는 옷. 숄.

243) '生情'(생정) : 마음에 사랑을 느끼다. '約黃'(약황) : 여인들이 관자놀이에 바르던 옅은 황색 화장의 일종.

244) '微烟'(미연) : 부자들은 잠잘 때도 향을 피웠는데, 아침에 일어날 때도 여전히 옅은 향 연기가 남아 있었다.

245) 이 구는 베개의 육면에 모두 한 쌍으로 된 대모껍질 장식을 붙였음을 나타낸다. '玳瑁'(대모) : 열대 및 아열대 해양에 서식하는 거북이 모양의 동물. 그 황갈색 껍질은 딱딱하며 검은 반점이 있고 윤이 나 장식용으로 이용된다. 주로 집의 대들보나 베개・비녀 등을 장식하는 데 사용되었다. 옛날 사람들은 베개를 만들 때 보통 질 좋은 목재 또는 석재를 이용하였으며, 직육면체의 베개에는 육면이 있다.

246) 이 구는 8폭의 천으로 만든 한 쌍의 원앙새가 수놓인 침대 휘장을 사용했다는 뜻이다.

247) '許'(허) : 증여하다. 앞에서 말한 베개와 침대 휘장을 가리킨다.

248) '坐'(좌) : 부질없이. 헛되이.

249) '俄頃'(아경) : 잠깐. 빨리. '變炎涼'(변염량) : 추위와 더위가 바뀌는 것. 여름에서 겨울로 계절이 바뀌다.

250) '玉關'(옥관) : 玉門關. 甘肅省 敦煌 부근의 西域으로 통하던 관문.

251) '金氣'(금기) : 가을 기운. 金은 오행의 하나로, 서쪽에 해당하며, 계절로는 가을에 해당한다.

252) '飛狐'(비호) : 요새 이름. 北魏 때 설치된 代郡(지금의 大同市 북쪽)의 서남쪽에 있

交河川路長.[253]　　교하의 물길은 길기도 하다
蕩子無消息,　　떠돌이 그 님은 소식이 없는데
朱唇徒自香.　　붉은 입술 부질없이 저절로 향기롭다

**해설** 이 작품은 사랑하는 사람이 멀리 떠났기 때문에 혼자 외롭게 지내게 된 기녀의 근심을 노래한 시다. 전반부에서는 기녀의 아름다움과 그 처소의 화려함을 묘사하는 데 치중하였으며, 후반부에서는 그녀가 사랑하는 사람이 변방으로 떠났음을 말하였다.

## 329. 서 녹사가 안사람이 침구 장만하는 것을 본 것에 화답하여 「和徐錄事見內人作臥具」[254]

密房寒日晚,[255]　　침실에 겨울 해가 저무니
落照度窗邊.　　떨어지는 햇빛이 창가를 지나네
紅簾遙不隔,　　붉은 주렴은 먼 경치를 막지 않고
輕帷半卷懸.　　가벼운 휘장은 반쯤 말린 채 걸려 있네
方知纖手制,　　이것들을 섬섬옥수가 만든 줄 비로소 알겠으니
詎減縫裳妍.[256]　　어찌 바느질한 의상의 아름다움보다 못하랴

---

었다.

253) '交河'(교하) : 古城의 이름. 지금의 新疆 吐魯番 서북쪽의 雅爾和屯에 있었으며, 南北朝 시기에는 高昌國의 수도이기도 하였다. 강물이 나뉘어 성을 휘돌아 흐르기 때문에 '交河'라고 불렸다. '川路'(천로) : 물길. 수로. 앞 구와 같이 여기에 언급된 지명은 특정 지명을 가리키는 것이 아니라 변방을 가리키는 말로 쓰였다.

254) '徐錄事'(서록사) : 蕭綱이 普通 5년 安北將軍으로 있을 때 그 속관인 安北中錄事參軍으로 있던 徐摛를 가리킨다. 본 신집의 편찬자 徐陵의 아버지이기도 하다. '內人'(내인) : 아내와 첩. 후에 자신의 아내를 부르는 말로만 사용되었다.

255) '密房'(밀방) : 침실을 가리킨다.

256) '詎'(거) : 어찌. 이 구는 침구의 아름다움이 의상의 아름다움에 뒤지지 않는다는 뜻이다.

龍刀橫膝上,[257] 용무늬의 재단가위는 무릎 위에 가로 놓여 있고
畫尺墜衣前.[258] 그림 그려진 자는 옷 앞에 떨어져 있네
熨斗金塗色,[259] 다리미엔 황금 도금
簪管白牙纏.[260] 바늘집엔 상아무늬가 얽혀 있네
衣裁合歡褶,[261] 홑청은 합환 주름을 재단했고
文作鴛鴦連.[262] 무늬는 원앙새를 연이어 수놓았네
縫用雙針縷,[263] 꿰맬 때는 한 쌍의 바늘에 실을 꿰어 쓰고
絮是八蠶綿.[264] 솜은 한 해 여덟 번 짓는 누에고치의 솜을 쓰네
香和麗邱蜜,[265] 향은 여구에서 나는 꿀과 혼합하여 만들었고
麝吐中臺烟.[266] 사향은 중대산의 연기를 토해내네
已入琉璃帳,[267] 이미 유리로 꾸민 장막 안으로 들기도 하고
兼雜太華氈.[268] 또한 태화 담요와도 섞인다네
具共雕罏煖,[269] 함께 무늬 새겨진 화로의 따뜻함을 쬐니

---

257) '龍刀'(룡도): 마름질하는 가위.

258) '畫尺'(화척): 옷감의 길이를 재는 자.

259) '熨斗'(위두): 다리미.

260) '簪'(잠): 吳注에 의하면 '箴(바늘)'의 잘못이라고 했는데, 여기에서도 이를 따랐다. 『禮記』「內則」에, "며느리가 시부모를 섬기는 것은 마치 부모 섬기듯 한다. …… 오른쪽엔 바늘·바늘집·실·솜 등을 찬다(婦事舅姑, 如事父母. …… 右佩箴管線纊)"라고 했다. '白牙'(백아): 흰 상아.

261) '衣'(의): 사물의 거죽을 싼 것. 여기에서는 이불의 홑청을 가리킨다. '褶'(습): 주름.

262) '文'(문): 무늬.

263) '雙針'(쌍침): 금과 은으로 된 한 쌍의 바늘.

264) '八蠶綿'(팔잠면): 일 년에 여덟 번 고치를 짓는 누에.

265) 龍輔의 『女紅餘志』에 의하면, 麗邱에는 아름다운 벌이 나는데, 눈처럼 하얀 꿀을 만든다. 그것을 여러 향료와 혼합하여 환을 만들어 옷가지에 넣으면 몇 년이 지나도 향기가 사라지지 않는다고 했다.

266) 『本草』에 의하면, 사향노루는 中臺山 계곡 및 益州와 雍州의 산중에서 사는데, 춘분 때 그 향을 취하며, 살아 있는 노루에서 취한 향이 더욱 좋다라고 했다.

267) '琉璃帳'(류리장): 유리 등의 보석으로 꾸민 장막.

268) '太華氈'(태화전): 일종의 호화로운 담요.

269) '具共'(구공): 함께. 같이. '雕罏'(조로): 무늬가 새겨진 화로. '罏'자는 '爐'자와 통용된다.

非同團扇捐.[270]　가을이면 버려지는 둥근 부채와는 같지 않네
更恐從軍別,　다시금 걱정되는 것은 임이 종군으로 헤어져
空牀徒自憐.　텅 빈 침상 부질없이 저절로 가련하게 되는 것

**해설** 이 작품은 아내가 침구 장만하는 것을 보고 느낀 심정을 노래한 시다. 제목은 비록 남성의 시점에서 지어진 것임을 명시하고 있지만 실재 작품 속 시점은 여성이다. 임과 함께 사용하기 위해 온갖 귀한 재료로 이부자리를 만든다. 그러나 시종일관 머리를 떠나지 않는 걱정은 혹시라도 임께서 군대에 불려가 아름다운 침구를 혼자서 부질없이 바라보게 될지도 모른다는 것이다.

## 330. 장난삼아 미인에게 주는 시

「戲贈麗人」

麗姐與妖嬙,[271]　아름다운 달기와 아리따운 모장
共拂可憐妝.[272]　그들과 같은 사랑스런 화장하네
同安鬟裏撥,[273]　쪽진 머리카락에 대추씨 모양의 빗을 똑같이 사용하며
異作額間黃[274]　이마에 노란 화장은 다르게 하네
羅裙宜細簡,[275]　비단 치마는 응당 가늘고 간결하며

270) '捐'(연) : 버리다.
271) '妲'(달) : 殷나라 마지막 임금인 紂의 애첩. '嬙'(장) : 越나라 왕의 애첩. 모두 고대의 미녀로 유명하다.
272) '拂'(불) : 분을 바르는 동작을 가리킨다.
273) '安'(안) : 안배하다. 넣다. '鬟'(환) : 쪽진 머리. '撥'(발) : 여인의 살쩍을 빗는 대추씨 모양의 빗. '鬢棗'라고도 한다.
274) '額間黃'(액간황) : 六朝 시기부터 唐代에 이르기까지 유행하던 부녀자의 이마에 칠하던 화장.

畫屧重高牆.[276]　그림 나막신은 양 옆이 높은 걸 더 좋아하네
含羞未上砌,[277]　수줍음 머금은 채 미처 섬돌에 오르지도 않았는데
微笑出長廊.　미소는 긴 회랑을 통해 나오네
取花爭間鑷,[278]　꽃을 따서 다투듯 비녀 사이에 꽂고
攀枝念蕊香.　나뭇가지 당기며 꽃술 향기 음미하네
但歌聊一曲,[279]　무반주 노래 한 곡 잠시 부르는데
鳴弦未息張.　울리는 거문고현 아직도 그치지 않네
自矜心所愛,　스스로 자랑하네 마음 깊이 사랑하는 사람
三十侍中郎.[280]　서른 살에 시중랑이 되신 그 분을

**해설** 이 작품은 미인의 화장하는 모습과 그 미모를 노래한 시다. 마지막 두 구를 통해 볼 때, 작품 속의 미인은 아마도 높은 벼슬아치의 첩이 아닐까 한다. 아니면 漢 樂府 「日出東南隅行」의 秦羅敷처럼 남자들의 유혹을 뿌리치기 위한 거짓말일 수도 있을 것이다.

275) '細簡'(세간) : 섬세하고 簡潔하다.

276) '畫屧'(화섭) : 그림이 그려진 나막신. 또는 그림이 그려진 신발. '高牆'(고장) : 높은 신발의 양 옆. 고대 부녀자들의 신발 안감에 침향을 넣었다. 龍輔의 『女紅餘志』에 "흠집 하나 없는 나막신 양 옆면의 안쪽에는 모두 침향을 넣었으니, '생향 나막신'이라고 하였다(無瑕屧牆之內, 皆襯沉香, 謂之生香屧)"라고 했다.

277) '砌'(체) : 섬돌. 계단.

278) '鑷'(섭) : 비녀의 일종.

279) '但歌'(단가) : 漢魏 시기에 무반주 가곡을 일컫던 말. '徒歌'와 같다. '聊'(료) : 잠시.

280) 제1권 古樂府詩 6수 중의 「日出東南隅行」(9)에 여주인공 羅敷가 태수의 유혹을 물리치면서 자기 남편을 자랑하기를 "서른 살에 侍中郎, 마흔 살에는 한 성을 마음대로 하지요(三十侍中郎, 四十專城居)"라고 했다.

## 331. 가을 규방의 밤 그리움

「秋閨夜思」[281]

| | |
|---|---|
| 非關長信別,[282] | 장신궁의 이별과도 무관한데다 |
| 詎是良人征. | 어찌 이것이 낭군이 출정한 것 때문이겠어요 |
| 九重忽不見, | 구중궁궐 속에 문득 임 모습 보이지 않으니 |
| 萬恨滿心生. | 수많은 한이 가슴 가득 일지요 |
| 夕門掩魚鑰,[283] | 저녁 대문은 물고기 모양의 자물쇠로 잠겨 있고 |
| 宵牀悲畫屏. | 밤 침상은 그림 병풍을 슬퍼하며 |
| 迴月臨窓度, | 하늘을 도는 달은 창가를 지나가고 |
| 吟蟲遶砌鳴. | 신음하는 벌레는 섬돌 주위에서 울지요 |
| 初霜隕細葉, | 첫서리는 가는 잎사귀 떨구고 |
| 秋風驅亂螢. | 가을바람은 어지러이 나는 반딧불이를 내쫓지요 |
| 故妝猶累日, | 이전에 했던 화장 여러 날 그대로며 |
| 新衣襞未成. | 새옷은 아직 주름을 만들지 못했지요 |
| 欲知妾不寐, | 제가 잠 못 이룬다는 걸 아시려거든 |
| 城外擣衣聲. | 성 밖의 다듬이질 소리 들어 보세요 |

**해설** 이 작품은 성 밖의 여인이 성안으로 벼슬하러 떠난 임을 그리워하는 심경을 노래한 시다. 나의 이별은 총애를 잃고 혼자 사는 후비와도 다르고, 임이 종군하여 떠났기 때문도 아니다. 성안으로 떠난 임은 어찌 된 셈인지 연락도 한 번 주지 않는데, 벌써 가을이 깊어간다. 혹시 내가 임 그리워 잠 못 드는 줄 아시려거든 밤중에 성 밖에서

---

281) 梁나라 雜曲歌辭에 속한다.

282) '長信'(장신) : 漢나라 成帝 때의 후비인 班婕妤가 총애를 잃고 물러나 살던 長信宮을 가리킨다.

283) '魚鑰'(어약) : 물고기 모양의 자물쇠.

들리는 제 다듬이질 소리를 들어보세요.

## 332. 상동왕의 '유명 인사가 경국지색을 좋아하다'란 시에 화답하여 「和湘東王名士悅傾城」

| | |
|---|---|
| 美人稱絶世, | 미인은 절세가인이라고 불리는데 |
| 麗色譬花叢.[284] | 아름다운 용모는 다붓한 꽃송이에 비유되네 |
| 雖居李城北,[285] | 일찍이 이연년이 살던 성 북쪽에서 살았고 |
| 住在宋家東.[286] | 송옥의 집 동쪽 마을에서 살았으며 |
| 敎歌公主第,[287] | 평양공주의 저택에서 노래를 가르쳤고 |
| 學舞漢成宮.[288] | 한나라 성제의 궁궐에서 춤을 배웠다네 |
| 多遊淇水上,[289] | 기수 가에서 자주 놀았으며 |
| 好在鳳樓中.[290] | 봉황누각에 있는 것을 좋아했다네 |
| 履高疑上砌, | 신발이 높으니 섬돌에 올라선 것 같고 |
| 裾開持畏風. | 치맛자락 열리니 바람이 싫어지네 |
| 衫輕見跳脫,[291] | 저고리 가벼워 팔찌 보이고 |
| 珠概雜青蟲.[292] | 구슬 박힌 비녀는 푸른 색 벌레가 섞여 있는 듯 |

284) '花叢'(화총): 꽃송이가 모여 있는 것.

285) '雖'(수): 『藝文類聚』에는 '經(일찍이)'자로 되어 있다. 이 구는 제1권 李延年의 「歌詩」(24)의 "북쪽에 한 미인이 있는데(北方有佳人)"의 구절을 가리킨다. 즉 漢 武帝의 후비 李夫人을 가리키는 말이다.

286) 이 구는 宋玉의 「登徒子好色賦」 중에 나오는 宋玉의 동쪽 이웃집 여인을 가리킨다.

287) 이 구는 漢 武帝의 왕후였던 衛子夫를 가리키는 말이다.

288) 이 구는 漢 成帝의 후비였던 趙飛燕을 가리키는 말이다.

289) '淇水'(기수): 河南省 淇縣을 흐르는 강. 그 일대는 미인의 고장으로 유명하다.

290) '鳳樓'(봉루): 왕궁 내에 있는 누각을 가리킨다. 秦 穆公의 딸 弄玉을 가리키는 말이다.

291) '跳脫'(도탈): 팔찌.

292) '珠概'(주개): 구슬이 박혀 있는 비녀. '概': 평미레. 곡식을 말이나 되로 될 때, 그 위를 밀어서 고르게 하는 원기둥 모양의 나무 방망이. 여기에서는 비녀를 가리킨다. '青蟲'(청충): 푸른 색 벌레. 여기에서는 비녀에 푸른 색의 진주가 박혀 있는 것을 가리킨다.

| | |
|---|---|
| 垂絲遶帷幔, | 드리워진 거미줄은 휘장을 에워싸고 |
| 落日度房櫳.[293] | 떨어지는 해는 방의 창문을 스쳐가네 |
| 妝窗隔柳色, | 화장하는 창가는 버드나무색과는 멀리 떨어져 있고 |
| 井水照桃紅. | 우물물엔 붉은 복사꽃이 비치는데 |
| 非憐江浦珮,[294] | 강 포구에서처럼 패옥 아끼는 것 아닌데도 |
| 羞使春閨空. | 미인의 부끄러움이 봄 규방을 허전하게 만드네 |

**해설** 이 작품은 이름난 선비가 반할 정도의 미모를 갖춘 여인의 아름다움을 노래한 시다. 전반부에서는 여러 가지 전고를 들어 그녀의 미모를 극찬하였다. 그러나 그런 미모에도 불구하고 허전한 규방을 지키고 있는 것은 단지 그녀의 수줍음 때문이라고 했다.

## 333. 관사에서 잠시 성으로 돌아오다

「從頓暫還城」[295]

| | |
|---|---|
| 漢渚水初綠, | 한수의 모래톱에 강물 비로소 파래지고 |
| 江南草復黃. | 강남의 풀은 다시금 누렇게 시든다 |
| 日照蒲心暖, | 햇빛 비치니 부들 속 따뜻하고 |
| 風吹梅蕊香. | 바람 부니 매화 꽃술 향기롭다 |
| 征艫艤湯塹,[296] | 출정할 때 배는 물이 가득한 해자에 대었었고 |

293) '房櫳'(방롱) : 창문.

294) 이 구절은 鄭交甫가 漢水 가에서 만난 두 여신에게 패옥을 풀어달라고 하자, 여인들이 패옥을 풀어서 그에게 선물했다는 내용을 가리킨다.

295) '頓'(둔) : 주둔지. 관사. '蹔'(잠) : 잠시. '暫'자와 같다.

296) '征'(정) : 임지로 떠나다. 출정하다. '艫'(로) : 뱃머리. 배. '艤'(의) : 대다. 정박하다. '湯'(탕) : 본래 뜻은 성 둘레에 못을 파서 끓는 물을 가득 채워 외적이 쉽게 침입하지 못하게 한다는 뜻이나, 여기에서는 해자에 물이 많다는 뜻으로 쓰였다. '塹'(참) : 해자. 성 둘레에 적의 침입을 막기 위해 만든 연못.

歸騎息金隍.[297]　돌아올 때 말은 철벽 같은 물 없는 해자에서 쉬게 한다
舞觀衣裳襞,　춤추는 누각에는 무도복이 아직 개진 채로 있으며
歌臺弦未張.　노래하는 누대엔 거문고줄 아직 튕기지 않는다
持此橫行去,　군무 때문에 제맘대로 떠나버리니
誰念守空牀?　그 누가 텅 빈 침상 지키는 사람 생각이나 하겠는가

**해설** 이 작품은 군무 때문에 임지에 있다가 잠시 휴가를 내어 궁성 안으로 돌아왔을 때의 느낌을 노래한 시다. 강물이 하늘빛을 닮아 파래지고 풀빛은 누렇게 시들어버린 겨울, 휴가를 내어 성안으로 돌아온다. 성안의 후비들은 잔치가 없어서 무도복도 개진 채 보관되어 있고, 거문고 소리도 나지 않는다. 아! 알겠구나. 내가 잠시 군무 때문에 성을 떠났는데, 나를 기다리는 사람은 그동안 텅 빈 침상을 지키며 외롭게 지냈다는 것을.

## 334. 어떤 사람이 첩을 버리네

「詠人棄妾」

昔時嬌玉步,　옛날엔 옥 같은 걸음걸이 아리따웠고
含羞花燭邊.　부끄럼 머금은 채 꽃 같은 촛불 옆에 함께 있었는데
豈言心愛斷,　어찌 마음속 사랑 끊겼다고 여기리
銜啼私自憐.　울먹이며 몰래 제 신세를 불쌍하게 생각하네

---

297) '隍'(황) : 물이 없는 해자. 이상 두 구의 '湯塹金隍'은 '金城湯池'와 같이, 성의 견고함을 의미한다. 여기에서는 수량의 많고 적음을 통해 계절의 변화를 나타낸 것이다.

常見歡成怨, 항상 보이는 건 즐거움이 원망으로 변하는 것
非關醜易姸.[298] 추함과 고움이 바뀌었기 때문은 아니라네
獨鵠罷中路, 한 마리 고니는 날다가 중도에서 멈추고
孤鸞死鏡前. 외로운 난새는 거울 앞에서 죽어가네

해설 이 작품은 버림받은 첩의 슬픈 신세를 노래한 시다. 한때 남편이 자신을 사랑할 땐 걸음걸이조차도 아름답다고 하면서 촛불을 켜 놓고 함께 밤을 지샜다. 그런데 사랑이 식자 내쫓고서는 다시는 찾지 않는다. 아무리 생각해봐도 나에 대한 사랑이 식었기 때문이라고는 생각할 수 없다. 하지만 지금의 신세를 생각하니 눈물만 흐를 뿐이다. 이제 내겐 즐거움이란 건 없다. 모든 게 다 원망으로 변하고, 아름다움도 모두 추하게 변할 뿐이다. 마치 고니가 날아가다가 짝을 잃은 것 같은데, 결국엔 거울 보며 신세를 원망하다 늙어가고 말 것이리라.

## 335. 붓을 잡고 장난삼아 쓴 시

「執筆戲書」

舞女及燕姬,[299] 무희와 연나라 여인
倡樓復蕩婦.[300] 기루와 기녀
參差大戾發,[301] 높고 낮은 소리 크게 비파를 켜는 소리

298) '非關'(비관) : …… 때문이 아니다. 무관하다. '醜易姸'(추역연) : 추함과 아름다움이 바뀌었다.

299) '燕姬'(연희) : 燕나라 미인. 일설에는 漢 成帝의 후비 趙飛燕을 가리킨다고도 한다.

300) '蕩婦'(탕부) : 倡婦. 歌舞에 종사하던 여인. 기녀.

301) '戾'(려) : '捩'자와 통한다. 채. 비파와 같은 撥絃樂器의 현을 켜는 데 쓰는 도구. 뿔·나무·상아·금속·플라스틱 등으로 만들며, 소리를 크게 하거나 경쾌하게 하기 위해 쓴다. 손가락에 끼워 사용하는 것과 두 손가락으로 잡고 켜는 것 등 두 종류가 있다.

搖曳小垂手.[302]　　흔들면서 끄는 듯한 작게 드리운 팔
釣竿蜀國彈,[303]　　조간곡은 촉나라에서 연주하고
新城折楊柳.[304]　　장안에서는 버들가지 꺾어 준다
玉案西王桃,[305]　　옥 탁자에 서왕모의 복숭아
蠡杯石榴酒.[306]　　표주박 술잔에 석류주
甲乙羅帳異,　　갑과 을의 등급 다른 능라 휘장
辛壬房戶暉.　　신과 임의 각방 문은 빛이 난다
夜夜有明月,　　밤마다 밝은 달 있고
時時憐更衣.　　철따라 갈아입는 옷 사랑스럽다

**해설** 이 작품은 후궁에 살고 있는 후비들의 모습을 노래한 시다. 제목에서 보듯 진지한 감정 서술이라기보다 시를 위한 시에 불과하다.

## 336. 사랑 노래

「豔歌曲」[307]

雲楣桂成戶,[308]　　구름 같이 높은 상인방에 계수나무로 문을 만들

302) ‘小垂手’(소수수) : 『樂府解題』에 “‘大垂手’와 ‘小垂手’는 모두 춤을 추면서 손을 아래로 드리우는 것을 뜻한다(大垂手, 小垂手, 皆言舞而垂手也)”라고 했다.

303) ‘釣竿’(조간) : 낚싯대. 곡조 이름. 崔豹의 『古今注』에 의하면, 「釣竿」은 伯常子의 아내가 지은 것이라고 했다. 伯常子는 원수를 피해 黃河 가로 와서 어부가 되었는데, 그 아내는 그가 그리울 때마다 黃河 가에 와서 이 노래를 지었다고 한다. 나중에 司馬相如가 지은 시 「釣竿」도 이 곡이었다고 전한다.

304) ‘新城’(신성) : 咸陽을 가리킨다. 『水經注』에 의하면, 長安은 옛날 咸陽이며, 漢나라 高祖 때 新城이란 이름으로 고쳤다고 했다.

305) ‘玉案’(옥안) : 옥으로 만든 긴 탁자.

306) ‘蠡杯’(려배) : 표주박으로 만든 술잔.

307) 相和歌辭 瑟調曲에 속한다.

| | |
|---|---|
| | 었고 |
| 飛棟杏爲梁.[309] | 나는 듯한 용마루에 은행나무로 대들보를 만들었는데 |
| 斜窗通蘂氣, | 비스듬한 창에는 꽃향기 들어오고 |
| 細隙引塵光.[310] | 가느다란 틈새는 먼지 비치는 빛 끌어들이네 |
| 裁衣魏后尺,[311] | 옷을 마를 때는 위나라 임금의 자를 쓰고 |
| 汲水淮南牀.[312] | 물은 회남왕의 우물에서 길어 온다네 |
| 靑驪暮當返,[313] | 가라말은 날 저물면 응당 집에 돌아올 테니 |
| 預使羅裾香. | 미리 비단 치마에 향기가 나게 해둔다네 |

**해설** 이 작품은 외출했던 남편을 기다리는 여인의 모습을 노래한 시다. 화려한 저택의 주인인 남편은 벼슬아치이며, 외출도 단순한 외출이 아니라 조정에 공무를 보러 간 것이다. 남편이 출근한 후 아내는 옷도 짓고 식사도 준비한다. 해가 지면 곧 남편이 퇴근하여 집에 돌아올 테니 미리 옷매무새도 단정히 하고 향수도 좀 뿌려 두어야지.

308) '楣'(미): 문 위에 가로지른 나무인 상인방.

309) '棟'(동): 용마루. 마룻대.

310) '塵光'(진광): 먼지가 비치는 빛.

311) '魏后'(위후): 魏나라 임금. 즉 曹操를 가리킨다. 『太平御覽』에 의하면, 曹操의 「上雜物疏」에, 中宮에는 잡다하게 그림이 새겨진 상아자 한 개를 쓰며, 貴人과 공주는 상아자 열누 개를 썼으며, 궁녀들은 상아자 백오십 개와 뼈로 만든 자 오십 개를 쓴다라고 했다 한다.

312) '淮南'(회남): 漢나라 淮南王 劉安을 가리킨다. 그는 신선술을 좋아하여 丹藥을 제련할 때 우물물을 썼다고 한다. '牀'(상): 우물의 난간.

313) '靑驪'(청려): 털빛이 완전히 검은 말. 가라말.

## 337. 원망

「怨詩」[314]

| | |
|---|---|
| 秋風與白團, | 가을바람과 희고 둥근 부채 |
| 本自不相安. | 본래부터 서로 편안치 못한 관계이며 |
| 新人及故愛, | 새사람과 옛사랑도 |
| 意氣豈能寬. | 심기가 어찌 너그러울 수 있으랴 |
| 黃金肘後鈴, | 황금은 팔꿈치 뒤에 달린 방울이요 |
| 白玉案前盤.[315] | 백옥은 탁자 앞의 쟁반이라 |
| 誰堪空對此, | 그 누가 부질없이 이런 모습 대할 수 있으랴 |
| 還成無歲寒.[316] | 다시는 추운 날씨에 푸른 소나무 같은 남자가 없는데 |

**해설** 이 작품은 버림받은 여인의 원망을 노래한 시다. 전반부의 내용상 이 여인은 남자가 새 여자를 사랑하는 바람에 버림받은 것으로 보인다. 귀한 보석으로 치장을 하고 산해진미를 마련해 드리고자 하지만 드릴 남자가 없기에 그런 것을 대하는 것조차 힘겹다. 변함없는 애정을 지닌 남자가 없는 세상에 태어난 게 원망스러울 뿐이다. 어느 세상에 태어나면 그런 남자를 만날지.

---

314) 相和歌辭 楚調曲에 속한다.

315) 이상 두 구는 각각 황금방울과 옥쟁반을 가리키고 있다.

316) '無歲寒'(무세한): 날씨가 추워진 연후에야 비로소 시들지 않는 나무임을 알 수 있는 소나무와 잣나무처럼 변치 않는 절개를 가진 남자가 없다는 뜻이다.

## 338. 심 은후의 '밤이면 밤마다'를 본뜬 시
「擬沈隱侯夜夜曲」[317]

藹藹夜中霜,[318]　　한밤중의 짙은 서리
何關向曉光,　　어찌 새벽녘 밝은 빛과 상관 있으랴
枕啼常帶粉,　　베개엔 울어서 항상 분가루 묻어 있고
身眠不着牀.　　몸은 잠잘 때도 침대에 붙어 있지 못한다네
蘭膏盡更益,[319]　　등잔 기름은 다하면 다시 더 붓고
薰罏滅復香.[320]　　향로에 향기 사라지면 다시 향나무를 보탠다네
但問愁多少,　　단지 수심이 얼마나 깊은지를 묻는다면
便知夜短長.　　밤이 얼마나 긴지를 알면 된다네

**해설** 이 작품은 임과 떨어져 사는 여인의 외로움과 수심을 노래한 시다. 서리가 하얗게 내려 마치 새벽인 것 같지만 아직은 한밤중이다. 긴 밤 내내 잠도 자지 않은 채 슬퍼하는데 간혹 침대에 누우면 눈물 때문에 베개가 다 젖는다. 수심의 양을 알려면 외로운 밤의 길이를 알면 되리라.

---

317) '沈隱侯'(심은후) : 齊梁의 문인 沈約을 가리킨다. '隱侯' : 沈約은 죽은 후 '隱'이란 시호를 받았다. '夜夜曲'(야야곡) : 이 작품은 제5권에 雜曲 3수 중 제3수(179)로 수록되어 있다.

318) '藹藹'(애애) : 안개 등이 짙은 모양. 어떤 책에는 '靄靄(무성한 모양)'로 되어 있는데, 뜻은 같다.

319) '蘭膏'(란고) : 등잔용 기름. 澤蘭[쉽싸리]을 태워서 만든다.

320) '薰罏'(훈로) : '薰爐'와 같다. 향목을 태우는 난로.

## 339. 칠석

「七夕」

| | |
|---|---|
| 秋期此時浹,[321] | 가을에 만날 약속 이때 다시 돌아오니 |
| 長夜徙河靈.[322] | 긴 밤에 이동하는 직녀 |
| 紫烟淩鳳羽, | 보랏빛 연기는 봉황 깃털 수레 위로 피어오르고 |
| 奔光隨玉軿.[323] | 달리는 별빛은 옥 수레를 따른다네 |
| 洛陽疑劍氣,[324] | 낙양에선 보검의 기운을 의심하고 |
| 成都怪客星.[325] | 성도에선 객성을 괴상히 여긴다네 |
| 天梭織來久, | 하늘의 베틀 북은 오랫동안 베를 짜다가 |
| 方逢今夜停. | 바야흐로 오늘밤을 맞아 멈추었다네 |

---

321) '浹'(협) : 돌다. 일주하다.

322) '河靈'(하령) : 은하수의 신. 織女를 가리킨다.

323) '軿'(병) : 지붕이 있는 여성용 수레.

324) 張華의 『博物志』에 의하면, 吳나라가 망하고 晉나라가 홍할 즈음, 하늘의 斗牛星 사이에 자주빛이 항상 감돌았는데, 張華는 雷煥이 천문을 잘 본다는 소문을 듣고 그를 불러 함께 천문을 관측했다. 雷煥이 말하기를 "斗牛星 사이에 자못 이상한 기운이 있는 것은 보검의 정기가 위로 하늘에까지 이른 것이다"라고 하면서 보검이 豫章의 豊城에 있다고 했다. 張華는 雷煥이 豊城 縣令이 되도록 도와주었으며, 雷煥이 현에 이르러 감옥 밑을 4丈 정도 파 내려가니 돌상자 하나가 나왔는데 빛이 특이했으며, 그 안에 두 개의 칼이 있었는데, 각각 '龍泉'·'太阿'란 이름이 새겨져 있었다. 그 날 저녁 斗牛星 사이에 비치던 기운은 사라졌다고 한다. 여기에서 '洛陽'은 豊城 대신에 쓰였다.

325) 張華의 『博物志』에 의하면, 은하수는 바다와 통하는데, 바닷가에 살고 있는 어떤 사람이 뗏목을 타고 어떤 지역에 갔는데, 성곽 같은 곳의 멀리 보이는 궁중 안에는 베 짜는 여인들이 많이 있었으며, 한 남자가 소를 몰고 물가로 와서 물을 먹이고 있었다. 이에 그 남자에게 그곳이 어딘지를 물으니, 그 남자가 말하기를, "蜀郡에 가서 嚴君平을 찾아 물어보면 알게 된다"라고 했다. 그래서 배에서 내리지도 않고 집으로 돌아왔는데, 나중에 蜀郡에 가서 嚴君平을 찾아 물어보니, "모년 모월 모일에 客星이 牽牛星을 침범했었다"라고 대답해, 날짜를 계산해 보니 자신이 소 모는 남자를 만났을 바로 그때였다.

해설 이 작품은 견우와 직녀의 만남을 노래한 시다. 비록 전설을 빌었지만 실재로는 오랫동안 헤어졌다가 다시 만나는 부부의 기쁨을 노래한 것으로 볼 수도 있다.

## 340. 유 자의의 '봄눈'에 화답하여 지은 시
「同劉諮議詠春雪」[326)]

| | |
|---|---|
| 晩霰飛銀礫, | 저녁 싸락눈은 은빛 자갈처럼 날리고 |
| 浮雲暗未開. | 어두운 뜬구름 아직 개지 않았는데 |
| 入池消不積, | 연못에 떨어지면 녹아서 쌓이지 않고 |
| 因風墮復來. | 바람 때문에 떨어졌다 다시 날아오르네 |
| 思婦流黃素,[327)] | 그리움에 젖은 여인의 짙은 황색 비단 |
| 溫姬玉鏡臺.[328)] | 온교 아내의 옥경대 |
| 看花言可插, | 꽃을 보고 머리에 꽂을 만하다고 말하지만 |
| 定自非春梅. | 정작 봄 매화는 아니라네 |

해설 이 작품은 싸락눈 오는 풍경을 노래한 시다. 어두운 구름이 하늘을 덮은 저녁에 싸락눈이 내린다. 연못으로 떨어지는 눈이야 당연히 쌓일 리가 없지만, 땅에 떨어진 눈들은 채 녹기도 전에 부는 바람에 날려 다시 하늘로 오르기도 한다. 고운 비단을 입고 경대 앞에 선 저 여인, 저 흰 꽃을 머리에 꽂으면 좋겠다고 말하지만 그것은 결국 눈

326) '劉諮議'(류자의): 劉孝綽을 가리킨다. 그의 작품은 제8권(376~380), 제9권(502), 제10권(648~649) 등에 수록되어 있다. '諮議'(자의): 자문직의 벼슬. 吳注에는 劉孝綽의 「校書秘書省對雪詠懷詩」 전문이 수록되어 있다.

327) '流黃素'(류황소): 갈색에 가까운 황색의 비단.

328) '溫姬'(온희): 溫嶠의 아내를 가리킨다. 劉義慶의 『世說新語』「假譎」에 의하면, 劉聰이 옥으로 경대를 만들었는데, 溫嶠가 劉越石의 長史가 되어 北征하여 그를 정벌하고 그 경대를 얻어, 나중에 부인을 얻었을 때 주었다고 한다.

이지 결코 봄에 핀 매화꽃은 아니리라.

## 341. 저녁 경치를 보러 외출하다

「晩景出行」[329]

| | |
|---|---|
| 細樹含殘影, | 가느다란 나무엔 남은 해그림자 어려 있고 |
| 春閨散晩香. | 봄 규방엔 저녁 향기 흩어지네 |
| 輕花鬢邊墮, | 가벼운 꽃은 귀밑머리 옆으로 떨어지고 |
| 微汗粉中光. | 미세한 땀은 분화장 속에서 빛나네 |
| 飛鳧初罷曲,[330] | '비부곡' 곡조 비로소 끝났으며 |
| 啼烏忽度行.[331] | '오야제' 문득 몇 자락 노래하네 |
| 羞令白日暮,[332] | 수줍어하는 사이 흰 해는 저물고 |
| 車馬鬱相望. | 임이 탄 거창한 수레 멀찍이 바라보기만 하네 |

**해설** 이 작품은 저녁 경치를 구경하기 위해 외출한 여인이 속으로 사모하는 사람을 말도 붙여보지 못한 채 먼 발치에서 바라보는 모습을 노래한 시다. 만약 작품 속의 여주인공에게 조금의 용기만 있었더라도 그날 해는 결코 지지 않았으리라. 해가 지고 밤이 찾아온다 하더라도 다시는 어둡고 외로운 밤은 아니었으리라.

---

329) '晩景'(만경) : 저녁 경치.

330) '飛鳧'(비부) : 곡조 이름. 이 구는 실재로 시간상 '물오리 나는 것이 그쳤다'란 뜻이다.

331) '啼烏'(제오) : 곡조 이름. 「烏夜啼」를 가리킨다. '度'(도) : 곡조에 따라 노래를 부르는 것을 뜻한다. 이 구는 실재로 '까마귀 울음소리가 가끔씩 들리기 시작했다'란 뜻이다.

332) 이 구는 여인이 지나가는 남자의 구애를 받고 부끄러움 때문에 거절하고 날은 어둡게 된 것을 뜻한다.

## 342. '대수수'란 악부로 시를 짓다

「賦樂府得大垂手」[333)]

垂手忽苕苕, 드리운 팔 갑자기 높이 솟는데
飛燕掌中嬌.[334)] 조비연 같은 손바닥 안의 미인이네
羅衣恣風引, 능라 옷은 바람 따라 끌리고
輕帶任情搖. 가벼운 허리띠는 정을 따라 흔들리네
詎似長沙地,[335)] 어찌 장사의 땅과 같으랴만
促舞不迴腰. 빠른 춤은 허리를 돌리지는 않는다네

**해설** 이 작품은 춤 동작을 노래한 시다. 제목으로 보아 이 춤은 아마도 팔 동작이 컸던 것 같다. 아래로 내렸다가 어느 순간 또 위로 뻗치는데, 무희의 날씬한 몸매는 손바닥 위에 올려놓을 수 있을 것 같다. 얇은 비단으로 만든 치마는 바람결에 이리저리 쏠리고, 늘어뜨린 허리띠는 마치 무희의 마음을 나타내주는 것 같다. 비록 옛날 그 어느 왕이 자신의 땅이 좁아서 몸을 돌리지 않고 춘 춤은 아니겠지만 몸을 돌리지 않고 추는 동작은 같다.

---

333) '賦……得'(부……득) : 기존 시구를 제목으로 삼아 시를 지을 경우, 和韻 또는 칙명으로 시를 지을 경우, 여러 사람이 서로 제목을 나누어 함께 시를 지을 경우 등에 시의 제목 앞에 붙이는 말이다. 일반적으로 '賦得'이라고 한다. '大垂手'(대수수) : 舞曲의 이름. 앞의 「執筆戲書」(335)란 작품에도 보인다. 『樂府詩集』에는 吳均의 작품으로 되어 있다. 雜曲歌辭에 속한다.

334) '飛燕'(비연) : 漢 成帝 때의 후비인 趙飛燕을 가리킨다. 전설에 의하면 그녀는 손바닥 위에서도 춤을 출 수 있었다고 한다.

335) '長沙'(장사) : 지명. 지금의 湖南省 長沙. 『漢書』「景十三王傳」의 應劭의 주석에 의하면, 漢나라 景帝 때 여러 제후들이 조정에 와서 임금을 배알하고 祝壽를 드렸는데, 그 중 長沙의 定王은 단지 소매를 펼친 채 팔을 작게 흔들 뿐이어서 주위에서 그의 서툰 춤 솜씨를 보고 비웃었다. 임금이 그런 춤을 춘 이유를 물으니, 그는 "신의 나라는 작은 땅이라 협소하여 몸을 돌리며 춤을 출 정도가 못 됩니다"라고 대답했다. 이에 임금은 武陵·零陵·桂陽 땅을 더 주었다고 한다.

## 343. 공후란 악기 이름으로 시를 짓다

「賦樂器名得箜篌」[336]

| | |
|---|---|
| 捩遲初挑吹,[337] | 채 움직임 느리니 새로이 관악기 소리 끌어내고 |
| 弄急時催舞.[338] | 연주가 빨라지니 춤 동작도 빠르게 하네 |
| 釧響逐弦鳴, | 팔찌 소리는 공후의 줄을 따라 울리고 |
| 私迴半障柱.[339] | 저고리 휘두르니 공후 기둥 반쯤을 가리네 |
| 欲知心不平, | 마음 편치 못한 것을 알려거든 |
| 君看黛眉聚. | 그대여 화장한 눈썹 찡그리는 것 보시기를 |

**해설** 이 작품은 공후를 연주하는 여인의 모습을 노래한 시다. 공후의 연주 속도가 느릿해질 즈음 퉁소도 합주된다. 곡조가 빨라지니 춤도 당연히 빨라진다. 공후를 연주하는 여인의 팔찌는 공후의 줄을 이리저리 바삐 오가는 손을 따라 소리를 내며, 긴 소맷자락은 공후의 일부를 가리기도 한다. 연주하는 여인은 지금 임을 그리워하며 즐겁지 못한 상태인데, 그것은 찡그린 미간을 통해 알 수 있다.

## 344. 춤

「詠舞」

| | |
|---|---|
| 可憐初二八, | 사랑스러워라 이제 막 열여섯 살 |

---

336) '箜篌'(공후) : 현악기의 일종. 옆으로 뉜 것과 세운 것 두 종류가 있으며, 현의 숫자는 그 크기에 따라 일정치 않은데, 작게는 5현에서 많게는 25현까지 있다.

337) '捩'(렬) : 현악기를 연주하는 도구. 채. 픽(pick). 앞의 「執筆戲書」(335) 중의 '戾'자의 주석을 참조할 것.

338) '弄'(농) : 악곡을 연주하는 것.

339) '私'(사) : 『考異』는 『藝文類聚』에 따라 '衫(저고리)'자로 고쳤는데, 여기에서도 이를 따랐다. '柱'(주) : 箜篌의 기둥.

| | |
|---|---|
| 逐節似飛鴻. | 기러기처럼 리듬을 따라 춤을 추네 |
| 懸勝河陽妓,340) | 춤의 고장 하양의 무희보다 훨씬 뛰어나며 |
| 闇與淮南同.341) | 은근히 춤의 고장 회남의 무희와 같네 |
| 入行看履進, | 행렬로 들어가니 밟고 나아가는 발꿈치만 보이고 |
| 轉面望鬢空. | 얼굴 돌리니 쪽진 머리 허전한 것 보이네 |
| 腕動苕華玉,342) | 손목에는 움직이는 초화옥 팔찌 |
| 袖隨如意風. | 소매에는 마음대로 이는 바람이 따르는데 |
| 上客何須起, | 귀한 손님 어찌 일어서려 하겠는가 |
| 啼烏未肯終. | 오야제 곡조 아직 끝나지 않았는데 |

**해설** 이 작품은 춤 동작 모습을 노래한 시다. 무희는 이제 막 이팔청춘, 기러기 날 듯 하늘거리며 춤을 춘다. 옛날 춤으로 유명했던 지역의 무희들보다 훨씬 낫거나 최소한 못하지는 않다. 여러 명이 춤을 추니 서로 이어지는 발꿈치만 유독 눈에 들어오고, 고개를 돌릴 때는 장식이 거의 없는 쪽머리가 눈에 띈다. 손목에는 옥팔찌, 소매를 따라 바람이 인다. 귀한 손님 비록 바쁜 일이 있다고 하더라도 이런 춤을 두고 어찌 돌아가랴.

---

340) '懸勝'(현승) : 훨씬 낫다. '河陽'(하양) : 옛날의 지명으로, 지금의 河南省 孟縣 남쪽에 해당한다. 춤의 고장으로 유명하다.

341) '闇'(암) : 몰래. 은근히. '淮南'(회남) : 지명. 張衡의 「舞賦」에, "옛날 한 나그네가 淮南에서 춤을 구경하고, 춤을 찬미하는 賦를 지었다(昔客有觀舞於淮南者, 美而賦之)"라고 했는데, 윗구의 '河陽'과 마찬가지로 춤으로 유명한 고장이란 뜻으로 쓰였다.

342) '苕華玉'(초화옥) : 美玉의 일종.

## 345. 봄 규방의 정

「春閨情」

楊柳葉纖纖, 버들잎이 가늘고 고운 때
佳人懶織縑.[343] 미인은 비단 짜는 일이 권태로와
正衣還向鏡, 옷매무새 단정히 하고 다시금 거울을 향하며
迎春試擧簾. 봄을 맞으려고 주렴을 걷어보네
摘梅多繞樹, 매실을 따려고 매화나무를 여러 번 맴돌고
覓燕好窺檐. 제비 찾으려고 자주 처마를 쳐다보네
只言逐花草, 단지 봄 화초를 감상한다고 말할 뿐이지만
計校應非嫌.[344] 생각해보면 모름지기 임에 대한 원망 때문이 아니랴

해설 이 작품은 봄날의 외로운 여인의 심경을 노래한 시다. 버드나무 한창 곱게 바람에 날리는 봄날, 베 짜는 일도 힘들고 싫증이 날 때, 베틀에서 내려 와 거울 앞에서 화장을 해본다. 그리고 주렴을 걷고 음침한 규방 안으로 봄기운을 한껏 끌어들인다. 마당으로 나가 매화나무 주위를 돌면서 매실도 따보고, 제비가 왔는지 자주 처마도 쳐다본다. 이런 행위들은 얼핏 보면 마치 봄 경치를 감상하기 위한 것 같지만 그녀의 사정을 안다면 그것은 집을 떠나 돌아오지 않는 임에 대한 원망의 마음을 풀기 위한 한 방편이란 것을 알 수 있다.

343) '縑'(겸) : 두 가닥 명주실로 짠 결이 고운 비단.
344) '計校'(계교) : 생각해보다. '應非'(응비) : 모름지기 ……가 아니겠는가? '嫌'(혐) : 원망. 편하지 않은 마음.

## 346. 저녁 규방

「詠晩閨」[345]

| | |
|---|---|
| 珠簾向暮下, | 날이 저물어 주렴이 내려지니 |
| 妖姿不可追. | 아름다운 자태 더 이상 볼 수가 없네 |
| 花風暗裏覺, | 꽃바람은 어둠 속에서도 느껴지고 |
| 蘭燭帳中飛.[346] | 난향 그윽한 촛불은 휘장 속에서 일렁이네 |
| 何時玉窗裏, | 언제일까 옥으로 꾸민 창문 안에서 |
| 夜夜更縫衣. | 밤마다 다시금 임의 옷을 꿰맬 날이 |

**해설** 이 작품은 날이 저문 후의 규방의 모습을 노래한 시다. 날이 저물자 규방의 발이 내려지고 아름다운 여인의 모습은 방 안으로 사라지고 만다. 밤이지만 바람에 봄꽃 향기가 묻어 있다는 것은 알겠다. 방안으로는 희미하게나마 난향이 그윽한 촛불이 일렁이는 게 비친다. 아! 언제 다시 임을 만나 밤이면 밤마다 임의 옷을 꿰매며 다정하게 지낼 수 있을지. 내용의 전개상 마지막 두 구는 과거에 대한 회상이자 다시는 그런 일이 불가능함을 시사하고 있는 것 같기도 하다. 무슨 사연 때문일까?

## 347. 급히 지은 시

「率爾成詠」[347]

| | |
|---|---|
| 借問仙將畫, | 묻노니 선녀 중에도 그림 중에도 |

345) 『考異』 등에는 제목이 「又三韻」이라고 되어 있다.
346) '蘭燭'(란촉) : 난향이 나는 촛불.
347) '率爾'(솔이) : 급한 모양. 빠른 모양.

詎有此佳人? 어찌 이러한 미인이 있으랴
傾城且傾國,[348] 성을 기울게 하고 또 나라를 망치게 하며
如雨復如神.[349] 때로는 비의 모습으로 때로는 신선의 모습으로
漢后憐名燕,[350] 한나라 임금은 제비 연자 이름을 사랑했고
周王重姓申.[351] 주나라 왕은 신씨 성을 소중히 여겼다네
挾瑟曾遊趙, 비파 끼고서 일찍이 조나라에서 노닐었고
吹簫屢入秦.[352] 퉁소 불면서 자주 진나라에 들어갔네
玉階偏望樹, 옥섬돌 가에서 나무를 바라보고
長廊每逐春. 긴 회랑에서는 늘 봄을 찾았네
約黃出意巧,[353] 노란 곤지는 마음을 잘 드러냈고
纏弦用法新. 얽힌 거문고 현은 연주법이 새롭네
迎風時引袖, 바람을 맞으려고 때때로 소매를 펼치고
避日暫披巾. 햇빛 피하려고 잠시 수건을 쓰네
疏花映鬟插, 듬성한 꽃은 쪽을 비추듯 꽂혀 있고
細珮繞衫身. 가느다란 패옥은 저고리 입은 몸에 감겨 있네
誰知日欲暮, 그 누가 알리오 날은 저물어 가는데
含羞不自陳. 수줍어하면서 제 마음 전하지 못하는 심정을

**해설** 이 작품은 미인의 모습을 찬미한 시다. 제목에서 알 수 있듯, 미인과 관련된 역대 유명한 典故를 무작위적 수법으로 수집 인용하였다.

348) 제1권의 李延年의 「歌詩」(24) 중의 미인을 가리킨다.
349) 巫山의 神女를 가리킨다. 이 책 속에 이와 관련된 작품은 제4권 王融의 「巫山高」(153) 등 많다.
350) 漢나라 成帝와 그의 총해하던 후비 趙飛燕을 가리킨다.
351) 周나라 幽王과 후비 申后를 가리킨다.
352) 秦 穆公의 딸 弄玉을 가리킨다.
353) '約黃'(약황): 이미에 바르는 노란 색 회장.

## 348. 미인의 새벽 화장

「美人晨妝」[354]

| | |
|---|---|
| 北窗向朝鏡,[355] | 북쪽 창가에서 아침 거울 대할 제 |
| 錦帳復斜縈. | 비단 장막 또한 비스듬히 둘러져 있네 |
| 嬌羞不肯出, | 애교 띤 수줍음에 문 밖으로 나오려 하지 않고 |
| 猶言妝未成. | 오히려 아직 화장 다 못했다고 말하네 |
| 散黛隨眉廣, | 퍼진 눈썹먹은 눈썹을 따라 넓고 |
| 燕脂逐臉生.[356] | 연지는 뺨을 따라가며 보이네 |
| 試將持出衆, | 화장한 그 얼굴로 여러 사람들에게로 나온다면 |
| 定得可憐名. | 반드시 사랑스런 명성을 얻을 수 있을 텐데 |

**해설** 이 작품은 미인이 아침에 화장하는 모습을 노래한 시다. 아침빛이 들어오는 창가로 가서 거울을 보며 화장을 하는 여인이 있다. 아직 장막은 쳐져 있는 상태, 수줍음 때문에 바깥으로 나오지 못하면서 말로는 화장을 덜 했기 때문이라고 핑계를 댄다. 아이섀도는 눈썹을 따라 넓게 칠해져 있고, 붉은 연지는 볼의 굴곡을 따라 자연스럽게 발라져 있다. 저런 얼굴로 사람들 속에 나온다면 반드시 사람들이 우러러 보게 될 것이다.

354) 『藝文類聚』 등에는 蕭統의 작품이라고 되어 있다.
355) '向朝'(향조) : 『藝文類聚』에서는 '朝向'이라고 되어 있다.
356) '燕脂'(연지) : '胭脂'와 같다. 붉은 화장.

## 349. '술을 팔다'란 제목으로 지은 시

「賦得當壚」[357]

| | |
|---|---|
| 十五正團團, | 십오야 밝은 달 바야흐로 둥실둥실 |
| 流光滿上蘭.[358] | 흐르는 달빛은 상란관에 가득한데 |
| 當壚設夜酒, | 주막에서는 밤술 준비하고 |
| 宿客解金鞍.[359] | 단골손님은 금빛 말안장을 벗기네 |
| 迎來挾瑟易, | 마중할 땐 비파 끼는 일도 쉽지만 |
| 送別但歌難.[360] | 송별할 땐 노래만 부르기도 어렵네 |
| 詎知心恨急, | 어찌 알리오 마음속의 조급한 한이 |
| 翻令衣帶寬? | 도리어 허리띠 느슨하게 만들 줄을 |

**해설** 이 작품은 술집에서 술을 파는 여인의 사랑과 원망을 노래한 시다. 보름달이 휘영청 하늘에 떠 있는 밤, 달빛은 지상을 환하게 밝힌다. 술집에서는 손님맞이에 여념이 없는데, 마침 단골손님이 와서 말에서 내린다. 오실 때야 신이 나 솜씨를 발휘해 비파도 연주하고 노래도 하고 춤도 추지만, 손님이 떠날 때는 아쉬움에 반주 없이 노래 부르는 것조차도 쉽지 않다. 임에 대한 그리움이 조급해질수록 옷은 오히려 더욱 헐렁해진다는 것을 그 사람이 어이 알겠는가.

357) '當壚'(당로): 술을 팔다. 본래 술독대 앞에 앉아 있다라는 뜻에서 온 말이다. '壚': 술독을 올려놓는 토대. 雜曲歌辭에 속한다.
358) '上蘭'(상란): 漢나라 上林苑 안에 있던 누대 이름.
359) '宿客'(숙객): 단골손님. 또는 투숙객.
360) '但歌'(단가): 악기의 반주 없이 부르는 노래. '徒歌'와 같다.

## 350. 숲 아래의 기녀

「林下妓」[361]

| | |
|---|---|
| 炎光向夕斂,[362] | 불꽃 같던 햇빛은 저녁이 되자 사그라들고 |
| 促宴臨前池. | 흥겨운 잔치가 앞 연못가에서 열리네 |
| 泉深影相得, | 물이 깊어 그림자 서로 비치고 |
| 花與面相宜. | 꽃과 얼굴이 서로서로 어울리네 |
| 篪聲如鳥哢,[363] | 서 소리는 새가 시서귀는 듯 |
| 舞袂寫風枝. | 춤추는 소매는 바람에 일렁이는 나뭇가지를 본뜬 듯 |
| 歡樂不知醉, | 즐거움에 취하는 줄도 모르니 |
| 千秋長若斯. | 천추만세 영원토록 이와 같았으면 |

**해설** 이 작품은 숲 속 연못가 잔치에서의 기녀의 모습을 노래한 시다. 여름 한낮의 더위가 사그라질 저녁이 되자 숲 속 연못가에서 잔치가 벌어진다. 연못의 물이 깊으니 온갖 그림자가 다 비친다. 흥을 돋우는 기녀의 얼굴은 꽃처럼 아름답고, 그녀가 부는 퉁소는 마치 새가 지저귀는 소리처럼 들린다. 일어나 춤을 추니 휘도는 소매는 마치 바람에 흔들리는 나뭇가지 같은데, 즐거움에 빠져 술을 마셔도 취하는 줄 모른다. 아! 세상 근심 다 잊고 이렇게 즐겁게 천년만년 살았으면.

---

361) 『初學記』에는 蕭統의 작품이라고 되어 있다.
362) '炎光'(염광) : 햇빛을 가리킨다. '向'(향) : 가깝다. 가까워지다. '夕'(석) : 황혼. 해질 무렵.
363) '篪'(지) : 저. 관악기의 일종. 대나무로 만들었으며, 하나의 관을 가로로 잡고 분다. '哢'(롱) : 새가 지저귀다.

## 351. '석양에 창가에 앉아'를 본뜬 시

「擬落日窓中坐」[364]

| | |
|---|---|
| 杏梁斜日照,[365] | 살구나무 대들보엔 기운 해가 비치고 |
| 餘暉映美人. | 남은 석양은 미인을 비추네 |
| 開函脫寶釧, | 상자 열어 보석 팔찌 벗어 두고 |
| 向鏡理紈巾.[366] | 거울 보며 명주 수건 매만지네 |
| 游魚動池葉, | 노니는 물고기 연못의 풀잎을 건드리고 |
| 舞鶴散階塵. | 춤추는 두루미 섬돌의 먼지를 흩뜨리네 |
| 空嗟千歲久,[367] | 부질없이 탄식하네 천 년 사랑 없음을 |
| 愿得及陽春. | 적어도 따뜻한 봄날만큼의 사랑이라도 해봤으면 |

해설 이 작품은 사랑을 꿈꾸는 여인의 저녁 풍경 감상에 대해 노래한 시다. 대들보엔 서산으로 기우는 햇빛이 비쳐들고, 그 일부는 주인공 여인을 비춘다. 이제 하루를 마감하고 서서히 잠자리에 들 시간, 보석이 박힌 팔찌도 풀어서 상자 속에 넣고, 거울 보면서 두건도 맨다. 연못의 물고기들은 짝을 이뤄 장난치며 놀고, 두루미도 서로 날개를 퍼득이며 목을 부빈다. 아! 인간 세상엔 왜 저들 같은 영원한 사랑이 없을까? 아니다. 영원한 사랑이 아니어도 좋다. 봄 석 달 동안만이라도 나를 사랑해 줄 그런 사람은 어디에 있을까?

364) 제4권 謝朓의 「贈王主簿」 2수 중 제1수(154)를 본뜬 시다. 그 첫 구가 '日落窓中坐'이다.

365) '杏梁'(행량): 살구나무로 만든 대들보.

366) '紈巾'(환건): 잠잘 때 머리에 쓰는 수건을 가리킨다.

367) '嗟'(차): '嘆'자와 동용된다. '及'(급): 따라잡다. 도달하다.

## 352. 미인의 그림 감상

「詠美人觀畫」

| | |
|---|---|
| 殿上圖神女, | 전각 위에는 선녀 그림 그려져 있고 |
| 宮裏出佳人. | 궁궐 안에서는 미인이 나오는데 |
| 可憐俱是畫, | 사랑스러워라 모두가 그림 같아 |
| 誰能辨僞眞? | 누가 진위를 구분할 수 있으리오 |
| 分明淨眉眼, | 분명하게 눈썹과 눈 깨끗하고 |
| 一種細腰身. | 가는 허리도 똑같네 |
| 所可持爲異, | 다른 점이라고 할 수 있는 것은 |
| 長有好精神. | 항상 아름다운 마음 가지고 있다는 것 |

**해설** 이 작품은 궁녀가 미인도를 보는 모습을 노래한 시다. 전각 위에 걸린 선녀의 그림을 궁궐에서 나온 한 궁녀가 구경을 하고 있다. 사랑스런 모습은 그림 속의 선녀와 그림을 구경하는 궁녀가 똑같이 예쁘다. 구체적으로 분명하고 깨끗한 눈과 눈썹, 가는 허리와 몸매도 똑같다. 굳이 다른 점을 들라치면 그림 속 선녀와는 달리 궁녀는 착한 마음씨를 가지고 있다는 것.

## 353. 아름다운 소년

「孌童」[368]

| | |
|---|---|
| 孌童嬌麗質, | 아름다운 소년의 아리따운 몸매는 |
| 踐董復超瑕.[369] | 동언을 짓밟고 또 미자하를 뛰어넘네 |

---

368) '孌'(련): 아름답다.

369) '董'(동): 漢 武帝 때의 미소년인 董偃을 가리킨다. 그는 본래 어머니와 함께 진주

羽帳晨香滿, 깃털 장식 휘장 안에 새벽 향기 넘쳐나고
珠簾夕漏賖.[370] 주렴 저편에 저녁 물시계 물방울 더디 떨어지네
翠被含鴛色,[371] 비취색 이불에는 원앙이 새겨져 있고
雕牀鏤象牙. 조각한 침상은 상아로 아로새겨져 있네
妙年同小史,[372] 좋은 나이는 주 소사와 같고
姝貌比朝霞.[373] 예쁜 용모는 아침 햇살에 비교되네
袖裁連璧錦, 소매는 쌍벽 무늬 비단으로 재단했고
牋織細橦花.[374] 바지는 가녀린 동화로 짰다네
攬袴輕紅出, 바지자락 손으로 잡으니 연홍색 살결 나타나고
回頭雙鬢斜. 고개 돌리니 양쪽 살쩍 비스듬히 보이네
嬾眼時含笑,[375] 나른한 눈동자는 이따금 미소 머금고
玉手乍攀花. 옥 같은 손은 문득 꽃가지를 잡아당기네
懷猜非後釣,[376] 마음으로 열망하는 건 나중에 낚은 고기가 되지

---

파는 일을 하였는데, 13세 때 어머니를 따라 武帝의 고모인 館陶공주의 집에 갔었는데, 주위에서 그의 미모를 칭찬하자 공주가 마침 과부로 있었기 때문에 그를 집에 데리고 있었다. 나중에 武帝에게 천거하니 武帝 또한 그를 총애하였다고 한다. 일설에는 漢 哀帝 때의 董賢을 가리킨다고도 한다. 그는 雲陽 사람으로 자가 聖卿이며, 미모로 유명하여 哀帝의 총애를 받아 높은 벼슬에까지 올랐다고 한다. '瑕'(하) : 衛나라의 미소년인 彌子瑕를 가리킨다.

370) '漏'(루) : 물시계의 물방울이 떨어지는 것을 가리킨다. '賖'(사) : 느리다. 더디다.

371) '翠被'(취피) : 청록색 이불. '鴛'(앙) : 원앙.

372) '小史'(소사) : 시종. 시동. 귀인의 곁에서 심부름을 하던 동자. 여기에서는 周小史를 가리킨다. 晉 張翰의 「周小史詩」에, "하늘하늘 周군은, 아름다운 어린 동자. 나이는 열다섯, 동쪽에 떠오르는 햇님 같네(翩翩周生, 婉孌幼童. 年十有五, 如日在東)"라고 했다.

373) '姝貌'(주모) : 아름다운 용모.

374) '牋'(전) : 종이. 뜻이 통하지 않는다. 그래서 『考異』는 '帴(치마. 바지)'자의 잘못이 아닌가 하였다. 여기에서도 이를 따랐다. '橦'(동) : 꽃을 따서 베를 짜는 나무 이름. 다년생 목본식물.

375) '嬾'(란) : 게으르다. 나른하다.

376) '懷猜'(회시) : 속으로 바라다. 이 구는 戰國시대 魏王의 총신인 龍陽君의 고사를 이야기하고 있다. 나중에 잡은 물고기가 많아지면 먼저 잡은 물고기를 버리게 된다는 뜻에서 새로운 사람 때문에 자신이 총애를 잃게 될지도 모른다는 우려를 나타낸다. 제2

않는 것

| | |
|---|---|
| 密愛似前車.377) | 농밀한 사랑은 총애 식기 전에 탄 수레와 비슷하네 |
| 足使燕姬妬, | 연나라 여인 질투하게 할 만하고 |
| 彌令鄭女嗟.378) | 더욱이 정나라 여인들 탄식하게 하네 |

**해설** 이 작품은 미소년의 아름다움을 노래한 시다. 南朝 梁나라 시기 宮體詩의 제재의 한계를 짐작케 해주는 작품이기도 하다. 미인만으로도 부족하였던 것인가? 미소년의 미모까지 시에 담아내었으니. 당시 귀족들의 심미관 및 사회풍속을 엿볼 수 있는 좋은 자료가 된다.

## 소릉왕(邵陵王) 륜(綸)

◇蕭綸(507?~551) : 자가 世調, 小字는 六眞이며, 梁 武帝 蕭衍의 육남이자 簡文帝 蕭綱의 동생이다. 박학하였고 글을 잘 썼으며, 특히 서간문에 능했다. 天監 13년(514)에 邵陵王에 봉해졌으며, 會稽太守・南徐州刺史 등을 역임하였다. 교만하게 제멋대로 행동하다가 여러 차례 면직되기도 했는데, 太淸 연간에 征討大都督이 되어 侯景을 토벌하게 되었을 때는 병사를 움직이지 않고 손익을 계산하며 정세를 관망하였다. 나중에 성이 함락되자 郢州로 도망가 百官

---

권 阮籍의 「詠懷詩」 2수 중 제2수(63)의 주석을 참조할 것.

377) 이 구는 彌子瑕의 고사를 가리킨다. 『史記』 「韓非傳」에 의하면, 衛나라의 彌子瑕란 시동은 임금의 총애를 받았는데, 한 번은 그의 어머니가 아프다는 소식을 듣고 밤중에 몰래 임금의 수레를 몰고 다녀왔다. 衛나라 법에 의하면 임금의 수레를 허락 없이 타는 자는 발꿈치를 베는 형벌에 처한다고 되어 있었지만, 임금은 오히려 그의 효성이 지극하다고 칭찬했다고 한다. 그러나 총애가 식은 후에는 오히려 그 일 때문에 쫓겨나게 되었다고 한다.

378) 이상 두 구에서 언급된 燕나라와 鄭나라는 모두 미인으로 유명한 지역이다.

을 두고 제위에 오를 준비를 했다. 그러나 蕭繹에게 패하여 汝南으로 도망갔다가 西魏의 대장군 楊忠儀 등에게 잡혀 죽었다. 시호는 攜이며, 문집 6권이 전해온다.

## 354. 추호 아내의 원망을 대신해서

「代秋胡婦閨怨」[379]

蕩子從遊宦,[380] 떠돌이 같은 남편은 벼슬 찾아 떠나고
思妾守房櫳. 시름겨운 아내는 규방 창문을 지키고 있다
塵鏡朝朝掩, 먼지 낀 거울은 아침마다 흐릿하고
寒牀夜夜空. 차가운 침상은 밤마다 허전하다
若非新有悅, 새로 애인 생긴 게 아니라면
何事久西東?[381] 무슨 일로 오래도록 동서로 떨어져 사는가
知人相憶否,[382] 남이 생각하고 있는 줄 아는지 모르는지
淚盡夢啼中. 눈물은 꿈속 울음으로 마른다

해설 이 작품은 '秋胡' 고사를 인용해, 객지로 벼슬을 떠나 돌아올 줄 모르는 남편을 그리는 여인의 심경을 노래한 시다. 꿈속에서조차 울음이 그치지 않아 눈물이 말라버린 그리움과 슬픔을 그 누가 헤아릴 수 있겠는가?

---

379) '秋胡婦'(추호부) : 魯나라 大夫인 秋胡의 아내. 제4권 顏延之의 「秋胡詩」(126)를 참조할 것. 『藝文類聚』에는 蕭繹의 「閨怨」이란 제목으로 수록되어 있다. 雜曲歌辭에 속한다.

380) '蕩子'(탕자) : 유랑하며 집에 돌아오지 않는 남자. '從'(종) : 종사하다. '遊宦'(유환) : 멀리 가서 벼슬하는 것을 가리킨다.

381) '久東西'(구동서) : 남편이 오랫동안 외지를 떠돌며 집에 돌아오지 않음을 가리킨다.

382) 이 구는 자기가 남편을 애타게 그리고 있는 것을 남편이 모를 것이라는 뜻을 담고 있다.

## 355. 수레 안에서 본 미인

「車中見美人」

關情出眉眼,[383]　　숨긴 마음은 눈썹과 눈에 드러나고
軟媚著腰肢.[384]　　부드럽고 귀여운 자태 허리와 팔다리에 나타나네
語笑能嬌媄,[385]　　말씨와 웃음은 뛰어나게 아름답고
行步絶逶迤.[386]　　걷는 걸음걸이 둘도 없이 간들간들
空中自迷惑,　　눈을 허공에 두고 저절로 현혹되어
渠傍會不知.[387]　　도랑 옆이란 것도 마침 몰랐었네
懸念猶如此,[388]　　마음 쓰임이 지금도 이와 같은데
得時應若爲.[389]　　만나게 된다면 응당 어떠할지

**해설** 이 작품은 수레를 타고 가다가 본 미인의 모습을 노래한 시다. 이목구비는 물론이요 몸매와 자태, 언행과 미소, 거동까지 모두가 남자들이 반할 정도의 미인이다. 그걸 보느라고 어느새 도랑 옆에 이른 것도 몰랐다. 낯선 사람인데도 이렇게까지 마음을 빼앗기고 있는데, 혹시 함께 자리를 같이 한다면 그땐 어떨 것인가. 생각만 해도 아찔하다.

---

383) '關情'(관정) : 연정을 품다. 마음을 숨기다.
384) '軟媚'(연미) : 부드럽고 귀여운 모양. '著'(저) : 환히 나타나다.
385) '媄'(미) : 얼굴이 아름답다.
386) '絶'(절) : 가장. 매우. '逶迤'(위이) : 부드럽고 아름다운 모양.
387) '會'(회) : 마침. 공교롭게도. 일설에는 당연히란 뜻으로 보기도 한다.
388) '懸念'(현념) : 마음이 쓰이다.
389) '若爲'(약위) : 어떠한가.

## 356. 옛 여인의 원망을 대신해

「代舊姬有怨」[390]

| | |
|---|---|
| 寧爲萬里別, | 무슨 이유로 만 리 멀리 이별하여 |
| 乍此死生離.[391] | 갑자기 이렇게 산 자와 죽은 자처럼 헤어지게 되었는가 |
| 那堪眼前見, | 어찌 눈앞에 보이는 상황을 감당하랴 |
| 故愛逐新移.[392] | 옛 사랑이 새로운 사람을 따라 옮겨가며 |
| 未展春光落,[393] | 채 피지 못한 봄꽃은 떨어져 |
| 遽被秋風吹.[394] | 갑자기 가을바람에 날려가네 |
| 怨黛舒還斂, | 원망어린 눈썹화장 천천히 다시 지우고 |
| 啼妝拭更垂. | 눈물 젖은 화장은 닦아내지만 눈물 또 떨어지네 |
| 誰能巧爲賦? | 그 누가 부를 잘 지어 줄 수 있을지 |
| 黃金妾自貲.[395] | 황금을 주고라도 소첩이 직접 사려고 한다네 |

**해설** 이 작품은 총애를 잃은 후비의 원망을 노래한 시다. 이유도 모른 채 임금으로부터 버림을 받고 깊은 후궁 안에 갇혀 사는 후비, 그녀의 눈에 비치는 모든 것은 새것에 의해 옛것이 교체되는 섭리들뿐이다. 그리하여 자신도 깨닫는다. 임금에게 새로 총애하는 후비가 생겼음을. 그 순간 희망은 더 이상 부질없다고 느끼게 된다. 자신의 신세는 마치 제대로 피어보지도 못하고 떨어져 바람에 날려가는 꽃잎같이 생각되니 원망과 슬픔에 눈물은 그치지 않는다. 혹시 賦를 지어 총

390) 『藝文類聚』에는 蕭繹의 작품이라고 되어 있다.
391) '乍'(사): 갑자기. 문득.
392) '逐'(축): 따르다. 쫓다.
393) '光'(광): 『考異』는 『藝文類聚』를 따라 '花'자로 고쳤는데, 여기에서도 이를 따랐다.
394) '遽'(거): 급히. 갑자기.
395) '自貲'(자자): 스스로 사다. 이 구는 漢 武帝의 후비인 陳 왕후가 총애를 잃고 司馬相如에게 황금을 주고 「長門賦」를 짓게 했다는 고사를 가리킨다.

애를 회복시켜 주었다는 司馬相如 같은 시인은 없을까. 있다면 내가 직접 황금을 주고서라도 사겠는데.

## 상동왕(湘東王) 역(繹)

◇蕭繹(508~554) : 자가 世誠, 小字는 七符, 자호는 金樓子이며, 梁 武帝 蕭衍의 칠남이자 邵陵王 蕭綸의 동생이다. 천부적으로 총명하였으나 어려서 한쪽 눈이 멀었다. 성장해서는 공부를 좋아해 온갖 서적을 두루 섭렵하여 붓을 대면 문장을 이루었고 말을 뱉으면 논리를 이루었으며, 재주와 언변이 민첩하여 한 시대의 으뜸이었다. 또한 서화에도 능하였으나 사람됨이 위선적이었으며 포악하였다고 한다. 天監 13년(514)에 湘東王에 봉해졌으며, 侍中・荊州刺史 등을 역임하였다. 侯景이 簡文帝 및 豫章王을 폐위하고 제위에 오르려 하자 그는 王僧辯・陳覇先 등을 파견하여 侯景을 친 후 江陵에서 제위(元帝)에 올랐다. 당시 땅은 이미 대부분 魏나라에 귀속되어 詔令의 집행도 천 리를 넘지 못했고 호구 수도 삼만을 채우지 못했다. 西魏는 于謹 등을 파견하여 梁을 치게 하였는데, 당시 蕭繹은 龍光殿에서 老子를 강의하고 백관들은 전투복 차림으로 듣고 있었다. 魏軍이 백방으로 성을 공격해오는데도 그의 입은 시를 읊고 있었으며, 성이 함락되자 그는 고금의 도서 10만 권을 불태우면서 "만 권의 책을 읽었는데도 이렇게 되다니……(讀書萬卷, 猶有今日)"라고 탄식했으며, 조금 후 魏軍에게 피살되었다.

저작으로는 『孝德傳』 30권, 『忠臣傳』 30권, 『丹陽尹傳』 10권, 『漢書注』 115권, 『周易講疏』 10권, 『內典博要』 100권, 『連山』 30권, 『洞林』 3권, 『玉韜』 10권, 『補闕子』 10권, 『老子講疏』 4권, 『筮經』 12권, 『式贊』 3권, 『金樓子』 6권, 『古今同姓名錄』 1권 등과 문집 50권이 있다.

## 357. 안협의 정원에 있는 옛 누각에 올라

「登顔園故閣」[396]

| | |
|---|---|
| 高樓三五夜,[397] | 높은 누각에 십오야 보름밤 |
| 流影入丹墀.[398] | 흐르는 달빛 그림자는 붉은 계단으로 드네 |
| 先時留上客, | 예전에는 귀한 손님을 머물게 했었고 |
| 夫壻美容姿.[399] | 남편도 얼굴과 자태가 아름다웠었다네 |
| 妝成理蟬鬢,[400] | 화장 다 한 후 매미날개 같은 살쩍 매만지고 |
| 笑罷斂蛾眉. | 웃음 그치며 아미 눈썹 움츠리네 |
| 衣香知步近, | 옷 향기를 통해 가까이 걸어옴을 알겠고 |
| 釧動覺行遲. | 팔찌 흔들리는 소리로 걸음이 더딘 줄 알겠네 |
| 如何舞館樂,[401] | 어찌하여 즐거운 춤을 추던 누각이 |
| 翻見歌梁悲?[402] | 도리어 슬픈 노래 감도는 대들보로 변했는지 |
| 猶懸北窗幌,[403] | 여전히 북창에는 장막 걸려 있고 |
| 未捲南軒帷. | 아직도 남창에는 휘장 말아올리지 않았네 |
| 寂寂空郊暮, | 적막한 텅 빈 교외의 저녁 |
| 非復少年時. | 더 이상 젊은 시절은 아니라네 |

396) '顔園'(안원): 顔協의 정원. 顔協은 齊나라 和帝 때 벼슬하였으며, 이후 梁나라 때는 蕭繹이 荊州刺史로 있을 때 記室 등의 관직을 역임했었다.

397) '三五'(삼오): 음력 보름.

398) '丹墀'(단지): 궁전의 붉은 색으로 칠한 돌계단. 여기에서는 顔協의 누각에 대한 미칭으로 쓰였다.

399) '夫壻'(부서): 아내의 남편에 대한 호칭. '美容'(미용): 어떤 책에는 '芙蓉(연꽃)'이라고 되어 있다.

400) '蟬鬢'(선빈): 여인들의 헤어스타일의 일종. 매미의 날개처럼 몇 가닥 되지 않은 엷은 살쩍.

401) '舞館'(무관): 춤추는 장소.

402) '翻'(번): 오히려. '歌梁'(가량): 노랫소리의 여운이 감도는 집의 대들보. 노랫소리를 가리키기도 한다.

403) '幌'(황): 장막이나 병풍 따위. '幌'자로도 쓴다.

해설 이 작품은 젊은 시절에 벗들과 함께 놀던 누각에 올라서 옛 시절을 회상하면 쓴 시다. 회상의 중심에는 함께 놀던 한 여인이 자리하고 있다. 한때 미모와 재주로 명성을 날리던 그녀, 귀한 손님들도 그녀로 인해 이 누각에 왔었고, 그녀의 남편도 훌륭한 사람이었다. 그러나 지금 그녀는 나이가 들었고, 누각도 당시의 화려한 모습을 잃은 채 쓸쓸함이 감돌고 있다. 창이란 창문에는 다 커튼이 내려진 채, 찾아오는 이도 없어 적막하기만 한 주위. 아! 이제 다시는 당시의 젊음은 오지 않으리라.

## 358. 장난삼아 지은 애정시

「戲作豔詩」

入堂値小婦,[404] 내당에 들어갔다 젊은 새댁 만났고
出門逢故夫. 대문을 나와서는 옛 남편을 만났네
含辭未及吐, 입 안에 우물거리던 말 차마 뱉지 못한 채
絞袖且峙嵎.[405] 소매 붙잡고 잠시 주저주저
搖茲扇似月, 달 같은 이 부채를 흔들며
掩此淚如珠. 구슬 같은 이내 눈물을 감추네
今懷固無已,[406] 지금의 회포 정말로 끝나지 않았으며
故情今有餘. 옛정은 지금도 넘쳐나네

해설 이 작품은 쫓겨난 부인이 옛 집에 갔다가 나오면서 전 남편을 만났을 때의 미묘한 심경을 노래한 시다. 안채에 들어가니 벌써 젊고 예쁜 새 부인이 안방을 차지하고 있다. 얼른 빠져나오는데 외

404) '値'(치) : 만나다.
405) '絞'(교) : 꼭 잡다. 묶다.
406) '無已'(무이) : 범추지 않다.

출했다 돌아오는 전 남편을 대문간에서 만난다. 건강은 어떠신가, 새 부인의 솜씨는 어떠한가 등등의 말을 하고 싶은데 차마 입 밖으로 낼 수가 없다. 그래서 잠시 남편의 소매만 붙잡고 주저주저한다. 그러다 저도 몰래 흐르는 눈물이 부끄러워 들고 있던 부채로 가린다. 아직도 자신을 버린 옛 남편에 대해 미련이 남아 있는 모양이다. 그것이 사랑일지는 몰라도.

## 359. 백재에서의 밤놀이

「夜游柏齋」[407]

| | |
|---|---|
| 燭暗行人靜, | 촛불은 어둡고 행인들도 뜸해지는데 |
| 簾開雲影入. | 발을 걷으니 구름 그림자가 안으로 드네 |
| 風細雨聲遲, | 바람이 가늘어 빗소리도 느리고 |
| 夜短更籌急.[408] | 밤 짧으니 시간도 빨리 흐르네 |
| 能下班姬淚,[409] | 능히 반첩여의 눈물을 떨어지게 하며 |
| 復使倡樓泣. | 다시 누각 안의 기녀를 울리네 |
| 况此客遊人, | 그러한데 객지로 떠도는 이 사람은 |
| 中宵空佇立.[410] | 한밤중 이곳에 우두커니 서 있네 |

해설 이 작품은 누각 안에서 놀면서 머릿속에 떠오르는 생각들을 서술한 시다. 누각은 주로 잔치가 열리던 장소이다. 그런데 오늘

407) '柏齋'(백재) : 전각 이름. 『南史』「齊宗室傳」에 "建武 연간에 荊州에 크게 비바람이 불었는데, 용이 柏齋로 들어와 기둥과 벽에 발톱자국을 남겼다. 刺史 蕭遙欣은 겁이 나 감히 머물지 못하였는데, 오늘날 嘉福殿이 그곳이다(建武中, 荊州大風雨, 龍入柏齋中, 柱壁上有爪足處. 刺史蕭遙欣恐畏, 不敢居之, 至是以爲嘉福殿)"라고 했다.

408) '更籌'(경주) : 밤에 시간을 재던 대나무 막대기. 시간이란 의미로 쓰였다.

409) '班姬'(반희) : 班婕妤. 제1권에 그녀의 작품 「怨詩」(27)가 있다.

410) '中宵'(중소) : 한밤중.

은 기녀도 없고 혼자 조용히 누각에서 밤을 보낸다. 촛불도 희미해지고 누각 주위를 지나다니는 행인들도 잦아드는 밤. 바람이 약하게 불고 부슬비가 내린다. 가을이 되어 밤이 짧아지니 밤 시간도 유난히 빠르게 지나가는 것 같다. 누각 안에서 총애를 받는 趙飛燕을 생각하면서 班婕妤는 長信宮에서 눈물을 흘렸을 것이다. 누각 안의 잔치 자리에서 정을 맺은 임이 다시는 찾아오지 않아 많은 기녀들이 또한 울었을 것이다. 오늘 나는 객지를 떠돌다 우연히 이곳에 묵게 되니 온갖 상념에 젖어 한밤중에도 잠을 이루지 못한 채 우두커니 서 있다.

## 360. 상황 현령 유씨의 시에 화운하여

「和劉上黃」[411]

| | |
|---|---|
| 新鶯隱葉囀, | 새로 온 꾀꼬리 나뭇잎에 숨어 지저귀고 |
| 新燕向窗飛. | 새로 온 제비는 창문을 향해 날아드는데 |
| 柳絮時依酒,[412] | 버들솜은 때때로 술잔에 뜨고 |
| 梅花乍入衣.[413] | 매화꽃은 문득 옷 속으로 들어오네 |
| 玉珂逐風度,[414] | 옥굴레의 말이 바람을 따라 지나가니 |
| 金鞍映日暉. | 황금안장은 햇빛을 받아 반짝이네 |
| 無令春色晩, | 봄빛 저물 때 |
| 獨望行人歸. | 떠난 사람 돌아오기를 외로이 기다리게 하지 마세요 |

411) '劉上黃'(류상황) : 上黃의 지방관 劉氏. 인적 사항은 밝혀져 있지 않다. '上黃' : 荊州의 永寧郡에 속했던 지명.

412) '柳絮'(류서) : 버들개지. 솜처럼 생긴 버드나무의 꽃.

413) '乍'(사) : 갑자기. 문득.

414) '玉珂'(옥가) : 옥으로 꾸민 말굴레. '逐'(축) : 따라잡다. 쫓다. '度'(도) : 지나다. 지나가다.

해설 이 작품은 봄의 경물과 임을 기다리는 여인의 심정을 노래한 시다. 봄이 한창 무르익을 즈음 한 남자가 말을 타고 바람처럼 지나가는데 황금 안장이 눈에 부신다. 그 광경을 보노라니 집 떠나 돌아오지 않는 임이 생각난다. 제발 일찍 돌아와 이 봄 함께 누렸으면 좋으련만.

## 361. 저녁에 둥지에 깃든 까마귀

「詠晚棲烏」[415]

| | |
|---|---|
| 日暮連翩翼,[416] | 날 저물자 펄럭펄럭 날개짓하며 |
| 俱向上林棲.[417] | 모두 보금자릴 찾아 상림원으로 나는데 |
| 風多前鳥駛, | 바람 세차니 앞선 새 빨라지고 |
| 雲暗後群迷. | 구름 캄캄해 뒤의 무리 길을 잃네 |
| 路遠聲難徹, | 멀리 떨어져 나니 소리가 전달되기 어렵고 |
| 飛斜行未齊. | 비스듬히 나는 행렬 나란하지 않네 |
| 應從故鄉返, | 당연히 고향으로부터 다시 왔을지니 |
| 幾過入蘭閨?[418] | 몇 번이나 난향 그윽한 내님 규방에 들어갔던가 |
| 借問倡樓妾, | 묻노니 기루의 첩이 |
| 何如蕩子妻?[419] | 어찌 떠돌이의 아내와 같을까 |

해설 이 작품은 날이 저물어 둥지를 찾아드는 까마귀를 보고 떠오르는 고향 아내에 대한 그리움을 노래한 시다. 주인공은 지금 고

415) 雜曲歌辭에 속한다.
416) '連翩'(련편): 새가 나는 모양.
417) '上林'(상림): 漢代 왕실에 上林苑이 있었다.
418) '蘭閨'(란규): 여자가 거처하던 방에 대한 미칭. '蘭室'과 같다.
419) '蕩子'(탕자): 떠돌며 집에 돌아오지 않는 남자.

향에 가족을 두고 서울에서 벼슬을 하고 있다. 날이 저물어 한 떼의 까마귀들이 고향 쪽에서 날아와 둥지를 찾아든다. 저 까마귀들이 고향에서 왔다면 필시 고향집 아내의 처소를 여러 차례 날아들었겠지. 까마귀들아! 그 사람은 지금 얼마나 눈물이 많던가? 기루에서 새로 만든 첩이 자주 찾아주지 않는다고 나를 원망하는데, 그 원망을 어찌 고향 아내의 원망과 슬픔에 비할 수 있을까?

## 362. 겨울밤 3운

「寒宵三韻」

| | |
|---|---|
| 烏鵲夜南飛, | 까막까치는 밤중에 남쪽으로 나는데 |
| 良人行未歸. | 낭군께선 떠난 뒤 여태 돌아오지 않네 |
| 池水浮明月, | 연못물엔 밝은 달 떠 있고 |
| 寒風送擣衣. | 찬 바람은 다듬이질 소리를 전달하네 |
| 願織迴文錦,420) | 회문시 수놓은 비단을 짜서 |
| 因君寄武威.421) | 그대들 편에 무위 땅으로 부쳤으면 |

해설 이 작품은 북방 변경지역으로 종군한 임에 대한 그리움을 노래한 시다. 겨울밤이다. 내지도 이렇게 추운데 북방 국경지대는 얼마나 추울까. 임 보고 싶은 마음이 간절한데, 마침 북쪽에서 날아오는 까마귀와 까치들이 보인다. 저들이 말귀를 알아듣는다면, 다시 북쪽으

420) '迴文'(회문): 回文詩. 거꾸로도 읽을 수 있는 시. 어떤 回文詩는 어느 곳에서 읽어도 모두 뜻이 통한다. 제6권 吳均의 「與柳惲相贈答」 6수 중 제1수(243)의 '迴文錦'의 주석을 참조할 것. 제9권의 蘇伯玉 처의 「盤中詩」(449)도 回文詩에 속한다.

421) '君'(군): 첫 구의 까막까치를 가리킨다. '武威'(무위): 지명. 『漢書』 「地理志」의 주석에 의하면, 武威郡은 본래 匈奴의 休屠王의 땅이었는데, 武帝 太初 4년에 漢나라의 영토가 되었다고 한다. 둘째 구의 돌아오지 않는 임이 있는 곳을 가리킨다.

로 돌아갈 때 임에게 보내는 내 편지를 전해달라고 하면 얼마나 좋을까.

## 363. 가을밤

「詠秋夜」

秋夜九重空,[422] 가을밤 깊은 규방은 공허한데
蕩子怨房櫳.[423] 창문 안에서는 떠돌이 임을 원망하네
燈光入綺帷, 등불의 빛은 비단 휘장으로 스며들고
簾影進屛風. 주렴 그림자는 병풍에 어리네
金徽調玉軫,[424] 금빛 줄로 옥 줄받침대 조절하여
玆夜撫離鴻.[425] 이 밤에 '이홍곡'을 연주하네

**해설** 이 작품은 가을밤 여인의 임 그리움을 노래한 시다. 임 그리운 심정을 짝 잃은 새를 노래한 거문고 곡조를 연주하면서 조금이나마 자위해 본다.

---

422) '九重'(구중) : 구중궁궐. 여기에서는 집안 깊숙이 자리잡고 있는 규방을 가리킨다.
423) '蕩子'(탕자) : 떠돌이. 『考異』는 이 구가 뜻이 통하지 않다고 하면서 '蕩婦(떠돌이의 아내)'의 잘못이 아닌가 여겼다. 생각건대 '房櫳怨蕩子'의 도치된 구문이 아닌가 한다.
424) '徽'(휘) : 거문고의 줄받침에 현을 매는 줄. '軫'(진) : 거문고의 밑면에 있으면서 줄을 조절하는 데 쓰이는 장치. 거문고 줄받침.
425) '撫'(부) : 현악기를 연주하다. '離鴻'(리홍) : 옛날의 곡조 이름.

## 무릉왕(武陵王) 기(紀)

◇蕭紀(508~553) : 자가 世詢, 別字는 大通이며, 梁 武帝 蕭衍의 팔남이자, 梁 元帝 蕭繹의 동생이다. 부지런히 공부하였고 글 재주가 있었으며, 글은 가볍고 화려함을 좋아하지 않았으며 필치에 힘이 넘쳤다. 天監 13년(514)에 武陵王에 봉해졌으며, 武帝의 사랑을 특별히 받았다. 大同 연간에는 益州刺史를 역임했는데, 그 지방 공물을 전임 刺史들보다 10배나 더 많이 바쳤다. 侯景의 난이 일어났을 때 그는 구원병을 내지 않고 있다가 武帝가 죽은 후 蜀에서 제위를 참칭하고 연호를 天正이라 고쳤다. 그러나 다음 해 元帝 휘하의 장군인 樊猛에 의해 살해되었다. 문집 8권이 전해온다.

### 364. 소 장사의 '기녀를 구경하다'란 시에 화운하여
「同蕭長史看妓」[426]

燕姬奏妙舞,[427] 연나라 아가씨는 절묘한 춤을 추고
鄭女發淸歌. 정나라 미녀는 청아한 노래 부르네
迴羞出慢臉,[428] 부끄러운 얼굴 돌리니 매끄러운 뺨이 보이고
送態入嚬蛾.[429] 교태를 부리니 찡그린 눈썹 드러나네
寧殊值行雨,[430] 어찌 무산 신녀 만날 때와 다를 것이며
詎減見凌波.[431] 어찌 낙수의 여신을 보는 것보다 못하랴

426) '蕭長史'(소장사) : 蕭紀가 楊州刺史였을 때 그 속관인 長史로 있던 蕭介를 가리킨다. 자는 茂鏡이며, 蘭陵 사람이다.
427) '燕姬'(연희) : 燕나라 아가씨. 일설에는 춤을 잘 추었던 趙飛燕을 가리킨다고도 한다.
428) '慢臉'(만검) : 보드랍고 매끄러운 뺨.
429) '入'(입) : 『初學記』에는 '表(드러나다)'자로 되어 있는데, 여기에서도 이를 따랐다. '嚬蛾'(빈아) : 눈살을 찌푸리다.
430) '行雨'(행우) : 지나가는 비. 巫山의 神女의 화신.
431) '詎'(거) : 어찌. 앞 구의 '寧'자와 같은 뜻이다. '凌波'(릉파) : 洛水의 女神을 가리킨다.

想君愁日暮, 생각건대 그대 날 저무는 것 걱정이라면
應羨魯陽戈.[432] 응당 해 되돌리는 노 양공의 창이 부러울 테지

**해설** 이 작품은 기녀의 미모를 노래한 시다. 燕나라 아가씨처럼 춤도 잘 추며 鄭나라 아가씨처럼 노래도 잘 한다. 부끄러운 듯 얼굴을 돌리니 매끄럽고 고운 뺨이 보이는데, 가끔씩 눈을 찡긋하며 교태를 부린다. 저 미인이 어찌 아름답기로 유명한 여신들보다 못하랴. 그런 기녀들과의 잔치도 날이 저물면 파하게 되니, 그대는 저 미인들을 더 보기 위해 아마 해를 다시 되돌려 놓고 싶어지겠지.

## 365. 상동왕의 '밤꿈'에 화운하여

「和湘東王夜夢應令」[433]

昨夜夢君歸, 어젯밤 꿈에 그대 돌아와
賤妾下鳴機. 소첩은 딸각대는 베틀에서 내려왔지요
懸知君意薄,[434] 그대의 마음 박정한 줄 짐작한 것은
不著去時衣.[435] 떠나실 때 옷을 입지 않으신 걸 보았기 때문이고
故言如夢裏, 꿈속과 같다고 말한 이유는
賴得雁書飛.[436] 보내주신 편지를 받았기 때문이지요

432) '魯陽戈'(로양과) : 『淮南子』에 의하면, 魯나라의 陽公이 韓나라와 원한 때문에 전쟁을 하였는데, 전쟁이 한창 진행될 무렵에 날이 저물자, 창을 뽑아 태양을 보고 휘두르니, 태양이 다시 뒤로 돌아왔다고 했다.
433) '應令'(응령) : 명령에 응하여 짓는다는 뜻이다.
434) '懸知'(현지) : 예상하다. '薄'(박) : 냉정하다.
435) '著'(착) : 입다.
436) '雁書'(안서) : 기러기의 발에 묶어서 전하던 편지. 편지라는 뜻으로 쓰였다.

**해설** 이 작품은 꿈에서 본 임이 자신을 버리고 새 여자를 얻은 것에 대한 여인의 원망을 노래한 시다. 간밤에 꿈을 꾸었는데 기다리던 당신이 드디어 집에 오셨지요. 그래서 저는 베틀에서 내려와 당신을 맞이했지요. 그런데 떠나실 때 입었던 옷이 아닌 걸 본 순간 나는 당신에게 새 여자가 생긴 줄을 짐작할 수 있었지요. 짐작이 틀리기를 바랐지만 결국 꿈속의 일이 사실이란 걸 당신의 편지를 통해 알게 되었지요.

## 366. 새벽의 그리움

「曉思」[437]

| | |
|---|---|
| 晨禽爭學囀. | 새벽 새는 다투듯 서로 따라 지저귀고 |
| 朝花亂欲開. | 아침 꽃은 여기저기에서 꽃망울 터뜨리려고 하는데 |
| 爐煙入斗帳,[438] | 화롯불 연기는 작은 장막 안으로 들어오고 |
| 屏風隱鏡臺. | 병풍은 경대를 가리고 있네 |
| 紅妝隨淚盡, | 붉은 화장은 눈물을 따라 지워지는데 |
| 蕩子何時回? | 떠돌이 낭군은 어느 때나 돌아오실지 |

**해설** 이 작품은 집을 떠나 돌아오지 않는 임을 기다리는 여인의 그리움을 노래한 시다. 임에 대한 그리움 때문에 밤새 잠을 못 이루고 뜬눈으로 새벽을 맞는다. 밖에는 벌써 새들이 서로의 울음소리를 흉내내듯 지저귀고, 꽃들도 여기저기에서 망울을 터뜨렸다. 붉은 분을 바른 얼굴도 눈물 때문에 엉망이 되었는데, 장돌뱅이 같은 임은 언제나 오실지.

---

437) 어떤 책에는 제목이 '曉色'으로 되어 있다. 『藝文類聚』에는 蕭綱의 작품으로 되어 있다.

438) '斗帳'(두장) : 작은 장막. 뒤엎어 놓은 말[斗]처럼 생겼기 때문에 붙은 이름.

## 367. 규방의 첩이 나그네에게 부치는 편지

「閨妾寄征人」[439]

| | |
|---|---|
| 斂色金星聚,[440] | 얼굴 찌푸리니 샛별 같은 보조개가 생긴 듯하고 |
| 縈悲玉筯流.[441] | 슬픔에 얽히니 두 가닥 옥 같은 눈물 흐르네 |
| 願君看海氣,[442] | 그대여 신기루 보거들랑 |
| 憶妾上高樓. | 소첩이 높은 누각에 오르는 것으로 생각하세요 |

**해설** 이 작품은 멀리 떠나 있는 임에게 자신의 그리운 심정을 전하는 내용의 시다. 저는 당신에 대한 그리움 때문에 항상 얼굴을 찌푸리고 있지요. 그래서 모르는 사람이 보면 제 얼굴에 보조개가 생긴 줄로 안답니다. 그러나 언제나 마르지 않는 두 줄기 눈물을 보고 그것이 보조개 아님을 금방 알 수 있지요. 당신이여! 혹시 강물 위에 누각 같은 신기루를 볼 때가 있으면, 그 누각에 오르고 있는 저를 떠올려 주세요. 꼭.

439) 이 작품은 제9권 말미의 沈約의 「古詩題」 6수(507~512)처럼 후인들이 부록한 시다. 별본 宋刻本인 徐學謨海曙樓刻本에는 수록되어 있지 않다. 또한 본래 二韻四句의 작품은 모두 제10권에 수록되어 있다.

440) '金星'(금성) : '啓明' · '長庚' · '太白' · '明星' 등으로도 불린다. 태양계 중에 태양과의 거리가 두 번째로 가까운 행성으로 지구에서 가장 가깝다. 여기에서는 보조개의 모습을 비유한 것이다. 鈴木虎雄은 비녀에 장식한 황금을 가리킨다고 보았다.

441) '玉筯'(옥근) : 눈물. 옥젓가락 같은 모양에서 온 말이다.

442) '海氣'(해기) : 바다 또는 강의 안개. 신기루. 『史記』 「天官書」에 "바닷가의 신기루가 누각 같다(海旁蜃氣像樓臺)"라고 했다.

# 작가 작품 목록

※ '작가 작품 목록'과 '기타 작품 목록', '찾아보기'는 목차의 혼란을 피하고 독자들에게 색인의 편의를 제공하기 위해 작성한 것이다.

# 기타 작품 목록

※ 이 '기타 작품 목록'은 '작가 작품 목록'에서 제외된 것으로 작가가 없는 작품으로 구성되어 있다.

『옥대신영』 권1



『옥대신영』 권9

『옥대신영』 권10

# 찾아보기

※ 이 찾아보기는 앞에 나오는 원서 수록순에 따른 작가 및 작품의 목록과는 다르게 우리말 독음(두음법칙 적용) 가나다순으로 정리하여 찾아보기 쉽도록 만든 것이다.

## 작가명

## 작품명